高麗時代 尚書省 研究

朴 龍 雲

景仁文化社

머 리 말

尚書省은 中書門下省과 함께 고려의 정치와 행정을 맡아 보던 최고 기구의 하나였다. 그런데 이 官府는 여타의 기구들도 대개 그러하였듯이 상·하 이중으로 구성되어 있어 상층조직을 尚書都省, 하층조직을 尚書6部라 하였다. 그리하여 尚書都省에는 尚書令(從1品)·左右僕射(正2品)·左右丞(從3品)·左右司郎中(正5品)·左右司員外郎(正6品)·尚書都事(從7品) 등이, 尚書6部에는 判事(宰臣 겸직)·尚書(正3品)·侍郎(正4品)·郎中(正5品)·員外郎(正6品) 등이 설치되어 업무를 담당하였다.

이 官府는 고려의 정치체제나 권력구조에서 차지하는 비중이 커 일찍부터 여러 연구자들의 관심을 끌었다. 그 결과 매우 수준 높은 성과물들이 발표되었다. 그럼에도 이번에 다시 그것을 주제로 삼은 것은 직무나 6부의 서열 등에서 종래의 연구결과와 좀 견해를 달리하는 부분도 없지 않으나 주로는 이곳 소속의 관원들에 대해 좀더 깊이 있게 추적하여 보고 싶은 생각에서였다. 그나마 후자의 경우 관원 전체가 아니라 尚書都省의 左右僕射와 尚書6部의 判事·尚書에 중점을 두었다. 이들이 정치체제나 권력구조에서 핵심이 되는 위치에 있었기 때문이다.

연구 방법은 이들 관직에 취임한 사례들을 『高麗史』와 『高麗史節要』·墓誌銘·文集·古文書 등 고려기를 다룬 모든 史書에서 추출해내 분석하는 형식을 취하였다. 그리하여 각각의 숫자를 검토하고, 이들의 重複職과 兼任職 상황, 歷任者의 科擧·蔭敍 여부, 前職과 陞進職 등에 대해 알아보았다. 그로써 각 직위의 존재가 한층 구체적으로 드러나게 되고, 이에 따라 그들이 소속한 기구에 대해서도 좀더 잘 이해할 수 있게 되리라 기대하였던 것이다. 하지만 이같은 작업이 얼마만큼 소기의 목적을 이루었을까는 아직도 의혹이 없지 않은데, 다만 그같은 과정에서 부분적이긴 하지만 자료가 정리되어 이 방면에 관심을 가진 사람들에게 얼마간의 참고가 되지는 않을까 싶다.

이렇게 되다 보니 硏究書라기 보다는 차라리 資料集이라고 해도 좋을 만큼 도표가 많은 분량을 차지하였다. 그만큼 本書의 가치가 떨어진다는 이야기다. 거기에다가 시장성도 별로 없어 보이는 이 책자를 선뜻 맡아 출판하여 주시는 景仁文化社와 관심을 가지고 후원을 하여 주신 高麗史學會에 감사를 드린다.

끝으로 이 책자가 나오기까지 입력을 포함한 여러 가지 궂은 일들을 묵묵히 담당해온 金蘭玉 강사 및 고려대학교 대학원에 재학중인 고려시대사 전공자들의 수고가 많았다. 이 자리를 빌어 아울러 고마운 뜻을 전하여 둔다.

2000年　11月　22日

著　者

제1장

高麗時代의 尙書都省에 대한 檢討

I. 序言

고려시대의 尙書省은 中書門下省과 함께 이른바 '三省'을 구성했던 官府로, 중앙의 가장 중요한 통치기구 가운데 하나였다. 즉, 그것은 중서문하성에 의해 작성되고 심의를 거친 王命이나 중요 國事를 실행하는 執行機關으로써, 정치적 비중이 매우 큰 관청이었던 것이다.

이같은 위치에 비추어 尙書省은 이미 여러 연구자들에게 주목의 대상이 되었다. 그리하여 이 기구의 정비과정과 실체 및 행정체계 등을 검토한 업적이 찾아지는가 하면,1) 官員에 대하여 구체적으로 분석한 연구도 보이며,2) 연원을 중심으로 추적한 논고 역시 여럿 눈에 띈다.3) 상서성에 관한 연구는 상당한 수준에 도달하여 있다고 판단되는 것이다.

그러나 이러한 연구성과에도 불구하고 한편으로 보면 이미 제기된 견해 가운데에는 상충되는 부분이 없지 않고, 또 異見의 여지가

---

1) 邊太燮,「高麗時代 中央政治機構의 行政體系 - 尙書省 機構를 중심으로 -」 『歷史學報』 47, 1970 ; 『高麗政治制度史研究』, 一潮閣, 1971.
2) 邊太燮,「高麗 宰相考 - 3省의 權力關係를 중심으로 -」 『歷史學報』 35 · 36, 1967 ; 『高麗政治制度史研究』, 一潮閣, 1971.
   周藤吉之,「高麗初期の宰相, 尙書左右僕射について」 『朝鮮學報』 77, 1975 ; 『高麗朝官僚制の研究』, 法政大學出版局, 1980.
3) 李泰鎭,「高麗 宰府의 成立 - 그 制度史的 考察 -」 『歷史學報』 56, 1972.
   李基白,「貴族的 政治機構의 成立」 「한국사」 5, 국사편찬위원회, 1975 ; 『高麗貴族社會의 形成』, 一潮閣, 1990.
   邊太燮,「高麗初期의 政治制度」 『韓沽劤停年紀念 史學論叢』, 知識産業社, 1981.
   趙仁成,「弓裔政權의 中央政治組織 - 이른바 廣評省體制에 對하여 -」 『白山學報』 33, 1986.
   崔圭成,「廣評省考 - 高麗 太祖代 廣評省 性格을 중심으로 -」 『金昌洙華甲紀念 史學論叢』, 범우사, 1992.

찾아지는 부분도 있는 듯하다. 僕射職에 관한 이해가 그같은 문제 중의 하나이다. 그런가하면 약간의 보완을 필요로 하는 대목도 있다고 생각되거니와, 본고는 이러한 몇몇 작은 문제들의 해명을 위해서 쓰여지는 것이다. 그러므로 여기서는 尙書省의 설치와 변천, 그에 편제되어 있던 尙書令과 僕射·知都省事·左右丞 등의 관원, 그리고 기능 등에 대해 고찰하되, 기존의 연구성과를 소개하면서 卑見도 얼마간 덧붙여 보고자 한다.

그런데 상서성은 잘 알려진 대로 그의 조직상 상층의 尙書都省과 하층의 尙書6部로 分立되어 있었다. 중서문하성이 宰府와 郎舍로, 그리고 中樞院이 樞府와 承宣房으로 分立되어 있었던 것과 같은 원리이다. 이러한 조직상의 상·하 이중구조는 고려시대 官制의 특성 가운데 하나이거니와, 각각의 상층조직과 하층조직은 그 기능상에도 현격한 차이가 있었으며, 상서성 또한 예외가 아니었다. 그러므로 상층조직과 하층조직을 서로 분리시켜 검토하는 것이 편리하기도 하려니와 문제의 본질에 보다 쉽게 접근할 수 있는 길이기도 한데, 이런 판단에 따라 본고에서는 우선 尙書都省을 중심으로 살피고자 한다. 위에 제시한 尙書令·僕射 등도 물론 상서도성에 편제되어 있던 관원들이다.

本 小論이 尙書都省에 대한 해명과, 나아가서 그와 관련된 부분에 한정되긴 하겠지만, 尙書6部의 이해에도 조금이나마 보탬이 되었으면 한다.

Ⅱ. 尙書都省(御事都省)의 설치와 변천

尙書都省의 처음 이름은 御事都省이었는데, 이 기구가 고려조에 설치되는 것은 아래의 사료에 분명하게 밝혀져 있듯이 成宗 元年(982)이었다. 즉,

(가)-① 成宗 원년 春3月에 百官의 호칭을 고쳤다. 內議省을 內史門下라 하고, 廣評省을 御事都省이라 하였다(『高麗史節要』 卷 2).4)

② -ⓘ 尙書省. 太祖가 泰封의 제도를 좇아서 廣評省을 두고 百官을 摠領케 하였는데, 侍中·侍郎·郎中·員外郎이 있었다. 成宗 원년에 廣評省을 고쳐서 御事都省이라 하고, 14년에는 尙書都省으로 고쳤다. ⓘ 太祖 時에는 또 內奉省이 있었는데, 『三國史』에 이르기를 內奉省은 곧 지금의 都省이라 하였으니 沿革이 이와 같지 않다(『高麗史』 卷 76 百官志 1).

고 했듯이 그것은 內史門下省(뒤의 中書門下省)과 함께 성종 원년 3월에 발족되고 있는 것이다.5) 그런데 여기서는 어사도성에 대해서만 언급하고 있으나 이는 어사도성이 御事省, 즉 尙書省을 대표하는 명칭이었던데 기인하는 것일 뿐6) 실은 이때에 그의 하층조직인 御事6官도 물론 설치되었다고 생각된다. 이는 御事都省이 처음 발족된 成宗 元年 3월로부터 3개월이 지난 6월에 그의 기능이 거론됨과7) 동시에 御事6官의 하나인 選官에 御事가 임명되고 있어서8) 확인이 가능한 것이다.

이처럼 御事都省과 御事6官의 체제를 갖춘 御事省이 成宗 元年 3월에는 발족한게 확실시되는데, 그러나 이 일이 있은 다음 해인 왕 2년 5월에 그와는 달리, "비로소(처음으로) 3省·6曹·7寺를 정하였다"는 기사가 따로이 전하여져9) 약간의 문제가 되고 있다. 하지만

---

4) 『高麗史』 卷 3 世家에는 「(成宗)元年春三月庚戌 改百官號」라고 간략하게만 언급되어 있다.

5) 『高麗史』 卷 76 百官志 序文 및 같은 책, 卷 1 世家 太祖 2年 春正月條에는 唐制에 바탕을 둔 3省·6部制가 마치 太祖 때에 이루어진듯이 전하고 있으나 그것이 잘못된 기사라는 사실은 이미 밝혀진 바 있다. 그점에 대해서는 邊太燮 주1) 논문 pp. 3~5 참조.

6) 邊太燮은 주1) 논문 p. 7 및 주3) 논문 p. 183 등에서 尙書省의 이전 명칭은 御事省이었을 것이라고 추측하고 있는데, 타당한 견해라고 생각된다. 이는 상서성 칭호의 사용을 전후하여 尙書都省이 御事都省으로, 尙書右司員外郎이 御事右司員外郎으로(金龍善 編著, 『高麗墓誌銘集成』, 翰林大出版部, p. 17 柳邦憲墓誌銘) 표기되고 있는 데서 짐작할 수 있다.

7) 『高麗史』 卷 85 刑法志 2 禁令 成宗 원년 6월.

8) 『高麗史』 卷 93 列傳 崔承老傳.

조금 앞서기는 했어도 같은 5월에 徐熙가 兵官御事, 鄭謙儒가 工官御事에 임명되고,10) 6월에는 薛神祐가 刑官御事에 보임받고 있으며,11) 또 12월에는 劉彦儒가 兵官御事에, 盧奕이 左丞에 在任하고 있는12) 점 등을 감안하여 先學들은 成宗 원년 3월에 발족된 御事省이 왕 2년 5월에 이르러 제도의 완성·정비 내지는 본격적으로 기능을 발휘하게 된 사실을 그처럼 ‘始定’으로 표기한게 아닌가 보고 있다.13) 합리적인 해석이라고 이해된다.

앞서 제시한 (가)-①과 ②-ⓘ 사료에 나타나듯이 『高麗史』撰者는 御事都省의 前身을 泰封國의 官府로써 고려가 開國된 후에도 그대로 두고 있던 廣評省과 연결시키고 있다. 하지만 그도 확신은 서지 않았던듯, 『三國史』 즉 『三國史記』에서는 그의 前身으로 內奉省을 지적하고 있다는 점을 細註로 附記하여(②-ⓘⓘ) 의아심의 일단을 함께 적어놓고 있거니와, 당해 기사는 『三國史記』 卷 50 列傳 弓裔傳에서 찾아진다. 결국 어사도성의 전신에 대해서는 이처럼 廣評省으로 보는 이해와, 內奉省으로 보는 두 계통의 기사가 전해온다는 이야기인데, 오늘날의 연구자들은 대부분 후자의 견해에 동조하고 있다.14) 우리들은 이들 연구에서 그같은 입장을 취하게 된 이유에 대해서도 비교적 자세한 설명을 들을 수 있거니와, 따라서 이 자리에서 그 문제에 관해 재론할 필요는 없을 것 같다.

요컨대 泰封의 제도에서 유래하여 고려의 開國後에도 그대로 두

---

9) 『高麗史』 卷 3 世家 成宗 2年 夏5月 ·『高麗史節要』 卷 2 成宗 2年 夏5月.
10) 위와 같음.
11) 『高麗史』 卷 3 世家 成宗 2년 6월 ·『高麗史節要』 卷 2 成宗 2년 6월.
12) 『高麗史』 卷 73 選擧志 科目 選場 成宗 2년 12월.
13) 邊太燮, 주1) 논문 pp. 5~6.
　　李泰鎭, 주3) 논문 pp. 28~29.
14) 李泰鎭 주3) 논문 pp. 34~39, 李基白 주3) 논문 p. 18, 邊太燮 주3) 논문 pp. 170~171, 趙仁成 주3) 논문 pp. 78~81. 다만 崔圭成은 역시 주3) 논문 pp. 116~117에서 廣評省과 內奉省이 모두 후대의 御事都省이 담당했던 업무의 일부를 수행했기 때문에 그같은 兩說이 나오게 되었다고 언급하고 있다.

어졌던 內奉省과 맥락이 이어지는 御事省(御事都省)이 成宗 원년과 2년에 걸쳐 설치·정비되었다고 정리가 되는데, 앞서 살핀대로 그 하층기구인 御事6官의 경우 이 시기에 이미 選官·兵官·工官·刑官이 있어 거기에 그 장관인 御事가 각각 임명되고 있었다. 이로써 미루어 보면 확인되지는 않지만 발족 당시에 나머지인 民官과 禮官도 설치되었을 것이며, 그리하여 각자에게 분담된 고유의 업무를 수행하였으리라 생각된다.

한편 상층기구인 御事都省의 경우는 역시 앞서 제시한 바 成宗 원년 6月條에, 이 기구가 가까운 거리에 있는 州郡의 長吏들에 대한 檢劾 활동을 해야 한다는 건의가 보이고 있으며,15) 동 2년 12월에는 구성원인 左丞이,16) 그리고 6년에는 御事右司員外郞,17) 9년에는 知都省事의 존재가18) 확인된다. 이 기구도 자신의 官員을 갖추고 그 나름의 업무를 수행하지 않았나 짐작되는 것이다. 그렇다면 御事都省과 御事6官은 동일한 御事省의 상·하조직이었음에도 불구하고 실제적으로는 발족 당시부터 후대에서와 같이 상당한 독자적 성격을 가지고 있었으며, 업무도 분리되어 있었을 가능성이 크다고 생각된다. 이 점은 위에서 소개한 바 성종 9년에 御事都省의 知都省事였던 朴良柔가 御事6官의 하나인 工官御事를 겸직하고 있었다는 데서도 많은 시사를 받는다.

이러한 칭호와 구조를 이루고 있던 御事省이 명칭상에 있어서 큰 변혁이 초래되는 것은 다시 얼마의 시기가 지난 成宗 14년(995)이었다. 諸官司가 禮典에 準據한 것이기는 하지만 "額名에 임시적인게 많으므로 典常을 살피고 可否를 가려서 假號는 모두 제거해 通規를 잘 나타내도록 한다"는19) 것이 그 취지였다. 그리하여 다른 여러 관

---

15) 주7)과 같음.
16) 주12)와 같음.
17) 金龍善 編著, 『高麗墓誌銘集成』, p. 17 柳邦憲墓誌銘.
18) 『高麗史』 卷 3 世家 成宗 9년 12월.
19) 『高麗史』 卷 3 世家 成宗 14년 5월.

부와 함께 御事省 역시 中國式으로 개칭되어 尙書省으로 불리게 되면서 御事都省은 尙書都省으로, 御事6官은 尙書6部 등으로 개정되었으며, 그에 따라 기구와 관원의 호칭도 바뀌게 되었던 것이다. 이제 지금까지 살핀 변천의 내용을 보기쉽게 도표로 그리면 아래와 같다.

〈표 1〉尙書省의 변천

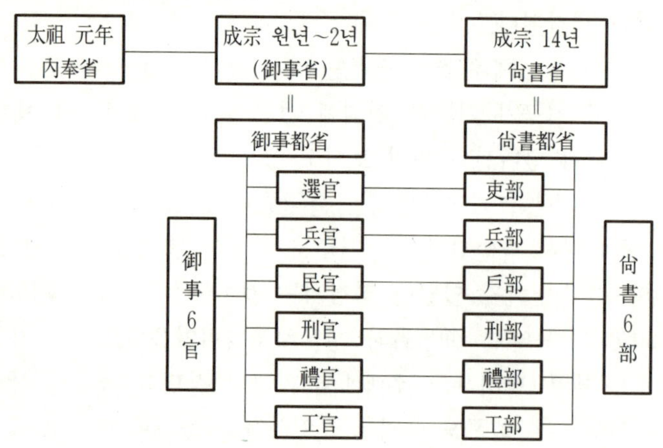

이같은 조직과 칭호는, 특히 尙書都省의 경우 그가 존속하는 전 기간 동안 거의 그대로 유지된다.『高麗史』卷 76, 百官志 1 尙書省 條에 의하면 그 조직에 관한 내용이 文宗朝의 규정으로 나와 있지마는, 그러나 이때는 종래의 제도에 약간의 添削·補完이 가해져 완비된 상황을 보여주는 것이요, 처음으로 윤곽이 잡힌 것은 이미 成宗 14년(995)부터라고 판단된다. 穆宗 원년(998)에 정해진 田柴科의[20] 지급대상자에 그 구성원의 대부분이 망라되어 있는 점으로 미루어 그같은 짐작이 가는 것이다. 그런가 하면 앞서 예시했듯이 御事都省 시기에도 몇몇 호칭이 찾아졌다. 이제 그들 내용까지를 곁들여 상서 도성의 조직을 도표로 보이면 다음과 같다.

---

20)『高麗史』卷 78 食貨志 1 田制 田柴科 穆宗 원년 12월.

〈표 2〉 尙書都省의 組織

御事都省(成宗 원년)	尙書都省(成宗 14년)	尙書都省(文宗)	
知都省事 左丞 御事右司員外郞	左·右僕射 左·右丞 諸郞中(左·右司郞中)[21)] 諸員外郞(左·右司員外郞) 都事	尙書令 左·右僕射 知省事 左·右丞 左·右司郞中 左·右司員外郞 都事	1人(從1品) 各1人(正2品) 1人(從2品) 各1人(從3品) 各1人(正5品) 各1人(正6品) 2人(從7品)
		掾屬: 主事 4人, 令史 6人, 書令史 6人, 記官 20人, 算士 1人, 直省 2人	

이 尙書都省(尙書省)은 御事都省으로 출발한 지 294년간이 되는 忠烈王 원년(1275)에 이르러 마침내 혁파된다. 元나라의 정치적 간섭에 의해 官制가 바뀌면서 그것은 中書門下省에 합병되어 僉議府가 되기 때문이다.[22)] 이로써 상서도성은 실제로 소멸되고 마는 것이다.

그러다가 忠烈王 24년(1298)에 忠宣王이 즉위하여 개혁정치를 시행하면서 官制를 고칠 때에 그 일부가 부활되었다. 즉 이때에 左·右僕射를 僉議府에 둠과 동시에 그 아래에 左·右司郞中과 員外郞·都事를 따로 설치하고 僉議府의 別廳에서 일을 보게하는 것이다.[23)] 하지만 다 아는 대로 忠宣王은 몇달 뒤에 元의 압력을 받아 왕위에서 물러나고 그가 마련하였던 제도도 모두 혁파되었으므로 상서도성과 관련된 관직들은 물론 다시 파해졌다.

이후 尙書省(尙書都省)이 정식으로 부활되는 것은 그로부터 반세기여가 더 지난 恭愍王 5년(1356)에 이르러서였다. 공민왕은 즉위한 5년째 되는 해에 적극적인 反元改革政治를 단행하거니와, 그 일환으로 官制를 文宗 때의 舊制로 환원시켰다. 이에 따라 尙書省도 知省

---

21) 上記 田柴科條에는 諸郞中·諸員外郞이라고만 보이나 거기에는 左·右司의 郞中·員外郞도 포함되어 있었다고 생각된다.
22) 『高麗史』卷 76 百官志 1 尙書省 및 門下府條.
23) 위의 책, 卷 76 百官志 1 尙書省.

事를 제외한 모든 官員이 다시 설치되어 제기능을 하게 되었던 것이
다. 그러나 이번에도 그같은 조처는 6년간의 短命으로 끝나고 왕 11
년(1362)에 尙書省은 三司에 합병된 후24) 아예 자취를 감추게 된다.
　　구체적인 관직 임명 기사를 검토하여 보면 시기상으로 위에 나타
난 상서도성의 연혁과 약간 다른 자료가 찾아진다. 하지만 그것은
예외라 할 정도로 극소수에 지나지 않으므로 상서도성은 대략 이상
과 같은 변천과정을 밟아왔다고 간주하여도 좋을 듯싶다. 그러니까
尙書都省은 國初(太祖 때)의 內奉省을 이어서 成宗 원년(982)에 御
事都省으로 발족한 이후 忠烈王 원년(1275)까지의 294년과 충선왕
때의 몇달간에다 恭愍王 5년(1356)부터 동왕 11년(1362)까지의 몇년
간을 합하여 300년 가량 존속하였던 중앙정치기구였다고 하겠다. 그
리고 그것은 그의 하층조직인 尙書6部의 상급기관이었지만 기능상
에 있어서는 출발 당시부터 양자가 상당한 정도로 분리되어 있었다
는 점 또한 보여주는 것이었다. 그러면 지금부터 상서도성의 관원과
기능에 대한 검토를 통하여 그의 위상을 좀더 깊이있게 살피는 과정
을 갖기로 하자.

Ⅲ. 尙書都省의 官員

1. 尙書令

　　앞서 상서도성에는 규정상 從1品의 尙書令 1인과, 正2品의 左・右
僕射 각 1인, 從2品의 知都省事 1인, 從3品의 左・右丞 각 1인, 正5品
의 左・右司郞中 각 1인, 正6品의 左・右司員外郞 각 1인, 從7品의
都事 2인, 그리고 主事 등의 掾屬 39인을 두도록 되어 있었다고 하
였다. 그렇다면 이 중 가장 상급 직위인 尙書令이 의당 상서도성의
장관이 되어야 하는 것이겠으나 실제적으로는 그렇지가 않았다. 이

---

24) 위의 책, 卷 76 百官志 1 尙書省 및 三司條.

미 소상하게 밝혀진 바와 같이[25] 그것은 實務職이 아니었다. 尙書令 職은 뒤에 〈자료 1〉로 제시하여 두었듯이 王子·王叔 등 주로 宗親 들이 제수받고 있었다. 그것은 王族들에 대한 封爵과 함께 수여된 명예직의 성격이 강한 직위였던 것이다. 이같은 사실은,

> (나)-① 國初에 宗親들은 院君·大君을 칭하였다. 顯宗 이후 公·侯에 봉하고 下位者는 元尹·正尹을 삼았는데, 혹 尙書令·中書令을 겸하기도 하고, 또 혹 太尉·司徒·司空을 띠기도 하였다(『高麗史』 卷 77 百官志 2 宗 室諸君).

는 설명을 통해 확인할 수가 있다. 아울러 『高麗史』 卷 80, 食貨志 3 祿俸의 宗室祿條에 尙書令이 350석을 받는 제3과 내지 제2과에 들어 있는 데서 그것이 지니는 실제적인 의미도 짐작이 간다.

人臣 가운데 尙書令職을 띠었던 인물로 李資謙이 거명된 사료가 보이나[26] 그것은 어떤 오해에서 기인하는 듯하다.[27] 이 사실을 전 하는 『高麗圖經』의 저자인 宋人 徐兢이 고려에 온 仁宗 원년(宣和 5, 1123) 당시에 이자겸은 中書令의 지위에 있었기 때문이다.[28]

이렇게 이자겸을 제외시키고 나면 尙書令에 제수됐던 인물로 현 재 찾아지는 사람은 崔惟吉이 유일하다. 그런데 이 사실 역시도 『高 麗史』의 列傳과 文集에만 전할 뿐,[29] 年代記에는 보이지 않는다. 즉 『高麗史』 世家에서는 그가 文宗 29년 12월에 尙書左僕射, 동왕 31년 11월에 守司空·判三司事로 임명받은[30] 사실을 끝으로 더 이상 찾 아지지 않는 것이다. 이와 함께 그의 尙書令職이 형인 崔惟善의 中

---

25) 邊太燮, 주1)과 주2) 논문. 尙書令에 관한 이하의 설명은 대체적으로 이 들 논문에서 이미 언급된 것들이다.
26) 『高麗圖經』 卷 8 人物 守太師尙書令李資謙.
27) 邊太燮, 주1) 논문 p. 10.
28) 李資謙은 仁宗 즉위년 5월에 守太師·中書令을 제수받은 후(『高麗史』 卷 15 世家·『高麗史節要』 卷 8) 줄곧 이 지위에 있었다.
29) 『高麗史』 卷 95 列傳 崔冲傳·同附 惟善傳·『補閑集』 上 文憲公於成宗條.
30) 『高麗史』 卷 9 世家 해당 年月條.

書令職 임명과 倂記되어 있는 점도 감안할 필요가 있을 듯하다. 그렇다면 그것은 致仕職이었을 가능성이 많지 않을까. 필자는 그같이 이해하는게 합리적이라고 생각한다. 결국 尙書令은 中書令과 같이 致仕職 또는 贈職으로도 이용되었다는 이야기인데, 贈職의 예로는 金位와 蔡洪哲의 祖父가 받은 사실이 확인된다.[31]

尙書令職이 기록상 처음으로 나타나는 것은 成宗 8년에 설치하였다는 兵馬判事制와 관련하여서이다.[32] 하지만 이때는 아직 그같은 칭호가 사용되기 이전이라 생각되므로 그의 실제적인 기능에 대해서는 의문이 없지 않다. 일면 文宗 30년에 정해진 兩班田柴科에서 尙書令은 中書令·門下侍中과 함께 田 100結·柴 50結을 받는 제1과에 편입되어 있고,[33] 같은 해에 정해진 文武班祿條에도 역시 中書令·門下侍中과 함께 祿俸 400石을 받는 제1과에 들어가 있음을[34] 볼 때, 그것을 官僚組織에서 무작정 배제하여 버릴 수 없는 점도 있다. 다만 實職으로 임명된 구체적인 사례가 보이지 않는게 문제인데, 여기서는 그 정도의 의문을 제기하여 두는 선에서 그친다.

尙書令이 人臣에게 혹 實職으로 제수되거나, 또는 致仕職 내지 贈職으로 이용되는 경우에도 그 숫자는 극히 적었을 것이며, 왕족에게 수여하는 경우 역시 상황은 유사했으리라 짐작된다. 이 점을 이해하는 데는 다음과 같은 李奎報의 글이 참고된다.

> (나)-② 尙書令은 百官의 長이라, 지위가 극히 높으므로 타당한 인물이 없으면 비워두기도 하고, 때로는 혹 懿親을 두기도 하였으나, 그러나 重望과 元功이 있지 아니하면 역시 함부로 제수할 수 없으므로 비록 宗室 가운데서도 이 벼슬을 지낸 이는 몇 사람 되지 않았다(『東國李相國集』 卷 34·『東文選』 卷 26 淮安公爲守太師尙書令余如故別宣麻 敎書官誥).

요컨대 尙書令은 百官의 長으로 인식될 정도의 고위직으로서, 중

---

31) 『高麗墓誌銘集成』, p. 401 金周鼎墓誌銘·同 p. 508 蔡洪哲墓誌銘.
32) 『高麗史』 卷 77 百官志 2 外職 兵馬使·『高麗史節要』 卷 2 成宗 8년 3월.
33) 『高麗史』 卷 78 食貨志 1 田制 田柴科 文宗 30년.
34) 위의 책, 卷 80 食貨志 3 祿俸 文武班祿 文宗 30년.

한 명망과 큰 공훈이 있는 소수의 宗親과 人臣에게 제수되었다는 이
야기이거니와, 그렇기 때문에 그것은 주로 宗親의 경우 封爵에 따른
명예직으로, 人臣에게는 致仕職이나 贈職으로 수여되었던 것이라 하
겠다. 따라서 尙書令은 어느 경우이든 尙書都省의 장관과 거리가 먼
직위였다는 사실도 스스로 드러났다고 할 수 있다.

2. 尙書左·右僕射

尙書令의 성격이 이와 같았으므로 尙書都省의 장관은 左僕射와
右僕射가 맡았다고 보아야 하겠는데, 이는 사실로써 확인된다. 그들
의 임명·在任·활동 기사들이 사료에서 다수 찾아지는 것이다. 이
제 그것들을 모두 망라하여 도표로 작성하면 〈자료 2〉와 같다.

보다시피 그 사례는 247개에 달하고 있는데, 이것은 자료의 풍부
성을 감안해 檢校職이나 贈職, 그리고 王族에게 수여한 경우 등은
제외시켰을 뿐더러 人員을 기준으로 계산한 만큼 실제 숫자는 이보
다 훨씬 많다. 어떠한 사람이 우복야에서 좌복야로 승진하거나 그들
직위에 守司空 등이 加하여지는 경우가 종종 눈에 띄기 때문이다.
이런 점을 염두에 두고, 아울러 分析을 위해 같이 찾아놓은 바 복야
직에 임명 또는 在任하기 전후의 관직을 비교하면서 그들의 위상을
살펴보기로 하자.

종래 좌·우복야의 위치를 검토함에 있어 널리 이용된 자료 가운
데 하나는 아래의 기사였다.

> (다) (德宗 원년[1032] 春正月) 戊戌에 制하여 말하기를, "左僕射 異膺甫에게
> 司徒를 加하고, 右僕射 金如琢에게 司空을 加하여 그 班序를 叅知政事의
> 아래·中樞使의 위에 두고, 아울러 祿俸을 加하도록 하라" 하였다(『高
> 麗史』卷 5 世家).

다 아는대로 叅知政事는 中書門下省의 宰臣 5職(從1品의 門下侍

中, 正2品의 각 平章事, 從2品의 叅知政事·政堂文學·知門下省事)
가운데 서열 제3위이며,[35] 中樞使는 樞密 7職(從2品의 判中樞院事·
中樞院使·知中樞院事·同知中樞院事, 正3品의 中樞院副使·簽書院
事·中樞直學士) 가운데 제2위의[36] 관직이었거니와, 좌·우복야에
각각 三公인 司徒(正1品)와 司空(正1品)을 附加하여 班序를 그들 사
이에 위치케 하라는 국왕의 지시이다. 복야는 품계상 正2品인 데다
가 거기에 正1品인 三公이 다시 더하여진 경우일지라도 從2品인 참
지정사의 아래에 위치하였다는 사실이 주목된다.

그렇다면 司空 등이 가하여지지 않은 복야 단독직일 경우의 위상
은 어떠했을까. 이때도 물론 참지정사의 아랫 자리에 위치하였을 것
이다. 종래에는 이 점을 잘 말해주는 자료로 각 官職에 따른 丘史의
수와 祿俸 및 田柴 지급액의 차이를 들곤 하였다.[37] 참고로 다음에
그들 규정을 도표로 제시하면 아래와 같다.

〈표 3〉 3品 以上 官員에 대한 丘史 數(『高麗史』 卷 72 輿服志 鹵簿 百官
儀從 明宗 20年判)

官署 \ 品階	正 1 品	從 1 品	正 2 品	從 2 品	正 3 品
三師·三公	守太師 22 守太傅 22 守太保 22 守太尉 16 司　徒 16 司　空 16				
中書門下省		中書令 22 門下侍中 22	門下侍郎平章事 20 中書侍郎平章事 20	叅知政事 16 政堂文學 15 知省事 15	左右常侍 10
尙書省　都省		尙書令 22	左右僕射 14	知省事 8	
尙書省　6部					6尙書 10
樞密院 (中樞院)				(判)樞密院事 16 院使 15 知院事 14 同知院事 14	副使 13 密直學士 10 知奏事 9 承宣 8

---

35) 邊太燮, 주2) 논문.

36) 邊太燮, 「高麗의 中樞院」『震檀學報』 41, 1976.
　　 朴龍雲, 「高麗의 中樞院 硏究」『韓國史硏究』 12, 1976.

37) 邊太燮, 주2) 논문 pp. 71~72.

우선 百官 儀從의 丘史 숫자에 있어 참지정사가 16인데 비해 좌·
우복야는 14인으로 2인이 적다. 그만큼 낮은 대우를 받았다는 증거
인 것이다. 마찬가지로 祿俸도 文宗 30년에 정하여진 규정에서는 전
자가 3科에 속해 있는데 비해 후자는 4科에 속해 있어 1科의 낮은
대우를 받고 있다.

〈표 4〉 3品 以上 官員에 대한 祿俸 支給表(『高麗史』 卷 80 食貨志 3 祿
俸 文武班祿)

文 宗 30 년			仁 宗		
科	지급액수 (石·斗)	受 祿 者	科	지급액수 (石·斗)	受 祿 者
1	400	中書令(從1品) 尙書令(從1品) 門下侍中(從1品)	1	400	門下侍中(從1品) 中書令(從1品)
2	366·10	中書侍郎(正2品 門下侍郎(正2品)	2	366·10	門下平章(正2品) 中書平章(正2品)
3	353·5	諸殿大學士(從2品) 叅知政事(從2品) 中樞院使(從2品) 同知院事(從2品)			
4	333·5	左右僕射(正2品)	3	333·5	叅知政事(從2品) 左右僕射(正2品)
5	300	六部尙書(正3品) 左右常侍(正3品) 御史大夫(正3品) 中樞院副使(正3品) 簽書院事(正3品) 翰林學士承旨(正3品) 中樞院直學士(正3品) 判閣門事(正3品) 上將軍(正3品)	4	300	六尙書(正3品) 左右常侍(正3品) 御史大夫(正3品) 判閣門事(正3品) 上將軍(正3品)

〈표 5〉 3品 以上 官員에 대한 文宗 30年의 田柴 支給表(『高麗史』 卷 78 食貨志 1 田制 田柴科)

科	지급 액수		受　　給　　者		
	田地(結)	柴地(結)			
1	100	50	中書令(從1品)	尙書令(從1品)	門下侍中(從1品)
2	90	45	門下侍郎(正2品)	中書侍郎(正2品)	
3	85	40	叅知政事(從2品)	左右僕射(正2品)	
4	80	35	六尙書(正3品)	御史大夫(正3品)	左右常侍(正3品)

　이렇게 좌·우복야가 참지정사보다 대우가 낮고 지위도 아래였다는 사실은 直宿日에 화재사건이 발생하자 당해자인 叅知政事 金顯을 문책해 降職시킨 자리가 左僕射이었다는[38] 데서도 드러난다. 그리고 康拯과 金克儉이 각각 睿宗과 仁宗朝에 左僕射를 거쳐 叅知政事로 승진하고 있고,[39] 또 관직 임명 때에 복야보다 참지정사를 먼저 기술하고 있는 것도[40] 그점을 입증하여 주는 자료들이다. 유사한 내용의 사료는 이들 이외에도 다수가 더 찾아지는데 그것들을 종합하여 도표로 작성하면 다음과 같거니와, 여기에는 이해를 돕기 위해 좌·우복야 내지 守司空左·右僕射에서 叅知政事로 승진한 사례뿐 아니라 각 平章事(中書侍郎平章事·中書平章事·門下平章事·中書侍郎同中書門下平章事 등)와 政堂文學·知門下省事의 경우도 함께 들어두도록 하겠다.[41]

　宰臣 가운데에서는 참지정사로 승진한 사례가 가장 많은데, 그것은 이 직위가 복야의 윗자리라고 이해되는 만큼 어떻게 보면 당연할 듯싶다. 그러나 복야 중에는 참지정사를 거치지 않고 그 윗 지위인 平章事로 승진한 사례도 다수가 보여서 주목을 끈다. 중서문하성의

---

38) 『高麗史』 卷 8 世家 文宗 15년 3월 丁酉.
39) 위의 책, 卷 97 列傳 康拯傳과 金克儉傳.
40) 위의 책, 卷 4 世家 顯宗 즉위년 3월 및 같은 책, 顯宗 3년 春2月 戊午條 등.
41) 부분적이긴 하지만, 이와 유사한 작업이 周藤吉之氏의 주2) 논문에서 이미 이루어진 바 있다.

宰臣職은 좌·우복야의 중요 進出路였던 것이다. 하지만 그 가운데
에서 政堂文學과 知門下省事로 승진한 사례는 그리 많지 않다.

〈표 6〉 僕射에서 宰臣으로 승진한 事例表

官　　職	숫자	자 료 번 호
左僕射→각 平章事	8	2·13·27·56·57·73·115·196
右僕射→각　〃	1	129
守司空·左僕射→　〃	7	9·69·121·156·160·168·241
守司空·右僕射→　〃	3	84·103·240
左僕射→叅知政事	15	6·9·20·65·67·77·94·95·105·119 ·128·156·165·202·224
右僕射→　〃	6	4·16·22·58·127·182
守司空·左僕射→　〃	6	111·112·114·173·220·245
左僕射→政堂文學	1	227
右僕射→　〃	1	139
守司空·左僕射→　〃	1	181
左僕射→知門下省事	1	147
右僕射→　〃	1	198
守司空·左僕射→　〃	2	176·183

　그런데 한편 조사하여 보면 위의 경우와는 반대로 宰臣에서 僕射
로 자리를 옮긴 사례 역시 여럿 찾아져 우리를 당혹케 한다. 그리고
복야와 재신직이 겸임으로 나타나고 있는 사례도 다수 보이는데, 그
것들을 앞서의 요령과 동일하게 도표로 작성하면 아래와 같다.

〈표 7〉 宰臣에서 僕射로 옮긴 事例表

官　　職	숫자	자 료 번 호
平章事→僕射	1	246
平章事→守司空·右僕射	1	84
叅知政事→左僕射	10	2·4·6·27·56·67·94·97·115·139
叅知政事→右僕射	3	103·123·127
叅知政事→守司空·左僕射	4	29·69·121·156
叅知政事→司徒·右僕射	1	40
政堂文學→守司空·左僕射	2	125·245

〈표 8〉 僕射·宰臣職 겸임 事例表

官　　職	숫자	자　　료　　번　　호
左僕射·同內史門下平章事	2	15·17
左僕射·叅知政事	24	5·9·16·20·26·34·41·45·55·59·63·66·79·81·86·89·90·101·113·124·137·145·146·152
右僕射·叅知政事	6	40·64·70·71·72·135
守司空·左僕射·叅知政事	8	82·95·97·106·108·123·130·161
左僕射·政堂文學	2	82·179
守司空·左僕射·政堂文學	3	125·180·213
右僕射·知門下省事	3	64·102·180
守司空·左僕射·知門下省事	1	187

平章事에서 복야로 옮긴 것은 2사례 뿐인데, 이는 어떤 사정에
의한 예외적인 사실로 짐작된다. 그 나머지 대부분은 역시 참지정
사에서 복야로 轉職한 사례이지만, 그러면 이 점은 어떻게 이해하
여야 할까. 이에 대한 해답은 아무래도 참지정사가 從2品인데 비해
복야는 正2品이었다는 데서 구할 수밖에 없을 것 같다. 실제적인 대
우나 인식상에 있어서는 전자가 후자보다 상위였으나 품계상으로는
그 반대였으므로 그 또한 형식에 있어서는 승진이 되는 것이다.[補]
관직 임명시에 복야가 참지정사보다 앞 서열에 기재된 예도[42] 같은
원리에서였다고 추측되거니와, 그렇지만 당사자로서는 이러한 과정
을 달가와하지 않았으리라는 것은 능히 짐작할 수 있다.

政堂文學과 知門下省事는 참지정사의 바로 아래 서열이었고 복야
도 守司空 등이 가해졌을 때 같은 위치였다는 점으로 미루어 보건대
정당문학 및 지문하성사와 수사공·복야의 위상은 비슷했다고 생각

補) 이와 같은 경우도 없지는 않았다고 이해된다. 하지만 다시 생각해보면
　　叅知政事에서 僕射로 轉職된듯이 기술된 이들의 대부분 사례는 轉職이
　　아니라 叅知政事職을 그대로 지닌채 僕射를 중첩하여 받은 경우라고 판
　　단된다. 이점에 대해서는 朴龍雲, 「고려시대의 叅知政事」『고려시대 中書
　　門下省宰臣 연구』, 一志社, 2000, pp. 281~282 참조.

42) 『高麗史』卷 10 世家 獻宗 즉위년 6월 甲申 및 같은 책, 卷 16 世家 仁
　　宗 10년 12월 丁未條 등.

된다. 〈표 6〉과 〈표 7〉에서 드러나듯이 守司空·僕射에서 政堂文學 또는 知門下省事로 轉職했거나 그 반대의 경우가 아울러 찾아지는 것은 그 때문이라 이해된다. 그렇다면 守司空 등이 부가되지 않은 복야 단독직일 경우 저들보다 서열이 아래였으리라는 짐작도 가능해진다. 百官 儀從의 丘史 수에 있어 정당문학 및 지문하성사는 각각 15人으로 左右僕射보다 1人이 많았었다(표 3). 다만 관직 임명의 기사 가운데는 복야직이 정당문학에 앞서서 기술된 사례가 보이나[43] 이것도 참지정사의 경우와 마찬가지로 품계상의 상위에 따른 형식적인 의미를 지닐뿐, 실권이나 대우면에서 그러했다는 뜻을 내포한 조처는 아니었다고 판단된다.

尙書左·右僕射는 尙書都省의 장관으로써 단독직으로 임명·在任한 사례가 압도적으로 많다. 그들을 통계로 내어보면 左僕射가 64사례, 명예직인 守司空 또는 守司徒가 부가된 것이 37사례로 합계 101사례이며, 右僕射는 73사례, 거기에 守司空 및 守司徒가 부가된 것이 16사례로 합계가 89여서 좌·우복야를 합산하면 190사례에 이르고 있는 것이다.[44] 그러나 이들은 그처럼 단독직으로만 존재한게 아니라 他職을 겸임한 사례 역시 다수 찾아지는데 그중 宰臣職을 겸한 경우를 뽑은 것이 〈표 8〉이거니와, 그에 의하면 여전히 참지정사를 중심으로 하여 전체 숫자는 49사례나 된다.[補] 좌·우복야가 비록 丘史 數나 文宗 30년의 녹봉에서는 참지정사에 비해 차별대우를 받고 있으나 仁宗 때에 更定된 녹봉과 文宗 30년의 田柴 지급액에 있어서는 양자가 동일했다는 사실과 함께 이 역시

---

43) 『高麗史節要』卷 8 睿宗 8년 12월·12년 12月條 등.

44) 〈자료 2〉참조.

補) 이런 경우 僕射가 本職이고 叅知政事·政堂文學·知門下省事는 兼職이라고 파악하는 논자들이 있으나, 필자는 그와 달리 僕射나 叅知政事 등은 다같은 本職이요 重複職이었다고 이해하고 있다. 이점에 대해서는 朴龍雲, 「고려시대의 叅知政事」『고려시대 中書門下省宰臣 연구』, 一志社, 2000, pp. 249~255와, 같은 책 「고려시대의 政堂文學」·「고려시대의 知門下省事」참조.

전자의 위상을 가늠해 볼 수 있는 자료라는 점에서 유의할 필요가
있다고 생각된다.

　다음으로 樞密과의 관계를 보면, 앞에 든 (다)-① 사료에 언급되
었듯이 복야는 司徒나 司空이 加해졌을 때 中樞使의 상급에 위치
한다 했으므로 그렇지 않을 경우는 지위가 같거나 아래였다는 뜻
으로 풀이된다. 그런 점에서 양자는 서로 잘 어울릴 수 있는 직위
였다. 이는 사례를 통해서도 확인이 가능하거니와, 양자가 겸임직
이 되었거나 승진 관계를 여타의 樞密職과 함께 도표로 보이면 아
래와 같다.

〈표 9〉 僕射・樞密職 겸임 事例表

官　　職	숫자	자　　료　　번　　호
左僕射・中樞院使(樞密院使)	5	26・44・74・100・126
右僕射・樞密院使	2	43・133
守司空・左僕射・樞密院使	1	116
左僕射・知樞密院事	3	167・187・191
左僕射・樞密院副使	3	184・185・187
右僕射・　　〃	2	188・207

〈표 10〉 僕射에서 樞密로 승진한 事例表

官　　職	숫자	자　　료　　번　　호
右僕射→樞密院使	3	55・80・120
※左僕射→左僕射・中樞使[45]	1	44
※右僕射→中樞使・右僕射	1	43
※守司空・右僕射→左僕射・樞密院使	1	116
左僕射→知密直司事	1	234
僕　射→知中樞院事	1	200
左僕射→同知樞密院事	1	218
右僕射→　　〃	1	219
左僕射→樞密院副使	6	201・204・209・221・227・235
右僕射→　　〃	7	189・193・205・206・226・229・238

---

45) 복야의 승진 형식 가운데 하나는 이렇게 본래의 직위는 그대로 둔 채 거
　　기에　中樞使・叅知政事・政堂文學・知門下省事・翰林學士承旨・6部判事・
　　守司空・守司徒 등을 추가하는 것이었다. 그중 가장 흔한 예가 守司徒・
　　守司空을 부가하는 것이었지마는, 여기에는 中樞使를 추가한 예를 참고
　　로 들어 두었다.

〈표 11〉 樞密에서 僕射로 승진한 事例表

官　　職	숫자	자　료　번　호
權判中樞院事→左僕射	1	57
中樞院使→左僕射 （樞密院使）	5	20 · 73 · 77 · 88 · 147
→右僕射	2	129 · 243
→守司空 · 左僕射	6	140 · 181 · 183 · 199 · 217 · 233
※[46]　　→左僕射 · 叅知政事	4	41 · 55 · 81 · 86
※　　　→右 〃 〃	1	71
※　　　→守司空 · 左僕射 · 叅知政事	1	130
知中樞院事→右僕射	2	116 · 120
→守司空 · 左僕射	2	172 · 173
→守司空 · 右僕射	1	240
※　　　→左僕射 · 叅知政事	2	45 · 90
※　　　→右 〃 〃	1	135
※　　　→守司空 · 左僕射 · 叅知政事	1	108
同知中樞院事→守司空 · 左僕射	2	162 · 220
※　　　　→左僕射 · 叅知政事	1	79
※　　　　→右 〃 〃	2	64 · 72
樞密院副使→左僕射	2	196 · 224
→守司空 · 左僕射	1	244
→ 〃 右 〃	2	157 · 223

　　복야로서 中樞院使(樞密院使)를 겸직한 사례가 꽤 여럿 눈에 띄며, 또 복야에서 중추원사로 승진했거나, 반대로 중추원사에서 복야로 승진한 사례도 상당수 찾아지는 것이다.[補]

　　그런데 앞에 제시한 〈표 3〉의 丘史 數나 〈표 4〉의 녹봉 액수에 있어서는 좌 · 우복야가 중추원사보다 한 단계 낮게 규정되어 있다. 그런가 하면 武臣政權期에 執政 鄭仲夫의 사위인 宋有仁의 질시를 받아 樞密院使에서 尙書左僕射로 자리를 옮긴 文克謙이 좌천되었다고 표현한 사례도[47] 보인다. 실권이나 대우면에서는 추밀원사가 좀 나

---

46) 中樞院使에서 左僕射로 승진했는지, 혹은 叅知政事로 승진했는지의 여부를 잘 알 수 없으므로 ※표를 하여 참고로 들어 두었다. 이하 마찬가지이다.

補) 이런 경우들 역시 中樞院의 樞密들은 일부 혹은 전부가 兼職으로 운영되었다는 측면에서 설명하는 논자들이 있어 주목된다. 하지만 필자는 그와 좀

은 편이었던 모양이다. 한편 그럼에도 불구하고 중추원사에서 복야
로 승진한 사례가 그 반대의 경우보다 더 많은 것은 전자가 從2品인
데 비해 후자는 正2品이었던데 기인하는 듯하다. 이점은 이미 政堂
文學 등의 예에서도 지적한 바 있거니와, 관직 임명시의 서열은 복
야가 먼저 기재되기도 하고,[48] 중추원사가 먼저 기재되기도 하는[49]
등 두 경우가 모두 찾아진다.

　　중추원사의 바로 아래 서열에 위치했던 知中樞院事(知樞密院事)
와 同知中樞院事(同知樞密院事)의 경우는 복야와 그 위상이 거의
같지 않았을까 짐작된다. 연구자 가운데서는 文宗 30년의 녹봉 지급
규정에 同知院事가 좌·우복야보다 한 科等 높게 책정되어 있고(표
4), 또 毅宗朝人 徐淳이 知樞密院事에서 尙書左僕射로 좌천된 사
례[50] 등을 들어 복야는 이들보다도 하위직이었다는 의견을 내놓기
도 하였다.[51] 하지만 승진 과정을 보면, 知院事 및 同知院事에서 복
야로 올라간 사례는 찾아지는데 비해 그 반대의 경우가 보이지 않아
그러한 견해에 동조하기 어렵게 한다. 물론 복야에서 지원사 등으로
승진한 사례가 아예 없는 것은 아니지만 보다시피 그것들은 모두 高
宗朝 이후의 사실들이다. 따라서 시기를 그 이전으로 한정시킬 경우
그들 사례는 별다른 의미를 가지지 못하게 되는 것이다. 그런데다가
文宗 30년의 녹봉 지급규정에 좌·우복야가 불리하게 되어 있었다고
하지만 仁宗朝의 更定時에는 그가 참지정사와 동급으로 되고 있어
이 문제도 그렇게 강조할 일이 못되며, 또 관직 임명의 기사에서는
복야와 知院事 및 同知院事의 서열이 상호간에 앞섰다가는 뒷서기

　　견해를 달리하는데, 그점에 대해서는 稿를 달리하여 상론하도록 하겠다.
47)『高麗史』卷 20 世家 明宗 9년 秋7月 己未 및『高麗史節要』卷 12 同年
　　同月條.『高麗史』卷 99 列傳 文克謙傳에는 당시 그의 관직이 知樞密院
　　事였던듯이 기술되어 있으나 이는 잘못으로 생각된다.
48)『高麗史』卷 16 世家 仁宗 13년 12월 丙寅條 등.
49) 위의 책, 卷 5 世家 顯宗 18년 春正月 辛亥條 등.
50)『高麗史』卷 19 世家·『高麗史節要』卷 11 毅宗 24년 秋7月.
51) 邊太燮, 주2) 논문 p. 71.

도 하는 등 순위가 엇갈려 나오고 있다. 뿐만 아니라 百官 儀從의 丘史 數에 있어서는 세 직위가 모두 동일하다(표 3). 그러므로 필자가 보기에 이 셋의 위상은 거의 같았다고 이해하는게 더 합리적이라고 생각되는 것이다.

同知院事 아래의 中樞院副使(樞密院副使)와 簽書院事·中樞院直學士는 확실히 복야의 아래에 위치하였다. 이 점은 녹봉 지급액, 丘史의 數 및 관직임명 서열[52] 등 모든 면에서 입증이 된다. 다만 승진 과정상 복야에서 樞密院副使로 올라간 예외적인 사례가 꽤 여럿 보이는게 좀 문제인데, 그러나 이들 사례도 하나같이 高宗朝 이후의 사실들이다. 아마 高宗朝 이후에는 僕射와 樞密간의 위상에 상당한 변화가 있었던 것으로 추측된다. 하지만 그 기간은 尙書都省이 존재했던 말기에 한정된다는 제약성을 지니는 것이다.

요컨대 좌·우복야는 中書門下省의 宰臣과 中樞院의 判中樞院事·中樞院使보다는 하위에 위치하는 존재였으나 知院事·同知院事와는 同級이었고 中樞院副使·簽書院事·中樞院直學士보다는 상위에 위치한 宰相이었다고 정리된다. 그들은 '宰臣·樞密'과 구분되는 또 하나의 宰相이었던 것이다.

종래에는 이들이 '從2品인 中書門下省의 宰臣이나 中樞院의 樞臣보다도 下位에 놓여 宰相에 끼지 못하였고' 다만 司空이 加하여질 경우에 한하였다는 견해가 유력하였다. 그리하여 좌·우복야는 오히려 그 아래의 6尙書와 한 묶음이 되어 '八座'로 통칭되는게 보통이었다는 것이다.[53]

이같은 주장은 上述한 결론과는 좀 다른 것인데, 사실 복야는 司空이 加하여질 경우에 한하여 宰相의 列에 들게 되었다고한 의견만

---

52) 『高麗史』 卷 12 世家 肅宗 9년 8월 辛酉條에서와 같이 복야에 앞서 추밀원부사가 나오는 예외가 없는 것은 아니나 대체적으로는 전자의 서열이 높은 것으로 나타난다. 다만 高宗朝 이후는 그렇지 아니한데, 그러나 이 시기는 별도로 취급해야 할 것이라 생각된다
53) 邊太燮, 주1) 논문 p. 15 및 주2) 논문 p. 73.

해도 그대로 받아들이는 데는 난점이 없지 않다. 복야에는 司空 뿐 아니라 司徒가 흔히 부가되곤 했지만, 그것은 正1品의 지위에까지 올랐다는 상징적·명예적 의미가 컸을 뿐, 그로써 어떤 권한의 확대가 있었던 것은 아니었다. 三公은 實務職이 아니었기 때문이다.[54] 그러므로 이들 직위는 이미 宰相의 班列에 오른 僉知政事 등에도 제수되는 일이 있었지마는, 그로써 미루어 보건대 司空 등의 부가 여부가 宰相이 되고, 안되고를 판가름하는 기준이 되었다고는 생각되지 않는 것이다.

8座의 문제도 그렇다. 邊太燮 교수도 들어놓고 있는바 그에 대해서는 高宗朝人 崔滋가 자신의 저술에서, '魏·隋·唐에서는 모두 6尙書·兩僕射를 8座라 했는데, 지금은 6尙書·左右散騎를 8座라 한다'라고[55] 분명하게 밝히고 있는 것이다. 그럼에도 邊教授는 이를 부정하고, 고려에서도 중국에서처럼 6상서·左右僕射가 8座였다고 하면서 그 증거로 『高麗史』 禮志의 老人賜設儀에서 '眞宰·樞密·八座를 구분하고 있고' 또 興服志 公服條에서는 '文官八座·左右常侍·御史大夫·翰林學士承旨·侍臣三品以上·武官上將軍以上　金班犀'라[56] 하여 左右常侍(左右散騎常侍)가 8座에서 제외되어 있다는 점을 지적하고 있다.[57] 하지만 上記한 老人賜設儀의 기록은 '만약 眞宰인즉 眞宰라 命하고, 만약 樞密인즉 樞密이라 命하며, 만약 八座以下인즉 三品官이라 命한다'고 하여[58] 8座가 3品官이었음을 지목하고 있는데, 복야는 실제로 正2品官이었으므로 거기에 이들이 포함되었다고 보기는 어렵다. 뿐 아니라 公服條의 경우 역시 文官八座와 左右常侍가 並列되어 있기는 하나 그렇다고 그 文官8座에 좌·우복야가 포함되었다고 단정할 수도 없는 것이다. 복야를 8座에 넣어 6尙書와 함

---

54) 邊太燮, 주2) 논문 p. 59.
55) 『補閑集』 卷 下, 漢制帝書有四.
56) 『高麗史』 卷 72 興服志 冠服 公服 毅宗朝詳定.
57) 邊太燮, 주1) 논문 p. 15.
58) 『高麗史』 卷 68, 禮志 10 嘉禮.

께 묶는 데에는 아무래도 무리가 따른다고 생각된다.

반면에 구체적인 사실들을 검토하여 보면 오히려 6尙書는 복야보다 아래의 지위였음이 확인된다. 앞서 〈표 3〉으로 제시한 丘史 數에 있어 좌·우복야가 14人인데 비해 6상서는 10인으로 무려 4인이나 적고, 또 祿俸과 田柴科에서도 모두 한 科等씩 낮게 규정되어 있음이(표 4·표 5) 그 하나의 증거이다. 하지만 무엇보다 그점을 잘 말해주는 것은 6部尙書가 僕射로 승진하는 前職으로 기능하고 있다는 사실이다. 어떤 직위에서 좌·우복야로 승진했느냐 하는 점을 조사하여 보면 대체적으로 正3品인 左·右散騎常侍(5사례)와 御史大夫(5사례)를 비롯하여 三司使·判閣門事·判大府寺事·左承旨·左副承宣·翰林學士承旨·太子賓客 등이 얼마간 있고, 다시 從3品인 國子大司成(4사례)·禮賓卿·衛尉卿 등도 부분적으로 보이나 가장 많은 숫자는 6部尙書인 것이다. 그 상황을 따로이 도표로 그리면 아래와 같다.

〈표 12〉 6部尙書에서 僕射로 승진한 事例表

官　　職	숫자	자　　료　　번　　호
吏部尙書→左僕射	9	2·26·65·86·99·101·113·126·147
→右僕射	3	76·80·105
→守司空·左僕射	3	112·172·181
兵部尙書→左僕射	5	24·49·95·97·143
→右僕射	6	23·52·78·98·107·120
→守司空·左僕射	2	35·165
戶部尙書→左僕射	2	83·192
→右僕射	4	12·13·53·58
刑部尙書→左僕射	5	25·37·118·130·191
→右僕射	4	9·104·137·156
禮部尙書→左僕射	6	7·22·38·67·88·110
→右僕射	2	43·55
→守司空·右僕射	1	223
工部尙書→左僕射	1	14
→右僕射	8	4·30·54·87·92·96·142·207
→守司空·左僕射	1	160
	62	

이처럼 6部尙書는 복야의 한 단계 아래 직위로써 그와 동일한 묶음이 될 수 있는게 아니었다. 복야는 앞서 설명했듯이 6部尙書와 차원을 달리하는 재상의 위치에 있었던 것이다. 복야가 이처럼 재상의 위치에 있었다는 사실은 그들 중의 꽤 많은 수가 반드시 宰臣이 겸직하게 되어 있는 3司와 6部의 判事가 되었다는 데서[59] 다시 확인된다. 그 상황을 도표로 나타내면 〈표 13〉과 같다.

〈표 13〉 僕射로 三司判事 및 6部判事를 겸임한 事例表

官　　　職	숫자	자　료　번　호
左僕射 · 判三司事	1	97
右僕射 · 判三司事(兼三司事)	4	1 · 80 · 170 · 246
守司空 · 左僕射 · 判三司事	3	53 · 173 · 176
※ 左僕射 · 叅知政事 · 判三司事	1	66
※ 守司空 · 左僕射 · 叅知政事 · 判三司事	1	116
※ 知門下省事 · 右僕射 · 判三司事	1	180
※ 左僕射 · 樞密院使 · 判三司事	2	100 · 126
※ 知樞密院事 · 左僕射 · 判三司事	1	187
左僕射 · 判兵部事	1	52
守司空 · 左僕射 · 判兵部事	1	98
※ 右僕射 · 叅知政事 · 判兵部事	1	70
左僕射 · 判戶部事	1	73
守司空 · 左僕射 · 判戶部事	3	69 · 121 · 232
※ 右僕射 · 叅知政事 · 判戶部事	1	71
左僕射 · 判刑部事	2	49 · 94
右僕射 · 判刑部事	2	50 · 123
守司空 · 左僕射 · 判刑部事	1	168
※ 右僕射 · 叅知政事 · 判刑部事	1	135
※ 守司空 · 左僕射 · 叅知政事 · 判刑部事	1	123
守司空 · 左僕射 · 判禮部事	2	111 · 125
※ 左僕射 · 叅知政事 · 判禮部事	1	113
※ 守司空 · 左僕射 · 叅知政事 · 判禮部事	2	108 · 130
※ 守司空 · 政堂文學 · 左僕射 · 判禮部事	1	125
左僕射 · 判工部事	2	88 · 139
守司空 · 左僕射 · 判工部事	4	101 · 114 · 217 · 228
守司空 · 右僕射 · 判工部事	2	96 · 99
※ 守司空 · 政堂文學 · 左僕射 · 判工部事	1	213

---

59) 『高麗史』 卷 76 百官志 1 三司 및 吏曹 · 兵曹 · 戶曹 · 刑曹 · 禮曹 · 工曹條.

복야와 함께 叅知政事 등의 宰相職을 동시에 겸하고 있어서 判事
가 어느 직위와 연결되었는지를 잘 구분할 수 없는 15사례(※표)를
제외하더라도 복야 단독직이 13사례, 수사공·복야가 16사례로서 모
두 29사례나 찾아지는 것이다. 이와 같이 복야는 宰相의 직위였기 때
문에 당연히 '宰相' 또는 '相公'이라 칭하여졌으며 宰樞의 儀禮에 함께
포함되어 있기도 하다. 아래의 기사가 그점을 보여주는 자료들이다.

> (라)-① (靖宗 2년 夏4月) 丁丑에 制하기를, '前尙書左僕射 李龔은 비록 두번
> 탄핵을 받았으나 先朝의 宰相으로써 오랫동안 文翰의 임무에 거하였으
> 니 可히 관직을 회복시키고 인하여 致仕케 할 것이다' 하였다(『高麗史』
> 卷 6 世家·『高麗史節要』卷 4).
> ② '中書令·尙書令은 太師令公이라 하고, 兩府의 執政官은 太尉라 하며,
> 平章·司空·叅政·樞密·僕射는 각각 時職에 따라 칭하고, 3品 이하의
> 員僚는 모두 相公이라 칭할 수 없게 하고 마땅히 곧바로 官名을 부를
> 것입니다' 하였다(『高麗史』卷 84 刑法志 1 公式 公牒相通式 外官 睿宗
> 9년 6월 禮儀詳定所奏).
> ③ 仁宗 2년 閏3月에 判하여, 宰臣·樞密은 諸王에 대하여 相對 禮拜하
> 고, 僕射 이하는 南行 禮拜토록 하였다(『高麗史』卷 68 禮志 10 嘉禮 宰
> 樞謁諸王儀).

고려에서는 중서문하성의 宰臣과 중추원의 樞密宰相을 합하여 흔
히 '宰樞' 또는 '宰臣·樞密'이라 불렀다.[60] 이같은 사례는 『高麗史』
와 『高麗史節要』 등의 史書에서 일일이 열거할 수 없을 정도로 많이
눈에 띄거니와, 여기에 僕射를 포함시킬 경우는 '宰樞僕射' 또는 '宰
臣·樞密·左右僕射'라고 표현하였다. 위에 든 (라)-② 사료도 유사
한 예이지만, 軍糧을 차출할 때 '諸王·宰·樞·僕射·承旨에게 米
20石씩' 내게 한 것과,[61] 避馬式에서 '만약 大夫인즉은 宰臣·樞密·

---

60) 邊太燮, 「高麗都堂考」 『歷史敎育』 11·12 합집, 1969 ; 『高麗政治制度史
　　　研究』, 一潮閣, 1971, p. 95.
　　朴龍雲, 「高麗의 中樞院 硏究」 『韓國史硏究』 12, 1976, pp. 104~105.
61) 『高麗史』卷 82 兵志 2 屯田 忠烈王 9年 3月.

左右僕射・近臣을 제외하고 모두 避馬한다'고 한 것이[62] 그같은 사례들이며, 또 '宰臣・叅知政事・政堂文學・左右僕射에 대하여 文班 4品 이상 및 給事中・中書舍人・御史中丞, 武班 大將軍, 南班 宣徽使는 馬上에서 공경히 揖을 한다'고 한 것[63] 역시 같은 사례로 보아 좋다고 생각된다. 복야는 宰臣・樞密과 구분되면서도 많은 경우에 저들과 나란히 설 수 있는 宰相이었음이 여러 면에서 입증이 된다고 하겠다.

복야는 품계상 正2品이었음에도 불구하고 從2品 宰相인 政堂文學・知門下省事・判中樞院事・中樞院使보다 하위에 머물렀고, 丘史數에서 단적으로 드러나듯이 자신의 지위에 상응하는 합당한 대우도 받지 못하였다. 뿐 아니라 蔭叙의 혜택에서와 같이 6尙書와 한묶음이 되는 경우가 있었는가 하면[64] 여타의 宰相職과는 달리 上將軍 등의 武班에게 개방되기도 하는[65] 등 일정한 한계성을 지니고 있었다. 그러나 상서도성의 장관으로서, 6部의 判事를 겸직하는 등 宰相의 위치에 있었던 것도 틀림없는 사실이었다.

3. 知尙書都省事

좌・우복야의 바로 아래 직위인 知尙書都省事(知都省事)는 품계가 從2品이었으므로 원칙대로 하자면 그 역시도 宰相의 班列에 들게 마련이었다. 하지만 당시의 현실은 그렇지 못했던 것 같다. 위에서 좌・우복야가 자신의 품계에 합당한 대우를 받지 못했다고 하였지마는, 知都省事는 형편이 더 나빠서 宰相에 끼지 못했을 뿐더러 正3

---

62) 위의 책, 卷 84 刑法志 1 公式 避馬式 宣宗 10年 6月判.
63) 위의 책, 卷 84 刑法志 1 公式 避馬式 德宗 2年 12月判.
64) 위의 책, 卷 75 選擧志 3 銓注 蔭叙 仁宗 12年 6月判.
65) 이 점에 대해서는 邊太燮, 「高麗朝의 文班과 武班」『史學研究』11, 1961 : 『高麗政治制度史研究』, 一潮閣, 1971, pp. 298~299 참조.

品인 6尙書보다도 오히려 하위에 놓여 있었다고 판단되는 것이다.

지도성사의 低位性은 高麗期를 다룬 史書에서 그들에 대한 임명, 在任, 활동의 기사가 매우 적게 보인다는 데서 먼저 짐작할 수 있다. 필자의 눈에 띄는 지도성사를 모두 찾아 작성한 것이 〈자료 3〉이지만, 그 수는 고작 14명에 지나지 않는데, 그나마 李資謙의 경우는 知尙書都省事가 아니라 領尙書都省事라는 특이한 직위였고, 羅孝全에게 주어진 것은 贈職이었으므로 그 둘을 제외시키고 나면 12명만이 남는다. 이것은 복야와 비교하여 보아도 그러하거니와, 규정상으로나마 그가 재상의 직위였음을 감안할 때 지나치게 적은 숫자인 것이다. 자료가 보완되면 수가 좀더 늘어나긴 하겠지만, 지도성사는 그만큼 적게 임명되고 활동 역시 미미했음을 반영하는게 아닌가 생각된다.

그런데 이 12명 가운데서도 당해년 12월의 정규 인사이동시에 임명되고 있는 사람은 金若溫과 金貽永 둘 뿐이고 崔思全은 6월의 權務政에서 제수받고 있으며, 나머지는 각자 담당한 특이한 역할과 관련하여서거나 墓誌銘에서 찾아지고 있다. 이것 또한 지도성사의 下位性을 보여주는 현상의 하나이거니와, 저들 중 權務政에서 知都省事에 임명된 崔思全은 仁宗 4년에 발생한 이른바 李資謙의 난을 진압하는데 커다란 공로를 세워 급작스럽게 두각을 나타낸 인물이었다. 그러므로 왕 4년 6월에 兵部尙書(正3品)로 발탁된 후 1년만인 5년 6월에 吏部尙書(正3品)·知都省事(從2品)로 승진하고 있으며, 그로부터 다시 일년이 채 못된 6년 3월에 守司空(正1品)·尙書左僕射(正2品)에 오르고 있지마는,[66] 이것은 일반적인 승진과정과 차이가 있는 것이었다. 지도성사를 제수받기 이전의 관직을 조사하여 보면 正4品인 6部의 侍郎이 가장 많고, 같은 正4品인 諫議大夫·太子右諭德·將軍 및 從3品인 尙書左丞·知兵部事와 正3品인 承宣도 부분적으로 찾아지는 정도이며, 그 직위를 거친 이후에는 戶部尙書(正3品)·兵部尙書로 진출하는게 좀 나은 편이고, 그렇지 않은 경우 역

---

66) 『高麗史』 卷 15 世家 당해 年月 및 같은 책, 卷 98 列傳 崔思全傳.

시 正3品인 判衛尉事·試右散騎常侍·副承宣·知奏事 또는 從3品인 秘書監·知刑部事·國子大司成 등으로 轉職했다가 다시 尙書로 옮기는 과정 등을 밟고 있는 것이다. 위에서 소개한 바 정규 인사이동에서 知都省事를 제수받은 金若溫이 宰樞는 말할 것 없고 刑部尙書·攝工部尙書의 뒤에 그 사실이 기재되고,[67] 金貽永 역시 宰樞와 禮部尙書·兵部尙書·刑部尙書·試工部尙書의 뒤에 나오고 있은 것에서도[68] 비슷한 상황은 감지된다. 明宗 20년에 정해진 丘史 數에 있어 正3品인 中樞院副使가 13인, 密直學士와 左右常侍·6尙書가 10인, 知奏事가 9人인데 비해 從2品인 知都省事가 8인이었던 것(표 3) 또한 그같은 사실의 반영이었을 것이다.

鄭筠의 知都省事 임명과 관련하여서 다음과 같은 사료가 전한다.

> (마) (明宗 9년 5월에) 左承宣·知兵部事 鄭筠을 知都省事로 삼았다. 筠은 오랜동안 知兵部事로서 西班의 銓注를 관장하여 請謁이 어지러웠으므로 이를 자못 싫어해 여러 차례 免職되기를 구하였으나 윤허되지 않았다. 筠이 單騎로 天神寺로 나가 피하니 왕이 內侍를 보내 돌아오기를 타일러 使者가 줄을 잇자 筠이 그제야 돌아왔으니, 이때에 이르러 고쳐 임명한 것이다(『高麗史節要』卷 12).[69]

종래 이 기사는 知都省事가 閑職임을 증명하여 주는 사료로 주로 이용되었는데,[70] 옳은 판단이라고 이해된다. 그러나 한편으로 생각하여 보면 鄭筠이 武臣들의 인사권을 장악한 것은 知兵部事(從3品)였던 때문이라기 보다는 당시의 武人執政인 鄭仲夫의 아들이라는 데 오히려 더 무게가 있었던 듯싶기도 하다. 知兵部事 위에는 兵部尙書와 兵部判事 등의 상급자가 있었던 것이다. 이런 점을 감안할

---

67) 위의 책, 卷 13 世家 睿宗 8년 12월 丙辰.
68) 위의 책, 卷 17 世家 毅宗 6년 12월 丙戌.
69) 동일한 기사가 『高麗史』卷 128 列傳 鄭仲夫傳에도 전하는데, 『高麗史節要』의 '掌奏'가 이곳에는 '掌注'로 되어 있다. 후자가 옳다고 생각된다. 『高麗史』卷 20 世家 明宗 9년 5月條에도 改除 사실이 간략하게 실려 있다.
70) 邊太燮, 주2) 논문 p. 73.

때 정균이 武臣들의 인사청탁을 싫어하여 知兵部事를 그만두고 知都省事로 轉職한 사실을 놓고 후자의 閑職的 성격을 지나치게 강조할 일은 못된다는 생각이 든다. 지도성사가 武臣에 대한 인사권이 없었다는 논증이라면 모르되 그것이 閑職이라는 직접적인 설명은 되지 않는다고 이해되기 때문이다. 앞서 崔思全의 예를 들었지만 鄭筠과, 그리고 李義旼을 제거하는 거사 후에 知都省事에 취임한 崔忠獻의 동생 崔忠粹 등이 모두 당시의 실세였다는 점도 한번쯤 음미해 볼 필요는 있을 듯하다. 그가 자신의 품계에 걸맞는 대우를 받지 못한 것은 사실이었지마는, 그러나 그의 閑職的 성격을 지나치게 강조하다 보면 실체의 이해에 방해가 될 우려도 없지 않으므로 함께 지적하여 둔다.

　지도성사는 尚書都省의 상층부를 구성하는 일 요원이었다. 그러나 그렇다고 하여 좌·우복야처럼 이 기구의 장관이 되었던 것은 아니며, 또 그 아래의 左·右丞과 같이 행정의 책임자가 되는 것도 아니었다. 그런데다가 상서도성의 직능이 중서문하성이나 중추원의 그것과 비교하여 상대적인 열세에 놓여 있었으므로 宰相의 품계를 지니고 있으면서도 그에 훨씬 미치지 못하는 대우를 받았던 것이다. 이 같은 사실은 이미 꽤 오래전에 밝혀진 바 있지마는,[71] 이 자리를 빌어 다시 확인할 수 있었다고 하겠다.

4. 尚書左·右丞 이하의 官員

　唐나라의 상서성 조직은 중앙에 위치한 都堂을 중심으로 左右司로 나뉘어서, 그 중 左司는 도당의 동편에 있는 吏部·戶部·禮部를 통할하고, 右司는 서편에 있는 兵部·刑部·工部를 통할하도록 되어 있었다고 한다. 하지만 고려의 상서성 조직과 체계는 여러 면에서

---

71) 邊太燮, 위의 논문 pp. 72~73.

그들과는 차이가 있는 것이었다. 우선 위치만 하더라도『高麗圖經』卷 16 官府 省監條에 보이듯이 尙書6部가 都省의 동편과 서편에 정렬되지 않고 王府의 偏門인 廣化門 밖의 官道에 있었다. 즉, 官道의 북쪽에 尙書戶部와 工部·考功司가 위치하였고, 남쪽에 兵部·刑部·吏部의 三司가 자리잡고 있었던 것이다. 이처럼 고려의 尙書都省과 6部는 唐과 같이 한 곳에 집중되어 있지도 않고, 또 左司 3部와 右司 3部가 정렬되어 있지도 않았으며,[72] 따라서 통할 체계나 그 내용도 차이가 많았던 것으로 짐작된다.

그렇지만 이같은 내용상의 차이에도 불구하고 형식적인 조직은 그대로 수용하고 있었다. 즉 상서도성에 각기 左司와 右司가 있어서 거기에 從3品의 左丞·右丞을 두고, 다시 左丞 밑에 左司郎中—左司員外郎, 右丞 밑에 右司郎中—右司員外郎을 설치하였던 것이다. 이러한 左·右司의 分置가 직능상의 필요에서 그러하였는지, 아니면 형식상의 조직에 불과하였는지 그점은 분명치가 않다. 그러나 실제로 그들 요원을 두고 일정한 기능을 담당케 한 것은 사실이었다.

이들 가운데 左·右丞은 상서도성의 하층조직을 구성하는 요원 중 가장 상급자였다. 행정의 책임자였던 셈이다. 그리하여 위로는 장관인 左·右僕射를 받들고, 아래로는 左·右司郎中 등을 거느리면서 상서도성의 업무를 처리하여 갔다고 짐작되는 것이다. 李奎報가, "漢制에서는 左右丞이 尙書令·僕射를 도와 臺事를 摠理하였다"고 하면서 그의 지위가 높고 맡은 업무가 중요하였음을 강조하고 있지마는,[73] 그것이 고려의 현실을 그대로 설명한 내용은 아니라 하더라도 左·右丞의 그같은 위상을 짐작케하여 준다는 점에서 눈길이 가는 대목이다.

좌우승의 이러한 위치를 반영한듯,『高麗史』등의 史書에서 그들에 대한 임명과 활동의 기사가 비교적 많이 찾아진다. 그것들을 모아 작성한게 〈자료 4〉이지마는, 人員數를 가지고 따지더라도 그 숫

---

72) 이 점에 대해서는 邊太燮, 주1) 논문 pp. 8~11 참조.
73)『東國李相國集』卷 33 敎書·批答·詔書 宋安國讓尙書左丞 不允批答.

자는 74명에 이르고 있는 것이다.

이제 그들이 尙書左右丞에 취임하기 이전의 관직을 조사하여 보면 正4品인 吏部와 兵部·刑部·禮部의 侍郎이 가장 많아 13사례가 되고, 또 다른 正4品인 諫議大夫·將作監 등도 몇 사례가 보이며, 자기와 同級인 從3品의 殿中監·大僕卿·秘書監·監察執義 등도 눈에 띈다. 그런가 하면 從4品인 國子司業·御史中丞·給事中 등도 찾아지거니와, 그러나 이러한 조사에는 현재 전해지는 사료의 제약성이 감안되어야 한다. 이는 개인의 轉職 과정이 그다지 세밀하게 남아있지는 않기 때문이다. 그러므로 어떤 경우이든 정확성 문제가 제기될 수 있는 여지가 많지마는, 지금 그와 같은 제약성을 염두에 둔다 하더라도 從3品인 좌우승은 正4品에서 승진하여 오거나 다른 從3品職에서 轉職하여 와서 충당되는게 큰 줄기가 아니었을까 하는 윤곽만은 잡을 수 있을 것 같다.

다음 좌우승을 역임한 이후의 轉職을 보면 中樞院副使·簽書樞密院事 7, 兵部尙書 등의 尙書가 4, 承宣級 5, 御史大夫·散騎常侍 5, 判大府寺事 1로 역시 正3品이 가장 많은데, 특히 그들은 하나같이 중요 직위였음을 주목할 필요가 있을 듯하다. 같은 從3品으로 옮긴 사례는 司宰卿·殿中監 등 卿·監으로의 전직이 11, 國子祭酒 2, 知兵部事 1에다가 右丞에서 左丞으로 옮긴 3사례도 이 범주에 속한다. 그 이외에 左丞에서 파격적으로 從2品인 同知中樞院事와 知都省事로 승진한 사례가 셋이며, 반대로 正4品으로 전직된 예도 눈에 띄지만, 대체적으로는 같은 從3品職으로 옮겨 앉거나 正3品職으로 승진하였다고 할 수 있을 것 같다. 이것은 좌우승이 품계상으로나 직능상에 있어서 정상적이면서도 확고한 위치를 잡고 있었음을 말해준다.

이 점은 그들에 대한 대우의 측면을 살피더라도 다시 입증된다. 이제 그를 확인하기 위해 좌우승에 대한 百官 儀從의 丘史 數와 祿俸 및 田柴 지급액을 품계가 유사한 관직과 비교하여 각각 도표로 나타내면 다음과 같다.

〈표 14〉 3品 以下 官員의 丘史 數(『高麗史』 卷 72 輿服志 鹵簿 百官儀從 明宗 20年判)

官署＼品階	正3品	從3品	正4品	從4品	正5品	從5品	正6品	從6品
中書門下省	左右常侍 10	直門下 8	左右諫議 8	給事中 8		起居注 6 起居舍人 6	左右司諫 6	左右正言 5
尙書省 都省		左右丞 7			左右司郎中 6		左右司員外郎 5	
尙書省 6部	尙書 10	知部事 8	諸曹侍郎 7			諸曹郎中 6	諸員外郎 5	
樞密院	副使 13 密直學士 10 知奏事 9 承宣 8							

〈표 15〉 3品 以下 官員에 대한 祿俸 支給表(『高麗史』 卷 80 食貨志 3 祿俸 文武班祿)

文宗 30년			仁宗		
科	지급액수 (石·斗)	受祿者	科	지급액수 (石·斗)	受祿者
5	300	六部尙書(正3品) 左右常侍(正3品) 御史大夫(正3品) 中樞院副使(正3品) 簽書院事(正3品) 判閣門事(正3品) 등	4	300	六尙書(正3品) 左右常侍(正3品) 御史大夫(正3品) 上將軍(正3品) 判閣門事(正3品)
6	280	試六尙書·試左右常侍	5	250	判國子監事(從3品) 守太尉(正1品)
7	246·10	判禮賓事(正3品) 判衛尉事(正3品) 判大府事(正3品) 등	6	246·10	判五寺事(正3品) 判三監事(從3品) 國子大司成(從3品)
8	233·5	六卿(從3品) 秘書監(從3品) 殿中監(從3品) **尙書左右丞**(從3品) 國子祭酒(從3品) 등	7	233·5	國子祭酒(從3品) 秘書監(從3品) 殿中監(從3品) 大府卿(從3品) **尙書左右丞**(從3品) 判少府事(從3品) 등

16	120	司天少監(從4品) 軍器少監(從5品) **左右司郎中**(正5品) 吏部諸曹郎中(正5品) 御史雜端(正5品) 등	13	120	司天少監(從4品) 軍器少監(從5品) 閣門副使(正6品) **諸曹郎中**(正5品)[74] 起居舍人(從5品) 秘書丞(從5品) 등
17	100	起居注(從5品) 試司天少監 등	14	93·5	侍御史(從5品)
18	93·5	侍御史(從5品)	15	80	閣門引進副使(從5品) 太史令(從5品)
19	86·10	**左右司員外郎**(正6品) 吏部諸曹員外郎(正6品) 左右補闕(正6品) 殿中侍御史(正6品) 등	16	76·10	殿中侍御史(正5品) 左右司諫(正5品) 大醫少監(從5品) 六局奉御(正5品) **諸曹員外郎**(正5品) 등
31	40	**尙書都事**(從7品) 七寺主簿(從7品) 少府主簿(從7品) 등	20	40	司天丞(從6品) 七寺主簿(從7品) **尙書都事**(從7品) 등

丘史 數에 있어서만은 가장 중요한 관서였던 중서문하성의 官員이 左右丞보다 좀 유리하게 규정되어 있으나 祿俸이나 田柴 지급액은 별다른 차이가 없어 대략 품계에 맞게 책정되어 있다. 그리고 그것은 左右司郎中이나 左右司員外郎으로 내려가면 더욱 분명하게 드러난다. 이는 좌우사낭중이나 좌우사원외랑 역시 자신의 품계에 맞는 대우를 받으며 제기능을 하였음을 의미한다. 참고로 이들의 임명이나 활동과 관련하여 史書에 실려 있는 사람들을 뽑아 작성한 도표가 〈자료 5〉와 〈자료 6〉이지마는, 그에 의하면 좌우사낭중이 30명, 좌우사원외랑이 16명 찾아진다. 이것은 그리 많은 숫자가 아니지만 저들의 품계를 감안하면 그런대로 납득할 수 있는 수준이다.

尙書都事(從7品)는 상서도성의 사무를 총괄하는 관원이었던 것 같다. 명칭이나 품계로 보아 그렇게 짐작이 가는 것이다. 이 자리를 맡았던 인물은 〈자료 7〉에 제시하였듯이 현재 네 명밖에 찾아지지

---

74) 仁宗朝의 祿俸과 文宗 30년 田柴科에서는 左右司郎中이 따로 보이지 않
으나 그것은 諸曹郎中 및 諸郎中에 포함되어 있었던 것으로 판단된다.
그점은 左右司員外郎의 경우도 마찬가지였을 것이다.

않는데, 앞서 상서도성에는 主事를 비롯하여 令史·書令史·記官·算士·直省 등 掾屬 39인이 있었다고 하였거니와 상서도사는 이들을 지휘하여 사무적인 일을 처리하였으리라 생각된다.

〈표 16〉 3品 以下 官員에 대한 文宗 30年의 田柴 支給表(『高麗史』 卷 78 食貨志 1 田制 田柴科)

科	지급액수		受　　給　　者
	田地 (結)	柴地 (結)	
4	80	35	六尙書(正3品) 御史大夫(正3品) 左右常侍(正3品)
5	75	30	七寺卿(從3品) 秘書監(從3品) 殿中監(從3品) 國子祭酒(從3品) **尙書左右丞**(從3品)
6	70	27	吏部諸曹侍郎(正4品) 將作監(正4品) 少府監(正4品) 등
7	65	24	七寺少卿(從4品) 秘書少監(從4品) 給事中(從4品) 中書舍人(從4品) 國子司業(從4品)
8	60	21	**諸郎中**(正5品) 太醫少監(從5品) 軍器少監(從5品) 등
9	55	18	秘書丞(從5品) 殿中丞(從5品) 閣門副使(正6品)
10	50	15	**諸員外郎**(正6品) 起居郎(從6品) 起居舍人(從6品) 등
11	45	12	通事舍人(正6品) 左右補闕(正6品) 殿中侍御史(正6品) 七寺丞(從6品) 三監丞(從6品)
12	40	10	監察御史(從6品) 左右拾遺(從6品) 閣門祗候(正7品)
13	35	8	**尙書都事**(從7品) 七寺主簿(從7品) 三監主簿(從7品)

Ⅳ. 尙書都省의 기능

상서도성의 건물은 承休門 안에 위치하였는데, 앞에는 大門이 있고 兩廊이 10餘 間이었으며 중앙에는 3間 규모의 堂宇가 있었다. 그 서편으로는 中書省과 門下省·樞密院 등이 위치하였지마는,[75] 이들 "內府 16개 가운데 尙書省이 으뜸이었다"고[76] 전한다. 상서도성이 여러 官署 중에 가장 규모가 장대하였던 것이다. 이 都省廳[77] 안에

---

75)『高麗圖經』卷 16 官府 省監.
76) 위의 책, 卷 5 宮殿 1 王府.

는 장관인 僕射가 시무하는 僕射廳[78] 등이 자리잡고 있었거니와, 그
곳에서 종사한 官員은 위에서 살펴보았듯이 品官이 11人이며, 掾屬
은 39人이었다. 이 역시 중앙의 주요 관서와 필적할 수 있는 규모로
써, 그의 기능이 그렇게 만만치 않은 것이었음을 시사해 준다.

그러면 구체적으로 상서도성이 담당했던 일들은 어떠한 것이었을
까. 매우 다양한 내용들이 찾아지는데, 그것들을 상서도성의 고유 기
능과, 그리고 다른 관서의 관원들과 함께 수시로 명을 받아 수행했
던 餘他 기능으로 구분하여 살펴보도록 하겠다.

1. 尙書都省의 固有 기능

상서도성은 조직상 상서6부의 상층부를 이루고 있었고, 그렇기 때
문에 원칙적으로는 도성이 6부가 집행하는 국무를 총괄해야 하는 것
이었다. 하지만 그러한 원칙에도 불구하고 고려에서는 도성의 역할
이 실제로 그렇지 못했다는게 종래의 이해였다. 아래의 사료를 볼
때 그와 같이 생각된다는 것이다.

(바)-① 顯宗 23년에 判하여, 京所司가 外方의 州府에 公貼을 行移할 때는 반
드시 尙書省에 보고하여 可否를 검토해 확인을 받은 이후에 靑郊驛館에
부쳐 轉送토록 하였다. 만약 諸所司 및 宮衙典 가운데 준행하지 않는 자
가 있으면 館驛使가 文貼 및 事由를 (尙書)省에 보고하여 즉시 科罪토
록 하였다(『高麗史』 卷 82 兵志 2 站驛).

② 州·府·郡·縣에 設宴을 下賜할 때는 期日前에 尙書禮部가 아뢰고
지휘를 받들어 尙書都省에 移牒하면, 都省은 3京·諸都護·州牧에 傳牒
하여 酒食을 設하여 주고 布穀을 下賜하는데, 모두 前例에 준하도록 하
였다(『高麗史』 卷 68 禮志 10 嘉禮 老人賜設儀).

---

77) 『高麗史』 卷 83 兵志 3 看守軍 및 같은 책, 卷 54 五行志 2 金 仁宗 7년
　　10월 丙戌 등.
78) 위의 책, 卷 112 列傳 李達衷傳 및 『霽亭集』 卷 4 附錄 李達衷 行狀.

①은 6部를 포함한 서울 소재의 官署가 지방에 公貼을 보낼 때 尙書省을 통해 하도록 했다는 기사이며, ②는 역시 지방의 老人들에게 宴會를 베풀 경우 尙書禮部가 왕에게 아뢰어 결정이 나면 尙書都省에 移牒하고 都省은 다시 그것을 州·牧 등에 傳牒하여 시행했다는 기사이다. 여기에서 보듯이 상서도성은 6部가 지방 州縣에 보내는 公貼을 轉送하거나 傳牒하는 기능을 담당하고 있지마는, 따라서 그것은 '권력기구가 못되고 하나의 사무 기관'에 지나지 않았다는 이해인데[79] 수긍이 가는 견해라고 판단된다. 특히 ②에는 老人賜設에 대한 정책을 禮部가 주무관서로서 왕에게 아뢰어 결정하고 있는데 반해 도성은 거기에서 제외되고 있음이 나타난다. 이렇게 도성은 국가의 중요 정책 결정과정에 참여하지 못하고 있으니 권력기구였다고 말할 수는 물론 없는 것이며, 다만 그 결정된 사항을 移牒받아 지방으로 '傳牒'하고 있으니 사무관청적인 성격이 많았다고 볼 수 있을 듯싶은 것이다.

아울러 여기에는 상서도성과 6부가 형식상 동일관서의 상·하층을 구성하고 있었음에도 불구하고 상호간에 독자적인 성격이 강하였다는 점도 보여서 주목된다. 정책의 결정 과정 자체가 그러했지만 禮部가 그 사항을 상서도성으로 보낼 때 다른 관서에 하듯이 移牒하는 형식을 취하고 있기 때문이다. 이는, "內史門下와 尙書都省이 6官諸曹와 7寺·3監에 대해 出納할 때 門下侍郎 이상은 姓을 쓰지 않고 草押하며, 拾遺 이상은 姓을 붙여 草押하고, 錄事·注書·都事·內位는 姓名을 붙인다"는[80] 京官간의 公牒相通式이 제정되어 있었다는 데서 다시 확인된다.

그런데 한편으로 생각하여 보면 상서도성의 이같은 일면에도 불구하고 그의 업무 수행이 단순한 기계적인 사무처리에 불과했던가 하는 점에 대해서는 일말의 의심이 없지 않다. 그것은 (바)-① 사료에 나타나듯이 중앙의 여러 관서가 外方의 州府에 보내기 위해 公貼

---

79) 邊太燮, 주1) 논문 pp. 22~23.
80) 『高麗史』 卷 84 刑法志 1 公式 公牒相通式 京官.

을 상서성으로 송부하면 그가 무조건 轉送한 것이 아니라 可否를 검토하여[商確可否] 타당한가를 확인하고 있기 때문이다. 이것은 도성에서 만약에 그 公貼이 타당치 않다고 판단할 경우 지방으로 보내지지 않았음을 의미한다. 그런데 이러한 절차는 '반드시' 밟아야 하는 과정이었으며, 그것을 지키지 않았을 때는 도성에 보고하여 처벌토록 규정하고 있다. (바)-②는 그점을 입증하듯 禮部에서 都省에 移牒하고, 도성이 그것을 다시 京·都護府·牧에 傳牒하는 과정을 밟고 있다. 필자는 이런 뜻에서 다분히 형식적이요 절차상의 의미가 강하기는 했지만 상서도성은 중앙과 지방을 잇는 매개기관으로서 6部를 포함한 중앙의 여러 官署를 통제하는 일정한 역할을 하였으며, 지방의 州郡에 대해서는 중앙을 대표하는 기구의 위치에 있었다고 보는게 어떨까 한다.

특히 지방의 州郡에 대한 도성의 이러한 위치는 그가 長吏(鄕吏)의 임면권을 장악하고, 그들 업무를 檢劾하는 기능도 수행하였다고 생각된다는 데서 좀더 확신을 얻을 수 있다. 전자의 예로는 洪仲方이 "守司空·尙書左僕射를 지내면서 外官 長吏의 職을 관장하여 進退와 與奪을 멋대로 하였다"는 기사에서[81] 찾아볼 수 있으며, 또 鄭世裕가 "尙書省에 在任하고 있을 때 永州吏 崔安을 戶長으로 삼는데 서명하여 公牒이 이미 이루어졌는데도 水州吏 崔少의 뇌물을 받고는 '永'을 '水'字로, '安'을 '少'字로 고쳐 그 公牒을 崔少에게 주었다"는 것도[82] 그같은 사례이다. 長吏의 임명규정에 대해서는 일찍이 顯宗 9년(1018)에, "諸道의 外官으로 戶長을 擧望할 때는 그 差年의 久近과 壇典 行公의 年數를 詳考하여 기록을 갖추어 省에 上申하면[具錄申省] 바야흐로 給貼함을 許한다"는 判文이 나왔지만[83] 그 '省'은 바로 尙書省이었다고 이해된다.

후자의 예로는 成宗 元年에 올린 유명한 崔承老의 時務策 가운데

---

81) 위의 책, 卷 100 列傳 洪仲方傳.
82) 위의 책, 卷 100 列傳 鄭世裕傳.
83) 위의 책, 卷 75 選擧志 3 銓注 鄕職 顯宗 9년.

에, "世俗에서 善을 심는다는 것을 명분으로 삼아 각각 소원에 따라 佛宇를 營造하여 그 수가 심히 많으며, 또 中外의 僧徒들이 다투어 營造하면서 널리 州郡의 長吏들을 권고하여 民役을 징발함이 公役보다 급함에 백성들이 심히 괴로와하니, 원컨대 엄하게 禁斷해 멀리는 安南·安東으로, 가까이는 御事都省으로 하여금 檢劾시켜 그 長吏들을 죄주어서 백성들의 勞役을 제거하소서"라고[84] 한 기사를 들 수 있다. 尙書都省의 長吏들에 대한 檢劾 기능은 그의 성립 당시부터 성안되어 있었던 모양이다. 유사한 자료가 더 찾아지지는 않지만 그가 長吏들의 임면권을 가지고 있었다는 사실을 감안할 때 그같은 기능은 충분히 수긍되는 것이다. 顯宗 7년에는 尙書省이 "龜州의 軍人 橘仙과 永夢이 謀逆했으므로 斬할 것"을 上奏하고 있거니와,[85] 이 역시 비슷한 맥락에서 이해할 수 있는 기사가 아닌가 생각된다.

상서도성은 이처럼 지방의 각급 행정단위에서 守令을 보좌하는 長吏들을 임면·감독하는 일을 보았을 뿐 아니라 일부 지역은 직접 통할하기도 하였다. 일시적이긴 하였지만 京畿諸縣을 관장하였던 게 그것이었다. 이 점은 아래의 사료들을 통해 짐작할 수 있다.

(사)-① 王京開城府……顯宗 9年에 府를 혁파하고 縣令을 두어서 貞州·德水·江陰의 3縣을 管하게 하였고, 또 長湍縣令은 松林·臨津·兎山·臨江·積城·坡平·麻田의 7縣을 管하게 하였는데, 모두 尙書都省에 直隷케하고 京畿라 불렀다.……文宗 16년에 知開城府事를 다시 두고 都省이 관장하던 11縣을 모두 속하게 하였다(『高麗史』卷 56 地理志 1 王京開城府).
② 開城縣은 본래 高句麗의 冬比忽이었는데 新羅 景德王 15年에 開城郡으로 고쳤다. 顯宗 9年에 開城府를 罷하고 開城縣令을 두어 貞州·德水·江陰의 3縣을 管하게 하고 尙書都省에 直隷시켰다(위와 같음).
③ 長湍縣은 본래 高句麗의 長淺城縣이었는데 新羅 景德王 때 지금의 이름으로 고쳤다.……顯宗 9年에 다시 縣令으로 삼아 尙書都省의 所管이 되었으며, 文宗 16년에 來屬하였다(위와 같음).

---

84) 위의 책, 卷 85 刑法志 2 禁令 成宗 원년 6월.
85) 위의 책, 卷 4 世家 顯宗 7년 5월 乙丑.

10개의 屬縣을 管轄下에 두고 있던 開城縣과 長湍縣이 顯宗 9년 (1018)부터 文宗 16년(1062)까지 상서도성에 '直隷'하였음을 알려주고 있다. 그런데 어느 연구자는 이 '直隷'도 다른 州郡의 경우와 마찬가지로 公貼 行移 등과 같은 단순한 사무 관계를 그처럼 표현한 것이라고 해석하고 있지마는,86) 그러나 이 견해에 선뜻 동의가 가지는 않는다. '直隷'라는 표현도 그러하지만 ③에서는 '所管'이라고 기술하고 있는데, 그것은 主縣과 屬縣의 관계에서와 같이 통치 전반에 대한 관여를 의미했다고 이해되기 때문이다. 상서도성은 일시적으로 開京의 주위지역인 京畿를 직접 지휘·통할하는 기능을 수행했다고 생각되는 것이다.

이렇게 상서도성은 對內的으로 지방의 州府郡縣에 대한 일정한 통제와 공문서를 관장하며 중앙정부를 대표하였거니와, 對外的으로도 국가를 대표하는 기구의 위치에 있었다. 그러므로 외국으로 보내지는 문서가 尙書都省牒으로 발송되었던 것이다. 아래의 사료가 그 점을 보여주는 기사이다.

> (아) 日本國의 對馬島 官人이 변경의 일로 東南海都部署에 移牒하자 都部署가 감히 결정하지 못하고 역마를 달려 조정에 보고하니 兩府가 의논하여 즉시 尙書都省牒으로 回示하려 하였다. 公(李文鐸)이 이를 듣고 承制인 李公升에게 말하기를, "저 對馬島 官人은 邊吏인데 지금 尙書都省牒으로 回示하면 체면을 잃음이 큽니다. 마땅히 都部署牒으로 公文을 보내도록 해야 할 것입니다" 하였다. 承制 李公이 놀라며 말하기를, "그대의 언급이 아니었더라면 국가의 체면을 잃을뻔 하였다"고 하였다(『高麗墓誌銘集成』p. 239 李文鐸墓誌銘).

이것은 상대방이 그 나라를 대표하는 중앙의 관서가 아니었으므로 우리나라도 尙書都省牒으로 回示하려던 계획을 취소하고 지방관서인 都部署牒으로 문서를 보내게 되었다는 내용이지만, 그렇지 않았을 경우에는 물론 都省牒으로 보냈으리라 생각된다. 여기서도 외

---

86) 邊太燮, 주1) 논문 pp. 23~24.

교문서의 작성과 回示 등의 정책을 宰樞兩府가 의논하여 결정하고 있어서 상서도성이 지니는 한계성을 동시에 엿보게 하지마는, 대외적으로 국가를 대표하는 기구는 역시 그였던 것이다.87) 明宗 19년에 金나라 황제의 죽음을 알리는 사신이 오자 왕이 백관과 함께 都省廳에서 그 詔書를 맞고 擧哀하고 있으며,88) 동왕 21년에는 황태후의 죽음을 알리는 사신이 오자 역시 왕이 群臣과 함께 都省에서 詔書를 맞고 發哀하고 있는데,89) 이들도 도성의 그같은 면을 보여주는 기사가 아닌가 짐작된다.

다음으로 國家의 祭禮와 禱雨 행사 등을 주관하는 것도 상서도성이 맡았던 또 다른 업무 가운데 하나였다. 고려에서는 정기적으로 圜丘·社稷·太廟 등에 吉禮大祀와 馬祖 등에 吉禮小祀를 지냈지마는, 이때 齋戒 등을 관장하며 집행한 곳이 도성이었던 것이다. 그에 관한 내용은 이들의 儀禮를 규정한『高麗史』卷 59·60·63의 각 해 당조에서 쉽사리 찾아볼 수 있다.

禱雨 행사는 더 말할 필요도 없이 祈雨祭를 의미하는데, 가뭄이 심할 때는 都省에 巫覡들을 모아서 자주 행하였다. "(顯宗 12년) 5월, 南省의 庭中에 土龍을 만들어 놓고 巫覡을 모아 禱雨하였다"던가,90) "(仁宗 11년 5월) 丙寅에 巫 300餘人을 都省廳에 모아 祈雨하였다"던가91) 한 것이 그런 예들이다. 이 행사가 개최된 곳이 주로 都省이었지마는, 그것을 주관한 것도 이 기구였다고 짐작된다. 자료 가운데는 이들 이외에도 尚書省(都省)에서 王子가 册封되기도 하고,92) 그가 직접 科擧의 절차에 관여한 내용도 보이는데,93) 역시 중

---

87) 이 점은 이미 邊太燮, 주1) 논문 p. 24에서 지적된 바 있다.
88)『高麗史』卷 64 禮志 6 凶禮 上國喪 明宗 19년 정월과 3月條.
89) 위의 책, 卷 64 禮志 6 凶禮 上國喪 明宗 21년 2월 및 같은 책, 卷 20 世家 明宗 21년 2월 ·『高麗史節要』卷 13 明宗 21년 2월.
90)『高麗史』卷 4 世家 및 같은 책, 卷 54 五行志 2 金.
91)『高麗史』卷 16 世家. 비슷한 기사가 世家 仁宗 12년 5월과 6월, 明宗 8년 5월·19년 閏5月, 高宗 33년 6월·37년 5月條 및 같은 책, 卷 54 五行志 2 金 조항에 다수 실려 있다.

요 행사의 주관 업무와 관련이 있는 기사들이라고 판단된다.

도성은 또 특정사안이 생겼을 때 고위관료들을 모아 의논·처리하기도 했던 것 같다. 아래의 사료가 그런 점을 시사해주는 기사들이다.

> (자)-① (仁宗 즉위년 秋7月) 辛巳에 命하여, 3品 이상관이 都省에 會集해 重刑을 의논토록 하였다(『高麗史』 卷 15 世家).
>
> ② (仁宗 8년 12월) 3品 이상과 臺省 侍臣을 都省에 모이게 하고 李·拓의 黨 및 (그들) 子孫의 罪를 적어서 所司에 보관토록 하였다(『高麗史節要』 卷 9·『高麗史』 卷 127 列傳 拓俊京傳).

①은 나이 어린 仁宗의 즉위와 함께 李資謙이 집권하기 위해 여러모로 노력하던 당시의 불안한 정세 속에서 나온 특별 조처가 아닌가 생각되며, ②는 이른바 李資謙과 拓俊京의 반란이 수습된 뒤의 마무리 작업을 전하는 것인데, 3品 이상관이 都省에 모여 처리하고 있다. 3品 이상관이 모두 모였던 만큼 그 자리에는 宰樞도 참석하였을 것이며, 따라서 이들이 일을 처리하는데 주도적 역할을 하였으리라 추측된다. 그러나 그 회의 자체를 소집하고 주관한 것은 도성이 아니었을까 생각되는 것이다.

어느 한 연구에서는 위에 열거한 몇몇 사항들이 "都省의 기능이라기 보다도 그의 壯大한 都省廳이나 廣大한 都省庭을 이용한 행사였다"고 하여[94] 장소의 대여에 초점을 맞추어 해석하고 있다. 하지만 그러했을 가능성이 아주 없는 것은 아니라 하더라도 도성이 대외적으로나 또는 대내적으로 지방에 대하여 중앙정부를 대표하는 기구였다는 점을 감안할 때 그같은 해석에 동의하기에는 여전히 주저되는 바가 많은 것이다.

요컨대 상서도성은 京畿를 통할하고, 지방 州郡의 鄕吏 임면과 중

---

92) 위의 책, 卷 90 列傳 宗室傳 文宗 常安公琇.

93) 위의 책, 卷 73 選擧志 1 科目 1 睿宗 11년 11月判.

94) 邊太燮, 주1) 논문 p. 25.

앙과 지방 관서간에 수수되는 文書를 관장하며, 대외적으로도 국가
를 대표하여 外交文書의 발송을 담당하는 한편 국가적인 祭禮와 禱
雨 등의 행사를 주관하는 기능을 수행하였다고 정리된다. 이것들은
생각하여 보면 사무적이요 행정적인 성격이 짙은 역할로써 국가의
중요한 정책 결정과는 거리가 있는 것이었다. 그렇기 때문에 종래에
는 이 점을 강조하여, "尙書都省은 政務를 처리하는 데 發言權이 있
는 權力機構가 못되고 국가 諸行事의 주관이나 하고, 公文의 발송이
나 맡은 사무관청에 불과하였다"고[95] 결론지어 왔다.

그러나 이것은 상서도성의 기능을 지나치게 貶下시켰다는 느낌이
다. 고려사회에 있어서 국가의 祭禮 등은 매우 중요한 행사이었을
뿐더러 경기의 통할권이나 향리의 임면권 등도 그렇게 적은 일이 아
니었다고 이해되기 때문이다. 그런가 하면 중앙과 지방간의 문서 수
발업무도 단순한 기계적인 처리가 아닌 이상 그의 중요성이 감안되
어져야 하며, 동시에 양적으로도 큰 업무였다고 생각된다. 이렇게 도
성의 기능을 정당하게 평가할 때 거기에 正2品의 장관을 비롯하여
11인의 品官과 39인의 掾屬이라는 대규모의 관리들을 두고 있었던
사실도 무리없이 이해될 수가 있는 것이다. 상서도성은 중서문하성
이나 중추원과 비교하여 상대적인 의미에서 권력이 약했다고 할 수
있지만 그 나름의 중요한 업무를 담당하고 있었다.

毅宗朝 때 사람 林光(林完)은 樞密院使·判秘書省事의 지위에 있
었는데 마침 병이 들어 일을 보지 못하는게 달을 넘기게 되자 臺官
들이 그 직위는 "宥密之班이지 養病之地가 아니라고" 하므로 왕은
부득이 守司空·左僕射·判秘書省事로 改授시키고 있다.[96] 이와 함
께 앞서 (마)史料로 소개한 바 鄭筠이 西班의 인사청탁을 싫어하여
知兵部事를 그만두고 知都省事로 자리를 옮긴 사실을 들어 左右僕
射나 知都省事는 閑職이었음을 강조하면서, 도성의 기능 역시 그에
준하는 것이었으리라는 견해가 제시되기도 하였다.[97] 그러나 이것

---

95) 위와 같음.
96) 『高麗墓誌銘集成』, p. 132 林光墓誌銘.

또한 한면만을 지나치게 부각시킨 결과라고 생각된다. 위의 사실과는 반대로 宋有仁 같은 이는 장인인 鄭仲夫가 冢宰로써 中書省에 居하였으므로 親嫌에 의해 相位에 오르지 못하고 여러 해 동안 樞密에 在任하게 되자 "樞密 侍從官은 오래 있어 보아도 이득됨이 없고 오직 尙書省만이 있을만하다 하고 가만히 內人에게 부탁하여 (왕께) 아뢰어 곧바로 尙書僕射를 제수받고" 있는 기사도[98] 눈에 띄는 것이다. 중복되는 이야기이지만 일부의 사료를 지나치게 확대 해석하여 강조할 경우 상서도성의 기능을 사실대로 파악하는데 지장을 받을 우려가 없지 않다는 점을 다시 상기시켜 둔다.

2. 尙書都省 官員의 餘他 기능

상서도성의 관원들은 앞 절에서 살핀 고유 기능 이외에도 여러 가지 일을 맡아 보았다. 그것은 前近代社會가 대개 그러했듯이 官署別로 업무가 분장되어 있었음에도 불구하고 그렇지 않은 측면 또한 많았던데 기인하는 것이었다. 그같은 현상을 보여주는 대표적인 예가 兼職制이겠지만, 그런 경우가 아니라 하더라도 상서도성 관원들은 그때 그때 주어지는 일들을 수행하고 있는 것이다. 그러니까 지금부터 검토하고자 하는 업무는 상서도성 관원들만이 담당한 것은 물론 아니었다. 다른 기구의 관원들도 얼마든지 맡을 수 있었고, 실제로도 그러하였다. 따라서 그 일들은 상서도성의 고유 업무와는 좀 거리가 있는 것이었지만, 어떤 점에서는 매우 의미있고 또 비중도 컸으므로 함께 살펴볼 필요성은 많다고 생각되는 것이다.

그런 일 가운데에서 우선 손꼽을 수 있는 것으로는 僕射의 3司判事 및 6部判事職 겸임을 들 수 있다. 이에 대해서는 앞서 복야를 설

---

97) 邊太燮, 주1) 논문 pp. 16~18.
98) 『高麗史節要』卷 12 明宗 8년 11월 · 『高麗史』卷 128 列傳 鄭仲夫附 宋
   有仁傳.

명하면서 지적해 두었듯이 29사례나 찾아지거니와(표 13), 그것들은 宰臣만이 겸임할 수 있는 직위였던 만큼 복야가 宰相職이었음을 입증하여 주는 단적인 자료라는 내용도 곁들인 바 있다. 그런데 이 사실을 업무면에서 보면 복야가 상서6부 등을 통할하였다는 의미도 지니는 것이다. 위에서 상서도성과 상서6부는 업무상 서로간에 독립성이 강했다고 설명하였지만, 이런 경우에는 전혀 사정이 달랐다고 할 수 있다. 다만, 이때에도 복야의 겸직은 상서도성의 관원으로서가 아니라 宰相의 자격으로 한 것이었고, 또 이들보다는 오히려 중서문하성의 宰臣이 겸직하는게 일반적이었으므로 일정한 한계성을 지닌다는 점을 고려해 넣어야 한다. 하지만 현실적으로 상서도성의 장관이기도 한 복야가 6부 등의 판사를 겸임하여 그를 통할하는 경우가 적지 않았다는 사실은 크게 주목해야 할 사항이라고 생각되는 것이다.

그런데 복야는 이렇게 6부판사 등을 겸임했을 때 뿐 아니라 그렇지 않은 경우에도 중요 국정에 참여하는 일이 간혹 있었다는 사실 또한 눈여겨 볼만한 대목이다. 左僕射 崔冲이 주요 인사에 대해 건의하고 있는 것과,[99] 역시 左僕射인 李靖恭이 門下侍郎 文正과 함께 死刑囚에 관한 사항을 僉詳하고 있는 것,[100] 그리고 左僕射 邵台輔가 국왕의 임석하에 門下侍郎平章事 柳洪 등과 변방의 일을 논의하고 있는 것[101] 등이 그런 사례들이다. 이것들도 복야가 재상으로 기능하고 있는 일면이라고 생각되거니와, 그가 이처럼 재상으로서 자기의 역할을 수행하고 있다는 것은 그를 이해하는데 중요한 의미가 있다고 여겨진다.

복야만이 아니라 상서도성 관원들 모두가 일반적으로 맡아보았던 일 가운데 하나는 外交使節로서의 역할이었다. 고려는 宋 및 遼·金·元 등과 복잡한 외교관계를 가졌었거니와, 그 일부를 상서도성 관원들이 직접 담당하였던 것이다. 실례를 볼 것 같으면 左·右僕射

---

99)『高麗史節要』卷 4 靖宗 6년 秋7月 ·『高麗史』卷 94 列傳 楊規傳.
100)『高麗史』卷 9 世家 文宗 36년 8월.
101)『高麗史』卷 10 世家 ·『高麗史節要』卷 6 宣宗 8년 9월.

가 5例,[102) 左·右丞이 11例,[103) 左·右司郎中이 6례,[104) 左·右司員外郎이 3例나[105) 찾아진다. 당시 외교사절의 임무가 얼마나 중요했던가는 이 자리에서 새삼 강조할 필요가 없을 것 같은데, 그러한 임무를 상서도성 관원들이 맡아보았다는 데서 역시 이들의 위상을 파악함에 많은 도움을 받을 수 있다고 생각된다.

상서도성 관원들이 많이 맡았던 일 가운데 다른 또 하나는 科擧의 考試官이었다. 고려에서는 本考試인 禮部試의 책임자로 知貢擧·同知貢擧를 두었고, 예비고시인 國子監試(國子試)에도 따로 試官을 임명하여 科試를 주관케 하였는데, 그 자리는 매우 중시되었을 뿐더러 영광된 직위로 여겼다. 그같은 科擧의 고시관에 상서도성 관원들도 여럿 취임하고 있는데, 숫자로는 左·右僕射로 知貢擧를 맡은 것이 6사례,[106) 그리고 左·右丞으로 知貢擧 또는 同知貢擧를 맡은게 5사례,[107) 國子試 試官을 맡은게 4사례[108) 보인다. 試官의 지위가 높았

---

102) 『高麗史』 卷 4 世家(『高麗史節要』 卷 3) 顯宗 원년 冬10月·같은 책, 卷 6 世家(『高麗史節要』 卷 4) 靖宗 10년 秋7月·같은 책, 卷 8 世家(『高麗史節要』 卷 5) 文宗 19년 8월·같은 책, 卷 24 世家 高宗 40년 11월·같은 책, 卷 24 世家(『高麗史節要』 卷 17) 高宗 44년 12월.

103) 『高麗史』 卷 4 世家(『高麗史節要』 卷 3) 顯宗 元年 8월·4년 6월·13년 9월·같은 책, 卷 5 世家(『高麗史節要』 卷 3) 顯宗 19년 冬10月·같은 책, 卷 6 世家 靖宗 원년 6월·같은 책, 卷 6 世家(『高麗史節要』 卷 4) 靖宗 2년 秋7월·4年 夏4月·6년 6월·같은 책, 卷 10 世家(『高麗史節要』 卷 6) 宣宗 3년 5월·같은 책, 卷 11 世家(『高麗史節要』 卷 6) 肅宗 6년 9월·같은 책, 卷 19 世家(『高麗史節要』 卷 12) 明宗 2년 3월.

104) 『高麗史』 卷 4 世家(『高麗史節要』 卷 3) 顯宗 원년 9월·같은 책, 卷 5 世家 顯宗 19년 9월·같은 책, 卷 11 世家(『高麗史節要』 卷 6) 肅宗 즉위년 10월·같은 책, 卷 16 世家(『高麗史節要』 卷 9) 仁宗 8년 12월·같은 책, 卷 17 世家 仁宗 22년 11월·같은 책, 卷 21 世家 神宗 6년 秋7월.

105) 『高麗史』 卷 4 世家(『高麗史節要』 卷 3) 顯宗 원년 9月·같은 책, 卷 18 世家(『高麗史節要』 卷 11) 毅宗 9년 冬11月·같은 책, 卷 19 世家(『高麗史節要』 卷 12) 明宗 4년 秋7月.

106) 『高麗史』 卷 73 選擧志 1 科目 1 選場 顯宗 4년 8월·文宗 10년 4월·文宗 24년 4월·高宗 10년 6월·高宗 31년 4월·忠烈王 원년 10월.

107) 위의 책, 卷 73 選擧志 1 科目 1 選場 成宗 2년 12월·德宗 원년 2월·

던 관계로 左·右僕射와 左·右丞에 한정되고 있거니와, 여기서도 상서도성 관원의 위상과 함께, 과거의 고시관은 급제자만으로 충당되었다는 데서 그들과 科試와의 관계를 이해함에 도움을 얻을 수 있을 듯하다.

　다음으로 상서도성 관원들이 맡아보았던 일 가운데 다른 하나로 지적해 두어야 할 것은 국경지대인 兩界의 兵馬使 등으로 軍政을 담당하거나 行營都兵馬使 등의 임무를 띠고 직접 전투에 참가하고 있다는 사실이다. 고려시대에는 무신들 뿐 아니라 文官들도 흔히 兵馬의 업무에 임명되곤 하였지만 상서도성 관원들 역시 예외가 아니었던 것이다. 구체적으로 양계 지역에 대한 점검·순시를 맡았던 사례로는 尙書左僕射 崔冲이 判西北路兵馬事가 되었던 것과[109] 左僕射 朴義가 西北面都指揮使로 활동했던 사실을[110] 들 수 있다.[111] 아울러 민정 및 군정을 총괄하는 장관인 兵馬使의 예로는 尙書左丞 崔翯가 東北面兵馬使에 임명된 것을 비롯하여 5사례,[112] 그리고 兵馬副使는 尙書右丞 金錫祚 등 3사례이며,[113] 尙書左丞 徐淳은 知西北面兵馬事를 담당했던[114] 사례이다. 전투의 지휘관으로 참여했던 예로는 거란과의 전쟁 때에 行營都兵馬使를 맡았던 檢校尙書右僕射·上將軍 安紹光과[115] 兵馬判官을 맡았던 左司員外郎 皇甫申·尙書都事 高延慶이 찾아지며,[116] 또 여진과의 전쟁 때에 참전했던 兵馬使·左

　　仁宗 15년 3월·仁宗 16년 3월·高宗 37년 5월.
108) 위의 책, 卷 74 選擧志 2 科目 2 國子試之額 明宗 13년 5월·高宗 44년 閏4月·元宗 2년 5월·忠烈王 원년 4월.
109)『高麗史節要』卷 4 靖宗 7년 8월.
110)『高麗史』卷 31 世家 忠烈王 20년 12월.
111) 楊廣道都巡問兼兵馬使에 임명되었던 尙書右僕射 李成瑞의 경우도(위의 책, 卷 39 世家 恭愍王 10년 11월) 비슷한 사례라고 할 수 있다.
112) 위의 책, 卷 11 世家 肅宗 원년 春正月·肅宗 6년 春正月·卷 14 睿宗 14년 秋7月·卷 20 明宗 12년 3월(『高麗史節要』卷 12)·卷 103 列傳 李勣傳.
113)『高麗史』卷 8 世家 文宗 17년 秋7月·文宗 23년 秋7月·文宗 24년 秋7월.
114) 위의 책, 卷 18 世家 毅宗 17년 春正月.
115)『高麗史』卷 4 世家·『高麗史節要』卷 3 顯宗 원년 冬10月.

僕射 黃兪顯과117) 中軍兵馬使・左僕射 金漢忠의 예118) 등도 보이거니와, 이렇게 軍務에 종사했던 경우 또한 적지 않았음이 확인된다.

위에서 설명한 것과 같이 반복적으로 담당했던 게 아니라 사정에 따라 수시로 주어져 수행하는 일도 여러 가지가 있었다. 開京 羅城의 축조 업무를 맡았던 左僕射 異膺甫와 尙書左丞 黃周亮의 예나,119) 遼使와 함께 국경의 획정에 참여했던 尙書右丞 李唐鑑,120) 府衛兵을 사열하고 그 액수를 채우는 일을 담당했던 左僕射 尹君正,121) 戰艦의 건조를 독려하는 임무를 띤 羅州道指揮使에 임명되었던 右僕射 洪祿遵 등은122) 그 일례들이라 할 것이다. 아울러 尙書左丞 宣文烈은 새로 설치된 東西學堂의 別監을 맡고 있고,123) 工官御事・知都省事 朴良柔와124) 司徒・尙書右僕射 朴成傑125) 및 左僕射 蔡禎이126) 각각 王族과 武人執政 金俊의 册封 행사를 담당하고 있는가 하면, 尙書右丞 宋玢과 左丞 李汾成은 元으로 들어가는 王子를 수행하고 있고,127) 역시 尙書左丞 李可道는 왕명을 받들어 寺院에 있던 金羅袈裟와 佛頂骨 및 佛牙를 內殿에 안치하고 있으며,128) 左司員外郎 裴緯처럼 勅書를 전달하고 있는 예도129) 눈에 띈다. 상서도성 관원들의 다양한 역할을 다시 확인할 수가 있는데, 물론 이러한 사항들이 권력구조와 직결되는 것은 아니지만 그들 하나 하나가

---

116)『高麗史』卷 127 列傳 康兆傳.
117)『高麗史』卷 12 世家・『高麗史節要』卷 7 肅宗 9년 2월.
118)『高麗史』卷 96 列傳 尹瓘傳.
119)『高麗史節要』卷 3 顯宗 20년 8월・『高麗史』卷 94 列傳 王可道傳.
120)『高麗史』卷 9 世家・『高麗史節要』卷 5 文宗 29년 秋7월.
121)『高麗史』卷 81 兵志 1 兵制 元宗 12년 4월.
122)『高麗史』卷 27 世家・『高麗史節要』卷 11 元宗 15년 春正月.
123)『高麗史節要』卷 19 元宗 13년 6월.
124)『高麗史』卷 3 世家 成宗 9년 12월.
125)『高麗史』卷 7 世家 文宗 8년 2월・『東文選』卷 28 册 王太子册文.
126)『高麗史』卷 26 世家 元宗 6년 冬10월.
127)『高麗史』卷 27 世家 元宗 12년 6월・『動安居士集』卷 4 賓王錄.
128)『高麗史』卷 4 世家・『高麗史節要』卷 3 顯宗 12년 夏5월.
129)『高麗史節要』卷 5 文宗 34년 12월・『高麗史』卷 95 列傳 文正傳.

자신의 품계에 맞는 임무를 맡아 제기능을 다하였음을 보여주고 있다는 데서 일정한 의미를 찾을 수 있다고 생각된다.

V. 結 語

지금까지 상서도성에 관한 여러 측면을 고찰하여 왔는데, 그 내용을 간추리면 대략 다음의 몇가지로 요약될 수 있을 듯싶다.

첫째로, 상서도성은 泰封의 관서로써 왕조가 고려로 바뀐 뒤에도 그대로 두고 있던 內奉省을 이은 기구로, 御事都省의 명칭을 띠고 成宗 원년(982)과 同 2년에 걸쳐 발족·정비되었으며, 成宗 14년(995)에 이르러 상서도성으로 불리기 시작하였다. 그리하여 忠烈王 원년(1275)까지 제기능을 다하다가 이때에 元나라의 간섭을 받아 혁파되지만, 그 후에도 忠宣王과 恭愍王 때 잠시 동안 다시 설치되어 그 기간까지 합하면 대략 300년간 존속하였던 중앙정치기구였다.

둘째로, 상서도성에는 규정상 從1品의 尙書令 1인, 正2品의 左·右僕射 各 1인, 從2品의 知都省事 1인, 從3品의 左·右丞 各 1인, 正5品의 左·右司郞中 各 1인, 正6品의 左·右司員外郞 各 1인, 從7品의 都事 2인 등 品官 12인과, 主事 4인·令史 6인·書令史 6인·記官 20인·算士 1인·直省 2인 등 掾屬 39인을 두도록 되어 있었다. 그리고 그 하층조직인 尙書6部에도 각각 일정한 수의 관리를 설치하도록 되어 있었는데 두 기구는 동일한 尙書省의 상·하층 조직을 이루고 있었음에도 불구하고 업무상에 있어서는 발족 당시부터 상호간에 독립적인 성격이 강하였다.

셋째로, 규정상으로 상서도성의 장관이 되어야 할 尙書令은 주로 종친들에게 封爵에 따른 명예직으로 수여되었고, 人臣들에게는 간혹 致仕職이나 贈職으로 이용되었을 뿐으로 實務職이 아니었다. 그러므로 바로 그 아래 서열의 좌·우복야가 실제적인 장관이었는데, 하지만 正2品인 그도 권력이나 대우면에서 같은 품계인 중서문하성의 平章事들과는 말할 것도 없고 從2品인 叅知政事·政堂文學·知門下省事와 중추원의 判中樞院事·中樞院使 보다도 낮은 위치에 있었다. 종래에는 그런 점을 지나치게 강조하여 그는 모든 宰樞보다도 하급에 위치하여 宰相에 들지 못하였으며, 오히려 6部尙書와 동일한 서열이었다는 견해가 제시되기도 하였는데, 그러나 이는 실제와 좀 다른 주장이었다. 좌·우복야가 자신의 품계에 합당한 대우를 받지 못한 것은 사실이었지만, 6部尙書는 물론이요 樞密 중 中樞院副使·簽書院事·中樞院直學士보다는 上位였고, 知中樞院事·同知中樞院事와 대략 同級이었다고 이해되기 때문이다. 이는 百官 儀從의 丘史數와 같은 제규정과 복야직을 거친 인물들의 승진과정 등을 분석하여 보면 어렵지 않게 얻을 수 있는 결론인 것이다. 나아가서 좌·우복야는 兼職에 있어 叅知政事 및 中樞院使와 한 묶음이 되는 경우가 많고, 승진과정에 있어서도 그들간에 교차되는 사례가 다수 눈에 띄는가 하면, 저들이 반드시 宰臣들만 겸임할 수 있는 三司判事와 6部判事에 임명된 예도 꽤 많이 찾아졌다. 그들은 宰臣·樞密과 구분되면서도 많은 경우에 이들과 나란히 설 수 있는 宰相이었던 것이다.

　從2品인 知都省事도 원칙대로 하자면 宰相에 포함되어야 하는 것이었다. 그러나 그는 좌우복야가 받은 대우보다도 더 형편이 나빠서 재상의 班列에 들지 못했을 뿐더러 正3品인 6部尙書보다 오히려 하위에 놓여 있었다. 이 점은 앞선 연구에서 이미 지적되어 온 것인데, 그 직위에 취임했던 인물들을 분석하여 본 결과 사실로써 확인할 수 있었다.

　넷째로, 尙書左·右丞은 도성의 행정을 책임지는 직위였다고 짐작된다. 그리하여 위로는 좌·우복야를 받들고, 아래로는 左·右司郎中과 左·右司員外郎을 지휘하면서 도성의 업무를 처리하여 갔다고 이해되는 것이다. 역시 이 자리에 취임했던 인물들을 검토하여 보면 그같은 위치를 반영한듯, 활발한 활동을 벌이고 있고, 승진과정도 정상적이며, 대우 역시 자신의 품계에 맞는 합당한 것이었다.

品官으로서는 가장 하위직인 尙書都事는 도성의 사무를 총괄하는 관원이었다고 짐작된다. 그도 主事 등 도성 소속의 掾屬 39人을 거느리고 사무적인 일을 처리하였다고 생각되는 것이다.

다섯째로, 상서도성은 京畿地方의 통할과 州郡의 長吏에 대한 임면 및 檢劾 등을 맡아봄과 동시에 대외적으로 국가를 대표하여 외교문서를 발송하고 대내적으로는 중앙의 관서를 대표해 지방의 각급 행정단위와 오가는 公牒을 통제·수수하며, 社稷·太廟 등에의 吉禮 大祀와 같은 국가적 祭禮와 禱雨 등의 행사를 주관하는 것이 본래의 임무였다. 그런데 이런 일들은 사실 사무적인 성격에 속하는게 큰 몫을 차지하는 것이었다. 그러므로 종래 그것은 권력기구가 되지 못하고 사무관청에 불과하였다는 평가를 받아 왔는데, 그러나 생각하기에 따라서는 달리 볼 수 있는 여지도 없지 않다고 판단된다. 문서의 수발 업무만 하여도 단순한 기계적인 게 아니라 통제를 수반한 것이었고, 국가적인 祭禮나 禱雨 등도 당시로서는 매우 중요한 행사였으며, 경기의 통할이나 州郡의 長吏들에 대한 임면 및 검핵 기능역시 비중이 큰 업무였기 때문이다. 나아가서 좌우복야는 宰相으로서 3司나 6部의 判事를 겸하였을 때는 말할 것 없고, 그렇지 않을 경우에도 국가의 중요 정책 결정에 참여하는 일이 있었다는 사실을 감안한다면 더욱 그러하다. 상서도성은 중서문하성이나 중추원과 비교하여 상대적으로 열세에 있기는 하였으나 그 나름 중요한 기능을 담당하였던 것으로 보인다.

여섯째로, 상서도성의 관원들은 고유 업무 이외에 수시로 주어지는 여러 임무도 수행하였다. 外交使節 또는 科擧의 考試官이 되거나, 각종의 兵馬업무에 종사한 것을 비롯하여, 開京 羅城의 축조, 국경 획정. 兵額의 충당, 戰艦의 건조 독려, 왕족 등의 册封 행사 주관, 외국으로 들어가는 왕자의 수행 등 실로 다양한 일들을 맡아보았던 것이다. 이런 업무는 물론 상서도성의 관원들만이 담당한 게 아니었다. 다른 관서의 관원들도 비슷한 사정에 놓여 있었던 것이다. 이같은 현상은 전근대사회가 대개 그러했듯이 관서별 업무 분장이 불철저

하였던데 기인하는 것이지만, 그것을 통하여도 도성의 위상을 짐작하는데 많은 도움을 얻을 수 있었다.

이상은 꽤 오래전에 이미 대략 논의되었던 사항들이다. 지금 그것들을 다시 이끌어내어 검토해본 것인데, 그 과정에서 얼마간의 자료가 추가되고, 또 異見이 노정되었던 사항에 대해서는 나름대로의 해석과 조절을 시도하였다. 小論이 상서도성의 실체를 파악하는데 조금이나마 보탬이 되었으면 한다. 〈1995년 6월, 『國史館論叢』 제61집〉

〈자료 1〉 尙書令

[王名 다음의 처음 숫자는 '年'을, 다음의 숫자는 '月'을 나타낸다. 冊名은 간략하게 표현하여 『高麗史』는 '史'로, 『高麗史節要』는 '要'로, 金龍善 編著 『高麗墓誌銘集成』은 '墓'로 썼고, 그 다음의 숫자는 卷數를 의미하는데, 다만 墓誌銘은 페이지로 나타내었다.]

번호	姓名	身分	冊封 年月	典 據
1	王緖	顯宗의 子	顯宗 18, 5	史5・要3
2	王基	顯宗의 子	顯宗 22, 2	史5・史90 宗室 顯宗 平壤公基
3	王璥	靖宗의 子	文宗 6, 10	史7・要4・史90 宗室 靖宗 樂浪侯璥
4	王暟	靖宗의 子	文宗 6, 10	史7・要4・史90 宗室 靖宗 開城侯暟
5	王蒸	文宗의 子 뒤의 宣宗	文宗 10, 3	史10 宣宗 卽位
6	王燾	文宗의 子	文宗 15 文宗 16, 2	史90 宗室 文宗 朝鮮公燾 史8
7	王熙	文宗의 子	文宗 19, 3	史8・要5
8	王琇	文宗의 子	文宗 25, 正月	史8・要5・史90 宗室 文宗 常安公琇
9	王㻱	文宗의 子	文宗 34, 3	史9・要5・史90 宗室 文宗 扶餘侯㻱
10	王丕	文宗의 子	宣宗 3	史90 宗室 文宗 金官侯丕
11	王愔	文宗의 子	宣宗 3	史90 宗室 文宗 卞韓侯愔
12	王愉	文宗의 子	肅宗 卽位, 10	要6
13	王佖	肅宗의 子	肅宗 3, 12	史11・要6・史90 宗室 肅宗 上黨侯佖
14	王俌	肅宗의 子	睿宗 元年, 2	史12・要7・史90 宗室 肅宗 帶方公俌
15	王倬	肅宗의 子	睿宗 元年, 2	史12・要7・史90 宗室 肅宗 大原公倬・ 墓 p. 186 墓誌銘
16	王偦	肅宗의 子	睿宗 元年, 2	史12・要7・史90 宗室 肅宗 齊安公偦
17	王僑	肅宗의 子	睿宗 元年, 2	史12・要7・史90 宗室 肅宗 通義侯僑
18	王伀	王族	高宗	東文選 卷26・東國李相國集 卷34 淮安公 爲守太師尙書令余如故別宣麻 敎書官誥
	崔惟吉			史95 崔冲傳・同附 惟吉傳・補閑集 上 文憲公於成宗
	李資謙?			高麗圖經 卷8 人物 守太師尙書令李資謙
追封	金 位			墓 p. 401 金周鼎墓誌銘
贈	蔡洪哲의 祖			墓 p. 508 蔡洪哲墓誌銘

〈자료 2〉 尙書左·右僕射

[尙書令의 경우와 마찬가지이나 이곳에서는 王名도 첫 글자만 쓰고 '宗'字는 모두 생략하였다. 王名·年·月 다음에 나오는 '任'은 그때 임명받았다는 뜻이고, '在'는 당시 在任하고 있었다는 의미이며, '在·卒'은 재임 중 사망, '任·致仕'는 임명과 동시에 致仕, '?'는 王代 또는 年·月을 잘 알 수 없다는 뜻으로 썼다. 列傳과 墓誌銘이 本人의 것일 때는 이름을 생략하였고, 다른 사람의 그것에 나오는 경우만 성명을 밝혔다. 이하의 資料에 있어서도 마찬가지이다.]

번호	姓名	年月과 官職(典據)	以前 官職(典據)	以後 官職(典據)
1	金致陽	穆 12. 正月 在 右僕射·兼三司事(要2·史127 列傳)		
2	劉瑨	顯 卽位. 3 任 尙書左僕射(史4·要2·史97 列傳)	穆 12. 正月 在 吏部尙書·叅知政事(史3·要2·史97 列傳)	顯 2. 3 任 內史侍郎平章事(史4)
3	王同穎	顯 卽位. 3 任 尙書右僕射(史4·要2)		
4	文仁渭	顯 2. 8 任 右僕射(史4·要3)	顯 卽位. 3 任 工部尙書(史4)	顯 2. 12 任 叅知政事(史4) 顯 10. 3 在·卒 尙書左僕射(史4·要3)
5	趙之遴	顯 2. 9 在·卒 左僕射·叅知政事(史4·史94 列傳)	顯 2. 3 任 叅知政事(史4)	
6	朴忠淑	顯 3. 2 任 尙書左僕射(史4·要3)	顯 元年. 10 在 禮賓卿(史4) 顯 2. 8 任 西京副留守(史4)	顯 13. 2 在 叅知政事(史4) 顯 13. 11 在 左僕射(要3)
7	金審言	顯 4. 8 在 左僕射(史73 選擧志 科目 選場)	顯 2. 5 任 禮部尙書(史4)	顯 4. 9 在 禮部尙書(史4) 顯 5. 4 任 內史侍郎平章事(史4·史93 列傳)
8	金老玄	顯 7. 2 任 尙書右僕射(史4)		
9	李周憲	顯 7. 7 任 尙書右僕射(史4·要3)	顯 6. 閏6 任 刑部尙書(史4)	顯 7. 9 任 西京留守(史4) 顯 12. 10 任 尙書左僕射·叅知政事(史4)

				顯 13, 3 在·卒 尙書右僕射(史4·要3·史94 列傳)
10	全輔仁	顯 9, 11 任 尙書左僕射(史4·要3)	顯 4, 4 在 右常侍(史4)	顯 10, 2 在·卒 右僕射(史4·要3)
11	異膺甫	顯 10, 3 任 右僕射(史4)	顯 7, 4 任 攝司憲大夫(史4)	顯 10, 7 任 左僕射(史4·要3) 德 即位, 10 任 加守司徒(史5)
12	李 元	顯 10, 7 任 右僕射(史4·要3)	顯 8, 11 任 龍虎軍上將軍·兼戶部尙書(史4)	
13	晉含祚	顯 11, 正月 任 右僕射·兼都正使(史4·要3)	顯 9, 8 任 戶部尙書(史4)	顯 14, 正月 任 尙書左僕射(史5) 顯 21, 7 在 內史侍郎(史5)
14	朱德明	顯 12, 3 任 尙書左僕射(史4·要3)	顯 9, 9 任 工部尙書(史4)	顯 14, 正月 任 尙書右僕射(史5·要3) 德 即位, 8 在·卒 左僕射(史5)
15	張 瑩	顯 12, 6 任·致仕 尙書左僕射·同內史門下平章事(史4·要3)	顯 4, 4 在 工部尙書·叅知政事(史4) 顯 7, 正月 任 左散騎常侍(史4)	
16	金因渭	顯 12, 8 任·致仕 尙書右僕射(史4·要3)		顯 15, 9 任·致仕 尙書左僕射·叅知政事(史5·要3·史88 后妃 顯宗 元順淑妃 金氏) * 妃父
17	李 龔	顯 15, 11 任 尙書左僕射·同內史門下平章事(史5·要3)	顯 12, 9 任 中樞使·檢校司空(史4) 顯 13, 2 任 刑部尙書(史4) 顯 14, 12 任 內史侍郎平章事·監修國史(史5)	顯 18, 正月 任 門下侍郎(史5) 顯 22, 5 任 司空·左僕射·判東京留守事(史5)
18	智蔡文	顯 17, 4 任 右僕射(史5·要3·史94 列傳)	顯 2, 2 在 中郎將(要3) 顯 7, 12 任 右常侍(史4)	
19	梁 積	顯 18, 正月 任 左僕射(史5·要3)	顯 9, 5 任 禮部尙書·兼中樞使(史4)	

20	李 端	顯 20, 11 在 尙書左僕射(史5·要3)	顯 17, 6 任 右常侍·知中樞事(史5) 顯 18, 正月 任 中樞使(史5)	顯 22, 4 任 叅知政事(史5) 德 卽位, 8 任 左僕射·叅知政事(史5·要3)
21	金如琢	德 卽位, 10 在 右僕射(史5·要3)		德 卽位, 10 任 守司空·右僕射(史5·要3)
22	劉徵弼	德 元年, 3 任 尙書左僕射(史5·要4)	顯 15, 正月 任 禮部尙書(史5) 顯 21, 5 任 太子賓客(史5)	德 3, 7 任 尙書右僕射(史5·要4) 靖 2, 3 任 叅知政事·兼西京留守使(史6)
23	蔣劇孟	德 3, 3 任 尙書右僕射(史5·要4)	德 卽位, 7 任 兵部尙書(史5)	文 元年, 6 在 守司徒·左僕射(史7·要4)
24	崔輔成	德 3, 5 任 尙書左僕射(史5)	顯 14, 5 任 兵部尙書(史5)	文 卽位, 9 致仕 尙書左僕射(史7)
25	閔可擧	德 3, 7 任 尙書左僕射(史5·要4)	德 2, 正月 任 禮部尙書(史5) 德 2, 10 任 刑部尙書(史5)	德? 尙書右僕射·兼太子少師(墓 p. 122 閔瑛墓誌銘)
26	崔齊顔	靖 2, 2 任 尙書左僕射·中樞使(史6·要4)	德 3, 7 任 戶部尙書(史5) 靖 卽位, 12 任 吏部尙書(史6)	靖 3, 7 任 尙書左僕射·叅知政事·中樞使(史6·要4)
27	崔 冲	靖 6, 7 在 左僕射(要4)	靖 元年, 正月 任 中樞使·刑部尙書(史6) 靖 3, 7 任 叅知政事·修國史(史6)	靖 7, 10 任 內史侍郎平章事(史6·史95 列傳)
28	李懷(瓖)	靖 6, 9 任 尙書右僕射(史6)	靖 元年, 7 任 三司使(史6)	
29	皇甫穎	靖 7, 10 任 守司空·左僕射(史6·要4)	靖 元年, 7 任 中樞使·兼御史大夫(史6) 靖 2, 8 任 兵部尙書(史6·要4) 靖 7, 10 在 西京留守使·叅知政事(史6)	靖 9, 2 任 內史侍郎同內史門下平章事(史6)
30	劉志誠	靖? 尙書右僕射(墓 p. 15 墓誌銘)	德 3, 7 任 禮部尙書(史5·墓 p. 15 墓誌銘) 靖 卽位, 12 任 工部尙書(史6·墓 p. 15)	
31	李成功	靖? 左僕射(史94 李周佐傳)		

32	李 翰	靖? 尙書左僕射·太子太保(墓 p. 27 李頲墓誌銘·史95 李子淵傳)		
33	趙 顯	文 卽位, 9 致仕右僕射(史7·要4)		
34	朴有仁	文 元年, 4 任 尙書左僕射·叅知政事(史7·要4)	靖 7, 12 在 翰林學士承旨(史6)	
35	高 烈	文 元年, 4 任 守司空·尙書左僕射(史7)	靖 10, 11 在 攝兵部尙書(史6)	
36	韋 靖	文 3, 3 任 尙書右僕射(史7)	靖 7, 5 在 大將軍(史6)	
37	李仁靜(靖)	文 3, 3 任 尙書左僕射(史7·要4)	文 元年, 正月 在 刑部侍郎·三司副使(史7)	文 6, 4 任·致仕 檢校司徒·尙書左僕射(史7)
38	李守和	文 5, 3 在·卒 尙書左僕射(史7·要4)	文 元年, 7 在 禮部尙書(史7)	
39	朴 暹	文 6, 5 在 尙書右僕射(史7·要4)	顯 2, 9 任 將作監(史4)	
40	朴成傑	文 8, 2 在 司徒·尙書右僕射(史7)	文 元年, 12 在 戶部尙書(史7) 文 7, 7 任 叅知政事(史7)	文 ? 尙書右僕射·叅知政事(東文選 卷28) 文 9, 7 任 內史侍郎平章事(史7)
41	金元鼎	文 9, 7 任 尙書左僕射·叅知政事·兼太子少保(史7·要4·史95 列傳)	文 6, 9 任 同知中樞院事(史7) 文 8, 8 在 中樞院使(史7·史95 列傳)	文 11, 12 任 內史侍郎同內史門下平章事(史8·史95 列傳)
42	智 猛	文 10, 3 在 尙書左僕射(史7)	靖 7, 5 在 大將軍(史6) 文 9, 7 任 守司空(史7)	文 10, 4 任 守司空(史7)
43	李令幹	文 10, 4 在 尙書右僕射(史73 選擧志 科目 選場)	文 6, 7 任 禮部尙書(史7) 文 6, 9 任 翰林學士(史7)	文? 中樞使·尙書右僕射·翰林學士承旨(墓 p. 88 韓惟忠墓誌銘)
44	任從一	文 11, 3 任 尙書左僕射(史8·要5)		文 15, 2 任 尙書左僕射·中樞使(史8·要5) 文 15, 9 任 叅知政事(史8)

45	金 顯	文 11, 12 任 尙書左僕射·叅知政事(史8·要5)	文 8, 4 在 知中樞院事(史73 選擧志 科目 選場)	文 14, 4 任 守司空(史8) 文 15, 3 任 左僕射로 강등(史8)
46	韓功敘	文 11, 12 任 尙書右僕射(史8·要5)		文 15, 10 任 檢校司空·守尙書左僕射(史8·要5)
47	金良贄	文 19, 8 在 尙書右僕射(史8·要5)	文 15, 12 任 御史大夫(史8)	
48	王 顯	文 22, 12 在 尙書左僕射(史8·要5)		
49	金行瓊	文 24, 4 在 尙書左僕射(史73 選擧志 科目 選場)	文 22, 正月 任 兵部尙書(史8)	文 25, 正月 任 尙書左僕射·判尙書刑部事(史8·要5) 文 25, 正月 任 叅知政事(史8)
50	崔有孚	文 25, 正月 任 尙書右僕射(史8·要5)	文 14, 2 在 司宰卿(要5·史93 崔沆傳)	文 26, 閏7 任 判尙書刑部事(史9)
51	金德符	文 26, 3 任 尙書右僕射(史9·要5)	文 24, 3 任 太子賓客(史8)	文 36, 6 在·卒 守司空·尙書左僕射(史9)
52	李徵望	文 28, 7 任 尙書右僕射(史9·要5)	文 26, 12 任 兵部尙書(史9)	文 29, 正月 任 尙書左僕射·判兵部事(史9·要5) 文 35, 7 致仕·卒 叅知政事(史9)
53	崔惟吉	文 29, 7 任 尙書右僕射(史9)	文 27, 12 任 戶部尙書(史9) 文 29, 3 任 太子賓客(史9)	文 29, 12 任 尙書左僕射(史9) 文 31, 11 任 守司空·判三司事(史9) 文? 尙書令(史95 崔冲傳)
54	金 陽	文 29, 12 任 尙書右僕射(史9)	文 21, 正月 在 兵部尙書(史8) 文 26, 3 任 工部尙書(史9)	
55	盧 旦	文 35, 12 任 右僕射·翰林學士承旨(史9)	文 32, 6 在 兵部尙書(史9) 文 34, 5 在 禮部尙書(史73 選擧志 科目 選場)	宣 2, 4 在 中樞院使(史73 選擧志 科目 選場) 宣 3, 4 任 尙書左僕射·叅知政事(史10)

56	李靖恭	文 36, 8 在 左僕射(史9)	文 30, 9 任 兵部尙書(史9) 文 35, 11 任 叅知政事·修國史(史9)	文 37, 正月 任 中書侍郎同中書門下平章事(史9)
57	金良鑑	文 37, 正月 任 左僕射(史9·要5)	文 32, 6 在 知中樞院事·戶部尙書(史9) 文 35, 正月 任 叅知政事·判尙書兵部事(史9) 文 35, 3 任 權判中樞院事(史9)	宣 卽位, 12 在 中書侍郎平章事(史10) 宣 3, 4 任 門下侍郎平章事(史10)
58	王 錫	文 37, 正月 任 右僕射(史9·要5)	文 35, 正月 任 戶部尙書·知吏部事(史9)	宣 卽位, 12 在 叅知政事(史10)
59	愼 脩	文? 守司徒·左僕射·叅知政事(史97 愼安之傳)		
60	徐惟傑	文? 左僕射(墓 p. 55 徐鈞墓誌銘)		
61	高 維	文? 右僕射(史98 高兆基傳·東文選 卷 101 星州高氏家傳)		
62	任禧悅	宣 4, 11 在·卒 尙書右僕射(史10)		
63	崔思諒	宣 7, 正月 在·致仕 左僕射·叅知政事(要6·史95 列傳)	宣 3, 4 任 中樞院使(史10·史95 列傳) 宣 4, 5 任 叅知政事·兼西京留守使(史10·史95 列傳)	
64	李子威	宣 7, 2 任 尙書右僕射·叅知政事·修國史(史10·要6)	宣 4, 12 任 同知中樞院事(史10)	宣 9, 8 任 尙書右僕射·權知門下省事·兼西京留守使(史10·要6) 獻 卽位, 6 任 門下侍郎平章事(史10)
65	邵台輔	宣 8, 9 在 左僕射(史10·要6)	宣 3, 8 在 刑部尙書(史10) 宣 4, 正月 任 吏部尙書(史10)	宣 9, 2 任 叅知政事(史10·史95 列傳)
66	徐 靖	宣 10, 5 任 尙書左僕射·叅知政事·判三司事(史10·要6)	宣 8, 9 在 兵部尙書(史10)	

番號	姓名			
			宣 9, 4 在 中樞院使(史10) 宣 9, 6 任 叅知政事(史10)	
67	柳奭	獻 卽位, 6 任 尙書左僕射(史10·要6)	宣 9, 6 任 知中樞院事(史10) 宣 10, 5 任 禮部尙書·叅知政事(史10)	獻 元年, 4 在 叅知政事(史73 選擧志 科目 選場) 獻 元年, 5 任 判三司事(史10) 獻 元年, 9 任 中書侍郎同中書門下平章事(史10)
68	黃仲寶	獻 元年, 8 任 尙書右僕射(史10·要6)		肅 卽位, 10 任 尙書左僕射(史11·要6) 肅 7, 5 在·卒 守司空·尙書右僕射(史11)
69	林檗	獻 元年, 9 任 守司空·尙書左僕射·判戶部事(史10·要6)	宣 10, 5 任 中樞院使·刑部尙書(史10) 獻 卽位, 6 任 叅知政事(史10)	肅 卽位, 10 任 中書侍郎平章事·判刑部事(史11)
70	王國髦	獻 元年, 9 任 右僕射·叅知政事·判兵部事(史10·要6·史95 列傳)	獻 元年, 7 在 上將軍(要6) 獻 元年, 7 任 權判兵部事(史10)	
71	孫冠	肅 卽位, 10 任 尙書右僕射·叅知政事·判戶部事(史11·要6·史95 列傳)	獻 元年, 5 任 知中樞院事·翰林學士承旨(史10·史95 列傳) 獻 元年, 8 任 樞密院使(史10)	
72	朴寅亮	肅 元年, 9 在·卒 右僕射·叅知政事(史11·要6·史95 列傳)	宣 6, 6 任 同知中樞院事(史10·史95 列傳)	
73	金先錫	肅 2, 3 任 左僕射·判戶部事(史11·要6·史95 列傳)	獻 元年, 9 任 刑部尙書(史10) 肅 卽位, 10 任 知樞密院事(史10·史95 列傳) 肅 卽位, 12 任 樞密院使(史11)	肅 2, 8 任 中書侍郎平章事(史11)
74	林幹	肅 2, 8 任 樞密院使·尙書左僕射(史11·要6)	肅 2, 3 任 知樞密院事·判三司事(史11)	肅 6, 6 任 判尙書刑部事(史11) 肅 7, 6 在 平章事(史11)

75	趙藺忠	肅 4, 2 任 守司空·尙書左僕射(史11·要6)	肅 3, 3 任 賓客(史11)	肅 10, 3 任 尙書右僕射(史12)
76	庾 晳	肅 4, 12 任 尙書右僕射·兼太子賓客(史11)	肅 元年, 正月 在 工部尙書·三司使(史11) 肅 2, 4 在 吏部尙書(史73 選擧志 科目 選場)	
77	吳壽增	肅 6, 12 任 尙書左僕射·兼太子賓客(史11·要6)	肅 4, 12 任 刑部尙書(史11) 肅 6, 4 在 樞密院使(史11)	肅 8, 2 任 叅知政事(史12)
78	韓瑩	肅 6, 12 任 尙書右僕射(史11·要6)	肅 4, 12 任 兵部尙書(史11)	肅 10, 3 任 刑部尙書(史12)
79	郭 尙	肅 7, 3 任 左僕射·叅知政事·兼西京留守使(史11·要6·史97 列傳)	肅 6, 9 任 同知樞密院事(史11)	肅 8, 2 任 守司空(史12)
80	崔弘嗣	肅 7, 12 任 尙書右僕射·兼三司事(史11)	肅 6, 正月 在 禮部尙書(史11) 肅 6, 12 任 吏部尙書(史11)	肅 8, 6 任 樞密院使·兼太子賓客(史12) 肅 9, 8 任 叅知政事(史12)
81	庾祿崇	肅 8, 2 任 尙書左僕射·叅知政事(史12·要7)	肅 7, 5 任 樞密院使·兼太子賓客(史11)	
82	柳 伸	肅 8, 6 任 左僕射·政堂文學(史12·要7)	肅 6, 12 任 禮部尙書·同知樞密院事·翰林學士承旨(史11) 肅 7, 12 任 吏部尙書(史11)	肅 9, 7 在·卒 左僕射·政堂文學(史12) 肅 守司空·左僕射·叅知政事(墓 p.337 柳光植墓誌銘)
83	黃兪顯	肅 9, 2 在 兵馬使·左僕射(史12·要7)	肅 元年, 正月 任 鷹揚軍上將軍·戶部尙書(史11)	睿 即位, 11 任 興威衛上將軍·戶部尙書(史12)
84	李 頷	肅 9, 3 任 守司空·尙書右僕射(史12)	肅 4, 2 任 禮部尙書(史11) 肅 5, 4 在 同知樞密院事(史73 選擧志 科目 選場) 肅 6, 12 任 叅知政事(史11) 肅 8, 2 任 檢校司徒·守司空·判刑部事(史12)	肅 9, 7 任 中書侍郎平章事·判三司事·太子少保(史12)

			肅 8, 9 任 中書侍郎平章事(史12)	
85	陸 肇	肅 9, 8 任 尙書右僕射(史12·要7)		
86	任 懿	睿 卽位, 11 任 尙書左僕射·叅知政事(史12·史95 列傳·墓 p. 44 墓誌銘)	肅 8, 5 任 兵部尙書(史12·史95 列傳·墓 p. 44 墓誌銘) 肅 9, 7 在 判御史臺事(史12·墓 p. 44) 肅 9, 8 任 同知樞密院事(史12·墓 p. 44) 肅 10, 6 任 樞密院使·吏部尙書(史12·墓 p. 44)	睿 2, 7 在 叅知政事(史12) 睿 2, 7 任 判尙書刑部事(史12·史95 列傳·墓 p. 44) 睿 4, 7 在 中書侍郎平章事(史13·史95 列傳)
87	崔 挺	睿 卽位, 11 任 尙書右僕射·鷹揚軍上將軍(史12)	肅 6, 11 任 金吾衛上將軍·工部尙書(史11)	睿 7, 9 任 判尙書工部事(史13) 睿 8, 2 任·致仕 檢校司徒·叅知政事(史13)
88	金漢忠	睿 元年, 3 任 尙書左僕射·判秘書省事(史12·史95 列傳)	肅 8, 5 任 禮部尙書(史12)	睿 5, 12 任 判工部事(史13·史95 列傳) 睿 6, 8 任 樞密院使(史13·史95 列傳) 睿 6, 12 任 尙書左僕射(史13)
89	金景庸	睿 元年, 12 任 左僕射·叅知政事(史12·要7)	肅 8, 2 任 知樞密院事(史12) 肅 8, 5 任 戶部尙書(史12) 肅 10, 6 任 判尙書工部事(史12) 睿 元年, 3 任 知門下省事(史12)	睿 2, 正月 任 檢校太子太師·守司空(史12) 睿 4, 2 在 平章事(史13)
90	吳延寵	睿 3, 4 任 尙書左僕射·叅知政事(史12·要7·史96 列傳)	睿 卽位, 11 任 知樞密院事·御史大夫(史12·史96 列傳)	睿 5, 12 任 中書侍郎平章事·判三司事(史13)
91	徐 甫	睿 3, 7 任 左右衛上將軍·尙書右僕射(史12)		
92	崔公詡	睿 4, 2 任 右僕射(史13)	睿 元年, 2 在 工部尙書(史12)	
93	畢光贊	睿 5, 3 任 尙書右僕射(史13·要7)	睿 卽位, 11 任 檢校太子太師·上護軍(史12)	

94	柳仁著	睿 7, 9 任 尙書左僕射·判尙書刑部事(史13·要7)	睿 4, 10 任 殿中監·知樞密院事(史13) 睿 6, 3 任 兵部尙書(史13) 睿 7, 2 任 叅知政事(史13)	睿 8, 5 在·卒 叅知政事(史13)
95	李資謙	睿 8, 3 任 尙書左僕射(史13·要8·史127 列傳)	睿 6, 12 任 檢校司徒·刑部尙書(史13) 睿 7, 2 任 叅知政事(史13·史127 列傳) 睿 7, 9 任 守司空·兵部尙書·判三司事(史13)	睿 9, 7 任 守司空·尙書左僕射·叅知政事(史13) 睿 9, 12 任 守司徒·中書侍郎同中書門下平章事·兼西京留守使(史13·史127 列傳)
96	柳子維	睿 8, 3 任 尙書右僕射(史13·要8)	睿 6, 3 任 刑部尙書(史13) 睿 6, 12 任 工部尙書(史13)	睿 8, 7 任 守司空(史13) 睿 8, 12 任 尙書右僕射·判工部事(史13) 睿 守司空·尙書右僕射·判工部事(墓 p. 49 墓誌銘)
97	崔繼芳	睿 8, 12 任 尙書左僕射·判三司事(史13·要8)	睿 7, 9 任 檢校司空·樞密院使(史13) 睿 8, 7 任 守司空·兵部尙書·叅知政事(史13)	睿 守司空·左僕射·叅知政事(墓 p. 40 墓誌銘)
98	高義和	睿 9, 正月 任 右僕射·鷹揚軍上將軍(史13)	睿 3, 7 任 兵部尙書(史12·史95 列傳)	睿 14, 正月 致仕·卒 尙書左僕射(史14) 睿 守司空·尙書左僕射·判兵部事(史95 列傳)
99	劉 載	睿 9, 3 任 尙書左僕射·文德殿學士(史13·要8)	睿 7, 9 任 禮部尙書(史13) 睿 8, 12 任 吏部尙書(史13)	睿 13, 3 在·卒 尙書右僕射(史14) 睿 13, 在·卒 守司空·尙書右僕射(史97 列傳) 睿 守司空·尙書右僕射·判工部事(墓 p. 48 墓誌銘)
100	康 拯	睿 9, 3 任 尙書左僕射·樞密院使·判三司事(史13·要8)	睿 8, 7 任 戶部尙書·三司使(史13·史97 列傳) 睿 8, 12 任 知樞密院事(史13)	睿 11, 6 任 守司空·叅知政事·判尙書刑部事(史14·史97 列傳)

101	金至和	睿 9, 12 任 尙書左僕射・兼三司使(史13)	睿 8, 12 任 刑部尙書(史13) 睿 9, 3 任 吏部尙書(史13)	睿 12, 2 任 守司空(史14) 睿 12, 6 任 判工部事(史14) 睿 14, 3 任 左僕射・叅知政事(史14)
102	林有文	睿 12, 6 任 尙書右僕射・判秘書省事(史14・要8)	睿 9, 3 任 御史大夫(史13) 睿 9, 7 任 左散騎常侍(史13)	睿 15, 6 任 右僕射・知門下省事(史14・要8) 睿 17, 3 任 守司空・叅知政事・判刑部事(史14)
103	金晙	睿 12, 12 任 尙書右僕射・兼太子少傅(史14・要8)	睿 11, 6 任 兵部尙書・樞密院使(史14) 睿 12, 2 任 檢校司空・叅知政事(史14・史97 列傳) 睿 12, 6 任 判刑部事(史14)	睿 14, 6 任 守司空(史14) 睿 15, 6 任 中書侍郎平章事(史14)
104	崔贄	睿 14, 3 任 右僕射・判御書院事(史14・要8)	睿 12, 6 任 刑部尙書(史14)	
105	李公壽	睿 14, 12 任 右僕射→左僕射(墓 p. 65 墓誌銘)	睿 13, 任 工部尙書(墓 p. 65 墓誌銘) 睿 14, 夏 任 吏部尙書(墓 p. 65)	仁 2, 12 任 檢校司徒・守司空・叅知政事(史15・史95 列傳・墓 p. 65)
106	李軌	睿 15, 6 任 守司空・左僕射・叅知政事(史14・要8)	睿 9, 12 任 刑部尙書・翰林學士承旨(史13) 睿 12, 2 任 樞密院使(史14) 睿 12, 12 任 政堂文學・判翰林院事(史14) 睿 13, 3 任 戶部尙書・判禮部事(史14)	仁 即位, 7 致仕・卒 叅知政事(史15)
107	尹惟贊 (志)	睿 15, 6 任 尙書右僕射(史14)	睿 9, 正月 任 兵部尙書・龍虎軍上將軍(史13)	仁 即位, 5 任 尙書左僕射(史15)
108	朴景仁	睿 15, 12 任・致仕 守司空・尙書左僕射・叅知政事(史14・要8・史95 列傳)	睿 12, 6 任 吏部尙書(史14・史95 列傳) 睿 12, 12 任 戶部尙書・知樞密院事・判三司事(史14・史95 列傳)	睿 16, 6 致仕・卒 左僕射・叅知政事(史14・要8) 睿 守司空・左僕射・叅知政事・判禮部事(墓 p. 52 墓誌銘)

			睿 14, 6 任 判翰林院事(史14) 睿 15, 6 任 知樞密院事(史14)	
109	李德羽	仁 2, 3 在·卒 尙書右僕射(史15·要9)	睿 7, 8 在 殿中監(史13)	
110	洪 灌	仁 4, 2 在·卒 左僕射(史15)	仁 元年, 4 在 禮部尙書(史73 選擧志 科目選場)	仁 4, 守司空·尙書左僕射(史121 列傳)
111	李 璹	仁 6, 3 任 檢校司徒·守司空·尙書左僕射·判禮部事(史15·要9)		仁 6, 7 在 叅知政事(史15·史98 列傳)
112	崔思全	仁 6, 3 任 守司空·尙書左僕射(史15·要9·史98 列傳)	仁 4, 6 任 兵部尙書(史15·史98 列傳) 仁 5, 6 任 吏部尙書·知都省事(史15)	仁 6, 8 任 守司空·尙書左僕射(史15) 仁 6, 12 任 叅知政事·判尙書刑部事(史15·史98 列傳)
113	崔滋盛	仁 7, 12 任 尙書左僕射·叅知政事(史16)	仁 5, 6 任 同知樞密院事(史15) 仁 5, 12 任 叅知政事(史15) 仁 6, 3 任 檢校司空·判工部事(史15) 仁 6, 12 任 吏部尙書(史15)	仁 8, 6 任 判尙書禮部事(史16) 仁 9, 9 任 檢校司空·中書侍郎同中書門下平章事·判兵部事(史16·要9·史98 列傳)
114	尹 誧 (諧)	仁 10, 夏 任·致仕 守司空·尙書左僕射·判工部事(墓 p.144 墓誌銘)		毅 8, 5 致仕·卒 叅知政事(史18)
115	李俊陽	仁 10, 12 任 尙書左僕射(史16·要10)	仁 8, 12 任 同知樞密院事(史16) 仁 10, 閏4 在 叅知政事(要10)	仁 11, 6 任 中書侍郎平章事(史16)
116	林景淸	仁 11, 4 任 尙書右僕射(史16·要10)	仁 7, 12 任 刑部尙書·同知樞密院事(史16) 仁 8, 12 任 知樞密院事(史16)	仁 11, 12 任 守司空(史16) 仁 13, 11 任·致仕 守司空·尙書左僕射·樞密院使·判三司事(史16·要10)
117	崔弘宰		仁 6, 6 任 門下侍郎平章事(史15)	仁 平章事(史125 列傳)

		仁 11, 6 任 守司空·右僕射(史16·要10·史125 列傳) *左遷	仁 9, 9 任 判吏部事(史16) 仁 11, 6 在 中書侍郎平章事(史16·要10)	
118	鄭旌淑	仁 13, 4 任 尙書左僕射·鷹揚軍上將軍(史16·要10)	仁 2, 2 在 將軍(要9) 仁 7, 正月 任 刑部尙書(史16)	
119	金克儉	仁 13, 12 任 尙書左僕射(史16·要10·史97 列傳)		仁 14, 12 任 叅知政事(史16·史97 列傳)
120	陳 淑	仁 16, 3 任 右僕射(史16)	仁 15, 12 任 兵部尙書·知樞密院事(史16)	仁 16, 7 在 樞密使(要10) 毅 5, 4 致仕·卒 叅知政事(史17)
121	李 仲	仁 16, 12 任 檢校司徒·守司空·尙書左僕射·判戶部事·太子少師(史16·要10)	仁 13, 12 任 同知樞密院事(史16) 仁 16, 3 任 吏部尙書·判御史臺事(史16) 仁 16, 8 任 叅知政事·判三司事(史16)	仁 18, 4 任 中書侍郎平章事(史17)
122	陳景甫	仁 18, 2 任 尙書右僕射·上將軍(史17)		
123	崔 溱	仁 18, 4 任 右僕射·判刑部事(史17)	仁 16, 8 任 兵部尙書·知樞密院事(史16) 仁 17, 12 任 叅知政事(史17)	仁 守司空·尙書左僕射·叅知政事·判尙書刑部事(東文選 卷25) 仁 19, 12 任 中書侍郎平章事(史17·東文選 卷25)
124	金仁揆	仁 19, 12 任 左僕射·叅知政事(史17·要10·史97 金景庸 傳)	仁 2, 12 任 檢校司空·吏部尙書·知門下省事(史15) 仁 3, 12 任 叅知政事(史15) 仁 4, 5 貶爲守令(要9)	仁 20, 5 在·卒 叅知政事(史17)
125	李之氐	仁 20, 12 任 守司空·左僕射·判禮部事(史17·要10·史95 列傳)	仁 17, 12 任 知樞密院事(史17) 仁 18, 12 任 禮部尙書(史17) 仁 19, 12 任 政堂文學·判翰林院事(史17)	仁 司空·政堂文學·尙書左僕射·判尙書禮部事(東文選 卷25) 仁 21, 12 任 叅知政事·判西京留守事(史17·史95 列傳·東文選 卷25)

				仁 23, 5 在·卒 政堂文學·叅知政事(史17)
126	韓惟忠	仁 20, 12 任 左僕射·樞密院使·判三司事(史17·要10·墓 p. 89 墓誌銘)	仁 11, 4 任 樞密院副使(史16) 仁 13, 11 任 守司空·吏部尙書·判秘書省事(史16·墓 p. 89 墓誌銘)	仁 22, 12 任 叅知政事·判工部事(史17·墓 p. 89) 仁 23, 8 任 判尙書禮部事(史17) 仁 23, 12 任 中書侍郎門下平章事(史17·墓 p. 89)
127	金正純	仁 22, 12 任 尙書右僕射·西京留守使·兼太子少傅(史17·要10)	仁 18, 12 任 兵部尙書(史17) 仁 19, 12 任 知樞密院事(史17) 仁 20, 12 任 守司空·知門下省事·判刑部事(史17·史98 列傳) 仁 21, 12 任 叅知政事(史17·史98 列傳)	仁 23, 8 在·卒 叅知政事(史17)
128	王 冲	仁 23, 12 任 尙書左僕射(史17·要10)	仁 20, 12 任 吏部尙書(史17) 仁 22, 12 任 樞密院使·判三司事(史17) 仁 23, 8 任 守司空·叅知政事·判工部事·太子少保(史17)	仁 23, 12 任 守司徒·叅知政事(墓 p.176 墓誌銘) 毅 卽位, 11 在 平章事(史17)
129	崔 灌	仁 23, 12 任 尙書右僕射(史17·要10)	仁 23, 8 任 樞密院使·判三司事(史17)	毅 6, 12 致仕·卒 平章事(要11)
130	崔 梓	仁 24, 12 任 檢校司徒·守司空·尙書左僕射·叅知政事·判禮部事(墓 p. 121 墓誌銘)	仁 23, 12 任 戶部尙書·知樞密院事(史17·墓 p. 121 墓誌銘) 仁 24, 4 任 刑部尙書·樞密院使·判三司事(墓 p. 121)	毅 元年, 7 在 叅知政事(史17) 毅 2, 檢校太尉(墓 p. 121)
131	崔 源	仁? 尙書右僕射(史96 崔思諏傳)		
132	李周衍	仁? 尙書左僕射(墓 p. 570 李公逡墓誌銘)		
133	崔延叞	仁? 尙書右僕射·樞密院使(墓 p. 133 金義元墓誌銘)		

134	韓安中	仁? 尙書左僕射(墓 p. 366 韓光衍墓誌銘)		
135	李仁實	毅 元年, 12 任 尙書右僕射·叅知政事·判刑部事(史17·墓 p. 138 墓誌銘)	仁 知樞密院事·判三司事(墓 p. 138 墓誌銘)	毅 2, 12 任 權判吏部事(史17) 毅 2, 12 任 中書侍郞同平章事·判吏部事(史17·墓 p. 138)
136	池 深	毅 2, 2 任 右僕射·兵部尙書·鷹揚軍上將軍 (史17)		毅 4, 正月 任 守司空(史17)
137	李 軾	毅 2, 3 任 右僕射(史17)	仁? 刑部尙書·兼善慶府詹事(墓 p. 149 墓誌銘)	毅 5, 7 任 尙書左僕射·叅知政事(史17·要11) 毅 5, 任 叅知政事·判尙書戶部事(墓 p. 149)
138	尹彦植	毅 3, 5 在·卒 守司空·左僕射(史17·史96 尹瓘傳·墓 p. 32 金閴甫墓誌銘)	仁 14, 2 在 殿中監(史16) 毅 2, 閏8 任 守司空(史17)	
139	金永錫	毅 3, 任 尙書右僕射·三司使(墓 p. 204 墓誌銘)	毅 2, 12 任 吏部尙書(史17·墓 p. 204 墓誌銘) 毅 3, 4 任 三司使(史17)	毅 5, 5 任 政堂文學·判禮部事(史17·墓 p. 204) 毅 6, 12 任 中書侍郞平章事(史17·墓 p. 204) 毅 8, 正月 任 尙書左僕射·判工部事(史18·要11)
140	林 光	毅 4, 夏 任 守司空·左僕射·判秘書省事 (墓 p. 132 墓誌銘)	毅 2, 3 任 樞密院使·判秘書省事(史17·墓 p. 132 墓誌銘)	
141	高兆基	毅 4, 10 任 尙書左僕射(要11·史98 列傳) *左遷	毅 2, 12 任 叅知政事·判兵部事(史17·史98 列傳) 毅 3, 4 任 中書侍郞平章事(史17·史98 列傳) 毅 3, 12 任 判尙書吏部事(史17)	毅 4, 12 任 判兵部事(史17) 毅 平章事(史98 列傳)

142	李彦林	毅 5, 12 任 尙書右僕射(史17·要11)	毅 3, 12 任 兵部尙書(史17) 毅 4, 12 任 工部尙書(史17)	
143	權正鈞	毅 10, 12 在 左僕射(要11·史122 鄭誠傳)	毅 2, 2 任 刑部尙書·龍虎軍上將軍(史17) 毅 5, 3 任 兵部尙書(史17)	
144	申 淑	毅 12, 8 任 守司空·尙書右僕射(要11) * 左遷	毅 12, 4 在 知門下省事(史18·史99 列傳)	毅 任·致仕 叅知政事(史99 列傳)
145	金永夫	毅 16? 任 叅知政事·尙書左僕射(墓 p. 218 墓誌銘)	毅 14, 任 樞密院使·翰林學士承旨(墓 p. 218 墓誌銘) 毅 15, 12 任 知門下省事(史18·墓 p. 218)	毅 16, 12 任 叅知政事·判尙書兵部事(史18) 毅 18, 6 任 中書侍郎同平章事(史18)
146	崔褒偁	毅 18, 6 任 尙書左僕射·叅知政事(史18·要11)	毅 16, 12 任 知樞密院事·判三司事(史18·史125 列傳) 毅 17, 12 任 知門下省事(史18)	毅 18, 12 任 判兵部事·太子太傅(史18) 毅 19, 5 任 中書侍郎同中書門下平章事(史18·史125 列傳)
147	金永胤	毅 19, 5 任 尙書左僕射(史18·要11)	毅 18, 6 任 知樞密院事(史18) 毅 18, 12 任 吏部尙書·樞密院使(史18)	毅 19, 12 任 知門下省事·判尙書兵部事·太子少傅(史18)
148	徐 淳	毅 24, 7 任 尙書左僕射·判秘書省事(史19·要11) * 左遷	毅 20, 5 任 禮部尙書(史73 選擧志 科目 選場) 毅 24, 7 在 知樞密院事(史19·要11)	
149	崔惟淸	毅 任·致仕 守司空·左僕射(史99 列傳)	毅 4, 12 任 中書侍郎平章事(史17) 毅 5, 4 任 判兵部事(史17) 毅 5, 5 任 貶爲 南京留守(要11)	
150	文儒寶	毅 ? 右僕射(史101 文漢卿傳)		
151	金 端	毅 ? 守司空·尙書右僕射(墓 p. 242 金閔甫墓誌銘·墓 p. 347 任益淳墓誌銘)		

152	盧永醇	毅 ? 叅知政事·尙書左僕射(墓 p. 271 盧卓儒墓誌銘)		
153	于邦宰	毅 ? 尙書右僕射·上將軍(史100 于學儒傳·墓 p. 307 張允文墓誌銘)		
154	金成美	明 卽位, 9 任 僕射(史19)		
155	朴育和	明 3, 閏正月 任 守司空·左僕射(史19)	毅 17, 8 在 給事中(要11)	
156	宋有仁	明 6, 3 在 僕射(要12)	明 4, 12 任 樞密院副使·兵部尙書(史19·史128 列傳) 明 5, 正月 任 刑部尙書(史19)	明 8, 7 在 叅知政事(要12·史128 列傳) 明 守司空·尙書僕射(史128 列傳·要12) 明 8, 11 任 門下侍郎平章事(要12·史128 列傳)
157	李文著	明 6, 守司空·尙書右僕射(墓 p. 235 墓誌銘)	明 5, 任 衛尉卿·樞密院副使(墓 p. 235 墓誌銘)	
158	洪仲方	明 9, 5 在·卒 守司空·左僕射(史20·要12·100 列傳)	明 7, 4 在 將軍(史19) 明 大將軍(史100 列傳)	
159	文克謙	明 9, 7 任 守司空·左僕射(史20·史99 列傳) *左遷	明 8, 2 在 樞密院副使(要12) 明 9, 7 在 樞密院使(史20)	明 11, 12 任 守太尉(史20) 明 12, 12 任 叅知政事(史20·史99 列傳)
160	李義旼	明 14, 12 任 守司空·左僕射(史20·要13·史128 列傳)	明 11, 4 任 刑部尙書·上將軍(要12·史128 列傳) 明 13, 12 任 工部尙書(史20·史128 列傳)	明 20, 12 任 同中書門下平章事(史20·史128 列傳) 明 21, 12 任 判兵部事(史20)
161	史正儒	明 20, 12 任 守司空·左僕射·叅知政事(史20·要13)	明 14, 2 在 尙書(要13)	
162	劉升	明 21, 12 任 守司空·左僕射(史20·要13)	明 20, 12 任 同知樞密院事(史20)	
163	申寶至	明 24, 12 任 守司空·左僕射(史20·要13)	明 11, 正月 在 將軍(史20) 明 11, 12 任 御史中丞(史20)	

164	崔遇淸	明 任·致仕 守司空·左僕射(史101 列傳)	明 10, 12 任 樞密院使·太子賓客(史20·史101 列傳) 明 11, 12 任 翰林學士承旨(史20·史101 列傳)	明 14, 7 在·卒 樞密院使(史20)
165	崔讜	明 守司空·尙書△僕射(墓 p. 305 墓誌銘)	明 國子監大司成(墓 p. 305 墓誌銘) 明 兵部尙書(墓 p. 305)	明 27, 5 在 叅知政事(史73 選擧志 科目選場·墓 p. 305) 神 卽位, 11 任 中書侍郎平章事(史21)
166	丁黃載	明? 尙書左僕射·上將軍(墓 p. 278 盧大將軍墓誌銘)		
167	宋淸	明? 知樞密院事·尙書左僕射·上將軍(墓 p. 333 崔忠獻墓誌銘)		
168	于述儒	神 卽位, 11 任 守司空·左僕射·判刑部事(史21·要13)		神 2, 6 致仕 中書平章事(史21)
169	金彦	神 卽位, 11 任 尙書左僕射(史21)		
170	林惟謙	神 卽位, 11 任 尙書右僕射·判三司事(史21)		
171	韓琦	熙 5, 4 在·殺 右僕射(要14·史129 崔忠獻傳)		
172	田元均	熙 7, 任 守司空·尙書左僕射·太子賓客(墓 p. 323 墓誌銘)	熙 4, 任 樞密院副使·御史大夫(墓 p. 323 墓誌銘) 熙 任 散騎常侍(墓 p. 323) 熙 任 知樞密院事·吏部尙書(墓 p. 323)	
173	金元義	熙 任 守司空·左僕射·判三司事(墓 p. 317 墓誌銘)	熙 4, 任 樞密院副使·左散騎常侍(墓 p. 317 墓誌銘) 熙 任 知樞密院事(墓 p. 317)	康 元年, 12 任 叅知政事·判禮部事(史21·墓 p. 317)

174	李俊昌	熙? 致仕 司空・左僕射(拙藁千百 卷1 序)		
175	李世長	熙? 致仕 司空・左僕射・寶文閣學士(拙藁千百 卷1 序・補閑集 中 毅王遜)		
176	鄭克溫	康 元年, 12 任 守司空・左僕射・判三司事(史21・墓 p. 314 墓誌銘)	熙 上將軍→尙書右僕射→樞密院副使→御史大夫(墓 p. 314 墓誌銘)	康? 知門下省事(史101 列傳・墓 p. 314) 高 2, 2 在・卒 叅知政事(史22・史101 列傳・墓 p. 314)
177	庾資諒	康? 尙書右僕射(墓 p. 356 墓誌銘)	康? 判司宰事(墓 p. 356 墓誌銘) 康? 判閣門・知茶房事(墓 p. 356)	康? 戶部尙書(墓 p. 356) 高 16, 8 致仕・卒 尙書左僕射(史22・要15・史99 列傳・墓 p. 356)
178	鄭 積	高 2, 11 在 右僕射(要14・史100 鄭叔瞻傳)		高 2, 12 任 (降授)工部尙書(要14)
179	琴 儀	高 2, 任 政堂文學・左僕射・寶文閣大學士(墓 p. 360 墓誌銘)	高 元年, 任 簽書樞密院事・左散騎常侍・翰林學士承旨(史102 列傳・墓 p. 360 墓誌銘)	高 4, 任 守太尉・中書侍郎平章事(史102 列傳・墓 p. 360)
180	柳光植	高 3? 任 知門下省事・尙書右僕射・判三司事(墓 p. 338 墓誌銘・東國李相國集 卷33)	高 元年, 任 樞密院副使・判閣門事(墓 p. 338 墓誌銘)	高 守司空・左僕射・政堂文學(東文選 卷116) 高 4, 任 守司徒・叅知政事・判△部事(史101 列傳・墓 p. 338)
181	趙 冲	高 5, 任 守司空・左僕射(墓 p. 335 墓誌銘)	高 3, 10 在 樞密院副使(要14) 高 4, 7 任 樞密院使・吏部尙書・上將軍・翰林學士承旨(史22・史103 列傳・墓 p. 335 墓誌銘)	高 6, 5 在 政堂文學・判禮部事(史103 列傳・墓 p. 335・史73 選擧志 科目 選場)
182	崔甫淳	高 6? 任 尙書右僕射(墓 p. 353 墓誌銘)	高 5, 任 樞密院右承宣・翰林學士(墓 p. 353 墓誌銘)	高 7, 任 叅知政事・判禮部事(墓 p. 353)

			高 任 左散騎常侍(墓 p. 353)	
183	文惟弼	高 8, 12 任 守司空・左僕射(史22・要15)	高 3, 4 在 樞密院使(要14)	高 9, 12 任 知門下省事(史22・史99 文克謙傳) 高 14, 12 任 叅知政事・判禮部事(史22)
184	李 勣(續)	高 8, 12 任 樞密院副使・尚書左僕射(史22・史103 列傳)	高 6, 任 右承宣(史103 列傳)	高 9, 12 任 同知樞密院事(史22) 高 10, 12 任 知樞密院事(史22) 高 11, 任 樞密院使・御史大夫(史103 列傳・墓 p. 344 墓誌銘)
185	貢天源	高 8, 12 任 右僕射(史22)	高 4, 4 在 借將軍(史22)	高 9, 12 任 樞密院副使・尚書左僕射(史22) 高 10, 12 任 禮部尙書(史22) 高 13, 12 任 樞密院使(史22) 高 14, 12 任 知門下省事・吏部尙書(史22) 高 15, 12 任 叅知政事(史22)
186	柳 澤	高 9, 12 任 尚書右僕射(史22・要15・墓 p. 522 權溥 妻 柳氏墓誌銘)	高 3, 3 在 翰林學士(要14)	高 10, 12 任 翰林學士承旨(史22) 高 尚書右僕射・翰林學士承旨(史99 列傳)
187	金仲龜	高 10, 12 任 樞密院副使・尚書左僕射(史22・墓 p. 379 墓誌銘)	高 9, 12 任 兵部尙書・樞密院知奏事(史22) 高 知都省事(墓 p. 379 墓誌銘)	高 15, 12 任 知樞密院事・尚書左僕射・上將軍・判三司事(史22・墓 p. 379) 高 16, 任 知門下省事・守司空・左僕射(墓 p. 379) 高 任 叅知政事・判御史臺事(墓 p. 379)
188	丁公壽	高 13, 12 任 樞密院副使・尚書右僕射(史22)	高 6, 10 在 兵馬使(要15)	高 14, 9 在 樞密院使(史22)

189	陳湜	高 14, 12 任 右僕射·翰林學士(史22)	高 13, 5 在 西京留守(史22)	高 15, 12 任 樞密院副使·御史大夫(史22)
190	洪斯胤	高 15, 12 任 尙書右僕射(史22)		
191	金仁鏡(良)	高 16~18년, 任 知樞密院事·尙書左僕射(史102 列傳)	高 15, 12 任 刑部尙書·翰林學士(史22·史102 列傳)	高 19, 任 政堂文學·吏部尙書(史102 列傳)
192	咸壽	高 21, 正月 任 左僕射(史23)	高 9, 12 任 戶部尙書(史22)	
193	宋景仁	高 23, 2 在 僕射(史23·要16)		高 23, 12 任 樞密院副使(史23)
194	宋允	高 23, 12 任 左僕射(史23)		
195	崔宗梓	高 23, 12 任 右僕射(史23)	高 12, 3 在 衛尉卿(史73 選擧志 科目 選場) 高 16, 8 任 左遷 梁州副使(要15)	高 尙書右僕射·翰林學士承旨(墓 p.411 金㦖墓誌銘) 高 左僕射(史99 崔詵傳)
196	任景肅	高 31, 4 在 左僕射(史73 選擧志 科目 選場)	高 25, 4 在 刑部尙書(史73 選擧志 科目 選場) 高 27, 5 在 樞密院副使(史73 選擧志 科目 選場)	高 37, 5 在 平章事(史73 選擧志 科目 選場)
197	李仁老	高 38, 正月 任 左僕射(史24·要17)		
198	金起孫	高 38, 正月 任 右僕射(史24·要17)		高 43, 12 任 知門下省事(史24) 高 45, 12 任 中書侍郞平章事(史24)
199	孫抃	高 38, 5 在·卒 守司空·左僕射(史24·要17·史102 列傳)	高 樞密院副使(史102 列傳) 高 35, 2 在 樞密院使(史23)	
200	金寶鼎	高 40, 11 在 僕射(史24·要17)	高 38, 2 在 上將軍(史24)	高 45, 6 在 知中樞院事(要17) 高 45, 12 任 樞密院使(史24)
201	皇甫琦	高 44, 12 任 左僕射(史24·要17)	高 32, 10 在 大將軍(史23) 高 39, 4 在 判大府事(史73 選擧志 科目 選場)	高 45, 12 任 樞密院副使(史24) 元 元年, 2 在 同知樞密院事(史25)

202	崔 永	高 44, 12 在 左僕射 (史24・要17)		高 45, 正月 任 叅知政事(史24)
203	權 施	高 45, 7 致仕 僕射(要17・史130 金俊傳)		
204	金 佺	高 45, 12 任 左僕射 (史24)		元 元年, 正月 任 樞密院副使(史25) 元 3, 12 任 樞密院使(史25) 元 4, 12 任 守司徒・知門下省事(史25)
205	朴成梓	高 45, 12 任 右僕射 (史24)	高 45, 3 在 鷹揚軍上將軍(要17)	元 元年, 正月 任 樞密院副使(史25) 元 3, 12 任・致仕 叅知政事・判禮部事(史25)
206	崔 滋	高 任 尙書右僕射・翰林學士承旨(史102 列傳・東文選 卷43)	高 任 國子大司成・知御史臺事(史102 列傳)	高 37, 2 在 樞密院副使(史23・史102 列傳) 高 43, 10 任 中書平章事(史24・史102 列傳)
207	文漢卿	高 任 樞密院副使・右僕射(史101 列傳)	高 4, 11 在 上將軍(史22・史101 列傳) 高 9, 12 任 工部尙書(史22・史101 列傳)	高 13, 8 在・卒 樞密院使(史22)
208	朴文成	高 尙書右僕射(東文選 卷26)		
209	薛 愼	高 尙書左僕射(墓 p.382 墓誌銘)	高 國子監大司成・翰林學士(墓 p.382 墓誌銘)	高 38. 樞密院副使・刑部尙書・翰林學士承旨(墓 p.382)
210	金鍊成	高? 尙書左僕射・翰林學士承旨(史102 金仁鏡傳)		
211	金 璹	高? 尙書左僕射(史106 金有成傳)		
212	文孝軾	高? 司空・左僕射(東國李相國集 卷33)		
213	金 敞	高? 守司空・政堂文學・尙書左僕射・判工部事(東文選 卷26)		
214	庾敬玄	高? 尙書左僕射・翰林學士承旨(墓 p.364 墓誌銘)		

215	李淳牧	高? 尙書右僕射(史102 列傳・墓 p. 413 李德孫墓誌銘・墓 p. 457 李德孫 妻 庚氏墓誌銘)		
216	權守平	高? 尙書左僕射(墓 p. 529 權溥墓誌銘)		
217	崔昷	元 元年, 10 任 守司空・左僕射(史25・要18・史99 列傳)	元 元年, 正月 任 樞密院使(史25・史99 列傳)	元 3, 12 任 判工部事(史25) 元 4, 2 任・致仕 守太傅・中書侍郞平章事(史25・史99 列傳)
218	李之蕆	元 3, 12 任 尙書左僕射(史25)	高 39, 正月 在 侍郞(史24)	元 4, 12 任 同知樞密院事・太子賓客(史25) 元 7, 11 任 刑部尙書(史26)
219	崔瑛	元 3, 12 任 尙書右僕射(史25)	高 42, 正月 在 大將軍(史24)	元 4, 12 任 同知樞密院事・太子賓客(史25) 元 9, 11 在 判樞密院事(史26) 元 10, 7 任 御史大夫(史26) 元 12, 正月 任 叅知政事(史27)
220	朴松庇	元 4, 12 任 守司空・左僕射・太子少保(史25・要18)	元 3, 10 在 上將軍(史25) 元 3, 12 任 同知樞密院事・右散騎常侍(史25)	忠烈 4, 正月 在・卒 叅知政事(史28・史130 金俊傳)
221	宋義	元 4, 12 任 尙書左僕射(史25・要18)		元 11, 8 致仕 樞密院副使(史26)
222	洪縉	元 4, 12 任 尙書右僕射(史25・要18)	高 45, 6 在 諫議大夫(史73 選擧志 科目選場)	元 7, 11 任 兵部尙書(史26) 元 7, 11 在・卒 樞密院副使(史26)
223	金允候	元 4, 12 任・致仕 守司空・右僕射(史25・史103 列傳)	元 3, 12 任 樞密院副使・禮部尙書(史25)	
224	蔡楨	元 6, 10 在 左僕射(史26)	元 4, 12 任 樞密院副使・御史大夫(史25・史102 列傳)	元 10, 4 在 叅知政事(史26・史102 列傳)

225	朴 倫	元 9, 3 在·卒 守司空·左僕射(史26)	元 4, 12 任 樞密院右承宣(史25)	
226	李昌慶	元 10, 7 任 右僕射(史26·要18)	元 10, 6 在 左副承宣(要18)	元 10, 12 任 樞密院副使(史26)
227	金 坵	元 10, 12 任 左僕射(史26·要18·史106 列傳·止浦集 卷3 年譜)	元 4, 12 任 左諫議大夫(史25·史106 列傳) 元 10, 4 在 大司成(要18·止浦集 卷3 年譜)	元 11, 任 樞密院副使·政堂文學(史106 列傳·止浦集 卷3 年譜) 元 12, 任 吏部尙書(史106 列傳·止浦集 卷3 年譜) 元 14, 10 在 叅知政事(史73 選擧志 科目 選場·史106 列傳·止浦集 卷3 年譜)
228	尹君正	元 10, 12 任 右僕射(史26·要18)	高 44, 4 在 將軍(史24)	元 12, 4 在 左僕射(史81 兵志 兵制) 元 14, 正月 任 守司空(史27) 元 守司空·尙書左僕射·判工部事(墓 p.610 尹之彪墓誌銘)
229	洪百壽	元 12, 正月 致仕 僕射(史27)		元 12, 正月 任·致仕 樞密院副使(史27)
230	洪祿遒	元 15, 正月 在 右僕射(史27·要19)		
231	李 湊	元 任·致仕 尙書左僕射·翰林學士承旨(史106 列傳·墓 p.570 李公遂墓誌銘)	元 左諫議大夫(史106 列傳)	
232	羅得璜	元? 守司空·左僕射·判戶部事(墓 p.524 羅益禧墓誌銘)		
233	朴 璆	忠烈 卽位, 11 任 守司空·左僕射(史28·要19)	忠烈 卽位, 7 在 樞密院使(史28)	
234	韓 康	忠烈 元年, 6 在 僕射(史28)	元 12, 5 在 大司成(史74 選擧志 科目 國子試之額·史107 列傳)	忠烈 元年, 10 在 左僕射(史73 選擧志 科目 選場) 忠烈 3, 12 在 知密直司事(史28·史107 列傳)

235	朴 義	忠烈 20, 12 在 左僕射(史31·史124 列傳)	忠烈 15, 12 在 大將軍(史30) 忠烈 17, 12 任 右副承旨(史30·史124 列傳) 忠烈 18, 閏6 任 左承旨(史30)	忠烈 23, 7 在 副知密直司事(史31·史124 列傳) 忠烈 23, 10 任 知密直司事(史31)
236	洪子藩	忠烈 24 忠宣 卽位, 5 任 左僕射·僉知光政院事(史33·要22·史105 列傳)	忠烈 21, 9 任·致仕 僉議中贊(史31·史105 列傳)	忠烈 24 忠宣, 7 任 三重大匡·僉議中贊·判銓曹事(史33)
237	鄭可臣	忠烈 24 忠宣 卽位, 5 任 司空·右僕射·修文殿大學士·僉知光政院事(史33·要22)	忠烈 23, 10 任 僉議中贊·判典理司事·世子師 (史31)	忠烈 24 忠宣, 6 在·卒 僉議中贊(史33)
238	洪 詵	忠烈 25, 9 在·罷 僕射(要22)	忠烈 24 忠宣, 6 任 承旨(史33) 忠烈 24 忠宣, 7 任 密直司知申事·兵曹判書·知銓曹事(史33) 忠烈 24, 9 任 三司左使(史31)	忠烈 26, 2 任 密直副使(史31) 忠烈 29, 11 任 版圖判書(史31) 忠烈 33, 3 任 上護軍·權授僉理(史32)
239	石天補	忠烈 左僕射(史125 石冑傳)		
240	趙延壽	忠肅 7, 任 守司空·右僕射·寶文閣大學士·上將軍(墓p. 451 墓誌銘)	忠肅 3, 3 任 密直副使·兼大司憲(史34·史105 列傳) 忠肅 4, 2 在 密直使(史34) 忠肅 6, 2 任 知密直司事(史34)	忠肅 7, 7 任 贊成事(史35·史105 列傳)
241	全普門	恭愍 5, 7 任 守司空·左僕射(史39·要26)	恭愍 元年, 10 任 典理判書(史38) 恭愍 3, 2 任 同知密直司事(史38) 恭愍 3, 11 任 知密直司事(史38) 恭愍 3, 12 任 判密直司事(史38) 恭愍 5, 5 任 三司右使(史39)	恭愍 7, 2 任 門下平章事(史39) 恭愍 14, 閏10 任 判三司事(史41)

242	鄭 珚	恭愍 5, 7 任 守司空·右僕射(史39·要26)		恭愍 5, 8 在·貶 淸州牧使(史39)
243	崔仁遠	恭愍 6, 3 任 右僕射(史39)	恭愍 4, 5 在 密直副使(史38) 恭愍 5, 7 任 樞密院使(史39)	恭愍 7, 2 任 守司空·尙書右僕射(史39)
244	柳仁雨	恭愍 7, 2 任 守司空·左僕射(史39)	恭愍 5, 7 任 樞密院副使(史39) 恭愍 5, 7 在 東北面兵馬使(史39)	恭愍 7, 4 下獄 恭愍 8, 8 任 判開城府事(史39) 恭愍 11, 12 在 贊成事(史40)
245	李仁復	恭愍 8, 8 任 守司空·尙書左僕射·御史大夫(史39·史112 列傳·墓 p. 585 墓誌銘)	恭愍 5, 7 任 政堂文學(史39) 恭愍 5, 11 任 政堂文學·兼御史大夫(史39·史112 列傳·墓 p. 585 墓誌銘)	恭愍 9, 任 叅知中書政事(史112 列傳·墓 p. 585) 恭愍 11, 8 在 僉議評理(史40·史112 列傳)
246	金逸逢	恭愍 10, 11 在 僕射(史39)	恭愍 5, 7 任 叅知政事(史39) 恭愍 7, 2 任 中書平章事(史39)	恭愍 11, 6 在 判三司事(史40) 恭愍 13, 2 任 領都僉議(史40)
247	李成瑞	恭愍 10, 11 在 尙書右僕射(史39·史114 列傳)	恭愍 卽位, 11 任 密直副使(史38) 恭愍 元年, 10 任 同知密直司事 (史38)	恭愍 12, 閏3 在 三司右使(史40)
王 琳 (太祖 庶孫)		顯 3, 3 左僕射(要3)		
王 梓		? 檢校右僕射·守司空(史90 宗室 顯宗 平壤公基)		
王 沂		? 檢校尙書右僕射(史90 宗室 文宗 辰韓侯愉)		

〈자료 3〉 知尙書都省事

번호	姓名	年月과 官職(典據)	以前 官職(典據)	以後 官職(典據)
1	朴良柔	成 9, 12 在 工官御事・知都省事(史3)		
2	金若溫	睿 8, 12 任 知尙書都省事(史13)		睿 11, 4 在 知西京留守事・戶部尙書(史14) 睿 17, 3 任 知樞密院事(史14・史97 列傳)
3	李公壽	睿 9, 任 衛尉卿・知尙書都省事(墓 p. 64 墓誌銘)	睿 8, 任 禮部侍郎・右諫議大夫(墓 p. 64 墓誌銘)	睿 9, 任 秘書監・知刑部事(墓 p. 64) 睿 11, 임, 國子大司成・直門下省(墓 p. 64・史73 選擧志 科目 選場)
4	李資謙	仁 2, 7 任 領門下・尙書都省事・判吏兵部・西京留守事(要9・史127 列傳)	睿 13, 3 任 平章事・判吏部事(史14) 仁 卽位, 5 任 守太師・中書令(史15・要8)	
5	崔思全	仁 5, 6 任 吏部尙書・知都省事(史15・要9)	仁 4, 5 在 軍器少監(史15・史98 列傳) 仁 4, 6 任 兵部尙書(史15・史98 列傳)	仁 6, 3 任 守司空・尙書左僕射(史15・史98 列傳)
6	朴景山	仁 12년 이후, 任 國子祭酒・知都省事(墓 p. 164 墓誌銘・墓 p. 88 韓惟忠墓誌銘)	仁 12, 任 吏部侍郎・太子右諭德(墓 p. 164 墓誌銘)	毅 初年, 任 判衛尉事(墓 p. 164)
7	林 光	仁 14년 이후, 任 國子祭酒・知都省事(墓 p. 132 墓誌銘)	仁 14年頃 任 禮部侍郎・寶文閣學士(墓 p. 132 墓誌銘)	仁 任 國子監大司成(墓 p. 132) 仁 任 戶部・禮部尙書(墓 p. 132)
8	文公裕	毅 元年, 任 國子監大司成・寶文閣學士・知都省(墓 p. 174 墓誌銘)	仁 21, 任 右諫議大夫・刑部侍郎(墓 p. 174 墓誌銘) 仁 ? 任 尙書左丞・知御史臺事(墓 p. 174)	毅 2, 3 任 試右散騎常侍・寶文閣學士(史17・墓 p. 174) 毅 3, 12 任 試刑部尙書・修文殿學士(史17・墓 p. 174)
9	金貽永	毅 6, 12 任 知都省事(史17)		毅 10, 10 在 右副承宣(史18)

10	鄭 筠	明 9, 5 任 知都省事(史20・要12・史128 鄭仲夫傳)	明 9, 5 在 左承宣・知兵部事(史20・要12・史128 鄭仲夫傳)	
11	崔忠粹	神 卽位, 9 任 鷹揚軍大將軍・衛尉卿・知都省事(史21・要13・史129 崔忠獻傳)	明 26, 4 任 將軍(史20)	
12	趙 冲	神 5年頃 任 國子祭酒・知都省(墓 p. 335 墓誌銘)	神 5, 任 兵部侍郎(墓 p. 334 墓誌銘) 神 5, 任 吏部侍郎(墓 p. 334)	熙 4, 兵馬使(墓 p. 335) 熙 7, 大司成・寶文閣學士(墓 p. 335) 熙 ? 知禮部(墓 p. 335) 高 卽位, 尙書(墓 p. 335)
13	金仲龜	高 4~7년, 任 左右衛攝上將軍・樞密院知奏事・知都省事(墓 p. 379 墓誌銘)	高 3・4년頃 任 監門衛攝大將軍(墓 p. 379 墓誌銘) 高 3・4년頃 任 左承宣(墓 p. 379)	高 9, 12 任 兵部尙書・樞密院知奏事(史22) 高 10, 12 任 樞密院副使・尙書左僕射(史22・墓 p. 379)
14	羅孝全	高 ? 贈太中大夫・禮部尙書・知都省事(墓 p. 524 羅益禧墓誌銘)		

〈자료 4〉 尙書左·右丞

번호	姓名	年月과 官職(典據)	以前 官職(典據)	以後 官職(典據)
1	盧 奕	成 2. 12 在 左丞(史73 選擧志 科目 選場)		
2	尹 餘	顯 卽位, 2 任 尙書右丞·兼直中臺(史4)		顯 5, 6 任 司宰卿(史4)
3	李 靖	顯 2, 4 任 尙書左丞(史4)		顯 2, 6 任 殿中監(史4)
4	崔輔成	顯 2, 4 任 尙書右丞(史4)		顯 14, 9 任 兵部尙書(史5)
5	孫夢周	顯 2, 6 任 尙書左丞(史4)	顯 元年, 4 在 國子司業(史73 選擧志 科目 選場)	顯 7, 9 任 禮部尙書(史4)
6	康 義	顯 2, 9 任 尙書右丞(史4)		
7	金作賓	顯 4, 6 在 借尙書右丞(史4·要3)	顯 4, 正月 任 御史中丞(史4)	顯 19, 2 在 大府卿(史5)
8	李可道	顯 11, 正月 任 尙書右丞(史4·史94 列傳)		顯 12, 5 在 尙書左丞(史4) 顯 13, 3 任 同知中樞事(史4·史94 列傳)
9	王 誧	顯 13, 9 在 尙書右丞(史4·要3)		
10	鄭 庄(莊)	顯 19, 10 在 尙書右丞(史5·要3)		
11	黃周亮	顯 20, 8 在 尙書左丞(要3·史94 王可道 傳)	顯 18, 6 任 刑部侍郎(史5)	顯 20, 11 任 國子祭酒·翰林學士(史5)
12	李作忠	德 元年, 2 在 尙書左丞(史73 選擧志 科目 選場)	顯 20, 11 任 給事中(史5)	德 元年, 12 任 左諫議大夫(史5)
13	皇甫穎	德 元年, 8 任 尙書右丞·知御史臺事(史5)	德 卽位, 9 任 御史中丞(史5)	德 3, 正月 任 中樞副使(史5)
14	柳 喬	靖 元年, 6 在 尙書左丞(史6)	德 卽位, 10 在 工部郎中(史5)	靖 10, 11 在 少府監(史6)
15	金元冲	靖 2, 7 在 尙書右丞(史6·要4)		靖 4, 4 在 尙書左丞(史6·要4) 靖 6, 10 在 知中樞院事(史6)

16	柳伯仁	靖 6, 6 在 尙書右丞 (史6·要4)	顯 16, 7 任 殿中侍御史 (史5) 德 元年, 正月 在 右司 郎中(史5)	
17	李 頲	文 13, 任 尙書右丞 (墓 p. 28 墓誌銘· 墓 p. 23 李子淵墓 誌銘)	文 10, 任 衛尉少卿· 知閣門事(墓 p. 28 墓誌銘)	文 14, 任 尙書吏部侍 郎(墓 p. 28)
18	金錫祚	文 17, 7 在 尙書右丞 (史8)		
19	鄭惟産	文 23, 5 任 尙書左 丞·右諫議大夫(史 8)	文 16, 3 在 中書舍人 (要5)	文 25, 正月 任 翰林學 士(史8) 文 26, 7 在 翰林學 士·國子祭酒(史9)
20	金良鑑	文 24, 正月 任 尙書右 丞·左諫議大夫(史 8)		文 25, 正月 任 尙書左 丞·知御史臺事(史 8) 文 27, 8 在 太僕卿(史 9)
21	盧 寅	文 25, 正月 任 尙書右 丞·左諫議大夫(史 8)	文 20, 4 在 起居舍人 (史73 選擧志 科目 選場)	文 27, 2 任 殿中監(史 9)
22	李唐鑑	文 29, 7 在 尙書右丞 (史9·要5)		文 31, 8 在 大府少卿 (史9)
23	黃宗愨	宣 3, 5 在 尙書左丞 (史10)		宣 4, 11 任 衛尉卿· 西京副留守(史10)
24	韓瑩	宣 3, 5 在 尙書右丞 (史10·要6)		肅 4, 12 任 兵部尙書 (史11)
25	李資仁	宣 ? 尙書左丞(史95 列傳)		宣 5, 12 任 殿中監· 中樞院副使(史10· 史95 列傳)
26	崔 奭	肅 元年, 正月 在 尙書 左丞(史11)	宣 4, 12 在 刑部侍郎 (史10)	肅 7, 6 任 刑部尙書 (史11)
27	金德珍	肅 6, 正月 在 尙書左 丞(史11)		肅 7, 6 在 大僕卿(史 11)
28	許 慶	肅 6, 9 在 尙書左丞 (史11·要6)		肅 9, 6 任 給事中·樞 密院右副承宣 (史 12) 肅 10, 閏正月 任 吏部 侍郎·樞密院左承 宣(史12)

29	吳延寵	肅 9, 6 任 尙書左丞·翰林侍講學士(史12·史96 列傳)	肅 9, 3 任 樞密院左承宣·刑部侍郞·知御史臺事(史12·要7·史96 列傳)	肅 9, 7 在 權知樞密院副使(史12) 肅 9, 8 任 樞密院副使·翰林學士(史12)
30	金睃	睿 4, 12 任 尙書右丞·樞密院右承宣(史13)		睿 7, 2 任 禮賓卿·樞密院知奏事(史13)
31	金仁碩	睿 7, 8 在 尙書右丞(史13·要7·史90 宗室 文宗 道生僧統竀)		
32	崔源	睿 10, 2 在 試尙書右丞(墓 p. 39 崔思諏墓誌銘)		
33	崔弘宰	睿 10, 3 在 尙書右丞·直門下省·兼太子少詹事(墓 p. 186 王侼墓誌銘)	睿 8, 11 在 殿中監(史13)	睿 11, 7 在 右散騎常侍(史14)
34	李韶永	睿 14, 7 在 尙書右丞(史14)	睿 13, 正月 在 大僕卿(史14)	
35	韓安中	仁 卽位, 12 在 尙書右丞(史15·史97 韓安仁傳) 仁 5, 4 任 尙書右丞(史15·要9)		
36	崔湜	仁 5, 3 在 尙書左丞(要9)	仁 4, 2 在 侍郞(要9)	
37	康滌	仁 15, 3 在 尙書左丞(史73 選擧志 科目 選場)		仁 19, 3 任 禮部尙書·簽書樞密院事(史17)
38	李之氏	仁 16, 3 在 尙書右丞(史73 選擧志 科目 選場)	仁 14, 3 在 左承宣(史16)	仁 16, 樞密院右承宣·翰林侍讀學士·尙書左丞(墓 p. 66 李公壽墓誌銘) 仁 16, 8 任 樞密院副使(史16)
39	金臣璉	仁 18? 任 試尙書右丞(墓 p. 189 墓誌銘)		

40	金永錫	仁 19, 冬 任 試尙書右丞(墓 p. 204 墓誌銘)	仁 18, 冬 任 秘書監·知南京留守事(墓 p. 204 墓誌銘)	仁 20, 任 試司宰卿·知兵部事(墓 p. 204)
41	文公裕	仁 21, 任 尙書左丞·知御史臺事(墓 p. 174 墓誌銘)	仁 21, 任 右諫議大夫·刑部侍郎(墓 p. 174 墓誌銘)	毅 元年, 任 國子監大司成·寶文閣學士·知都省(墓 p. 174)
42	梁元俊	毅 2, 12 任 試尙書右丞(墓 p. 171 墓誌銘)	仁 21, 12 任 試御史中丞(墓 p. 171 墓誌銘)	毅 4, 3 任 借戶部尙書·知西京留守事(墓 p. 171) 毅 5, 5 任 尙書左丞·樞密院左承宣·知三司事(墓 p. 171) 毅 7, 12 任 樞密院副使·御史大夫(墓 p. 171)
43	金子儀	毅 2, 在 尙書左丞(墓 p. 95 權適墓誌銘)		毅 4, 12 任 右散騎常侍(史17)
44	金存中	毅 初年, 任 左丞(墓 p. 151 墓誌銘)	毅 ? 侍郎(墓 p. 151 墓誌銘)	毅 ? 起居注(史123 列傳) 毅 5, 閏4 任 右承宣(要11·墓 p. 151)
45	崔褒偁	毅 初年, 任 尙書右丞(史125 列傳)		毅 10, 10 在 內侍·殿中監(史18·史125 列傳) 毅 11, 11 在 承宣(史18·史125 列傳)
46	徐　淳	毅 17, 正月 在 尙書左丞(史18)		毅 19, 5 在 右常侍(史74 選擧志 科目 國子試之額)
47	金光中	毅 23, 7 在 尙書右丞(史19)	毅 19, 3 在 給事中(要11)	毅 24, 8 在 秘書監(要11)
48	金敦時	毅 24, 8 在 尙書右丞(要11·史98 金富軾傳·史128 鄭仲夫傳)	毅 20, 10 在 侍郎(史18)	
49	李文著	明 元年, 任 尙書左丞(墓 p. 235 墓誌銘) 明 2, 3 在 尙書右丞(史19·要12)	毅 24, 任 吏部侍郎(墓 p. 235 墓誌銘)	明 5, 6 任 衛尉卿·樞密院副使(墓 p. 235)
50	金知命	明 初年, 任 尙書右丞(史99 列傳)		明 11, 正月 任 右諫議大夫(史20·史99 列傳)

51	咸有一	明 6, 9 在 尙書右丞 (要12·史99 列傳·墓 p. 250 墓誌銘)	明 ? 刑部侍郎(墓 p. 250 墓誌銘)	明 15, 11 在 工部尙書 (史20·墓 p. 250)
52	宋 端	明 12, 3 在 尙書右丞 (史20·要12)	明 8, 正月 在 侍御史 (史19)	明 15, 5 在 右散騎常侍(史20)
53	崔 讜	明 13, 5 在 尙書左丞 (史74 選擧志 科目 國子試之額·墓 p. 305 墓誌銘)	明 ? 在 兵部侍郎(墓 p. 305 墓誌銘)	明 ? 任 禮賓卿(墓 p. 305)
54	朴晉材	神 6, 12 任 尙書左丞 (史21)	神 4, 9 在 將軍(要14)	熙 3, 5 在 大將軍(要14)
55	琴 儀	神 ? 任 尙書右丞(史102 列傳·墓 p. 359 墓誌銘)	? 兵部侍郎(墓 p. 359 墓誌銘)	
56	崔 義	康 元年, 任 尙書左丞 (墓 p. 340 墓誌銘)		
57	崔甫淳	康 元年, 任 尙書左丞 (墓 p. 353 墓誌銘)	康 卽位, 任 吏部侍郎·右諫議大夫(墓 p. 353 墓誌銘)	康 元年, 5 在 右諫議大夫(史74 選擧志 科目 國子試之額) 康 2, 任 太僕卿·兼諫議(墓 p. 353)
58	李 績 (勣)	高 6, 3 任 尙書左丞 (墓 p. 344 墓誌銘·史103 列傳)	高 4, 任 將作監(墓 p. 344 墓誌銘)	高 7, 任 樞密院右承宣(墓 p. 344)
59	庾敬玄	高 14, 12 任 尙書右丞·知御史臺事(史22)	高 14, 3 在 右諫議大夫 (史74 選擧志 科目 國子試之額)	高 19, 2 在 右承宣(史23)
60	金 敞	高 6~36, 任 尙書右丞 (史102 列傳)		
61	宋 恂	高 17, 11 在 尙書左丞 (東國李相國集 卷17 庚寅十一月)		
62	薛 愼	高 21년 이후, 尙書右丞(墓 p. 382 墓誌銘)	高 ? 禮部侍郎(墓 p. 382 墓誌銘)	高 ? 左諫議大夫(墓 p. 382)
63	金孝印	高 37, 5 在 尙書左丞 (史73 選擧志 科目 選場)		高 40, 11 在 兵部尙書·翰林學士(史24)

64	崔允愷	高 44, 閏4 在 尙書右丞(史74 選擧志 科目 國子試之額·史99 崔均傳)		高 45, 12 任 左副承宣(史24·史99 崔均傳)
65	宋安國	高 ? 尙書左丞(東國李相國集 卷33)		
66	兪千遇	元 2, 5 在 尙書右丞(史74 選擧志 科目 國子試之額)		
67	李信孫	元 11, 6 在 尙書左丞(史26·要18)		元 11, 6 任 右承宣(史26·要18)
68	宋 玢	元 12, 6 在 尙書右丞(史27·史125 列傳)	元 11, 5 在 將軍(史26)	元 14, 正月 在 大將軍(史27)
69	宣文烈	元 13, 6 在 尙書左丞(要19)		
70	李汾成	元 14, 正月 在 尙書左丞(動安居士集 卷4 賓王錄·史123 列傳)		忠烈 卽位, 10 任 知御史臺事(史28·史123 列傳)
71	李尊庇(仁成)	忠烈 元年, 4 在 尙書右丞(史74 選擧志 科目 國子試之額·墓 p. 397 墓誌銘)	? 吏部侍郎(墓 p. 397 墓誌銘)	? 禮賓卿(墓 p. 397)
72	崔 宰	恭愍 5, 任 尙書右丞(墓 597 墓誌銘·史111 列傳)	恭愍 4, 任 監察執義(墓 p. 597 墓誌銘·史111 列傳)	恭愍 6, 任 判大府寺事(墓 p. 597)
73	郭 琛	恭愍 ? 尙書左丞(石灘集 下 附錄 榜目)		
74	成汝完	恭愍 ? 尙書右丞(朝鮮太祖實錄 卷11 太祖 6年 正月 乙亥)		? 知刑部事(左同)

〈자료 5〉尙書左·右司郎中

번호	姓名	年月과 官職(典據)	以前 官職(典據)	以後 官職(典據)
1	劉忠正	穆 12, 正月 在 左司郎中(史3·要2·史123 庚行簡傳)		
2	河拱辰	顯 元年, 5 在 尙書左司郎中(史4·要3·史94 列傳)	穆 12, 正月 在 中郎將(史3·史94 列傳)	
3	王佐暹	顯 元年, 9 在 左司郎中(史4·要3)		
4	林 福	顯 19, 9 在 左司郎中(史5)		
5	柳伯仁	德 元年, 正月 在 右司郎中(史5·要4)	顯 16, 7 任 殿中侍御史(史5)	靖 6, 6 在 尙書右丞(史6)
6	徐維傑	靖 2, 8 任 尙書左司郎中·右承宣(史6)		
7	金元鼎	靖 ? 在 右司郎中(史95 列傳)	德 3, 3 任 監察御史(史5·史95 列傳)	文 3, 3 任 禮賓卿·同知中樞院事(史7)
8	韓 億	文 ? 追封右僕射·守左司郎中·起居注(墓 p. 88 韓惟忠墓誌銘)		
9	尹 瓘	肅 卽位, 10 在 左司郎中(史11·要6)	宣 4, 12 在 閤門祗候(史10)	肅 3, 3 任 東宮侍講學士(史11·史96 列傳) 肅 4, 4 任 右諫議大夫·翰林侍講學士(史11)
10	尹彦榮	肅 8, 在 左司郎中(墓 p. 47 尹彦榮 妻 柳氏墓誌銘)		
11	李資禮	肅 ? 左司郎中(墓 p. 91 崔褒抗墓誌銘)		
12	李公壽	睿 元年, 任 左司郎中(墓 p. 64 墓誌銘)	肅 ? 禮部員外郎(墓 p. 64 墓誌銘)	睿 ? 禮部郎中(墓 p. 64)
13	崔 瀹	睿? 左司郎中(墓 p. 195 崔允仁墓誌銘)		
14	閔 脩	睿? 左司郎中(墓 p. 242 金閔甫墓誌銘)		
15	金之甫	仁 初年, 左司郎中(高麗圖經 卷8 人物)		

16	金 端	仁 8, 12 在 左司郎中 (史16·要9)		仁 13, 閏2 在 少卿(史 16)
17	李 軾	仁 13, 任 右司郎中 (墓 p. 149 墓誌銘)	仁 13, 任 侍御史(墓 p. 149 墓誌銘)	仁 16, 任 廣州牧使 (墓 p. 149) 仁 17, 任 知南京留守 (墓 p. 149)
18	朴義臣	仁 22, 11 在 左司郎中 (史17)		
19	裵 寬	仁? 尙書右司郎中(墓 p. 86 裵景誠墓誌 銘·墓 p. 234 李文 著墓誌銘)		
20	李公升	毅 2, 任 尙書左司郎 中(墓 p. 245 墓誌 銘)		毅 任 司宰少卿(墓 p. 245)
21	金永夫	毅 初年, 任 尙書左司 郎中(墓 p. 218 墓 誌銘)	仁 24, 殿中侍御史(墓 p. 218 墓誌銘) 毅 卽位, 安南都護府使 (墓 p. 218)	毅 6, 任 中書舍人(墓 p. 218)
22	吳孝元	毅 5, 在 左司郎中(墓 p. 124 墓誌銘)	毅 右司員外郎(墓 p. 12 4 墓誌銘)	
23	林景軾	毅 8년 이후, △司郎 中(墓 p. 191 墓誌 銘)	毅 右司員外郎(墓 p. 191 墓誌銘)	
24	康處約	毅 24, 8 在 都省郎中 (要11·史128 鄭仲 夫傳)		
25	琴 儀	明 14년 이후, 任 左司 郎中(墓 p. 359 墓 誌銘)	明 吏部員外郎(墓 p. 359 墓誌銘)	明 起居舍人(墓 p. 359)
26	田元均	明 卒년. 左司郎中(墓 p. 323 墓誌銘)	明 兵部郎中(墓 p. 323 墓誌銘)	明 26, 任 將作少監 (墓 p. 323)
27	張允文	神 初年, 任 右司郎中 (墓 p. 307 墓誌銘)	神 元年, 12 在 起居舍 人(要14·墓 p. 307 墓誌銘)	神 5, 10 在 小府少監 (史21·墓 p. 307)
28	郭公義	神 6, 7 在 左司郎中 (史21)		熙 卽位, 12 在 楊廣道 按察使(要14)
29	廉克髦	熙 3, 任 左司郎中(墓 p. 319 墓誌銘)	熙 元年, 6 在 禮賓少卿 (墓 p. 319 墓誌銘)	熙 任 大府少卿(墓 p. 319)
30	崔宗梓	高 在 左司郎中(東文 選 卷30)		

〈자료 6〉 尙書左·右司員外郎

번호	姓名	年月과 官職(典據)	以前 官職(典據)	以後 官職(典據)
1	柳邦憲	成 6, 任 御事右司員外郎(墓 p. 17 墓誌銘)	成 任 四門博士(墓 p. 17 墓誌銘)	成 任 起居舍人(墓 p. 17)
2	金延保	顯 元年, 9 在 左司員外郎(史4·要3)		
3	皇甫申	顯 元年, 10 在 左司員外郎(史127 康兆傳)		
4	裵緯	文 34, 12 在 左司員外郎(要5·史95 文正傳)		
5	任懿	宣 任 右司員外郎(墓 p. 43 墓誌銘)	宣 任 禮部員外郎(墓 p. 43 墓誌銘)	宣 11, 在 吏部郎中·御史雜端(墓 p. 43)
6	李瑋	肅 卽位, 12 任 尙書右司員外郎(史11·要6)	宣 4, 12 在 尙書兵部員外郎(史10) 肅 卽位, 12 在 黃州牧副使(史11·要6)	肅 5, 12 任 給事中(史11)
7	文公裕	仁 8·9, 任 左司員外郎(墓 p. 173 墓誌銘)	仁 7, 在 禮部郎中(墓 p. 173 墓誌銘)	仁 10, 冬 任 侍御史(墓 p. 173)
8	吳孝元	毅 初年, 任 右司員外郎(墓 p. 125 墓誌銘)	毅 任 監察御史(墓 p. 125 墓誌銘)	毅 任 左司郎中(墓 p. 125)
9	任克正	毅 初年, 在 尙書左司員外郎(墓 p. 90 韓惟忠墓誌銘)		
10	尹鱗瞻	毅 初年, 任 左司員外郎(史96 列傳)		
11	金純	毅 9, 11 在 右司員外郎(史18·要11)		
12	林景軾	毅 8년 이후, 右司員外郎(墓 p. 191 墓誌銘)	毅 任 刑部員外郎(墓 p. 191 墓誌銘)	毅 任 △司郎中(墓 p. 191)
13	趙永仁	明 4, 7 在 左司員外郎(史19·要12)		
14	田元均	明 12년 이후, 任 左司員外郎(墓 p. 323 墓誌銘)	明 任 監察御史(墓 p. 323 墓誌銘)	明 任 吏部員外郎(墓 p. 323)
15	吳△實	明 任 試左司員外郎(墓 p. 248 墓誌銘)		
16	閔德生	恭愍? 尙書左司員外郎(墓 p. 559 金台鉉妻 王氏墓誌銘)		

〈자료 7〉尙書都事

번호	姓名	年月과 官職(典據)	以前 官職(典據)	以後 官職(典據)
1	高延慶	顯 元年, 10 在 尙書都事(史127 康兆傳)		
2	柳冲玄	顯 6, 在 尙書都事(墓 p. 17 柳邦憲墓誌銘)		
3	金 誠	睿 任 尙書都事(墓 p. 98 墓誌銘)	睿 任 大府注簿(墓 p. 98 墓誌銘)	睿 任 監察御史(墓 p. 98)
4	吳闡猷	高 5년 이후, 任 尙書都事(墓 p. 370 墓誌銘)	高 任 大官丞(墓 p. 370 墓誌銘)	高 任 慶成府注簿(墓 p. 370) 高 14, 任 權知閤門祗候(墓 p. 370)

제2장

高麗時代의 6部判事制에 대한 考察

I. 序 言

고려시대에 국무를 분담하여 집행한 관서는 吏部·兵部 등 尙書6部였다. 이곳의 책임자는 尙書였는데, 그의 品階는 正3品에 그쳤으므로 국정의 집행에 일정한 한계가 있었다. 그러므로 고려 조정은 그 위에 判事를 더 두고 宰臣들로 하여금 겸직케하는 제도를 채택하고 있었다. 그 宰臣들은 다름아닌 中書門下省의 2品官 이상 宰相들이 대부분이었거니와, 따라서 이같은 6部判事制가 지니는 권력구조면에서의 의미가 대단히 컸으리라는 것은 능히 짐작할 수 있는 일이다.

그러한 6部判事制의 중요성 때문에 이 문제는 꽤 오래전부터 논자들의 관심을 끌었다. 그리하여 이 제도의 기원을 중국의 것과 관련시켜 추적해본 간략한 언급으로부터[1] 尙書省 기구 및 宰相의 연구를 통해 비교적 깊이있게 다룬 업적도[2] 찾아지는 것이다. 그 가운데에서 특히 후자에 의하면, 고려 때 尙書6部의 序列은 周禮의 6典體制와 달리 吏部·兵部·戶部·刑部·禮部·工部의 순이었으며, 따라서 宰臣들도 그 班次에 따라 이 순서대로 각각의 判事를 겸하였다 한다. 즉, 班次가 제일 높은 首相이 判吏部事, 다음 亞相은 判兵部事, 3宰는 判戶部事와 같이 되었다는 것이다. 구체적으로 고려에서 首相은 門下侍中이었던만큼 대체적으로 그가 判吏部事를 겸임하는 형식

---

1) 李泰鎭, 「高麗 宰府의 成立―그 制度史的 考察―」『歷史學報』56, 1972, pp. 32~33.

　　韓忠熙, 「朝鮮 初期 判吏·兵曹事 研究」『韓國學論集』11, 啓明大, 1985, pp. 110~111.

2) 邊太燮, 「高麗宰相考-3省의 權力關係를 중심으로-」『歷史學報』35·36 합집, 1967 ;『高麗政治制度史研究』, 一潮閣, 1971, pp. 79~82.

　　邊太燮, 「高麗時代 中央政治機構의 行政體系-尙書省 機構를 중심으로-」『歷史學報』47, 1970 ;『高麗政治制度史研究』, 一潮閣, 1971, p. 11 및 pp. 17~18.

과 같은 제도였다는 것이거니와, 이들 宰臣判事는 실질적인 권한을 가지고 各部에서 직접 視務하였다는 점도 지적하고 있다.

이러한 내용은 6部判事制의 이해에 핵심이 되는 것들인데, 그러나 좀더 정밀하게 살펴보면 여기에도 얼마간의 수정·보완을 필요로하는 부분이 없지 않은 듯하다. 時期別에 따른 6部判事의 序列 같은게 그 하나이다. 그러므로 본고에서는 고려 때 各部의 判事를 겸직했던 가능한한 모든 사례를 추출하여 분석함으로써 그 실상을 보다 구체적으로 파악하는 작업을 진행시키려고 한다. 그같은 바탕 위에서 이 제도에 따른 정치권력구조를 아울러 생각하여 보고자 하는 것이다. 하지만 그에 앞서 6部判事를 처음 설치할 때의 상황과 제도의 변천 및 그들의 직능 등에 관한 이해가 필요한만큼 우선 이 문제부터 다루기로 한다. 연구자 諸賢의 叱正을 빈다.

Ⅱ. 6部判事의 설치와 제도의 변천

고려에서 尙書省이 처음 설치되는 것은 中書門下省(처음 이름은 內史門下省)과 마찬가지로 成宗 元年(982)이었지만, 그 이듬해까지에 걸쳐 점차 체제를 갖추어 갔다. 내사문하성의 경우 그가 발족하는 성종 원년에 崔知夢이 左執政·守內史令을 제수받고,[3] 왕 2년 正月에는 崔承老가 門下侍郎平章事에 임명되고 있거니와,[4] 尙書省도 비슷한 과정을 밟고 있는 것이다. 상서성의 발족 당시 명칭은 御事省으로, 그의 상층조직은 御事都省, 하층조직은 御事6官이라 불렸는데, 그 해에 御事都省의 기능이 거론됨과[5] 동시에 御事6官의 하나인

---

3) 『高麗史』卷 92 列傳 崔知夢傳. 『高麗史節要』卷 2 成宗 6年 3月條에 실려 있는 그의 卒記에는 그 해가 成宗 卽位年으로 기술되어 있다.

4) 『高麗史』卷 3 世家 成宗 2年 春正月·『高麗史節要』卷 2 成宗 2年 春正月·『高麗史』卷 93 列傳 崔承老傳.

5) 『高麗史』卷 85 刑法志 2 禁令 成宗 元年 6月.

選官御事에 崔承老가 在任하고 있으며,[6] 이어서 왕 2년 5월에는 徐
熙가 兵官御事, 鄭謙儒가 工官御事에, 그리고 한달 뒤인 6월에는 薛
神祐가 刑官御事에[7] 임명되고 있는 데서 그같은 모습을 살필 수 있
다. 이같은 御事省이 成宗 14년(995)에 이르러 尙書省으로 명칭이
바뀌면서 御事都省은 尙書都省으로, 御事6官은 尙書6部로 개칭되고,
전자에는 左僕射 · 右僕射 이하의 관원이, 그리고 후자에는 各部에
尙書 · 侍郎 등이 두어져 각기 맡은 업무를 처리하였던 것이다.[8]

그러면 이러한 조직에 덧붙여 尙書6部의 장관인 尙書 위에 判事
를 더 설치하고 中書門下省의 宰相 등으로 하여금 겸임하게 한 것은
언제부터였을까. 이점에 대해『高麗史』卷 76, 百官志 1 吏曹條 이하
의 6部에 관한 기사에는 한결같이「文宗이 정하였는데 判事는 1人으
로 宰臣이 겸하게 하였다」고 하여 文宗 때(1047~1082)로 기술되어
있다. 하지만 이 기사는 벌써 밝혀진 바와 같이 정확한 게 아니다.
그 이전에 임명된 구체적인 사례가 다수 찾아지기 때문이다. 현재
알려진 그러한 첫번째 인물은 顯宗 12년(1021)에 門下侍中으로 判尙
書吏部事를 제수받은 崔士威이거니와,[9] 이어서 顯宗 16년(1025)에
는 庾方과 蔡忠順이 각기 門下侍郎平章事와 內史侍郎平章事로 判尙
書兵部事와[10] 判尙書禮部事를,[11] 同王 21년(1030)에는 徐訥이 역시
門下侍郎同平章事 · 判尙書吏部事를 제수받고 있으며,[12] 다시 德宗
때(1032~1034)에 柳韶가 內史門下侍郎平章事 · 判尙書刑部事에[13]
취임했는가 하면, 靖宗 元年(1035)에 皇甫兪義가 內史侍郎同內史門

---

6)『高麗史』卷 93 列傳 崔承老傳.
7)『高麗史』卷 3 世家 成宗 2年 5月 및 6月.
8)『高麗史』卷 76 百官志 1 尙書省. 이 부분에 대해서는 朴龍雲,「高麗時代
   의 尙書都省에 대한 檢討」『國史館論叢』61, 1995, pp. 53~55 : 本書 所
   收 참조.
9)『高麗史』卷 4 世家 顯宗 12年 8月 · 12年 12月.
10)『高麗史』卷 4 世家 顯宗 13年 6月 · 同書 卷 5 顯宗 16年 正月.
11)『高麗史』卷 4 世家 顯宗 13年 4月 · 同書 卷 5 顯宗 16年 正月.
12)『高麗史』卷 5 世家 ·『高麗史節要』卷 3 顯宗 21年 12月.
13) 金龍善編著,『高麗墓誌銘集成』p. 47 尹彦榮 妻 柳氏墓誌銘.

下平章事·判尙書戶部事,[14] 同王 3년(1037)에 黃周亮이 內史侍郞同內史門下平章事·判尙書禮部事,[15] 同王 9년(1043)에 黃周亮·崔齊顏·李作忠이 각각 門下侍中·判尙書吏部事[16] 및 門下侍郞同內史門下平章事·判尙書戶部事와[17] 內史侍郞同內史門下平章事·判尙書禮部事에[18] 임명되고 있는 것이다. 顯宗朝에는 이미 실시되기 시작하여[19] 그 이후 줄곧 이어져 갔음을 확인할 수 있다.

그렇다면 이 제도가 처음 마련되는 것은 그 실례가 최초로 보이는 顯宗 12년 이전이라는 이야기인데, 그것은 또 언제쯤일까. 앞서 尙書 6部의 전신인 御事6官의 관원으로 成宗 元年에 選官御事로 임명된 崔承老가 왕 2년 正月에는 門下侍郞平章事를 제수받는다고 하였거니와, 그것은 移職이 아닌 兼職으로서, 그는 門下侍郞平章事로 選官御事를 겸하였던 것이며, 다시 얼마 뒤인 成宗 7년에 門下守侍中을 제수받았을[20] 때에도 마찬가지였다고 이해하고, 비슷한 사례로 成宗 14년에 세상을 떠나는 崔亮이 그전에 內史侍郞兼民官御事同內史門下平章事였다는 사실도[21] 들면서, 이렇게 宰臣(冢宰·侍中)이 御事(尙書)를 겸임하는 그 원리는 중국의 周·後漢에서 이끌어온 것으로 6部의 判事制 역시 그것을 확대 적용한 게 아닌가 보아 그 시기를 御事6官制가 설치되는 당초였을 것이라는 견해가 있어 주목된다.[22] 그런데 이처럼 宰臣이 吏部 등의 尙書를 겸하는 제도는 우리

---

14) 『高麗史』 卷 94 列傳 皇甫兪義傳.

15) 『高麗史節要』 卷 4 靖宗 3年 7月.

16) 『高麗史』 卷 6 世家·『高麗史節要』 卷 4 靖宗 9年 正月.

17) 『高麗史』 卷 6 世家 靖宗 9年 2月.

18) 上同.

19) 邊太燮은 「高麗宰相考 -3省의 權力關係를 중심으로-」 『歷史學報』 35·36 합집, 1967 ; 『高麗政治制度史硏究』, 一潮閣, 1971, p. 79에서 이 부분에 대해 언급한 바 있다.

20) 『高麗史』 卷 3 世家 成宗 7年 12月·『高麗史節要』 卷 2 成宗 7年 冬10月·『高麗史』 卷 93 列傳 崔承老傳.

21) 『高麗史』 卷 93 列傳 崔亮傳.

22) 李泰鎭, 「高麗 宰府의 成立 -그 制度史的 考察-」 『歷史學報』 56, 1972, pp. 31~34.

나라의 그것에 많은 영향을 미치는 唐나라로 이어지며, 判事制는 좀 의미가 다르긴 했어도 宋나라에서 실시된 제도였다는[23] 점에서 좀 더 생각해볼 여지는 있는 것 같다. 하지만 어떻든 고려의 6部判事制는 역시 중국에서 모범을 구한 제도로써, 尙書6部(御事6官)가 설치되는 成宗 元年이나 그로부터 얼마 지나지 않은 시기—예컨대 成宗 14년—에 마련한 것으로 생각되며, 그리하여 顯宗 12년경부터는 실제로 시행에 들어갔다고 하는 선에서 일단 결론을 내려두기로 한다.

이렇게 成宗朝에 마련되었다고 짐작되는 6部判事制는 고려 일대를 통하여 줄곧 시행되는데, 그러나 시기에 따라 명칭이나 조직면에서 얼마간의 변천은 있었다. 예컨대 尙書吏部의 경우 『高麗史』 卷 76, 百官志 1 吏曹條에 의하면 그 관서의 명칭을 좇아 判事는 오랜동안 判尙書吏部事(判吏部事)라 불렸으나 忠烈王 元年(1275)에 蒙古의 압력을 받아 官制가 고쳐질 때 吏部는 禮部와 합쳐져 典理司가 되자 判事 역시 判典理司事로 개칭되고 있는 것이다. 그후 忠烈王 24년(1298)에 忠宣王이 일시 즉위하여 改革政治를 펴면서 그 일환으로 官制를 바꿀 때 官署가 銓曹로 고쳐짐에 따라 그것은 判銓曹事라 불리다가 몇달 뒤에는 다시 이전 명칭으로 되돌아가며, 또 忠烈王 34년(1308)에 실권을 장악한 忠宣王이 이번에는 吏部에 兵部·禮部를 합쳐 選部라 칭함에 따라 判事는 判選部事가 된다. 그후의 변천에 대하여 百官志에는 단순히 「後復稱典理司」라 하여 그 시기를 명시하지 않고 있으나 그것은 忠肅王 12년(1325) 末로 생각된다. 바로 이 해에 王位에서 물러난 뒤에도 上王으로서 정국을 주도했던 忠宣王이 세상을 떠나고 忠肅王이 元과의 관계에서 비롯된 어려움을 극복하고 환국하여 개혁정치를 펴기도 하려니와, 뒤에 제시하는 도표의 事例에도 그와 같이 나타나기 때문이다. 그리하여 忠肅王 12年末 이후로 典理司, 判典理司事였던 명칭은 恭愍王이 그의 5년(1356)에 反元改革政治

---

23) 韓忠熙, 「朝鮮 初期 判吏·兵曹事 研究」『韓國學論集』 11, 啓明大, 1985, p. 110.

를 단행하면서 官制를 文宗 때의 舊制로 환원시켜 다시 관서는 吏部, 판사는 判吏部事로 개칭된다. 하지만 그후에도 여러번 더 바뀌어 공민왕 11년(1362)에 典理司, 동 18년(1369)에 選部, 동 21년(1372)에 典理司, 恭讓王 元年(1389)에 吏曹로 관서가 개칭되며, 그에 따라 判事의 명칭도 물론 바뀌었다. 이상에서 설명한 변천과정을 다시 정리하면 成宗 14년(995) 이후, 尙書吏部(吏部) : 判尙書吏部事(判吏部事)→忠烈王 元年(1275), 典理司 : 判典理司事→忠烈王 24년(1298) 忠宣王, 銓曹 : 判銓曹事→忠烈王 24년(1298), 典理司 : 判典理司事→忠烈王 34년(1308) 忠宣王, 選部 : 判選部事→忠肅王 12년(1325), 典理司 : 判典理司事→恭愍王 5년(1356), 吏部 : 判吏部事→恭愍王 11년(1362), 典理司 : 判典理司事→恭愍王 18년(1369), 選部 : 判選部事→恭愍王 21년(1372), 典理司 : 判典理司事→恭讓王 元年(1389), 吏曹 : 判吏曹事와 같이 된다.

그런데 이러한 변천과정은 兵部와 戶部도 마찬가지였다. 같은 이유로 해서 이들도 吏部와 동시에 변경되었기 때문이다. 이제 그 내용을 정리하면 兵部는 成宗 14년(995) 이후, 尙書兵部(兵部) : 判尙書兵部事(判兵部事)→忠烈王 元年(1275), 軍簿司 : 判軍簿司事→忠烈王 24년(1298) 忠宣王, 兵曹: 判兵曹事→忠烈王 24년(1298), 軍簿司 : 判軍簿司事→忠烈王 34년(1308) 忠宣王, 摠部(처음은 選部에 합병) : 判摠部事→忠肅王 12년(1325), 軍簿司 : 判軍簿司事→恭愍王 5년(1356), 兵部 : 判兵部事→恭愍王 11년(1362), 軍簿司 : 判軍簿司事→恭愍王 18년(1369), 摠部 : 判摠部事→恭愍王 21년(1372), 軍簿司 : 判軍簿司事→恭讓王 元年(1389), 兵曹 : 判兵曹事와 같이 되며,[24] 戶部는 成宗 14년 이후, 尙書戶部(戶部) : 判尙書戶部事(判戶部事)→忠烈王 元年, 版圖司 : 判版圖司事→忠烈王 24년 忠宣王, 民曹 : 判民曹事→忠烈王 24년, 版圖司 : 判版圖司事→忠烈王 34년 忠宣王, 民部 : 判民部事→忠肅王 12년, 版圖司 : 判版圖司事→恭愍

____

24)『高麗史』卷 76 百官志 1 兵曹.

王 5년, 戶部 : 判戶部事→恭愍王 11년, 版圖司 : 判版圖司事→恭愍
王 18년, 民部 : 判民部事→恭愍王 21년, 版圖司 : 判版圖司事→恭讓
王 元年, 戶曹 : 判戶曹事와 같이 되는 것이다.[25]

다음 刑部 역시 변천 시기와 그 이유는 위의 관서들과 같았다. 그
리하여 成宗 14년 이후로 尙書刑部(刑部)라 불리울 때 거기에 判尙
書刑部事(判刑部事)가 설치되어 宰臣들이 임명되고 있는 것이다. 그
런데 이 刑部도 忠烈王 元年에 이르러 典法司로 개칭된 이후 시기에
따라 자주 변경되어 刑部·典法司와 함께 刑曹 또는 巘部·理部 등
의 명칭으로 바뀌며 麗末까지 존속하지마는,[26] 그러나 거기에 따르
는 判事의 호칭은 물론, 그 존재 자체가 찾아지지 않아 당혹감을 면
치 못하게 한다. 判刑部事의 사례는 忠烈王 元年에 이르기 훨씬 이전
인 神宗 卽位年(1197) 11월에 于述儒가 守司空·左僕射로 判刑部事
를 겸임한 것을[27] 마지막으로 더 이상 눈에 띠지 않는 것이다. 이같
은 현상의 원인을 史料의 결핍이나 또는 다른 어떤 이유를 들어 설
명하기는 어려울 듯싶고, 일단 사유는 잘 알 수 없으되 判刑部事制는
비교적 이른 시기부터 제대로 운영되지 않은 것으로 해석해 둔다.

6部 가운데에서 남은 禮部와 工部 역시 사정은 刑部와 유사하였
던 것으로 판단된다. 이 두 관서 역시 成宗 14년 이후부터 忠烈王 元
年에 이르는 기간에는 判禮部事制나 判工部事制도 대략 정상적으로
운영된 듯싶다. 그러나 禮部의 경우 忠烈王 元年에 典理司에 병합됨
으로써 실제로는 없어진 것이나 마찬가지였고, 그뒤 忠烈王 24년에
忠宣王에 의해 잠시 儀曹라는 명칭을 띠고 復置되어 判儀曹事도 두
어지지만 忠烈王 34년에는 다시 忠宣王에 의해 選部에 병합되고 마
는 것이다. 그후 恭愍王 5년에 文宗 舊制로 복원한다는 방침에 따라
禮部가 다시 설치되어 이후 禮儀司·禮曹 등으로 명칭을 바꾸면
서[28] 麗末까지 존속하나 判事는 제대로 임명되지 않았던듯, 그 사례

---

25) 『高麗史』 卷 76 百官志 1 戶曹.
26) 『高麗史』 卷 76 百官志 1 刑曹.
27) 『高麗史』 卷 21 世家 神宗 卽位年 11月.

는 몇몇에 지나지 않고 있다(뒤의 表 4 참조). 工部 역시 忠烈王 元年에는 아예 폐지되었다가 忠烈王 24년에 忠宣王에 의해 工曹의 명칭을 띠고 잠시 復置되나 곧 다시 혁파되고, 恭愍王 5년 이후 工部·典工司·工曹라는 이름으로 麗末까지 존속하지만[29] 判事制의 운영은 원만치 않았던듯 사례는 또한 몇몇개만이 눈에 띠일 뿐인 것이다(뒤의 表 6 참조).

이로써 볼 때 6部判事 모두가 제대로 임명되어 그런대로 제기능을 하는 것은 忠烈王 元年 이전까지이며, 그후에는 吏部와 兵部·戶部만이 그 제도를 여전히 이어갔을뿐, 나머지 刑部·禮部·工部의 그것은 간간이 명맥만 보일 정도로서 별다른 의미를 가지는게 못되었다고 할 수 있을 것 같다. 이는 6部判事의 序列 등과도 깊은 관련을 가지는 것이라 생각된다는 점에서 유의해 두어야할 사항의 하나이다.

Ⅲ. 6部判事의 직능

尙書 各部의 업무에 대하여 『高麗史』 卷 76, 百官志 1 당해조에 아래와 같이 설명되어 있다.

> 吏部 : 文選과 勳封의 政事를 관장한다.
> 兵部 : 武選과 軍務·儀衛·郵驛의 政事를 관장한다.
> 戶部 : 戶口와 貢賦·錢粮의 政事를 관장한다.
> 刑部 : 法律과 詞訟·詳讞의 政事를 관장한다.
> 禮部 : 禮儀와 祭享·朝會·交聘·學校·科擧의 政事를 관장한다.
> 工部 : 山澤과 工匠·營造의 일을 관장한다.

6部判事는 이들 各部의 가장 上位職이었으므로 그들 직무는 우선 여기에 열거된 각각의 政事를 총괄하는 일이었으리라는 예상을 할

---

28) 『高麗史』 卷 76 百官志 1 禮曹.
29) 『高麗史』 卷 76 百官志 1 工曹.

수 있다. 그런데 현재 전하는 判事의 직무와 관계된 史料의 대부분
은 이 가운데에서 吏·兵部의 文選과 武選, 즉 人事權에 대한 것들
이다. 앞서 宰臣判事는 실질적인 권한을 가지고 各部에서 직접 視務
하였다는 지적이 이미 있었다고 하였거니와,[30] 그 역시 이 부분에
바탕을 둔 것이었다. 아래에 그 사료를 다시 소개하면 다음과 같다.

> (가)-① 熙宗 때에 崔忠獻이 權力을 오로지하여 頒政이 無常하였다. 舊例에는
> 頒政으로 6月에 하는 것을 權務라 일컫고 12月에 하는 것을 大政이라
> 불렀는데, 吏·兵部의 判事와 諸僚들이 本部에 모여서 功있는 자를 올리
> 고 罪있는 자를 罷黜하되 모두 왕의 명을 받게 되어 있었으며, 이때가
> 지나면 비록 闕位가 있더라도 보임하지 않았다. 云云(『高麗史』 卷 75 選
> 擧志 3 銓注 選法).

　이는 武人執政인 崔忠獻이 人事의 원칙과 시기를 무시하고 멋대
로 행한 것을 비판하는 기사인데, 원래는 權務政과 大政이라 불리우
는 人事가 6월과 12월의 두 차례에 걸쳐 있었으며, 그때 그 주관자
는 吏·兵部의 判事와 諸僚, 즉 吏·兵部의 尙書·侍郎 이하의 관원
들이었고, 그 장소는 「本部」, 즉 吏·兵部였음이 밝혀져 있다. 같은
내용을 전하는 『高麗史節要』에는 이 뒷 부분이 「吏兵判事와 諸同寮
가 各司에 모여 앉아」라고[31] 기술되어 있거니와, 이를 통하여 우리
는 吏部와 兵部의 判事가 직접 당해 관서에 나아가 人事移動을 관장
한 사실을 알 수 있는 것이다.
　이러한 상황은 아래의 사료에서도 엿볼 수 있다.

> (가)-② (神宗) 5年에 (崔)忠獻이 비로소 私第에 있으면서 內侍·吏部員外郎
> 인 盧珀과 더불어 文·武官을 注擬하여 아뢰면 王은 머리를 끄덕끄덕
> 하였으며 2部判事도 政堂에 앉아 다만 檢閱할 뿐이었다(『高麗史』 卷
> 129 列傳 崔忠獻傳).[32]

---

30) 邊太燮,「高麗時代 中央政治機構의 行政體系 ─尙書省 機構를 중심으로─」
　　『歷史學報』 47, 1970 ;『高麗政治制度史研究』, 一潮閣, 1971, p. 17.
31)『高麗史節要』 卷 14 熙宗 5年 秋9月.

이 역시 최충헌의 擅權을 전하는 기사인데, 그의 인사 처리에 대하여 당연히 관여해야 했을 2部判事가 檢閱하는 정도로 그쳐야 했다는 데서 본래 그들의 기능을 짐작할 수 있으며, 그 장소인 政堂도 政曹와 유사한 의미로서 바로 吏·兵部를 뜻했다고 판단되는 것이다. 그리고 관서는 명시되어 있지 않지만 判事의 人事權에 대해서는

> (가)-③ 德陵初에 政房을 파하면서 文銓과 武選을 選部와 摠部에 맡기고 首相과 亞相이 주관토록 하여 거의 옛 제도를 회복할 전망이 있었다(『櫟翁稗說』 前集 1).33)

고 한데서 다시 확인된다. 뒤에 더 설명하듯이 判吏部事가 首相이고 判兵部事가 亞相이었기 때문이다. 2部判事가 각각 文·武班의 人事를 주관했다는 사실은 의심의 여지가 없어 보이는 것이다.

이들 이외에도 吏部와 兵部의 判事가 각기 인사를 관장하였음을 알려주는 기사는 몇몇 더 찾아진다. 논거의 보강을 위해 그것들을 더 들어 두겠는데, 먼저 判吏部事에 관한 사료부터 소개하면 다음과 같다.

> (나)-① (任元厚는) … 얼마되지 않아 判吏部事가 되어 銓注가 심히 公平하니 사람들이 칭송하여 말하기를, "山濤도 이 이상 더할 수 없었을 것이다"라고 하였다. 守太保·判西京留守事가 가해졌고, 懿(毅)宗이 즉위하여서는 門下侍中을 除拜하였다(『高麗史』 卷 95 列傳 任懿附 任元厚傳).34)
>
> ② 庾應圭는 … 茂松人인데, 아버지 弼은 文行으로 드날렸으며, 성질이 곧고 아첨하지 않았다. 毅宗朝에 여러 벼슬을 거쳐 門下侍郎平章事·修文殿大學士·判吏部事에 이르렀는데, 왕이 일찍이 宦官인 鄭諴을 祗候에 임명하려 하자 弼이 論執하며 告身에 서명하지 않았고, 왕의 두 세번에 걸친 설유에도 끝내 좇지 않았으므로 弼이 세상을 마칠 때까지는 諴

---

32) 같은 내용을 전하는 『高麗史節要』 卷 14 神宗 5年 3月條에는 2部判事 다음에 나오는 「坐政堂」이라는 문구가 생략되어 있다.

33) 같은 내용의 기사가 『高麗史』 卷 75 選擧志 3 銓注 選法 忠宣王 2年 10月條에 실려 있다.

34) 같은 내용의 기사가 『高麗史節要』 卷 11 毅宗 10年 9月條에 실려 있다.

이 拜受받지 못하였다(『高麗史』卷 99 列傳 庾應圭傳).

③ (崔)允儀는 일찍이 判吏部가 되어서는 銓注가 平允하여 賢能한 사람을 任用하였다(『高麗史節要』卷 11 毅宗 16年 8月).[35]

④ (崔陟卿)은 … 10여년간 權門에 발을 들여놓지 않았는데, 判吏部事 崔允儀가 그가 淸直하다는 소문을 듣고 耽羅令에 제수코자 하였다(『高麗史』卷 99 列傳 崔陟卿傳).[36]

⑤ 明宗 때에 吏部의 관원이 처음으로 벼슬하고자 하는 사람의 姓名에 點을 찍어 들어가 아뢰는 것을 點奏라 하였는데, 이에 入仕를 구하는 사람들이 모두 白銀을 뇌물로 하여 폐백을 삼으니, 위로는 判事로부터 아래로는 令史에 이르기까지 습관이 되어 常例처럼 되었으므로 다투어 下點을 차지하려 하였다(『高麗史』卷 75 選擧志 3 銓注 選法).[37]

⑥ (崔世輔)는 … 여러번 벼슬을 옮겨 判吏部事에 이르렀는데, 오로지 뇌물의 많고 적음에 따라 높고 낮음을 삼았으므로 鬻爵의 풍조가 더욱 심하여졌다(『高麗史節要』卷 13 明宗 23年 冬10月).

⑦ 奇洪壽는 … 벼슬이 特進壁上三韓三重大匡·門下侍郎同中書門下平章事·判吏部事에 이르렀는데, 吏部는 銓選을 관장하므로 忠獻에게 양보하였다(『高麗史』卷 101 列傳 車若松附 奇洪壽傳).[38]

그러면 이어서 判兵部事에 대한 자료도 소개해 보기로 하겠다. 그것들은 아래와 같다.

(다)-① 御史臺에서 兵部의 銓注가 정당함을 잃었다 하여 탄핵하니, 이에 (兵部)判事인 閔令謨가 소장을 올려 스스로 中書門下 및 重房을 열거하며 도리어 반박 논핵하였다(『高麗史節要』卷 12 明宗 8年 6月).[39]

② (明宗 11年 春正月에) 郎舍에서 아뢰니 … 좇기로 하였다. … 冢宰 閔令謨는 둔하고 비겁하며 젊어서 몸가짐에 결점이 있었고, 判兵部인 李光挺은 완고하고 탐욕스러우며 무식하였으므로 銓注가 猥濫되어 이러한 주청이 있게된 것이었다(『高麗史節要』卷 12).

---

35) 유사한 내용의 기사가 『高麗史』卷 95 列傳 崔冲附 崔允儀傳과 『高麗墓誌銘集成』 p. 98 崔允儀墓誌銘에도 실려 있다.
36) 같은 내용의 기사가 『高麗史節要』卷 13 明宗 16年 6月條에 실려 있다.
37) 같은 내용의 기사가 『高麗史』卷 101 列傳 安劉勃傳에 실려 있다.
38) 같은 내용의 기사가 『高麗史節要』卷 14 熙宗 元年 冬12月條에 실려 있다.
39) 같은 내용의 기사가 『高麗史』卷 101 列傳 閔令謨傳에 실려 있다.

> ③ 옛날에 國相은 六曹를 나누어 겸임하여 大宰는 東曹를 주관하고 亞相은 西曹를 주관하였는데, 西曹가 실상은 武選을 맡고 있었다. 뒤에 와서 武人을 높여써서 반드시 그 長을 貳官으로 삼아 管領하게 하여 지금까지도 폐하지 않았으니, 대개 그 권세를 무겁게하려는 것이다(『拙藁千百』卷 1 軍簿司重新廳事記).

이상에서 열거했듯이 判吏部事는 말할 것 없고 判兵部事까지도 武官의 인사를 관장했다는 기록이 주조를 이루고 있는데, 그것은 이들이 담당한 인사업무가 그만큼 중요시되었기 때문이라고 생각된다. 하지만 判吏·兵部事의 관장 사항이 앞서 예상했던 것처럼 그것에 한정되었다고 보기는 어려울 것 같다. 그리고 실제로 이는 몇몇 자료에 의해 뒷받침되기도 한다. 判兵部事의 경우 그에 임명하는 朴文成과 崔宗峻의 麻制에,

> (다)-④ 具官 朴文成은 … 이에 龍池(政廳)에서 政事를 平章하게 하고, 虎部(兵部)에서 甲兵을 訓鍊하게 한다. 師傅의 직을 더하고 階資는 그전대로하여 특별히 中書侍郎平章事·判兵部事·太子太傅를 제수하고 다른 벼슬은 전과 같이 겸하게 한다(『東文選』卷 26 除宰臣朴文成李子晟宋恂任景肅敎書).
>
> ⑤ 具官 崔宗峻은 … 이에 경사스런 명을 내려 左省의 높은 班列에 올린다. 元良(太子)을 春禁(東宮)에서 輔導하게 하고, 겸하여 夏官(兵部)에서 訓鍊을 맡게한다. 특별히 門下侍郎平章事·判兵部事·太子太保에 제수하고 나머지 벼슬은 전과 같이 겸하게 한다(上同 除宰臣崔宗峻金仲龜金良鏡麻制).

라고 한데서 드러나듯이 그것은 「甲兵을 訓鍊하게 하거나」「訓鍊을 맡은」 직위로 설명되어 있는 것이다. 判兵部事는 『高麗史』 百官志 兵曹條에 규정된바 武選과 함께 軍務 등도 총괄하였음을 알 수 있다고 하겠다.

이러한 정황은 人事權과 관계없는 判戶部事 이하의 직무를 생각하면 한층 분명해진다. 그들이 담당한 업무에 대해서도 주로 麻制에 부분적으로 언급되고 있는데,

(라)-① 具官 蔡松年은 … 이에 政理에 叅知케하며 인하여 階資를 높여준다. 春宮의 스승이 되어 太子를 지도하게 하고, 夏地(?)官(戶部)을 判하게 하니 民事를 가벼이 하지 말라. 짐의 명을 공경히 받고 삼가 官箴에 복종하라. 특별히 叅知政事・判戶部事・太子少傅를 제수하고 다른 벼슬은 그전대로 가지게 하노라(『東文選』 卷 26 除宰臣任景肅蔡松年金敞趙敦樞密院使崔璘麻制).

② 具官 李子晟은 … 이에 銀靑을 바꿔서 金紫를 내려주고, 새로 鈞軸의 司에 참여케하며, 또한 版圖의 部를 총관하게 한다. 특별히 金紫光祿大夫・叅知政事・判戶部事・太子太保를 제수하노라(『東文選』 卷 26 除宰臣朴文成李子晟宋恂任景肅敎書, 麻制).

③ 具官 任景肅은 … 이에 大政에 참여케 하여 특수한 은혜를 곡진히 보이며, 혹 修國史의 소임을 겸하기도 하고, 혹 修文殿의 職을 띠게도 한다. 祠部(禮部)에서 禮文을 制하게 하고, 東宮에서 師道를 엄하게 하도록 한다. 특별히 叅知政事・修文殿大學士・修國史・判禮部事・太子太保를 제수하고 나머지 벼슬은 그전대로 가지게 하노라(『東文選』 卷 26 除宰臣任景肅蔡松年金敞趙敦樞密院使崔璘麻制).

④ 具官 宋恂은 … 이에 金紫의 인끈을 두르게 하고 黃扉의 자리에 뛰어오르게 한다. 儀曹(禮部)의 判事가 되어 五禮의 文을 定하게 하고, 秘錄을 닦아 一王의 法을 밝히게한다. 英殿에서 顧問에 대비케 하고 東宮에서 元良을 돕게 한다. 특별히 金紫光祿大夫・叅知政事・集賢殿大學士・修國史・判禮部事・太子少師를 제수하노라(『東文選』 卷 26 除宰臣朴文成李子晟宋恂任景肅敎書, 麻制).

⑤ 具官 金敞은 … 그래서 전의 銀靑을 새로이 金紫로 바꾸어 준다. 樞密院의 좌석이 따뜻해지기도 전에 鳳閣(中書省)으로 제수하는 綸書를 날아 내린다. 政堂에 集賢殿의 직책을 겸하게 한 것은 中書省의 大義를 처결하라는 것이요, 司空에 僕射를 띠게 한 것은 外省의 풍기를 맑게하려는 것이다. 三善을 지도하여 더욱 빛나게 하고, 九工을 判하게하여 修繕하는 일을 관장케 한다. 짐이 그대에게 고하는 것을 듣고 끝까지 삼가하여 처음같이 하라. 특별히 金紫光祿大夫・守司空・政堂文學・尙書左僕射・集賢殿大學士・判工部事・太子少保를 제수하노라(『東文選』 卷 26 除宰臣任景肅蔡松年金敞趙敦樞密院使崔璘麻制).

라고 한데 보이듯이 判戶部事는 民事를 관장하거나 戶部를 총관하는 직위로 설명되고 있으며, 判禮部事는 禮文 내지 五禮의 文을 定하고 秘錄 등을 정리하여 한 왕조의 法을 밝히는 일을 맡고, 判工部

事는 繕工의 업무를 관장하는 직책이라고 말하고 있는 것이다. 이들도 각기 『高麗史』卷 76, 百官志 1의 당해조에 규정된 사항을 총괄하였음을 알 수 있다고 하겠다. 判刑部事의 경우 직무에 대하여 언급한 자료는 잘 눈에 띠지 않지만 여타 判事의 예에 비추어 그 역시 尙書刑部의 업무를 총괄하는 직위였으리라 짐작된다.

　요컨대 6部判事는 각기 자기가 담당하는 상서6부의 업무를 직접 관장하는 직위였음을 다시 확인할 수 있다고 하겠다. 그 가운데에서 특히 중시된 것이 判吏部事의 文官人事와 判兵部事의 武官人事 권한이었지마는, 다른 업무도 중요한 국정이라는 점에서는 마찬가지였다. 그에 즈음하여 判吏·兵部事는 각각 吏部와 兵部에 나아가 일을 처리하였거니와, 다른 判事들 역시 이들 경우와 마찬가지가 아니었을까 생각된다. 상서6부에 대한 宰臣判事의 기능이 이처럼 직접적이요 강력한 것이었다는 사실은 권력구조면에서 커다란 의미를 지니는 내용이라 판단된다.

Ⅳ. 6部判事의 事例와 序列

1. 判吏部事·判兵部事의 事例와 序列

　6部判事의 序列은 이미 지적되어 온 바 判吏部事가 제1위이며 判兵部事가 제2위였다는 데에 별다른 문제점이 있는 것 같지는 않다. 그것은 우선 判吏部事의 경우 통상적으로 首相·冢宰인 門下侍中이 겸임하는 직위였다는 데서 알 수 있다. 물론 門下侍中은 闕位되는 때가 종종 있었고, 그럴 경우에는 門下侍中의 아랫 지위에 있던 平章事 등이 判吏部事를 겸하여 首相·冢宰가 되었다.[40] 이것은 바꾸

---

40) 邊太燮, 「高麗宰相考 - 3省의 權力關係를 중심으로 - 」『歷史學報』35·36 합집, 1967 ;『高麗政治制度史研究』, 一潮閣, 1971, pp. 79~81.

어 말하면 門下侍中이던 또는 平章事나 그 아랫 직위이던간에 判吏部事를 겸하는 사람이 首相・冢宰가 되었다는 의미로써[41] 그의 위상이 서열 1위였음을 말해주는 무엇보다 좋은 증거인 것이다.

이와 같이 判吏部事를 겸임하는 사람이 首相・冢宰가 되었던 반면에 判兵部事를 겸임하는 사람은 亞相(二相・二宰)이 되었다. 이는 顯宗 16년 당시에 門下侍郞平章事에 재임하면서 判尙書兵部事를 제수받은 庾方을 「亞相」이라 부르고 있다던가[42] 忠肅王 後7年에 贊成事로 있으면서 判軍簿司事를 제수받은 洪彬을 「사람들이 칭하여 二相이라 하였다」는[43] 기사를 통하여 살필 수 있다. 그리고 아래의 자료에서도 이 점은 다시 확인된다.

> (마)-① (文克謙은 明宗) 15년에 判禮部事를 배수받았다. 당시 韓文俊의 班次가 第2였고, 다음이 克謙, 다음이 崔世輔였다. 文俊이 冢宰가 됨에 미쳐 克謙이 당연히 亞相으로 옮겨야 했으나, 그러나 世輔의 上位에 있지 않고자 하여 먼저 스스로 退遜해 世輔로 하여금 判兵部가 되어 亞相에 오르게 하고 자기는 그 다음에 있으려 하자, 世輔가 또한 굳이 사양하며 말하기를, "제가 文公에게서 은혜를 받음이 실로 많은데 감히 그 위에 있겠습니까" 하였다. 王이 禮部는 兵部보다 上位에 있다 하여 克謙에게 判禮部를 拜授하여 亞相을 삼고 世輔를 그 다음으로 하니 識者들이 그 사양함을 칭송하였다(『高麗史』卷 99 列傳 文克謙傳).[44]
>
> ② (柳璥은) 忠烈王 2年에 僉議侍郞贊成事・監修國史・判版圖司事를 배수받았다. 이에 앞서 璥이 平章事에서 파직되자 元傅가 이어서 贊成事로써 判軍簿・修國史가 되었는데, 이에 이르러 璥이 判版圖로 다시 재상이 됨에 지위가 傅의 아래에 있게 되니, 傅가 말하기를, "저는 柳에

---

41) 朴龍雲,「高麗時代의 門下侍中에 대한 검토」『震檀學報』85, 1998, pp. 9~10 ;『고려시대 中書門下省宰臣 연구』, 一志社, 2000, pp. 51~53.

42) 『高麗史』卷 4 世家 顯宗 13年 6月・同 卷 5 世家 顯宗 16年 正月・『高麗史節要』卷 3 顯宗 13年 6月・16年 正月・『朝鮮金石總覽』上, p. 257 居頓寺圓空國師勝妙塔碑.

43) 『高麗史』卷 35 世家・『高麗史節要』卷 25 忠肅王 後7年 閏8月・『高麗墓誌銘集成』p. 551 洪彬墓誌銘.

44) 같은 내용의 기사가 『高麗史節要』卷 13 明宗 14年 12月과 15年 春正月 條에 걸쳐 실려 있다.

게 門生과 같은데 어찌 감히 그 위에 있겠습니까" 하였다. 璥이 말하기를, "判軍簿가 二宰가 되고 判版圖가 三宰가 되는 것은 그 유래가 오래된 것"이라 하여 서로 사양하기를 오래동안 하였다. 王이 許珙에게 물으니 대답하여 말하기를, "璥의 말은 舊制요 傅의 말은 私恩으로서, 後進이 先進에게 사양함은 禮입니다. 만약 璥에게 監修國史를 加하여 傅의 위에 올리면 역시 人望이겠습니다" 하여 그에 좇은 것이다(『高麗史』卷 105 列傳 柳璥傳).45)

①은 門下侍郎平章事 · 判吏部事로 班次가 第1位였던 李光挺이 물러나고 대신에 제2위였던 韓文俊이 그 자리에 올라 冢宰가 되면서 제3위인 文克謙이 당연히 判兵部事로 옮겨 亞相이 되어야 했으나 武臣政權 治下이던 당시에 그 지위를 제4위의 권세있는 武臣인 崔世輔에게 양보하였고, 최세보 역시 무리를 하지 않고 사양하여 발생한 宰相의 班次와 判兵部事의 자리에 관한 기사이다. 이에 왕은 崔世輔를 門下侍郎平章事 · 判兵部事의 지위에 그대로 두고 대신에 文克謙을 周禮의 六典 序列에서 兵部보다 앞서는 禮部의 判事에 임명하는 임시 변통의 궁여책을 쓰고 있으나 그것은 물론 명분에 지나지 않는 것이었다. 그런데 여기에서 文克謙을 判禮部事에 임명하여 亞相을 삼았다고 보이는데, 그것은 아마 그가 이미 明宗 13년 12월 이래로 判戶部事였기 때문이 아닐까 짐작된다.46) 周禮의 六典 序列에 따르면 禮部보다 戶部가 더 앞서므로 그 설명만으로는 모순이 있게되는 것이다.

②는 역시 班次가 앞서는 宰相 柳璥이 어떤 사유로 인해 물러났다가 判版圖司事로 복직하자 後進으로 判軍簿司事가 된 元傅가 사양하여 문제가 되자 마침 元傅가 修國史인 점을 고려하여 柳璥에게 그보다 상위직인 監修國史를 제수하여 명분을 살린 조처를 전하는 기사이거니와, 高麗朝에서는 변함없이 判軍簿司事가 2宰이고 判版圖司事가 3宰였던 것이다. 지금 우리는 宰相(宰臣) 가운데에서 判吏部事

---

45) 같은 내용의 기사가 『櫟翁稗說』前集 1 柳文正璥條에 실려 있다.
46) 『高麗史』卷 20 世家 明宗 13年 12月.

를 겸한 사람이 서열 제1위의 首相·冢宰였고, 判兵部事를 겸한 사람이 제2위의 亞相(二相·二宰)이었음을 한번 더 살펴본 셈인데, 앞에 든 (가)-③과 (다)-③도 그점을 입증하여 주는 자료임을 더 말할 필요가 없는 것이겠다.

그러면 이제부터는 判吏部事와 判兵部事에 임명된 사례를 통하여 그 실태를 좀더 구체적으로 알아보도록 하자. 그중 먼저 判吏部事에 임명된 실례를 정리하여 도표로 제시하면 아래의 〈表 1〉과 같다

〈表 1〉 判尙書吏部事 歷任者

[王名은 첫 글자만 표기하였으며, 그 다음에 나오는 처음 숫자는 '年'을, 다음의 숫자는 '月'을 나타낸다. 册名은 간략하게 표현하여 『高麗史』는 '史'로, 『高麗史節要』는 '要'로, 金龍善編著 『高麗墓誌銘集成』은 '墓'로 썼고, 그 다음의 숫자는 卷數를 말하는데, 다만 묘지명은 페이지로 나타내었다. 王名·年·月 다음에 나오는 '任'은 그때 임명받았다는 뜻이고, '在'는 당시 在任하고 있었다는 의미이며, '在·卒'은 재임중 사망, '任·致仕'는 임명과 동시에 치사, '?'는 王代 또는 年月을 잘 알 수 없다는 뜻으로 썼다. 列傳과 墓誌銘이 本人의 것일 때는 이름을 생략하였고, 다른 사람의 그것에 나오는 경우만 성명을 밝혔다. 이하의 表도 마찬가지이다.]

번호	姓名	年月과 官職(典據)	以前 官職(典據)	以後 官職(典據)
1	崔士威	顯 12. 12 任 判尙書吏部事(史4·史94 列傳)	顯 12. 8 任 檢校太師·守門下侍中(史4·要3) 顯 12. 12 在 侍中(要3)	顯 20. 12 在 侍中(要3) 顯 22. 5 任·致仕 內史令(史5·要3·史94 列傳)
2	徐訥	顯 21. 12 任 門下侍郞同平章事·判尙書吏部事(史5·要3·史94 列傳)	顯 18. 正月 任 內史侍郞(史5·要3)	德 卽位. 10 任 門下侍中(史5·要3·史94 列傳) 靖 8. 正月 在 侍中(要4) 靖 8. 6 在·卒 加內史令(史6·要4·史94 列傳)
3	黃周亮	靖 9. 正月 任 守太保·兼門下侍中·判尙書吏部事(史6·要4·史95 列傳)	靖 4. 11 任 門下侍郞平章事(史6·要4·史95 列傳)	

4	李子淵	文 9, 7 任 門下侍中·判書吏部事(史7·要4·史95 列傳·墓 p. 22 墓誌銘)	文 7, 7 任 門下侍郎平章事(史7·要4·史95 列傳) ※門下侍郎同內史門下平章事(墓 p. 22 墓誌銘)	文 12, 5 在 侍中(要5) 文 15, 8 卒(墓 p. 22 墓誌銘)
5	王寵之	文 15, 12 任 門下侍中·判尙書吏部事(史8·要5·史95 列傳)	文 7, 7 任 門下侍郎平章事(史7·要4) 文 任 守太尉·門下侍郎同中書門下平章事(史95 列傳)	文 21, 3 卒 中書令致仕(史8·要5·史95 列傳)
6	崔惟善	文 22, 正月 任 判尙書吏部事(史8·要5·史95 列傳)	文 15, 12 任 中書侍郎同中書門下平章事(史8·要5·史95 列傳)	文 27, 5 在 門下侍中(史9·要5)
7	李靖恭	宣 3, 4 任 門下侍中·判尙書吏部事(史10·要6)	文 37, 正月 任 中書侍郎同中書門下平章事(史9·要5)	肅 2, 2 門下侍中致仕(史11·要6)
8	崔奭	宣 4, 3 任 權判尙書吏部事(史10) 宣 4, 12 任 守太尉·判尙書吏部事·監修國史(史10·要6) 宣 守太保·門下侍郎同中書門下平章事·判吏禮部事(史99 崔惟淸傳·墓 p.221 崔惟淸墓誌銘)	宣 3, 4 任 門下侍郎平章事(史10·要6)	
9	崔思齊	宣 門下侍郎同中書門下平章事·判吏部事(史95 崔惟善傳附 崔思齊傳)	宣 7, 2 任 中書侍郎同中書門下平章事(史10·要6) ※宣 8, 8 在·卒 中書侍郎平章事(史10·要6)	
10	邵台輔	獻 元年, 7 任 權判吏部事(史10·要6·史95 列傳) 獻 元年, 9 任 守司徒·判吏部事(史10·要6·史95 列傳)	宣 10, 5 任 中書侍郎平章事·判刑兵部事(史10·要6·史95 列傳) 獻 卽位, 6 任 門下侍郎平章事·上柱國(史10·要6·史95 列傳)	肅 卽位, 10 任 守太尉·門下侍中(史11·要6·史95 列傳) 肅 8, 2 任 守太傅·判戶部·西京留守事 加 門下侍中致仕(史12·要7·史95 列傳)

11	崔思諏	肅 8, 2 任 守太尉·判吏部事(史12·史96 列傳)	肅 2, 3 任 中書侍郎平章事·判刑部事·西京留守使(史11·要6) 肅 5, 3 任 門下侍郎平章事(史11·要6)	肅 8, 9 任 門下侍中(史12·要7·史96 列傳)
12	魏繼廷	睿 卽位, 11 任 守太尉·門下侍中(史12·要7) 睿 2, 正月 在·致仕 侍中(要7·史95 列傳) ※守太保·門下侍中·判吏部事(東文選 卷23·東人之文四六 卷6 故門下侍中 魏繼廷配享睿宗)	肅 9, 12 任 門下侍郎平章事(史12·要7·史95 列傳) 肅 10, 6 任 太子太傅(史12·要7)	
13	崔弘嗣	睿 2, 7 在 門下侍郎平章事 任 權判尙書吏部事(史12) 睿 5, 12 任 判吏禮部事(史13·墓 p. 84 崔時允墓誌銘)	肅 10, 6 任 守司徒·中書侍郎同中書門下平章事·判尙書禮部事(史12) 睿 卽位, 11 任 門下侍郎平章事(史12·要7)	睿 4, 在 守太尉·門下侍郎同中書門下平章事·判尙書戶兵部(墓 p. 186 王佇墓誌銘) 睿 7, 3 在·致仕 門下侍郎平章事(要7)
14	尹瓘	睿 3, 4 任 門下侍中·判尙書吏部事(史12·要7·史96 列傳)	肅 9, 7 任 叅知政事·判尙書刑部事(史12·史96 列傳) 肅 10, 6 任 判尙書兵部·翰林院事(史12·要7) 睿 卽位, 11 任 中書侍郎平章事(史12·要7·史96 列傳) 睿 2, 閏10 任 東蕃元帥(史12·史96 列傳)	睿 4, 11? 免職(史13·要7·史96 列傳) 睿 5, 12 任 守太保·門下侍中·判兵部事(史13·要7·史96 列傳)
15	任懿	睿 4, 任 權判尙書吏部事(墓 p. 45 墓誌銘)	睿 2, 7 在 叅知政事 任 判尙書刑部事(史12·史95 列傳·墓 p. 44 墓誌銘) 睿 3, 任 中書侍郎同中書門下平章事(墓 p. 44 墓誌銘)	睿 5, 3 任·致仕 守太尉·門下侍郎平章事(史13)

16	李　顏	睿 5, 3 任 權尙書吏部事(史13·要7)	肅 6, 12 任 叅知政事·柱國(史11·要6) 肅 7, 3 任 判尙書戶部事(史11·要6) 肅 8, 2 任 守司空·判刑部事(史12) 肅 8, 9 任 中書侍郎平章事(史12) 睿 卽位, 11 任 門下侍郎同平章事(史12·要7) 睿 2, 7 任 文德殿大學士·判尙書禮部事(史12·史95 列傳)	睿 5, 7 在·卒 門下侍郎平章事(史13·要7)
17	金景庸	睿 7, 2 任 守太保·判尙書吏部事(史13·要7)	肅 10, 6 任 判尙書工部事(史12) 睿 元年, 3 任 知門下省事(史12) 睿 元年, 12 任 左僕射·叅知政事(史12·要7) 睿 4, 2 在 平章事(史13·要7) 睿 5, 12 任 門下侍郎平章事·判刑部事(史13·要7)	睿 7, 9 任 門下侍中(史13·要7·史97 列傳)
		睿 8, 12 任 守太傅·判尙書吏部事(史13·要8)		睿 9, 3 在·致仕 門下侍中(要8)
18	吳延寵	睿 9, 3 任 判吏部事(史13·要8·史96 列傳)	睿 5, 12 任 中書侍郎平章事·判三司事(史13·要7) 睿 7, 2 任 守司徒·判尙書兵部事(史13·要7) 睿 7, 9 任 門下侍郎同中書門下平章事(史13·要7) 睿 8, 12 任 守太尉·判禮兵部事(史13·要8·史96 列傳)	睿 11, 5 在·卒 門下侍郎平章事(史14·要8)

19	李 瑋	睿 11, 6 任 守太保・門下侍中・判尙書吏部事(史14・要8・史98 列傳)	睿 5, 12 任 中書侍郎・判戶部事(史13·要7) 睿 7, 9 任 門下侍郎同中書門下平章事(史13・要7)	睿 13, 3 在・致仕 門下侍中(要8)
20	李資謙	睿 13, 3 任 判吏部事(史14・要8)	睿 11, 6 任 門下侍郎同中書門下平章事・判尙書兵部事(史14・要8)	仁 卽位, 5 任 守太師・中書令(史15・要8)
		仁 2, 7 任 領門下・尙書都省事・判吏兵部・西京留守事(要9・史127 列傳)		仁 4, 5 流配(史15・要9)
21	李公壽 (李壽)	仁 4, 6 任 判吏部事(史15・要9)	仁 3, 任 中書侍郎平章事・判刑部事(墓 p.65 墓誌銘) 仁 4, 4 任 門下侍郎平章事・判禮部事(史15・墓 p.65 墓誌銘)	仁 5, 6 任 判兵部事(史15・要9・墓 p.65 墓誌銘)
		仁 5, 12 任 判吏部事・監修國史(史15・要9)		仁 6, 3 任 門下侍中(史15・要9・史95 列傳・墓 p.65 墓誌銘) 仁 9, 7 在・乞致仕 門下侍中(要9・墓 p.65 墓誌銘)
		仁 9, 9 任・致仕 守太傅・門下侍中・判吏部事(史16)		仁 15, 7 卒 門下侍中 致仕(史16・要10・墓 p.66 墓誌銘)
22	金仁存 (金緣)	仁 5, 6 任 判吏部事(史15・要9) ※守太傅・門下侍中・判吏部事(史96 列傳)	睿 9, 3 任 戶部尙書・叅知政事・判禮部事(史13・要8) 睿 9, 3 在 平章事(史73 選擧志 科目 選場) 睿 9, 7 任 刑部尙書・判禮部事(史13・要8) 睿 11, 6 任 守司徒・中書侍郎同中書門下平章事(史14・要8) 睿 12, 6 任 門下侍郎同中書門下平章事(史14・要8) 仁 4, 12 任 檢校太師・門下侍中(史15・要9・史96 列傳)	仁 5, 12 在・卒 門下侍中(史15・要9・史96 列傳)

23	崔弘宰	仁 9. 9 任 判吏部事 (史16・要9) ※平章事・判吏兵部事(史125 列傳) ※門下侍郎同中書門下平章事・判尙書吏部事(東文選 卷28 冊皇太子敎書)	仁 6. 6 任 門下侍郎平章事(史15・要9)	
24	文公美 (文公仁)	仁 11. 11 任 判吏部事 (史16)	仁 8. 6 任 判尙書刑部事(史16) 仁 8. 12 任 叅知政事 (史16・要9) 仁 9. 9 任 中書侍郎平章事・西京留守事 (史16・要9) 仁 ? 在 門下侍郎平章事・判尙書禮部事 (東文選 卷28 冊皇太子敎書) 仁 11. 4 任 判尙書兵部事(史16・要10)	
25	金富軾	仁 14. 3 任 守太尉・門下侍中・判尙書吏部事(史16・要10)	仁 9. ? 任 叅知政事・判戶部事(東文選 卷43 表箋 讓叅知政事判戶部事表) 仁 10. 12 任 守司空・中書侍郎同中書門下平章事(史16・要10) 仁 11. 12 任 判兵部事(史16・要10)	仁 16. 8 任 判禮部事(史16) 仁 20. 3 在・致仕 門下侍中(要10・史98 列傳)
26	任元敱 (任元厚)	仁 20. 4 任 判尙書吏部事(史17・要10・史95 列傳)	仁 11. 4 任 叅知政事・判翰林院事(史16・要10) 仁 11. 12 任 判工部事(史16・史95 列傳) 仁 12. 4 任 中書侍郎平章事(史16・要10) 仁 13. 12 任 判刑部事(史16) 仁 18. 4 任 判尙書兵部事(史17・要10・史95 列傳) 仁 19. 12 任 門下侍郎平章事(史17・要10・史95 列傳)	毅 卽位. 4 任 門下侍中・定安侯(史17・要10・史95 列傳)

27	李仁實	毅 2, 12 任 權判吏部事(史17) 毅 2, 12 任 中書侍郎同平章事·判吏部事(史17·要11)	毅 元年, 12 任 尙書右僕射·叅知政事·判刑部事(史17·墓 p. 138 墓誌銘)	毅 3, 4 任 守司空·門下侍郎平章事(史17·要11)
28	高兆基	毅 3, 12 任 權判吏部事(史17) 毅 3, 12 任 判吏部事(史17·要11)	毅 2, 3 任 政堂文學·判戶部事(史17) 毅 2, 12 任 權判兵部事(史17) 毅 2, 12 任 叅知政事·判兵部事(史17·要11) 毅 3, 4 任 中書侍郎平章事(史17·要11)	毅 4, 10 左遷 尙書左僕射(要11·史98 列傳) 不數月 復職 平章事(史98 列傳) 毅 4, 12 任 判兵部事(史17·要11)
29	金永寬	毅 4, 12 任 判吏部事(史17·要11)	毅 2, 3 任 知門下省事·判工部事(史17) 毅 2, 12 任 叅知政事·判工部事(史17) 毅 3, 12 任 中書侍郎同中書門下平章事·判尙書兵部事(史17·要11)	
30	文公元	毅 5, 5 任 中書侍郎平章事·判吏部事(史17·要11·墓 p. 157 墓誌銘)	毅 4, 12 任 叅知政事(史17·要11) 毅 5, 4 任 判刑部事(史17)	毅 6, 12 任 門下侍郎平章事(史17·要11)
31	庾弼	毅 ? 門下侍郎平章事·判吏部事(史99 庾應圭傳·墓 p. 227 庾應圭墓誌銘)	毅 5, 5 任 叅知政事·判兵部事(史17·要11) 毅 5, 12 任 中書侍郎平章事(史17·要11) 毅 6, 12 任 門下侍郎同平章事(史17·要11)	毅 9, 12 在·卒 門下侍郎平章事(史18·要11)
32	崔子英	毅 9, 3 任 權判尙書吏部事(史18) 毅 9, 5 任 判吏部事·西京留守事(史18) ※守司徒·門下侍郎平章事·判吏部事(墓 p. 192 林景軾墓誌銘)	毅 6, 12 任 叅知政事(史17·要11) 毅 8, 正月 任 判兵部事(史17·要11)	毅 9, 8 在 平章事(史18·要11)

33	崔允儀	毅 9, 任 中書侍郎同中書門下平章事·判尙書吏部事(墓 p. 198 墓誌銘) 毅11, 任 門下侍郎同中書門下平章事(墓 p. 198 墓誌銘) 毅 15, 任 判尙書吏禮部事(墓 p. 198 墓誌銘) ※門下侍郎平章事·判吏部事(史95 列傳)	毅 任 叅知政事·修國史(墓 p. 198 墓誌銘) 毅 9, 3 任 權判尙書兵部事(史18)	毅 16, 8 在·卒 門下侍郎平章事(史18·要11) 毅 16, 8 在·卒 門下侍郎平章事(史18·要11)
34	梁元俊	毅 10, 冬 任 權判吏部事(墓 p. 171 墓誌銘)	毅 8, 8 任 知門下省事(墓 p. 171 墓誌銘) 毅 8, 12 任 吏部尙書·判刑部事(墓 p. 171 墓誌銘)	毅 10, 12 任 中書侍郎同中書門下侍郎平章事(墓 p. 171 墓誌銘) ※毅 10, 任 門下侍郎平章事(史99 列傳)
35	朴純冲	毅 12, 12 任 權判吏部事(史18)	毅 12, 8 任 知門下省事(史18·要11)	毅 16, 7 在·卒 中書侍郎平章事致仕(史18·要11)
36	李之茂	毅 16, 12 任 判吏部事(史18·要11) 明 2, 在 門下侍郎平章事·判吏部事(朝鮮金石總覽 p. 562 斷俗寺大鑑國師塔碑)	毅 11, 11 在 平章事(史18) 毅 11, 12 任 監修國史(史18)	毅 18, 9 在 中書侍郎(史73 選擧志 科目 選場) 毅 19, 5 任 門下侍郎同中書門下平章事(史18·要11)
37	崔褎偁	毅 19, 12 任 守太保·判尙書吏部事(史18·要11·史125 列傳) 毅 24, 8 被殺 判吏部事致仕(要11·史128 鄭仲夫傳)	毅 18, 6 任 尙書左僕射·叅知政事(史18·要11) 毅 18, 12 任 判兵部事(史18·要11) 毅 19, 5 任 中書侍郎同中書門下平章事(史18·要11)	毅 23, 12 在·致仕 中書侍郎平章事(要11)

38	許洪材	毅 23, 12 任 中書侍郎平章事·判尙書吏部事(史19·要11)	毅 21, 5 在 承宣(史18·要11) 毅 23, 4 知貢擧(史73 選擧志 科目 選場)	毅 24, 7 任 門下侍郎同平章事(史19·要11)
		毅 24, 8 在·被殺 判吏部事(要11·史128 鄭仲夫傳)		
39	奇卓誠	明 8年 전후, 門下侍郎平章事·判吏部事(史100 列傳)	明 6, 判兵部事(史100 列傳)	明 9, 2 在·卒 門下侍郎平章事(史20·要12)
40	閔令謨	明 9, 5 任 同中書侍郎平章事·判吏部事(史20·要12) ※門下侍郎平章事·判吏部事(史101 列傳)	明 8, 6 在 判兵部事(要12·史101 列傳)	明 10, 6 在 門下平章事(史73 選擧志 科目 選場)
		明 13, 11 在·致仕 門下侍郎·判吏部事(要12)		明 24, 3 卒 門下侍郎平章事致仕(史20·要13)
41	李光挺	明 13, 12 任 守太保·判吏部事(史20·要12·史128 列傳)	明 11, 正月 在 判兵部事(要12·史128 列傳) 明 13, 7 在 門下侍郎平章事(要12·史128 列傳)	
42	韓文俊	明 14, 12 任 門下侍郎平章事·判吏部事(史20·要13·史99 列傳)	明 10, 12 任 寶文閣大學士·判禮部事(史20·史99 列傳) 明 12, 6 在 政堂文學(史73 選擧志 科目 選場) 明 13, 12 任 判兵部事(史20·要12·史99 列傳)	
43	文克謙	明 17, 12 任 權判尙書吏部事(史20·史99 列傳)	明 13, 12 任 中書侍郎平章事·判戶部事(史20·史99 列傳) 明 15, 正月 任 中書侍郎·判禮部事(史20·要13·史99 列傳)	明 19, 9 在·卒 平章事(史20·要13)

			明 16, 兼中書門下兩省・判兵部事(史99 列傳) ※同中書門下平章事・判兵部事(史128 宋有仁附 群秀傳)	
44	崔世輔	明 19, 12 任 判吏部事(史20・要13・史100 列傳)	明 14, 12 任 門下侍郎平章事・判兵部事(史20・要13・史100 列傳)	明 23, 10 在・卒 平章事(史20・要13)
45	杜景升	明 21, 12 任 判吏部事(史20・要13・史100 列傳)	明 19, 12 任 權判兵部事(史20・要13)	明 23, 9 在 門下平章事(要13) 明 26, 8 在 侍中(史20・要13・史100 列傳) 明 26, 11 任 中書令(史20・要13・史100 列傳)
46	趙永仁	明 26, 4 任 權判吏部事(史20) 神 卽位, 9 任 判吏部事(史21・要13) 神 卽位, 12 任 守太師・門下侍郎平章事・判吏部事(史21・要13・史99 列傳)	明 21, 12 任 叅知政事・政堂文學(史20・要13・史99 列傳) 明 24, 12 任 守太尉・上柱國(史20・史99 列傳)	神 4, 正月 任・致仕 門下侍中(要14・史99 列傳) 神 5, 9 卒 門下侍中(史21・要14・史99 列傳)
47	崔 詵	神 3, 12 任 門下侍郎同中書門下平章事・判吏部事(史21・要14・史99 列傳) 熙 元年, 在 門下侍郎同中書門下平章事・判吏部事(韓國上代古文書資料集成 p. 57 張良守紅牌)	神 2, 9 在 叅知政事(史73 選擧志 科目 選場・史99 列傳)	神 7, 正月 在 冢宰(史21)

48	奇洪壽	熙 元年, 12 任 判吏部事(史21·要14) ※門下侍郎同中書門下平章事·判吏部事(史101 列傳)	神 即位, 9 任 叅知政事·判兵部事(史21·要13) 神 即位, 12 任 中書侍郎平章事·判兵部事(史21·要13) 神 2, 12 任 守太尉·門下侍郎平章事(史21·要14) 神 4, 12 任 門下侍郎同中書門下平章事(史21·要14) 熙 元年, 在 門下侍郎同中書門下平章事·判禮部事(韓國上代古文書資料集成 p.57 張良守紅牌)	熙 5, 6 在·卒 門下侍郎同中書門下平章事(史21·要14)
49	崔忠獻	熙 2, 任 中書令·上柱國·判吏部事·晉康侯(墓 p.331 墓誌銘)	熙 即位, 12 任 守太師·門下侍郎同中書門下平章事·判兵部·御史臺事(要14·史129 列傳·墓 p.331 墓誌銘) 熙 元年, 12 任 門下侍中·晉康郡 開國侯(史21·要14·史129 列傳·墓 p.331 墓誌銘)	高 6, 9 死亡(史22·要15)
※	琴 儀 (琴克儀)	高 7, 任·致仕 門下侍郎同中書門下平章事·判吏部事(史102 列傳·墓 p.360 墓誌銘)	高 5, 任 門下侍郎平章事(史102 列傳·墓 p.360 墓誌銘)	高 17, 正月 卒 門下侍郎平章事(史22·要16)
50	李延壽	高 8, 12 任 門下侍郎同中書門下平章事·判吏部事(史22·要15·東國李相國集 卷34·東文選 卷25)		高 14, 正月 在 門下侍中(史22·櫟翁稗說 前集 2 李侍中延壽) 高 14, 12 在·卒 門下侍中(史22·要15)

51	崔甫淳	高 15, 12 任 守太師・判吏部事(史22・要15・墓 p.354 墓誌銘) ※守太師・門下侍郎平章事・判吏部事(史99 列傳)	高 7, 任 叅知政事・判禮部事(墓 p.353 墓誌銘・東國李相國集 卷33 敎書) 高 9, 12 任 中書侍郎平章事・判兵部事(史22・要15・墓 p.353 墓誌銘) 高 11, 任 門下侍郎同中書門下平章事(墓 p.353 墓誌銘)	高 16, 正月 在・卒 平章事(史22・要15)
52	金就礪	高 17, 任 判吏部事(墓 p.363 墓誌銘) 高 19, 任 守太傅・門下侍郎平章事(墓 p.363 墓誌銘) ※門下侍郎平章事・判吏部事(墓 p.411 金胼墓誌銘)	高 9, 12 任 叅知政事・判戶部事(史22・史103 列傳・墓 p.363 墓誌銘) 高 15, 12 任 中書侍郎平章事・判兵部事(史22・要15・史103 列傳・墓 p.363 墓誌銘)	高 21, 5 在・卒 侍中(史23・要16・史103 列傳)
※	金仲龜	高 27, 冬 任・致仕 門下侍郎同中書門下平章事・判吏部事(墓 p.379 墓誌銘)	高 19, 7 在 知門下省事(史23・墓 p.379 墓誌銘) 高 叅知政事(墓 p.379 墓誌銘) 高 任 同中書門下侍郎平章事・判兵部事(墓 p.379 墓誌銘)	高 29, 卒(墓 p.380)
53	崔沆	高 40, 2 任 門下侍中・判吏部・御史臺事(史24・要17・史129 列傳・墓 p.388 墓誌銘)	高 37, 12 任・不受 門下侍中(史23・要16・史129 列傳)	高 41, 7 在 侍中(史24・要17) 高 42, 12 任 中書令(史24・要17・史129 列傳)
54	奇允肅	高 42, 12 任 門下侍郎同中書門下平章事(史24・要17) ※門下侍郎同中書門下平章事・判吏部事(稼亭集 卷12 奇子敖 行狀)	高 19, 正月 在 大將軍(史23)	高 44, 4 在・卒 門下侍郎平章事(史24・要17)

55	金 敞	高 43, 2 在·卒 門下侍郎平章事(史24·要17) ※門下侍郎平章事·判吏部事(史102 列傳)	高 任 政堂文學·尙書左僕射·判工部事(東文選 卷26 除宰臣任景肅…金敞麻制) 高 任 門下平章事(史102 列傳)	
※	崔 竩	高 44, 閏4 任·不受 樞密院副使·判吏兵部·御史臺事(要17·史129 列傳)		
56	崔 滋	高 45, 12 任 同中書門下平章事(史24) ※門下侍郎同中書門下平章事·判吏部事(史102 列傳)	高 43, 10 任 中書平章事(史24·要17·史102 列傳)	元 元年, 7 卒 門下侍郎平章事致仕(史25·要18)
57	任景肅	高 同中書門下平章事·判吏部事(史95 列傳 任濡傳)	高 任 政堂文學·吏部尙書·判工部事(東文選 卷26 制誥 除宰臣朴文成…任景肅教書) 高 任 叅知政事·判禮部事(東文選 卷26 除宰臣任景肅…麻制) 高 37, 5 在 平章事(史73 選擧志 科目 選場)	高 38, 正月 平章事致仕(要17)
58	金起孫	元 元年, 12 任 門下平章事·判吏部事(史25)	元 卽位, 12 在 中書平章事 兼任 門下平章事(史25·要17)	元 3, 12 任 門下侍郎同中書門下平章事(史25) 元 9, 3 卒 門下侍郎平章事致仕(史26·要18)
59	李藏用	元 9, 正月 任 門下侍中(史26·要18·史102 列傳) ※門下侍中·判吏部事(墓 p. 454 朴全之墓誌銘)	元 任 門下侍郎同中書門下平章事(史102 列傳)	元 12, 正月 在·免職 門下侍中(史27·要19)

60	金俁	元 11, 5 在 平章事(史26) ※門下侍郎平章事・上將軍・判吏部事(墓 p. 411 金㻋墓誌銘)	元 9, 11 在 叅知政事(史26)	元 12, 5 在・卒 門下平章事(史27)
※	廉純彦	? 贈門下侍郎平章事・判吏部事(朝鮮金石總覽 p. 700 廉悌臣神道碑)	? 少府丞(左同)	
61	金方慶	元 12, 11 任 守太尉・中書侍郎平章事(史27・要19・史104 列傳) ※守太尉・中書侍郎平章事・判吏部事(墓 p. 407 墓誌銘) ※門下侍郎平章事・判吏部事(益齋亂藁 卷6 金公行軍記)		元 14, 正月 在 門下侍郎平章事(史27・要19・墓 p. 407 墓誌銘) 元 14, 閏6 任 門下侍中(史27・要19・史104 列傳・墓 p. 407 墓誌銘)
		忠烈 元年, 改官制 任 僉議中贊・上將軍・判典理・監察司事(史104 列傳)		忠烈 4, 正月 被鞫(史28) 忠烈 4, 2 流(史28・要20) 忠烈 4, 10 任 僉議中贊・上將軍・判監察司事(史28・要20)
		忠烈 4, 10 在 中贊 任 判典理司事(史28・要20) 忠烈 9, 12 在・致仕 僉議中贊・判典理司事(史29・要20・史104 列傳・墓 p. 407 墓誌銘)		忠烈 9, 12 任 上洛公(史29・要20) 忠烈 21, 正月 加 僉議令(史31・要21・史104 列傳)

62	柳 璥	忠烈 4, 2 任 判典理司事(史28·要20·史105 列傳) 忠烈 4, 10 在·辭 贊成事·判典理司事(史28·要20·史105 列傳)	元 9, 4 在 門下侍郎(史73 選舉志 科目 選場) ※門下侍郎同中書門下平章事(史105 列傳) 元 任 平章事·判兵部事(史105 列傳) 元 10~12, 罷職·流配·召還 忠烈 2, 7 任 僉議侍郎贊成事·判版圖司事(史28·史105 列傳)	忠烈 4, 10 任·致仕 僉議中贊(史28·要20·史105 列傳) 忠烈 15, 11 卒 僉議中贊致仕(史30·要21)
63	元 傅	忠烈 9, 任 判典理司事·世子師(墓 p. 400 墓誌銘)	忠烈 元年, 任 僉議侍郎贊成事·判軍簿司事(墓 p. 400 墓誌銘·史107 列傳·史105 柳璥傳)	忠烈 任 中贊(史107 列傳) 忠烈 13, 2 在·卒 僉議中贊(史30·要21)
64	許 珙	忠烈 12, 任 僉議侍郎贊成事·判典理司事(墓 p. 404 墓誌銘) 忠烈 13, 12 任 僉議中贊(史30·要21·史105 列傳·墓 p. 404 墓誌銘) ※僉議中贊·判典理事(墓 p. 411 金㈵墓誌銘)	忠烈 6, 12 任 叅文學事·世子保(史29·要20) 忠烈 6, ? 任 叅文學事·判版圖事(墓 p. 404) 忠烈 7年 이후, 判軍簿司事(墓 p. 404)	忠烈 17, 8 在·卒 僉議中贊(史30·要21)
65	洪子藩	忠烈 17, 9 任 判典理司事·世子師(史30·要21)	忠烈 13, 12 任 僉議贊成事(史30·要21)	忠烈 20, 12 任 僉議中贊(史31·要21·史105 列傳) 忠烈 21, 正月 任 僉議令(史31·要21·史105 列傳) 忠烈 21, 8 任 知都僉議司事(史31·要21) 忠烈 21, 9 任·致仕 僉議中贊(史31·要21·史105 列傳)

				忠烈 22, 5 任 右中贊(史31・要21・史105 列傳) 忠烈 24, 忠宣 5月 任 左僕射・叅知光政院事(史33・要22・史105 列傳)
		忠烈 24, 忠宣 7月 任 僉議中贊・判銓曹事(史33)		忠烈 29, 9 任 都僉議左中贊(史32・要22・史105 列傳)
※	韓 康	忠烈 22, 2 中贊致仕(要21・史107 列傳) ※都僉議中贊・判典理司事致仕(稼亭集 卷12 韓永行狀)	忠烈 14, 正月 任 僉議侍郎贊成事(史30) 忠烈 14, 6 在・致仕 僉議贊成事(史30・要21・史107 列傳)	忠烈 29, 2 卒 僉議中贊致仕(史32・要22)
66	鄭可臣 (鄭興)	忠烈 23, 10 任 僉議中贊・判典理司事(史31・要21)	忠烈 22, 7 在 中贊(史31・史105 列傳)	忠烈 24, 忠宣 6月 在・卒 僉議中贊(史33・要22)
※	蔡仁揆	忠烈 29, 10 卒 都僉議中贊致仕(史32・要22) ※都僉議中贊・上護軍・判典理事致仕(墓 p. 416 墓誌銘)	元 11, 5 在 右承宣(史26) 忠烈 15, 8 在 同知密直司事(史30) 忠烈 29, 8 致仕宰相(要22)	
67	韓希愈	忠烈 29, 11 任 都僉議右中贊・判典理司事(史32・要22)	忠烈 24, 11 任 贊成事・判版圖司事(史31・要22・史104 列傳) 忠烈 25, 正月 被執(史31・要22) 忠烈 26, 11 任 都僉議侍郎贊成事・判軍簿司事(史31・要22・史104 列傳) 忠烈 28, 10 任 僉議中贊(史32・要22・史104 列傳) 忠烈 29, 閏5 任 僉議右中贊(史32・要22・史104 列傳)	忠烈 30, 4 前中贊(史32)

68	崔有渰	忠烈 33, 3 任 都僉議中贊·判典理·監察司事(史32·史110 列傳)	忠烈 26, 11 任 都僉議贊成事·判版圖司事(史31·要22) 忠烈 29, 11 任 贊成事(史32·要22)	忠宣 2, 8 在·辭 僉議政丞(史33·要23) 忠宣 2, 9 任 守僉議政丞(史33·要23)
		忠肅 11, 2 任 守僉議政丞·判選部事(史35·史110 列傳)		忠肅 11, 5 在 政丞(史35·要24)
※	權 旵	忠烈 末年, 贊成事·判典理致仕(墓 p. 529 權溥墓誌銘) 忠宣 3, 12 卒 致仕僉議贊成事(史34·要23) 忠宣 4, 贈僉議政丞·判選部事(墓 p. 428 墓誌銘) ※僉議中贊·判典理司事(墓 p. 545 王煦墓誌銘)	忠烈 15, 任·致仕 知僉議府事(墓 p. 427 墓誌銘·史107 列傳) 忠烈 20, 加 都僉議侍郎贊成事·判版圖司事(墓 p. 427墓誌銘) ※加　贊成事致仕(史107 列傳) 忠烈 27, 加 判軍簿司事(墓 p. 428)	
※	鄭仁卿	忠烈 加 都僉議中贊致仕(墓 p. 425 墓誌銘·史107 列傳) ※都僉議中贊·判典理司事致仕(墓 p. 423 墓誌銘 ·石灘集 下 附錄 恭愍王 9年 榜目)	忠烈 任·致仕 僉議侍郎(墓 p. 424 墓誌銘)	忠烈 31, 12 卒 僉議中贊致仕(史32·要23)
69	申思佺	忠烈　僉議侍郎贊成事·上將軍·判典理司事(墓 p.497 閔漬 妻 申氏墓誌銘)	元 11, 9 在 叅知政事(史26) 忠烈 15, 9 卒 致仕贊成事(史30)	
※	朴 煇 (朴暉)	忠烈 ? 追封 僉議侍郎贊成事·判典理司事(韓國上代古文書資料集成 p. 156 光山金氏 金積 戶口單子)	忠烈 ? 典法判書(史109 朴全之傳)	
※	閔宗儒	忠宣 元年, 任·致仕 僉議贊成事·判選部事(史108 列傳)	忠烈 33, 任 贊成事(墓 p. 448 墓誌銘)	忠肅 8, 僉議贊成事·判摠部事致仕(墓 p. 448 墓誌銘)

70	權溥	忠肅 7, 4 任 僉議政丞(史35·要24) ※僉議政丞·判摠部事?(史107 列傳) ※僉議政丞·判選部事(墓 p. 530 墓誌銘)	忠宣 2, 9 任 贊成事(史33·要23) ※贊成事·判摠部事(史107 列傳) 忠宣 4, 4 在 判摠部事(要23)	忠肅 任 領都僉議使司事(史107 列傳·墓 p. 530 墓誌銘)
※	朴全之	忠肅 8, 10 任·致仕 守僉議贊成事(史35·要24·史109 列傳) ※忠宣 元年 任·致仕 僉議贊成事·判選部事(墓 p. 455 墓誌銘)	忠烈 24, 忠宣 8月 任 密直副使(史33) 忠烈 33, 3 任 判秘書寺事·權授密直副使(史32)	忠肅 6, 任 檢校僉議政丞(墓 p. 456 墓誌銘) 忠肅 11, 2 任·致仕 僉議政丞(要24·史109 列傳) ※忠肅 12, 守僉議政丞(墓 p. 456 墓誌銘) 忠肅 12, 7 卒 延興君(史35·要24)
71	金深	忠肅 12, 任 守僉議政丞·判典理司事(墓 p. 503 墓誌銘) 忠肅 17, 4 忠惠 任 都僉議中贊(史36·要24·史104 列傳) ※忠惠 卽位, 任 都僉議中贊·判典理司事(墓 p. 503 墓誌銘)	忠宣 元年, 4 任 贊成事(史33·要23) ※忠宣 2, 任 都僉議贊成事·判民部事(墓 p. 502 墓誌銘) 忠宣 2, 9(忠宣 3) 任 密直使·化平君(史33·要23·墓 p. 502 墓誌銘) 忠宣 5, 2 杖流(史34·要23) 忠肅 8, 任 都僉議右政丞·判摠部事(墓 p. 503 墓誌銘) 忠肅 11, 2 任 守僉議政丞·判摠部事(史35·史104 列傳)	忠惠 元年, 致仕(墓 p. 503 墓誌銘)
※	金台鉉	忠肅 14, 加 僉議中贊·判典理司事致仕(墓 p. 474 墓誌銘)	忠肅 12, 任·致仕 僉議政丞(墓 p. 474 墓誌銘·史110 列傳)	忠肅 17, 10 忠惠 卒 檢校政丞(史36·要24)

72	尹 碩	忠肅 14. 11 在 僉議政丞(史35·史124 列傳) 忠惠 元年, 8 任 中贊(史36·要25·史124 列傳) 忠惠 後元年, 4 任 左政丞(史36·要25·史124 列傳) ※都僉議右政丞·判典理司事(墓 p. 610 尹之彪墓誌銘)	忠肅 11. 5 任 評理(史35·要24) 忠肅 13. 7 一等功臣(史35)	忠穆 4. 5 卒 海平府院君(史37·要25)
73	宋 瑞	恭愍 元年, 9 任 都僉議政丞·判典理事(史38)		恭愍 元年, 10 任 右政丞(史38·要26) 恭愍 2, 2 卒 礪良府院君(史38·要26)
※	洪 世	? 贈都僉議政丞·判典理司事(墓 p. 553 洪彬墓誌銘)		
74	洪 彬	恭愍 2, 正月 任 右政丞(史38·要26·史108 列傳) ※壁上三韓三重大匡·判典理司事(墓 p. 552 墓誌銘)	忠肅 後7, 閏8 任 贊成事(史35·要25·史108 列傳·墓 p. 551 墓誌銘) 忠肅 任 判軍簿司事(史108 列傳·墓 p. 551 墓誌銘) 忠惠 後4, 11 在 理問(史36·要25)	恭愍 2, 6 在 右政丞(要26)
75	廉悌臣	恭愍 3, 2 任 右政丞(史38·要26) ※ 右政丞·判典理(朝鮮金石總覽上p. 702 本人神道碑)	忠穆 3, 12 任 贊成事(p. 701 本人神道碑) 忠穆 4, 任 判版圖司事(上同) 忠定 元年, 10 任 贊成事(史37) ※贊成事·判版圖(p. 701 本人神道碑) 恭愍 3, 正月 任 左政丞(史38·要26·史111 列傳) ※都僉議左政丞·判軍簿司事(p. 702 本人神道碑)	恭愍 3, 10 前右政丞(史38·要26) 恭愍 5, 11 任 守門下侍中(史39·要26·史111 列傳) ※守門下侍中·判兵部事(p. 702 本人神道碑)
		恭愍 6, 任 判吏部事(p. 702 本人神道碑)		恭愍 7, 2 任 門下侍中(史39·要27)

76	柳 濯	恭愍 12. 閏3 任 左政丞(史40·要27) ※恭愍 12. 春 任 都僉議政丞·判典理(陽村先生文集 卷39 柳公神道碑銘)	恭愍 3. 2 任 左政丞(史38·要26·史111列傳) ※恭愍 4. 2 任 左政丞·判軍簿(陽村先生文集 卷39 柳公神道碑銘) 恭愍 5. 7 任 門下侍郎同中書門下平章事(史39·要26·史111列傳) ※恭愍 5. 任 門下侍郎平章事·判戶部(柳公神道碑銘) 恭愍 5. 11 流(史39·要26) 恭愍 10. 11 在 平章事(史39) ※恭愍 11. 正月 任 守門下侍中(柳公神道碑銘) 恭愍 11. 3 任 左政丞(史40·要27·史111列傳)	恭愍 12. 4 任 右政丞(史40·要27)
※	奇子敖	恭愍 ? 贈僉議政丞·判典理司事(稼亭集 卷12 行狀)	忠惠 後元年. 4 在 摠部散郎(要25)	
※	金承澤	恭愍 ? 都僉議政丞·判典理司事·上護軍致仕(惕若齋學吟集 世系行事要略)	恭愍 元年. 10 任 贊成事(史38) 恭愍 7. 7 卒 致仕中書平章事(史39)	
77	曹敏修	禑 10. 在 門下侍中·判典理司事(朝鮮金石總覽 p.523 安心寺指空懶翁舍利石鐘碑)	禑 8. 11 任 守侍中(要31·史126列傳) 禑 9. 3 任 門下侍中(史135·要32) 禑 10. 7 在 侍中(史135)	禑 10. 9 罷職 任 昌城府院君(要32) 禑 11. 2 在 侍中(要32)
※	李子春	禑 ? 門下侍中·判典理司事(朝鮮金石總覽 p. 707 李子春神道碑)	恭愍 10. 2 在 判將作監事(史39) 恭愍 10. 4 薨(史39)	

| 78 | 李 穡 | 昌 卽位, 8 任 門下侍中(史137·要33·史115 列傳·牧隱文集 行狀)
※門下侍中·判典理司事(牧隱文集 年譜) | 禑 11, 2 任 檢校門下侍中(史115 列傳·牧隱文集 年譜·行狀)
禑 14, 正月 任 判三司事(史137·牧隱文集 年譜) | 昌 元年, 7 在·辭 門下侍中(要34)
昌 元年, 7 任 判門下府事(史137·史115 列傳·牧隱文集 年譜·行狀) |

보다시피 고려의 전기간을 통하여 致仕職이나 贈職으로 받은 인원(※표한 사람)을 제외한 실무의 判吏部事(判典理司事) 역임자는 모두 78사례에 이른다. 그들을 다시 시기별로 나누면 毅宗 24년(1170)까지 대략 190년간에 걸치는 고려전기에 38사례, 그뒤 100년간 계속된 武臣政權期에 22사례, 그리고 忠烈王 元年 이후의 약 120년에 걸치는 고려 후·말기에 18사례인 것으로 나타나거니와, 이들이 전체를 망라한 숫자라고는 생각되지 않는다. 후·말기는 사정이 약간 다르지만 고려전기에는 門下侍中에 오르면 으례껏 判吏部事를 겸직하게 되어 있었다고 짐작되는데, 사료상으로 확인할 수 없는 門下侍中의 경우가 몇몇 발견되기 때문이다.47) 따라서 그 숫자는 얼마 더 추가될 가능성이 있다고 할 수 있다. 그러나 현재 찾아지는 것은 78사례뿐이므로 이를 가지고 검토할 수밖에 없겠는데, 하지만 생각해보면 그로써도 判吏部事의 실태를 살피는데 큰 지장은 없지 않을까 싶다.

이런 점을 감안하고 먼저 고려전기에 判吏部事를 겸임했던 직위에 대해서부터 검토하면, 38사례(1번~38번) 가운데 이미 몇 차례 지적했던대로 首相·冢宰인 門下侍中으로 在任中에 그것을 제수받은게 2사례(1·22)이고 두 직을 동시에 받은 것이 8사례(3·4·5·7·12·14·19·25)로, 합계 10사례가 된다. 그리고 門下侍郞同中書門下平章事(門下侍郞同平章事)로 받은 것은 6사례(2·9·16·18·

---

47) 朴龍雲,「高麗時代의 門下侍中에 대한 검토」『震檀學報』85, 1998, p. 21 ; 『고려시대 中書門下省宰臣 연구』, 一志社, 2000, p. 68.

20・31)이고 門下侍郎平章事로 받은 것은 9사례(8・10・11・13・17・21・23・24・26)이며, 中書侍郎同中書門下平章事로 받은게 5사례(6・15・29・33・37), 中書侍郎平章事로 받은게 4사례(28・30・36・38)로 나타난다. 그들 중 門下侍郎同中書門下平章事 내지 門下侍郎平章事에서 侍中으로 승진한 것은 6사례(2・10・11・17・21・26)이고 中書侍郎同中書門下平章事에서 侍中으로 승진한 것은 1사례(6)인데, 이들은 곧 平章事・判吏部事에서 侍中・判吏部事로 승진한 사례이므로 후자에 해당하는 전체 숫자는 훨씬 늘어나게 된다. 마찬가지로 門下侍郎平章事는 同平章事로, 中書侍郎平章事, 中書侍郎同中書門下平章事도 상당수가 門下侍郎平章事 내지 同平章事로 승진하고 있는만큼 각각의 平章事・判吏部事 숫자 역시 차이가 나게 마련이지만, 최초로 判吏部事를 제수받은 직위의 사례만 가지고 계산하면 위에 든 바와 같은 수치가 되는 것이다. 요컨대 判吏部事는 구체적인 사례를 통해서도 門下侍中이나 또는 원칙상 재상 가운데에서 班次가 가장 높은 平章事 등이 겸임하는 제도였음을 재삼 확인할 수 있다고 하겠다.

中書侍郎平章事는 平章事 가운데에서 가장 下位職이다. 따라서 그가 判吏部事를 겸임하는 것은 약간 어울리지 않는다는 느낌을 받는데, 그것들은 모두 毅宗代의 사례라는 사실이 주목된다. 그런데 毅宗代에는 여기에서 한걸음 더 내려가 尙書右僕射・叅知政事로 겸임한 게 1사례(27), 叅知政事 단독직이 1사례(32), 심지어는 宰臣 중 末職인 知門下省事로 겸임한 것도 2사례(34・35)가 보인다. 물론 당해자들은 당시에 班次가 높았고, 또 곧 상위직으로 승진들을 하고 있지만 判吏部事 겸임자가 首相・冢宰였음을 감안할 때 이들 사례 역시 어울리는 직위였다고 생각되지는 않는다. 의종 때는 잘 알려진대로 정치기강이 크게 문란했던 시기였지마는, 官制의 운영에서도 정상을 벗어난 경우가 종종 있었던 모양이다.

다음의 무신정권기에 보이는 22사례(39번~60번) 가운데에서 門下侍中・判吏部事는 2사례(53・59) 찾아진다. 그리고 門下侍郎同中

書門下平章事로 겸임한 사람은 8사례(43·47·48·50·51·54·56·57)—그중 1사례(50)는 侍中으로 승진—이며, 門下侍郎平章事(門下平章事)는 9사례(39·40·41·42·44·45·55·58·60)—그중 1사례(45)는 侍中으로 승진—가 된다. 이에 비해 中書侍郎平章事로 겸임한 것은 1사례(52) 뿐인데, 그는 그후 門下侍郎平章事를 거쳐 侍中으로까지 승진한다. 이 밖에 무신정권기의 특수한 사정을 반영하여 武人執政의 한 사람이던 崔忠獻(49)은 中書令으로서 判吏部事를 겸하고 있으며, 또 叅知政事·政堂文學으로 겸임한듯한 사람도 한 예(46)가 보이기는 하나 당시의 정치적 난맥상에도 불구하고 門下侍中과 상위 서열의 平章事가 겸하는 원칙은 대체적으로 지켜지고 있음을 알 수 있다.

후·말기에는 官制의 개혁과 더불어 門下侍中은 僉議中贊·政丞 등으로도 명칭이 바뀌며, 정원 역시 2명인 때가 많아 그 수가 크게 증가하거니와, 이를 반영하여 判吏部事(判典理司事)는 대부분 이들이 겸직하고 있다. 전체 18사례(61번~78번) 가운데 12사례가 그러한 경우인 것이다. 僉議侍郎贊成事로 겸임한 예도 5명(62·63·64·65·69)이 있지만 그중 3명(63·64·65)은 中贊으로 승진하고 있으며, 中書侍郎平章事로 겸임했던 1사례(61)인 金方慶도 門下侍郎平章事에 이어서 中贊으로 승진하면서 다른 사례에서와 마찬가지로 계속하여 判典理司事의 직을 띠고 있는 것이다. 이 시기는 전기나 무신정권기에 비하여 門下侍中·判吏部事가 平章事·判吏部事보다 압도적으로 큰 비중을 차지하는 특징을 나타낸 기간이었다고 하겠다.

判吏部事(判典理司事)는 이와 같이 시기에 따라 얼마간의 차이는 있었더라도 주로 門下侍中(中贊·政丞)과 상위 서열의 平章事(贊成事) 등이 겸임하여 首相·冢宰가 되는 직위였으므로 관직생활에서 마지막 단계에 취임하게 마련이었다. 예컨대 26번의 任元敱 경우 叅知政事로 判工部事를 겸임하고, 이어서 中書侍郎平章事로 判刑部事가 되었다가 다시 判尙書兵部事로 옮겼으며, 그후 門下侍郎平章事로 승진하여서 判尙書吏部事를 겸임하고, 나중에 門下侍中·判吏部事가

되는 것이다. 위의 도표에 제시한 인물 가운데에 2개 이상의 6部判事職을 거쳐서 비교가 가능한 사례는 임원애를 포함하여 10·11·13·14·15·16·17·18·19·20·21·22·24·25·26·27·28·29·30·31·32·33·34·37·39·40·41·42·43·44·45·49·50·51·52·55·57·62·63·64·67·68·70·71·74·75·76 등 47명에 이르는데, 이들은 한결같이 判兵部事 이하의 여러 판사 중 한 두직 이상을 역임한 다음 맨 나중에 判吏部事에 오르는 순서를 밟고있는 것이다.

다만 邵台輔(10)는 判吏部事를 역임한후 致仕하면서 判戶部事로 옮기고 있는데, 이것은 역시 致仕에 따른 특별 배려에서 마련된 자리로 생각되며, 金富軾(25)도 門下侍中·判尙書吏部事를 제수받은 얼마후 다시 判禮部事에 임명된 기사가 보이나 이것은 체직이 아니라 겸임직으로 판단된다. 그리고 일단 判吏部事에 올랐으나 어떤 사건으로 인해 免職 또는 左遷되었다가 復職되는 경우에 그 보다 하위인 判兵部事를 제수받은 사례도 찾아진다. 尹瓘(14)·高兆基(28)·廉悌臣(75)이 그에 해당하는 사람들이다. 이들중 廉悌臣은 다시 判吏部事로 승진하지마는, 이 경우들도 그런대로 납득할 수 있는 사안이 아닌가 생각된다.

그런데 崔弘嗣(13)와 李公壽(21)만은 이와 약간 다른 예에 속한다. 그중 전자는 睿宗 初年에 宰相중 班次가 가장 높아 門下侍郞平章事로 權判尙書吏部事의 지위에 올랐으나 그보다 하위인 中書侍郞平章事 尹瓘이 당시 국왕이 열망하던 女眞征伐을 수행하고 돌아오면서 그를 제치고 곧장 門下侍中·判尙書吏部事로 승진하게 됨에 따라 判尙書戶兵部事로 밀려났다가, 尹瓘이 제2차의 여진정벌에 실패한 것을 계기로 다시 그를 물러나게 하고 判吏禮部事가 되고 있다. 후자 역시 李資謙의 반란을 진압하는데 큰 공로를 세움으로써 자기보다 班次가 앞서는 金仁存(22)을 제치고 門下侍郞平章事에 在任하면서 얼마동안 判吏部事를 맡았다가 金仁存이 門下侍中으로 승진하자 그에게 당해 직위를 넘기고 자기는 判兵部事로 옮기며, 그후

김인존이 卒去함에 따라 다시 判吏部事가 되고 있는 것이다. 이같은 사례들도 찾아지긴 하지만 어떻든 判吏部事는 어느 모로 보나 首相·冢宰의 겸임직이었음을 확실히 알 수가 있다고 하겠다.

그러면 다음으로 判兵部事의 실례에 대하여 살펴보도록 하자. 이제 그들을 앞에서와 마찬가지 요령으로 도표를 만들어 제시하면 아래와 같다.

〈表 2〉 判尙書兵部事 歷任者

번호	姓名	年月과 官職(典據)	以前 官職(典據)	以後 官職(典據)
1	庾 方	顯 16, 正月 任 判尙書兵部事(史5·要3)	顯 13, 6 任 門下侍郎平章事(史4·要3)	顯 18, 正月 在 門下侍郎平章事 任·致仕 門下侍中(史5·要3)
2	金義珍	文 22, 正月 任 判尙書兵部事(史8·要5)	文 19, 6 在 叅知政事(史74 選擧志 科目恩例)	文 24, 8 卒 平章事致仕(史8·要5)
3	王懋崇	文 25, 5 任 中書侍郎同中書門下平章事·判尙書兵部事(史8·要5)	文 22, 正月 任 判尙書刑部事(史8·要5)	
4	李徵望	文 29, 正月 任 尙書左僕射·判兵部事(要5) 尙書左僕射·判兵曹事(史9)	文 28, 7 任 尙書右僕射(史9·要5)	文 35, 7 卒 叅知政事致仕(史9·要5)
5	李 頲	文 29, 7 任 中書侍郎同中書門下平章事·判尙書兵部事(墓 p. 28 墓誌銘)	文 26, 任 叅知政事·判三司事(墓 p. 26 墓誌銘)	文 31, 5 任·卒 守太師·兼門下侍中(史9·要5·史95 李子淵傳)
6	金行瓊	文 31, 11 任 判尙書兵部事(史9·要5)	文 25, 正月 任 叅知政事(史8·要5)	宣 4, 4 任 門下侍郎同中書平章事(要6) 宣 4, 5 任 門下侍郎同中書平章事(史10)

7	金良鑑	文 35, 正月 任 叅知政事・判尙書兵部事(史9) 叅知政事・判尙書兵部事・兼西京留守使 (要5)	文 32, 6 在 知中樞院事・戶部尙書(史9)	文 35, 3 任 權判中樞院事(史9) 文 37, 正月 任 左僕射(史9・要5) 宣 3, 4 任 門下侍郎平章事(史10・要6) 宣 4, 5 任 判尙書戶部事(史10)
8	柳 洪	宣 7, 2 任 門下侍郎平章事・判兵部事(史10・要6)	宣 3, 4 任 中書侍郎平章事(史10・要6)	宣 8, 11 在・卒 門下侍郎平章事(史10・要6)
9	邵台輔	宣 10, 5 任 中書侍郎平章事・判刑兵部事(史10・要6・史95 列傳)	宣 9, 2 任 叅知政事(史10・要6)	獻 即位, 6 任 門下侍郎平章事・上柱國(史10・要6・史95 列傳) 獻 元年, 7 任 權判吏部事(史10・要6・史95 列傳) 獻 元年, 9 任 守司徒・判吏部事(史10・要6・史95 列傳) 肅 即位, 10 任 守太尉・門下侍中(史11・要6・史95 列傳) 肅 8, 2 任 守太傅・判戶部・西京留守事 加 門下侍中致仕(史12・要7・史 95 列傳)
10	王國髦	獻 元年, 正月 任 權尙書兵部事(史10・要6・史95 邵台輔附 王國髦傳) 獻 元年, 7 任 權判兵部事(史10・要6・史95 邵台輔附 王國髦傳) 獻 元年, 9 任 右僕射・叅知政事・判兵部事(史10・要6・史95 邵台輔附 王國髦傳)	宣 3, 4 任 衛尉卿(史10) 宣 8, 9 在 上將軍(史10・要6)	獻 元年, 9 任 判都兵馬事(史10・要6・史95 邵台輔附 王國髦傳) 肅 即位, 10 在・卒 叅知政事(史11・要6)

11	金上琦	肅 ? 守太尉·門下侍郎平章事·判禮兵部事(墓 p. 204 金永錫墓誌銘·墓 p. 101 崔湧 妻 金氏墓誌銘)	宣 10. 5 任 吏部尙書·叅知政事·判尙書戶部事(要6) 獻 元年, 9 任 中書侍郎同中書門下平章事(史11·要6) 肅 卽位, 10 任 守司徒·門下侍郎同中書門下平章事(史11·要6)	
12	林 幹	肅 8, 2 任 守司徒·判兵部事(史12·墓 p. 178 林景和墓誌銘)	肅 6, 6 任 判尙書刑部事(史11·要6) 肅 7, 6 在 平章事(史11)	肅 8, 9 任 門下侍郎平章事(史12·要7)
13	尹 瓘	肅 10, 6 任 太子少保·判尙書兵部·翰林院事(史12·要7) 睿 5, 12 任 守太保·門下侍中·判兵部事(史13·要7·史96 列傳)	肅 9, 7 任 叅知政事·判尙書刑部事(史12·史96 列傳)	睿 卽位, 11 任 中書侍郎平章事(史12·要7·史96 列傳) 睿 2, 閏10 任 東蕃元帥(史12·史96 列傳) 睿 3, 4 任 門下侍中·判尙書吏部事(史12·要7·史96 列傳) 睿 4, 11? 免職(史13·要7·史96 列傳) 睿 6, 5 在·卒 門下侍中(史13·要7·史96 列傳)
14	崔弘嗣	睿 4, 在 守太尉·門下侍郎同中書門下平章事·判尙書戶兵部(墓 p. 186 王佇墓誌銘)	肅 10, 6 任 守司徒·中書侍郎同中書門下平章事·判尙書禮部事(史12) 睿 卽位, 11 任 門下侍郎平章事(史12·要7) 睿 2, 7 在 門下侍郎平章事 任 權判尙書吏部事(史12)	睿 5, 12 任 判吏禮部事(史13·墓 p. 84 崔時允墓誌銘) 睿 7, 3 在·致仕 門下侍郎平章事(要7)

15	吳延寵	睿 7, 2 任 守司徒·判尙書兵部事(史13·要7) 睿 8, 12 任 守太尉·判禮兵部事(史13·要8·史96 列傳)	睿 5, 12 任 中書侍郎平章事·判三司事(史13·要7)	睿 7, 9 任 門下侍郎同中書門下平章事(史13·要7) 睿 9, 3 任 判吏部事(史13·要8·史96 列傳) 睿 11, 5 在·卒 門下侍郎平章事(史14·要8)
16	高義和	睿 任 守司空·尙書左僕射·判兵部事(史95 列傳)	睿 9, 正月 任 右僕射·鷹揚軍上將軍(史13)	睿 12, 致仕(史95 列傳) 睿 14, 正月 卒 尙書左僕射致仕(史14)
17	李資謙	睿 11, 6 任 門下侍郎同中書門下平章事·判尙書兵部事(史14·要8) 仁 2, 7 任 領門下·尙書都省事·判吏兵部·西京留守事(要9·史127 列傳)	睿 9, 12 任 守司徒·中書侍郎同中書門下平章事(史13·要8)	睿 13, 3 任 判吏部事(史14·要8) 仁 即位, 5 任 守太師·中書令(史15·要8) 仁 4, 5 流配(史15·要9)
18	金 緣 (金仁存)	睿 13, 3 任 判兵部事(史14·要8)	睿 9, 3 任 戶部尙書·叅知政事·判禮部事(史13·要8) 睿 9, 3 在 平章事(史73 選擧志 科目 選場) 睿 9, 7 任 刑部尙書·判禮部事(史13·要8) 睿 11, 6 任 守司徒·中書侍郎同中書門下平章事(史14·要8) 睿 12, 6 任 門下侍郎同中書門下平章事(史14·要8)	仁 4, 12 任 檢校太師·門下侍中(史15·要9·史96 列傳) 仁 5, 6 任 守太傅·門下侍中·判吏部事(史15·要9·史96 列傳) 仁 5, 12 在·卒 門下侍中(史15·要9·史96 列傳)
※	崔 挺	睿 13, 閏9 在·卒 守司空·左僕射·判尙書兵部事(史14) 左僕射·尙書兵部事(要8)	睿 即位, 11 任 尙書右僕射·鷹揚軍上將軍(史12) 睿 7, 9 任 判尙書工部事(史13)	

		睿 8, 2 任·致仕 檢校司徒·叅知政事(史13·要8)		
19	金至和	仁 元年, 12 任 判兵部事(史15·要9)	睿 9, 12 任 尙書左僕射·兼三司使(史13) 睿 12, 2 任 守司空(史14) 睿 12, 6 任 判工部事(史14·要8) 睿 14, 3 任 左僕射·叅知政事(史14·要8)	
20	拓俊京	仁 4, 4 任 門下侍郎·判兵部事(史15·要9)	仁 3, 12 任 門下侍郎平章事(史15·要9)	仁 4, 6 任 守太保·門下侍郎同中書門下平章事·判戶部事(要9·史127 列傳) 仁 5, 3 流配(史15·要9)
21	李公壽 (李壽)	仁 5, 6 任 判兵部事(史15·要9·墓 p. 65 墓誌銘)	仁 3, 任 中書侍郎平章事·判刑部事(墓 p. 65 墓誌銘) 仁 4, 4 任 門下侍郎平章事·判禮部事(史15·墓 p. 65 墓誌銘) 仁 4, 6 任 判吏部事(史15·要9·墓 p. 65 墓誌銘)	仁 5, 12 任 判吏部事·監修國史(史15·要9·墓 p. 65 墓誌銘) 仁 6, 3 任 門下侍中(史15·要9·史95 列傳·墓 p. 65 墓誌銘) 仁 9, 7 在·乞致仕 門下侍中(要9·墓 p. 65 墓誌銘) 仁 9, 9 任·致仕 守太傅·門下侍中·判吏部事(史16·要9)
22	金富佾	仁 6, 3 任 守司徒·判尙書兵部事(史15·要9)	仁 4, 4 任 政堂文學(史15·要9·史97 列傳) 仁 5, 6 任 戶部尙書·判禮部事(史15·要9) 仁 5, 12 任 中書侍郎同中書門下平章事(史15·要9·史97 列傳)	

23	崔滋盛	仁 9, 9 任 檢校司空・中書侍郎・判兵部事(史16) ※中書侍郎同中書門下平章事(要9)	仁 5, 12 任 叅知政事(史15・要9) 仁 6, 3 任 檢校司空・判工部事(史15・要9) 仁 7, 12 任 尙書左僕射・叅知政事(史16・要9) 仁 8, 6 任 判尙書禮部事(史16)	
24	崔弘宰	仁 平章事・判吏兵部事(史125 列傳) 仁 9, 9 任 判吏部事(史16・要9)	仁 6, 6 任 門下侍郎平章事(史15・要9)	
25	文公仁 (文公美)	仁 11, 4 任 判尙書兵部事(史16・要10)	仁 8, 6 任 判尙書刑部事(史16) 仁 8, 12 任 叅知政事(史16・要9) 仁 9, 9 任 中書侍郎平章事・西京留守事(史16・要9) 仁 ? 在 門下侍郎平章事・判尙書禮部事(東文選 卷28 册皇太子敎書)	仁 11, 11 任 判吏部事(史16)
26	金富軾	仁 11, 12 任 判兵部事(史16・要10)	仁 9, ? 任 叅知政事・判戶部事(東文選 卷43 表箋 讓叅知政事・判戶部事表) 仁 10, 12 任 守司空・中書侍郎同中書門下平章事(史16・要10)	仁 14, 3 任 守太尉・門下侍中・判尙書吏部事(史16・要10・史98 列傳) 仁 16, 8 任 判禮部事(史16) 仁 20, 3 在・致仕 門下侍中(要10・史98 列傳)
27	任元敱 (任元厚)	仁 18, 4 任 判尙書兵部事(史17・要10・史 95 列傳) ※中書侍郎平章事・判尙書兵部事(東文選 卷25 除任元厚門下平章)	仁 11, 4 任 叅知政事・判翰林院事(史16・要10) 仁 11, 12 任 判工部事(史16・史95 列傳) 仁 12, 4 任 中書侍郎平章事(史16・要10) 仁 13, 12 任 判刑部事(史16)	仁 19, 12 任 門下侍郎平章事(史17・要10・史95 列傳) 仁 20, 4 任 判尙書吏部事(史17・要10・史95 列傳) 毅 卽位, 4 任 門下侍中・定安侯(史17・要10・史95 列傳)

※	許 載	仁 末年, 贈 守司徒・中書侍郎同中書門下平章事・判尙書兵部事(墓 p. 80 墓誌銘)	仁 4, 4 任 叅知政事(史15・要9) 仁 22, 2 卒 戶部尙書致仕(史17・要10)	
28	高兆基	毅 2, 12 任 權判兵部事(史17) 毅 2, 12 任 叅知政事・判兵部事(史17・要11)	毅 2, 3 任 政堂文學・判戶部事(史17)	毅 3, 4 任 中書侍郎平章事(史17・要11) 毅 3, 12 任 權判吏部事(史17) 毅 3, 12 任 判尙書吏部事(史17・要11) 毅 4, 10 左遷 尙書左僕射(要11・史98 列傳) 不數月 復職 平章事(史98 列傳)
		毅 4, 12 任 判兵部事(史17・要11)		
29	金永寬	毅 3, 12 任 中書侍郎同中書門下平章事・判尙書兵部事(史17・要11)	毅 2, 3 任 知門下省事・判工部事(史17) 毅 2, 12 任 叅知政事・判工部事(史17)	毅 4, 12 任 判吏部事(史17・要11)
30	崔惟淸	毅 5, 4 任 判兵部事(史17・史99 列傳)	毅 3, 12 任 叅知政事・判尙書刑部事(史17) 毅 4, 12 任 中書侍郎平章事(史17・要11・史99 列傳)	毅 5, 5 貶 南京留守(要11) 毅 15, 12 中書侍郎平章事致仕(史18・要11) 明 任 中書侍郎平章事(史99 列傳) 明 2, 6 任・致仕 守司空・集賢殿大學士・判禮部事(史17・史99 列傳・墓 p. 225 墓誌銘)
31	庾弼	毅 5, 5 任 叅知政事・判兵部事(史17・要11)	毅 5, 4 任 知門下省事(史17・要11)	毅 5, 12 任 中書侍郎平章事(史17・要11) 毅 6, 12 任 門下侍郎同平章事(史17・要11) 毅 ? 門下侍郎平章事・判吏部事(史99 庾應圭傳・墓 p. 227 庾應圭墓誌銘)

				毅 9, 12 在·卒 門下侍郎平章事(史18·要11)
32	金永錫	毅 6, 12 任 中書侍郎平章事(史17·要11·墓 p. 204 墓誌銘) 毅 7, 加 判兵部事(墓 p. 204 墓誌銘)	毅 5, 任 政堂文學·判禮部事(墓 p. 204 墓誌銘) ※毅 5, 5 任 政堂文學(史17·要11)	毅 8, 正月 任 尙書左僕射·判工部事(史18) 毅 8, 致仕(墓 p. 204 墓誌銘)
33	崔子英	毅 8, 正月 任 判兵部事(史18·要11)	毅 6, 12 任 叅知政事(史17·要11)	毅 9, 3 任 權判尙書吏部事(史18) 毅 9, 5 任 判吏部事·西京留守事(史18) ※守司徒·門下侍郎平章事·判吏部事(墓 p. 192 林景軾墓誌銘) 毅 9, 8 在 平章事(史18·要11)
34	崔允儀	毅 9, 3 任 權判尙書兵部事(史18)	毅 8, 正月 在 知門下省事(史18·要11) 毅 任 叅知政事·修國史(墓 p. 198 墓誌銘)	毅 9, 任 中書侍郎同中書門下平章事·判尙書吏部事(墓 p. 198 墓誌銘) 毅 11, 任 門下侍郎同中書門下平章事(墓 p.198 墓誌銘) 毅 15, 任 判尙書吏禮部事(墓 p. 198 墓誌銘) ※門下侍郎平章事·判吏部事(史95 列傳)
35	金永夫	毅 16, 12 任 叅知政事·判兵部事(史18·要11) ※中書侍郎同中書門下平章事·判兵部事(墓 p. 218 墓誌銘)	毅 15, 12 任 知門下省事(史18·要11·墓 p. 218 墓誌銘)	毅 18, 6 任 中書侍郎同平章事(史18·要11)
36	崔褎偁	毅 18, 12 任 判兵部事(史18·要11)	毅 18, 6 任 尙書左僕射·叅知政事(史18·要11)	毅 19, 5 任 中書侍郎同中書門下平章事(史18·要 11)

				毅 19, 12 任 守太保·判尙書吏部事(史18·要11·史125 列傳) 毅 24, 8 被殺 判吏部事致仕(要11)
37	金永胤	毅 19, 12 任 知門下省事·判尙書兵部事(史18·要11)	毅 19, 5 任 尙書左僕射(史18·要11)	毅 23, 12 在·卒 中書侍郎平章事(史19·要11)
38	尹鱗瞻	明 初年, 叅知政事·判兵部事(史96 列傳)		明 3, 4 在 門下平章事(史19) 明 4, 10 在 中書侍郎平章事(史19·要12)
39	陳俊	明 4, 12 任 叅知政事(史19·要12) ※叅知政事·判兵部事(史100 列傳)	明 4, 11 在 知樞密院事(要12·史100 列傳)	明 9, 6 在·卒 叅知政事(史20·要12)
40	奇卓誠	明 6, 判兵部事(史100 列傳)	明 初年, 叅知政事(史100 列傳)	明 8年 전후, 門下侍郎平章事·判吏部事(史100 列傳) 明 9, 2 在·卒 門下侍郎平章事(史20·要12)
41	閔令謨	明 8, 6 在 判兵部事(要12·史101 列傳)	明 5, 10 在 樞密副使(史73 選擧志 科目 選場·史101 列傳) 任 知貢擧(史73 選擧志)	明 任 中書侍郎平章事(史101 列傳) 明 9, 5 任 同中書侍郎平章事·判吏部事(史20·要12) ※門下侍郎平章事·判吏部事(史101 列傳) 明 10, 6 在 門下平章事(史73 選擧志 科目 選場) 明 13, 11 在·致仕 門下侍郎·判吏部事(要12)
42	宋有仁	明 9, 5 任 同中書侍郎平章事·判兵部事(史20·要12)	明 8, 11 任 門下侍郎平章事(要12)	明 9, 9 被殺(史20·要12)
43	李光挺	明 11, 正月 在 判兵部(要12·史128 列傳)	明 9, 8 在 叅知政事(要12·史128 列傳)	明 13, 7 在 門下侍郎平章事(要12·史128 列傳)

				明 13. 12 任 守太保・判吏部事(史20・要12・史128 列傳)
44	韓文俊	明 13, 12 任 判兵部事(史20・要12・史99 列傳)	明 10, 12 任 寶文閣大學士・判禮部事(史20・史99 列傳) 明 12, 6 在 政堂文學(史73 選擧志 科目選場)	明 14, 12 任 門下侍郎平章事・判吏部事(史20・要13・史99 列傳)
45	崔世輔	明 14, 12 任 門下侍郎平章事・判兵部事(史20・要13・史100 列傳)	明 11, 12 任 知樞密院事(史20・要12)	明 19, 12 任 判吏部事(史20・要13・史100 列傳) 明 23, 10 在・卒 平章事(史20・要13)
46	文克謙	明 16, 兼中書門下兩省・判兵部事(史99 列傳) ※同中書門下平章事・判兵部事(史128 宋有仁附 群秀傳)	明 13, 12 任 中書侍郎平章事・判戶部事(史20・史99 列傳) 明 15, 正月 任 中書侍郎・判禮部事(史20・要13・史99 列傳)	明 17, 12 任 權判尙書吏部事(史20・史99 列傳) 明 19, 9 在・卒 平章事(史20・要13)
47	杜景升	明 19, 12 任 權判兵部事(史20・要13)	明 15, 12 任 叅知政事(史20・要13・史100 列傳)	明 21, 12 任 判吏部事(史20・要13・史100 列傳) 明 23, 9 在 門下平章事(要13) 明 26, 8 在 侍中(史20・要13・史100 列傳) 明 26, 11 任 中書令(史20・要13・史100 列傳)
48	李義旼	明 21, 12 任 判兵部事(史20・要13・史128 列傳)	明 20, 12 任 同中書門下平章事(史20・要13・史128 列傳)	明 26, 4 被殺(史20・要13)
49	奇洪壽	神 即位, 9 任 叅知政事・判兵部事(史21・要13) 神 即位, 12 任 守司徒・中書侍郎平章事・判兵部事(史21・要13)		神 2, 12 任 守太尉・門下侍郎 平章事(史21・要14) 神 4, 12 任 門下侍郎同中書門下平章事(史21・要14)

番號	姓名			
				熙 元年, 在 門下侍郎同中書門下平章事·判禮部事(韓國上代古文書資料集成 p. 57 張良守紅牌) 熙 元年, 12 任 判吏部事(史21·要14) ※門下侍郎同中書門下平章事·判吏部事(史101 列傳)
50	崔讜	神 任 門下侍郎平章事·權判兵部事(墓 p. 305 墓誌銘)	神 卽位, 11 任 中書侍郎平章事(史21) 神 任 門下侍郎平章事·判戶部事(墓 p. 305 墓誌銘)	神 2, 6 門下平章事致仕(史21)
51	閔公珪	神? 門下平章事·判兵部事(史101 閔湜傳)	神 7, 10 在 樞密院使(史73 選擧志 科目 選場)	
52	崔忠獻	熙 卽位, 12 任 守太師·門下侍郎同中書門下平章事·判兵部·御史臺事(要14·史129 列傳·墓 p. 331 墓誌銘)	神 6, 12 任 中書侍郎平章事·吏部尙書·判御史臺事(史21·要14)	熙 元年, 12 任 門下侍中·晉康郡 開國侯(史21·要14·史129 列傳·墓 p. 331 墓誌銘) 熙 2, 任 中書令·上柱國·判吏部事·晉康侯(墓 p. 331 墓誌銘) 高 6, 9 死亡(史22·要15)
※	金鳳毛	熙 4, 任·致仕 門下侍郎同中書門下平章事·判兵部事(墓 p. 297 墓誌銘)	神? 任 叅知政事·判工部事(墓 p. 299 墓誌銘) 熙 3, 任 中書侍郎平章事(墓 p. 299 墓誌銘)	熙 5, 6 卒 門下侍郎平章事(史21·要14)
53	金元義	康 2, 任 門下侍郎平章事·判兵部事(墓 p. 317 墓誌銘)	康 元年, 12 任 叅知政事·判禮部事(史21·墓 p. 317 墓誌銘)	高 2, 致仕(墓 p. 317)
54	崔洪胤	高 3, 在 門下侍郎同中書門下平章事·判兵部事(韓國上代古文書資料集成 p. 60 惠諶大禪師告身·墓 p. 421 崔瑞墓誌銘)	高 任 中書侍郎平章事·判戶部事(東文選 卷43 讓中書侍郎表) 高 2, 5 在 平章事(史73 選擧志 科目 選場)	高 16, 9 卒 平章事致仕(史22·要15)

55	趙 冲	高 任 門下侍郎平章事・判兵部事(墓 p. 335 墓誌銘・補閑集 卷上 趙文正公器識)	高 6, 任 政堂文學・判禮部事(墓 p. 335 墓誌銘・史103 列傳) ※高 門下侍郎同中書門下平章事・判禮部事(東國李相國集 卷25 同年宰相書名記)	高 7, 9 在・卒 平章事(史22・要15)
※	柳光植	高 8, 任・致仕 門下侍郎同中書門下平章事・判兵部事(墓 p. 338 墓誌銘・史101 列傳)	高 5, 任 中書侍郎平章事(墓 p. 338 墓誌銘)	高 8, 8 在・卒 平章事(史22・要15)
56	金義元	高 8, 12 任 中書侍郎平章事・判兵部事(史22・要15・東國李相國集 卷34・東文選 卷25)		高 11, 4 在・卒 門下平章事(史22・要15)
57	崔甫淳	高 9, 12 任 中書侍郎平章事・判兵部事(史22・要15・墓 p. 353 墓誌銘)	高 7, 任 叅知政事・判禮部事(墓 p. 353 墓誌銘・東國李相國集 卷33 敎書)	高 11, 任 門下侍郎同中書門下平章事(墓 p.353 墓誌銘) 高 15, 12 任 守太師・判吏部事(史22・要15・墓 p. 354 墓誌銘) ※守太師・門下侍郎平章事・判吏部事(史99 列傳) 高 16, 正月 在・卒 平章事(史22・要15)
58	金就礪	高 15, 12 任 中書侍郎平章事・判兵部事(史22・要15・史103 列傳・墓 p. 363 墓誌銘・東文選 卷27 除宰臣金就礪…敎書)	高 9, 12 任 叅知政事・判戶部事(史22・史103 列傳・墓 p. 363 墓誌銘)	高 17, 任 判吏部事(墓p. 363 墓誌銘) 高 19, 任 守太傅・門下侍郎平章事(墓 p. 363 墓誌銘) ※門下侍郎平章事・判吏部事(墓 p. 411 金賆墓誌銘) 高 21, 5 在・卒 侍中(史23・要16・史103 列傳)
59	崔宗峻	高 任 門下侍郎平章事・判兵部事(東文選 卷26 制誥 除宰臣崔宗峻)		高 29, 7 在 門下侍中(要16・史99 列傳)

※	崔 竩	高 44, 閏4 任·不受 樞密院副使·判吏 兵部·御史臺事(要17·史129 列傳)		
60	朴文成	高 任 中書侍郎平章 事·判兵部事(東 文選 卷26 除宰臣 朴文成…敎書) ※門下侍郎平章事· 判兵部事(墓 p. 380 金仲龜墓誌銘)	高 23, 12 任 知門下省 事(史23·要16)	
61	金仲龜	高 任 同中書門下侍郎 平章事·判兵部事 (墓 p. 379 墓誌 銘)	高 19, 7 在 知門下省事 (史23·墓 p. 379 墓 誌銘) 高 叅知政事(墓 p. 379 墓誌銘)	高 27, 冬 任·致仕 門 下侍郎同中書門下 平章事·判吏部事 (墓 p. 379 墓誌銘) 高 29, 卒(墓 p. 380)
※	金大鱗	高 ? 追封 門下侍郎平 章事·判兵部事 (韓國上代古文書 資料集成 p. 154 光山金氏 金積 戶 口單子)		
62	李藏用	元 4, 12 任 守太傅· 判兵部事(史25· 要18·史102 列傳)	元 元年, 在 叅知政事 (史73 選擧志 科目 選場·史102 列傳) 元 初年, 任 守太尉·判 戶部事(史102 列傳) 元 3, 12 任 中書侍郎平 章事(史25·史102 列傳)	元 任 門下侍郎同中書 門下平章事(史102 列傳) 元 9, 正月 任 門下侍 中(史26·要18·史 102 列傳)
63	柳 璥	元 任 平章事·判兵部 事(史105 列傳)	元 9, 4 在 門下侍郎(史 73 選擧志 科目 選 場) ※門下侍郎同中書門下 平章事(史105 列傳)	元 10~12, 罷職·流 配·召還 忠烈 2, 7 任 僉議侍 郎贊成事·判版圖 司事(史28·史105 列傳) 忠烈 4, 2 任 判典理 司事(史28·要20· 史105 列傳) 忠烈 4, 10 在 贊成 事·判典理司事 任·致仕 僉議中 贊(史28·要20·史 105 列傳)

64	元 傅	忠烈 元年, 任 僉議侍郎贊成事·判軍簿司事(墓 p. 400 墓誌銘·史107 列傳·史105 柳璥傳)	元 14, 正月 任 中書侍郎平章事(史27·要19)	忠烈 9, 任 判典理司事·世子師(墓 p. 400 墓誌銘) 忠烈 任 中贊(史107 列傳) 忠烈 13, 2 在·卒 僉議中贊(史30·要21)
65	許 珙	忠烈 7年 이후, 判軍簿司事(墓 p. 404 墓誌銘)	忠烈 6, 12 任 叅文學事·世子保(史29·要20) 忠烈 6, ? 任 叅文學事·判版圖事(墓 p. 404)	忠烈 12, 任 僉議侍郎贊成事·判典理司事(墓 p. 404 墓誌銘) 忠烈 13, 12 任 僉議中贊(史30·要21·史105 列傳·墓 p. 404)
66	趙仁規	忠烈 17, 9 任 判軍簿司事(史30·要21)	忠烈 14, 正月 任 僉議贊成事(史30·要21·史105 列傳)	忠烈 21, 正月 任 僉議中贊(史31·要21·史105 列傳)
67	印 侯	忠烈 23, 8 任 都僉議侍郎贊成事·判軍簿·監察司事(史31·要21) 忠烈 24, 忠宣 7月 僉議侍郎贊成事·判兵曹·監察司事(史33·史123 列傳)	忠烈 20, 12 任 僉議贊成事(史31·要21)	忠烈 24, 忠宣 5月 光政使·叅知機務(史33·要22·史123 列傳) 忠烈 25, 5 罷(史31·要22)
68	韓希愈	忠烈 26, 11 任 都僉議侍郎贊成事·判軍簿司事(史31·要22·史104 列傳)	忠烈 24, 11 任 贊成事·判版圖司事(史31·要22·史104 列傳) 忠烈 25, 正月 被執(史31·要22)	忠烈 28, 10 任 僉議中贊(史32·要22·史104 列傳) 忠烈 29, 閏5 任 僉議右中贊(史32·要22·史104 列傳) 忠烈 29, 11 任 都僉議右中贊·判典理司事(史32·要22)
※	權 㫜	忠烈 27, 加 判軍簿司事(墓 p. 428 墓誌銘)	忠烈 15, 任·致仕 知僉議府事(墓 p. 427 墓誌銘·史107 列傳) 忠烈 20, 加 都僉議侍郎贊成事·判版圖司事(墓 p. 427 墓誌銘) ※加 贊成事致仕(史107 列傳)	忠烈 贊成事·判典理致仕(墓 p. 529 權溥墓誌銘) 忠宣 3, 12 卒 致仕僉議贊成事(史34·要23) 忠宣 4, 贈僉議政丞·判選部事(墓 p. 428)

				※僉議中贊·判典理 司事(墓 p. 545 王 煦墓誌銘)
69	金 琿	忠烈 29, 11 任 侍郎贊 成事·判軍簿司事 (史32·要22)	忠烈 23, 8 任 侍郎贊成 事·判版圖司事(史 31·要21) 忠烈 24, 忠宣 7月 任 僉議侍郎贊成事·判 民曹事(史33) 忠烈 24, 11 任·致仕 僉議中贊(史31·要 21·史103 列傳) 忠烈 28, 6 任 僉議侍郎 贊成事(史32·要22 ·史103 列傳)	忠烈 31, 6 任 都僉議 右中贊(史32·史10 3 列傳)
70	柳 庇 (柳淸臣)	忠烈 33, 3 任 都僉議 贊成事·判軍簿司 事(史32)	忠烈 29, 11 任 贊成事 (史32·要22)	忠宣 元年, 4 任 贊成 事(史33·要23) 忠宣 2, 8 任 僉議政 丞(史33·要23·史 125 列傳)
※	蔡 謨	忠烈 任 僉議侍郎贊成 事·判軍簿司事 (墓 p. 415 墓誌 銘) ※忠烈 28, 8 卒 致 仕侍郎贊成事(史32 ·要22)	忠烈 16, 在·致仕 僉議 叅理(墓 p. 415 墓誌 銘·史123列傳)	
71	權 溥	忠宣 4, 4 在 判摠部 事(要23·史107 列 傳)	忠宣 2, 9 任 贊成事(史 33·要23)	忠肅 7, 4 任 僉議政 丞(史35·要24) ※僉議政丞·判摠部 事?(史 107 列傳) ※僉議政丞·判選部 事(墓 p. 530 墓誌 銘) 忠肅 任 領都僉議使司 事(史107 列傳·墓 p. 530 墓誌銘)
72	元 瓘	忠宣 ? 僉議贊成事· 判摠部事(韓國上 代古文書資料集成 p. 155 光山金氏 金積 戶口單子)	忠宣 元年, 4 任 密直司 使(史33·要23) 忠宣 ? 贊成事(墓 p. 464 金承用墓誌銘· 墓 p. 491 閔頔墓誌 銘)	

73	吳 潛 (吳祁)	忠肅 8, 正月 任 僉議贊成事・判摠部事(墓 p. 491 墓誌銘) ※僉議贊成事(史35・要24)	忠肅 7, 11 任 贊成事(史35・墓 p. 491 墓誌銘・史125 列傳)	忠肅 後2, 8 卒(墓 p. 491)
74	金 深	忠肅 8 任 都僉議右政丞・判摠部事(墓 p. 503 墓誌銘) 忠肅 11, 2 任 守僉議政丞・判摠部事(史35・史104 列傳)	忠宣 元年, 4 任 贊成事(史33・要23) ※忠宣 2, 任 都僉議贊成事・判民部事(墓 p. 502 墓誌銘) 忠宣 2, 9(忠宣 3) 任 密直使・化平君(史33・要23・墓 p. 502 墓誌銘) 忠宣 5, 2 杖流(史34・要23)	忠肅 12, 任 守僉議政丞・判典理司事(墓 p.503 墓誌銘) 忠肅 17, 4 忠惠 任 都僉議中贊(史36・要24・史104 列傳) ※忠惠 即位, 任 都僉議中贊・判典理司事(墓 p. 503 墓誌銘) 忠惠 元年, 致仕(墓 p. 503 墓誌銘)
※	閔宗儒	忠肅 8, 僉議贊成事・判摠部事致仕(墓 p. 448 墓誌銘)	忠烈 33, 任 贊成事(墓 p. 448 墓誌銘) 忠宣 元年, 任・致仕 僉議贊成事・判選部事(史108 列傳)	
75	元 忠	忠肅 17, 任 贊成事・判軍簿・監察司事(墓 p. 496 墓誌銘)	忠肅 11, 任 僉議贊成事・判民部事(墓 p. 496 墓誌銘) ※贊成事(史107 列傳)	忠肅 後6, 5 在・卒 贊成事(史35・要25)
76	洪 彬	忠肅 任 判軍簿司事(史108 列傳・墓 p. 551 墓誌銘)	忠肅 後7, 閏8 任 贊成事(史35・要25・史108 列傳・墓 p. 551 墓誌銘)	忠惠 後4, 11 在 理問(史36・要25) 恭愍 2, 正月 任 右政丞(史38・要26・史108 列傳) ※壁上三韓三重大匡・判典理司事(墓 p. 552 墓誌銘) 恭愍 2, 6 在 右政丞(要26)
77	韓宗愈	忠穆 即位, 4 任 左政丞(史37・要25・史110 列傳) ※僉議左政丞・判軍簿司事(墓 p. 555 墓誌銘)	忠惠 任 贊成事(史110 列傳・墓 p. 555 墓誌銘)	恭愍 3, 6 卒 漢陽府院君(史38・要26)

78	趙日新	恭愍 元年, 10 任 左政丞・判軍簿監察事(史38・要26・史131 列傳)	恭愍 元年, 9 自除 右政丞(要26・史131 列傳)	恭愍 元年, 10 伏誅(史38・要26)
79	廉悌臣	恭愍 3, 正月 任 左政丞(史38・要26・史111 列傳) ※都僉議左政丞・判軍簿司事(朝鮮金石總覽 上 p.702 本人神道碑)	忠穆 3, 12 任 贊成事(朝鮮金石總覽 上 p.701 本人神道碑) 忠穆 4, 任 判版圖司事(上同) 忠定 元年, 10 任 贊成事(史37) ※贊成事・判版圖(p.701 本人神道碑)	恭愍 3, 2 任 右政丞(史38・要26) ※右政丞・判典理(p.702 本人神道碑) 恭愍 3, 10 前右政丞(史38・要26)
		恭愍 5, 11 任 守門下侍中(史39・要26・史111 列傳) ※守門下侍中・判兵部事(p.702 本人神道碑)		恭愍 6, 任 判吏部事(p.702 本人神道碑) 恭愍 7, 2 任 門下侍中(史39・要27)
80	柳濯	恭愍 3, 2 任 左政丞(史38・要26・史111 列傳) ※恭愍 4, 2 任 左政丞・判軍簿(陽村先生文集 卷39 柳公神道碑銘)	恭愍 2, 正月 任 贊成事(史38)	恭愍 3, 7 如元(史38) 恭愍 5, 7 任 門下侍郎同中書門下平章事(史39・要26・史111 列傳) ※恭愍 5, 任 門下侍郎平章事・判戶部(陽村先生文集 卷39 柳公神道碑銘) 恭愍 5, 11 流(史39・要26) 恭愍 10, 11 在 平章事(史39) ※恭愍 11, 正月 任 守門下侍中(柳公神道碑銘) 恭愍 11, 3 任 左政丞(史40・要27・史111 列傳) 恭愍 12, 閏3 任 左政丞(史40・要27) ※恭愍 12, 春 任 都僉議政丞・判典理(柳公神道碑銘) 恭愍 12, 4 任 右政丞(史40・要27)

81	李公遂	恭愍 12, 4 任 左政丞 （史40·要27·史112 列傳） ※都僉議左政丞·判軍簿司事（墓 p. 573 墓誌銘）	恭愍 2, 正月 任 贊成事 （史38·要26·史112 列傳） 恭愍 11, 6 任 贊成事·判版圖司事（墓 p. 571 墓誌銘）	恭愍 12, 5 罷職（史40）
82	林堅味	禑 10, 在 守門下侍中·判軍簿司事（朝鮮金石總覽 p. 523 安心寺指空懶翁舍利石鐘碑）	禑 5, 9 內宰樞（史134·史126 列傳） 禑 9, 3 任 守門下侍中（史135·要32·史126 列傳）	禑 10, 9 罷職 任 平原府院君（要32） 禑 10, 11 任 門下侍中（史135·要32·史126 列傳）
83	鄭夢周	恭讓 2, 11 任 守門下侍中（史45·要34） ※守門下侍中·判都評議使司·兵曹·尙瑞寺事（史117 列傳·圃隱文集 卷4 年譜）	恭讓 元年, 11 任 門下贊成事（史45） 恭讓 2, 8 任 門下贊成事·同判都評議使司事·戶曹·尙瑞寺事（圃隱文集 卷4 年譜·史117 列傳）	恭讓 4, 4 在·被殺 守侍中（史46）
※	權若均	? 追封 門下侍郎平章事·判軍簿事（韓國上代古文書資料集成 p. 295 裵尙恭 戶口單子）		

　判兵部事의 사례는 모두가 83으로 判吏部事와 비슷한 수치를 나타내고 있다. 그중 고려전기의 것은 37사례(1번~37번)인데, 승진으로 인해 중복된 경우를 제외하고 처음으로 겸임한 직위만을 가지고 분석하여 보면 門下侍郎同中書門下平章事 3사례(14·17·18), 門下侍郎平章事 7사례(1·8·11·20·21·24·25)로 합계가 10사례이고, 中書侍郎同中書門下平章事 5사례(3·5·22·26·29), 中書侍郎平章事 7사례(9·12·15·23·27·30·32)로 합계가 12사례여서, 전체의 平章事·判兵部事는 22사례가 된다. 이에 비해 僕射는 2사례(4·16), 僕射·參知政事는 3사례(10·19·36)이고, 參知政事 단독직은 8사례(2·6·7·13·31·33·34·35)이며, 여기에 政堂文學과 知門下省事가 각각 1사례씩(28·37)으로, 이들은 모두 15사례가 된다. 결국 判兵部事는 平章事를 주류로 하고 그보다 절반이 좀 넘는 비율의 僕射

와 叅知政事級이 겸임하는 직위였음을 알 수 있거니와, 이것은 동시에 그가 判吏部事의 아랫 자리라는 사실도 말해준다. 우선 門下侍中은 없고 대신에 僕射·叅知政事級이 월등히 많아지고 있다는 데서 그점은 입증되지만, 平章事들도 判吏部事를 겸임한 그들보다 班次가 아래였으리라는 것은 대략 짐작이 가는 일인 것이다. 尹瓘(13)은 叅知政事·判尙書刑部事에서 判尙書兵部事에 이어 中書侍郎平章事, 그리고 門下侍中·判尙書吏部事까지 승진했다가 일시 면직된 뒤에 다시 門下侍中·判兵部事를 맡지마는, 이 맨 나중 직위의 경우 예외에 해당하는 것이라 함은 위에서 설명한 바와 같다.

武臣政權期의 判兵部事는 26사례(38번~63번)인데, 그들을 겸임한 직위는 門下侍郎同中書門下平章事 7사례(42·46·48·52·54·61·63), 門下侍郎平章事(門下平章事) 6사례(45·50·51·53·55·59)로 합계가 13사례이고, 中書侍郎平章事가 5사례(56·57·58·60·62)로써 平章事·判兵部事의 전체 숫자는 18사례이다. 이에 대해서 叅知政事는 6사례(38·39·40·43·47·49)이고, 政堂文學 1사례(44)에 不明이 1사례(41)로 나타나, 전기와 매우 흡사한 모습을 보여주고 있다.

이어지는 後·末期는 20사례(64~83번)이거니와, 그들의 겸임자는 都僉議右政丞(守僉議政丞)이 1사례(74)이고, 僉議左政丞이 5사례(77·78·79·80·81)이며, 守門下侍中은 2사례(82·83)이다. 거기에 僉議侍郎贊成事(僉議贊成事)가 11사례(64·66·67·68·69·70·71·72·73·75·76)이고, 叅文學事가 1사례(65)이지마는, 이 시기에는 政丞·侍中이 判兵部事(判軍簿司事)도 겸임하고 있다는 사실이 주목된다. 하지만 앞서 설명했듯이 이 당시에는 政丞·侍中의 정원이 2인이었고, 그중 判軍簿司事를 겸임한 사람은 右政丞·左政丞도 그러하지만 守僉議政丞 또는 守門下侍中이라는 명칭에서도 드러나듯이 서열 제2위의 政丞·侍中이었다. 서열 제1위의 政丞·侍中은 여전히 判吏部事를 겸임하고, 이들은 判軍簿司事를 맡았던 것이거니와, 이는 곧 判軍簿司事가 亞相이었음을 분명히 하여 준다는 의미도 지닌다.

아울러 이렇게 政丞·侍中의 일부가 判軍簿司事를 맡음에 따라 이들을 겸임하는 직위가 전체적으로 상승하여 贊成事(平章事) 이하의 예는 극히 드물어지는 특성도 나타내고 있다.

判兵部事의 그같은 위상은 당해자가 判吏部事까지 오르는 경우 그 이전 단계로 취임하고 있다는 데서도 드러난다. 이미 위에서 설명한 바 몇몇 특별한 경우를 제외하면 당해 인물들은 각각 判兵部事를 거친 다음 判吏部事에 오르고 있는 것이다. 表의 9·13·14·15·17·25·26·27·28·29·31·33·34·36·40·41·43·44·45·46·47·52·57·58·64·65·68·71·74·76·79 등이 그러한 사례들이다.

그리고 判兵部事에 오르기 이전에 겸임한 판사직이 대체적으로 3宰로 생각되는 判戶部事였다는 것도 같은 맥락에서라고 이해된다. 그러한 사례로는 11·26·28·50·54·58·62·65·68·69·74·75·79·81·83 등이 찾아진다. 그러나 한편으로 判禮部事나 判刑部事를 거쳐 判兵部事로 승진하는 사례도 꽤 여럿이 눈에 띠어 의문이 남는데, 이는 아마 어떤 인물이 6部의 判事를 서열에 따라 한 단계, 한 단계 모두를 거쳐야 하는 것은 아니었다는 사실과 관련이 되는 듯하다. 金至和(19)나 金永寬(29)처럼 6部判事 가운데 末職인 判工部事 다음에 취임한 판사직이 判兵部事였다는 것은 이점을 이해하는데 많은 도움이 되리라 본다.

하지만 判戶部事 등에서 判兵部事로의 승진이 아니라 그 반대로 判兵部事에서 判戶部事 등으로 자리를 옮기는 사례도 보이는 것은 설명하기 어려운 대목이다. 우선 叅知政事·判兵部事를 거쳐 門下侍郎平章事로 判戶部事가 된 金良鑑(7)과 左政丞·判軍簿司事를 거쳐 門下侍郎平章事·判戶部事로 옮겨앉은 柳濯(80)이 그 대표적인 예인데, 분명한 연유를 지금으로서는 잘 모르겠다. 다만 拓俊京(20)도 같은 경우인데, 그는 李資謙과 함께 반란을 일으켜 일시 성공을 거두면서 門下侍郎·判兵部事의 지위를 차지했으나, 곧 자신의 입장을 바꾸어 당해 반란을 진압시키기도 하지마는, 그뒤에 계속하여 兵權을 장악하는 判兵部事職에 머무를 수는 없었을 것 같다. 그러므로 그는 判戶部事로 자리를 옮겼다고 판단되는 것이다. 柳璥(63) 역시 平章事·判兵部事로 재직중에 일시 파면되었다가 복직할 때는 判版圖司事를 제수받는데, 이는 다른 宰臣이 이미 判軍簿司事에 임명되어 있기 때문이었다. 그리하여 야기되었던 얼마간의 문제를 전하는 기사가 위에 든 (마)-②사료였거니와, 혹 金良鑑과 柳濯에게도 이와 유사한 어떤 다른 이유가 있었는지는 잘 알 수 없지만, 그 둘을 예외로 돌리더라도 그리 큰 문제가 되지는 않을 듯싶다.

이밖에 奇洪壽(49)는 中書侍郎平章事·判兵部事였다가 뒤에 門下侍郎同中書門下平章事로 승진하였음에도 불구하고 판사직은 判禮部事를 겸임한 사례이다. 그런데 이 경우는 武臣政權期의 執政 중 한 사람으로 전권을 휘두르던 崔忠獻(52)과의 관계에서 비롯된 것 같다. 그가 뒤를 이어 判兵部事에 오르고 있기 때문이다. 그에 따라 奇洪壽는 判禮部事로 자리를 옮긴 듯싶거니와, 그후 그는 곧 다시 判吏部事에 임명되고 있다.

다음 金永錫(32)은 中書侍郎平章事로 判兵部事를 겸임하고 있다가 尙書左僕射·判工部事로 옮긴 특이한 경우인데, 이는 질병에 따른 조처인 것으로 짐작된다. 그는 만년에 風痺로 인해 물러나기를 청하고 있기 때문이다. 하지만 왕의 입장에서 곧바로 免職시키기는 안되었다고 생각했던듯, 비교적 閑職인 僕射·判工部事로 체직시키지 않았나 판단되는 것이다. 그는 그 해에 致仕를 한다.

요컨대 지금까지의 검토로 얼마간의 예외가 있긴 했지만 判吏部事는 首相·冢宰의 겸임직이었고, 判兵部事는 亞相·二相·二宰의 겸임직이었음을 거듭 확인할 수 있었다고 하겠다. 그리하여 대체적으로 전자는 처음에 門下侍中과 班次가 가장 앞서는 平章事(贊成事)가 겸임하다가 忠烈王 이후의 고려 후·말기에는 거의 대부분을 서열 제1위의 門下侍中·僉議中贊·政丞이 겸하였고, 후자는 처음에 班次 第2의 平章事를 주류로 하여 僕射와 參知政事 등이 같이 겸임하다가 후·말기에는 서열 제2위의 侍中·政丞과 平章事(贊成事)가 겸하는 제도였던 것이다.

2. 判戶部事·判禮部事·判刑部事의 事例와 序列

　　종래 고려의 尙書6部 序列은 周禮의 6典體系에 따른 吏·戶·禮·兵·刑·工의 순서와는 달리 吏部·兵部·戶部·刑部·禮部·工部의 순이었던 것으로 파악하여 왔다. 唐制의 경우 左司가 吏部·戶部·禮部를, 右司가 兵部·刑部·工部를 통할하는 체제였거니와, 고려에서는 그 序列 그대로를 따르지 않고 각기 저들 左·右司의 前行이던 吏部와 兵部, 中行이던 戶部와 刑部, 後行이던 禮部와 工部를 순서로 삼음으로써 그같이 되었으며, 이것이 보다 현실적인 제도였다는 평가도 하여 왔던 것이다.48) 따라서 6部判事의 서열 역시 그러할 수밖에 없었다는 이야기이겠는데, 그중 우리는 위에서 實例를 통해 吏部와 兵部의 그들을 검증한 셈이다.

　　그러면 다음의 戶部와 刑部·禮部도 과연 그러했을까. 하지만 이 부분에 대해서는 그렇게 단정하여 말하기 어려운 점이 없지 않은 듯하다. 내용을 분명히 하기 위해서는 얼마간의 검토가 필요한 것이다. 그런 뜻에서 먼저 앞서 해온대로 이들의 실례부터 살피기로 하겠는데, 우선 判戶部事의 사례를 정리하여 제시하면 아래의 〈表 3〉과 같다.

〈表 3〉判尙書戶部事 歷任者

번호	姓名	年月과 官職(典據)	以前 官職(典據)	以後 官職(典據)
1	皇甫兪義	靖 元年, 3 任 內史侍郎同內史門下平章事·判戶部事(史94 列傳) 靖 2, 3 任 門下侍郎同內史門下平章事·判戶部事(要4)	德 3, 7 任 內史侍郎同內史門下平章事(史5·要4)	靖 8, 12 卒 致仕門下侍郎平章事(史6·要4·史94 列傳)

<hr>

48) 邊太燮,「高麗時代 中央政治機構의 行政體系 - 尙書省 機構를 중심으로 - 」
『歷史學報』47, 1970 ;『高麗政治制度史研究』, 一潮閣, 1971, p. 11~13.

2	崔齊顔	靖 9. 2 任 門下侍郎同內史門下平章事·判尙書戶部事(史6)	靖 3. 7 任 尙書左僕射·叅知政事·中樞使(史6·要4)	靖 12. 3 在 侍中(史6·要4)
3	金良鑑	宣 4. 5 任 判尙書戶部事(史10)	文 35. 正月 任 叅知政事·判尙書兵部事(史9·要5) 宣 3. 4 任 門下侍郎平章事(史10·要6)	宣 4. 12 任 守太尉(史10)
4	金上琦	宣 10. 5 任 吏部尙書·叅知政事·判尙書戶部事(要6)	宣 8. 7 任 戶部尙書·政堂文學(史10·要6) 宣 9. 正月 任 吏部尙書(史10)	獻 元年. 9 任 中書侍郎同中書門下平章事(史10·要6) 肅 卽位. 10 任 守司徒·門下侍郎同中書門下平章事(史11·要6) 肅 ? 守太尉·門下侍郎平章事·判禮兵部事(墓 p. 204 金永錫墓誌銘)
5	林槩	獻 元年. 9 任 守司空·尙書左僕射·判戶部事(史10·要6)	獻 卽位. 6 任 叅知政事(史10·要6)	肅 卽位. 10 任 中書侍郎平章事·判刑部事(史11·要6)
6	孫冠	肅 卽位. 10 任 尙書右僕射·叅知政事·判戶部事(史11·要6·史95 列傳)	獻 元年. 8 任 樞密院使(史10·要6)	睿 4. 4 卒 叅知政事致仕(史13·要7)
7	金先錫	肅 2. 3 任 左僕射·判戶部事(史11·要6·史95 列傳)	肅 卽位. 12 任 樞密院使(史11·要6)	肅 2. 8 任 中書侍郎平章事(史11·要6·史95 列傳)
8	李頠	肅 7. 3 任 判尙書戶部事(史11·要6)	肅 6. 12 任 叅知政事·柱國(史11·要6)	肅 8. 2 任 守司空·判刑部事(史12) 肅 8. 9 任 中書侍郎平章事(史12) 睿 卽位. 11 任 門下侍郎同平章事(史12·要7) 睿 2. 7 任 文德殿大學士·判尙書禮部事(史12·史95 列傳) 睿 5. 3 任 權尙書吏部事(史13·要7)

9	邵台輔	肅 8, 2 任 守太傅·判戶部·西京留守事(史12·要7·史95 列傳)	宣 10, 5 任 中書侍郎平章事·判刑兵部事(史10·要6·史95 列傳) 獻 卽位, 6 任 門下侍郎平章事·上柱國(史10·要6·史95 列傳) 獻 元年, 9 任 守司徒·判吏部事(史10·要6·史95 列傳) 肅 卽位, 10 任 守太尉·門下侍中(史11·要6·史95 列傳)	肅 8, 2 加 門下侍中致仕(史95 列傳)
10	吳壽增	肅 8, 6 任 判尙書戶部事(史12)	肅 8, 2 任 叅知政事(史12·要7) 肅 8, 2 任 守司空(史12)	肅 10, 閏正月 在·致仕 中書侍郎平章事(史12)
11	崔弘嗣	睿 4, 在 守太尉·門下侍郎同中書門下平章事·判尙書戶兵部(墓 p. 186 王ㅣ孝墓誌銘)	肅 10, 6 任 守司徒·中書侍郎同中書門下平章事·判尙書禮部事(史12) 睿 卽位, 11 任 門下侍郎平章事(史12·要7) 睿 2, 7 在 門下侍郎平章事 任 權判尙書吏部事(史12)	睿 5, 12 任 判吏禮部事(史13·墓 p. 84 崔時允墓誌銘) 睿 7, 3 在·致仕 門下侍郎平章事(要7)
12	李 瑋	睿 5, 12 任 中書侍郎·判戶部事·兼西京留守使(史13·要7)	睿 4, 10 任 叅知政事(史13·要7)	睿 7, 9 任 門下侍郎同中書門下平章事(史13·要7) 睿 11, 6 任 守太保·門下侍中·判尙書吏部事(史14·要8·史98 列傳)
13	趙仲璋	睿 11, 6 任 守司徒·中書侍郎同中書門下平章事·判尙書戶部事(史14)	睿 9, 3 任 兵部尙書·叅知政事·判刑部事(史13·要8) 睿 9, 7 任 權樞密院事·判秘書省事(史13·要8) 睿 9, 12 任 守司空·判尙書刑部事(史13)	睿 14, 8 在·卒 門下侍郎平章事(史14·要8)

			睿 10, 5 在 平章事(史 73 選擧志 科目 選場)	
14	王字之	睿 17, 3 任 吏部尙書 · 叅知政事 · 判戶部事(史14 · 要8)	睿 14, 6 任 樞密院使 · 判三司事(史14 · 要8)	睿 17, 3 在 · 卒 叅知政事(史14 · 要8)
15	林有文	仁 2, 12 任 守太尉 · 判尙書戶部事(史15 · 要9)	睿 17, 3 任 守司空 · 叅知政事 · 判刑部事(史14 · 要8) 仁 卽位, 5 任 門下侍郎平章事(史15 · 要9)	仁 3, 10 卒 門下侍郎平章事致仕(史15 · 要9 · 史97 林槩傳)
16	拓俊京	仁 4, 6 任 守太保 · 門下侍郎同中書門下平章事 · 判戶部事 · 兼西京留守使(要9 · 史127 列傳)	仁 4, 4 任 門下侍郎 · 判兵部事(史15 · 要9)	仁 5, 3 流配(史15 · 要9)
17	金富軾	仁 任 叅知政事 · 判戶部事(東文選 卷43 表箋 讓叅知政事判戶部事表)	仁 9, 9 任 檢校司空 · 叅知政事(史16 · 要9)	仁 10, 12 任 守司空 · 中書侍郎同中書門下平章事(史16 · 要10) 仁 11, 12 任 判兵部事(史16 · 要10) 仁 14, 3 任 守太尉 · 門下侍中 · 判尙書吏部事(史16 · 要10 · 史98 列傳) 仁 16, 8 任 判禮部事(史16) 仁 20, 3 在 · 致仕 門下侍中(要10 · 史98 列傳)
18	李資德	仁 15, 3 任 判戶部事(史16)	仁 14, 12 任 叅知政事(史16 · 要10)	仁 16, 8 在 · 卒 中書侍郎平章事(史16 · 要10)
19	李 仲	仁 16, 12 任 守司空 · 尙書左僕射 · 判戶部事(史16 · 要10)	仁 16, 8 任 叅知政事 · 判三司事(史16 · 要10)	仁 18, 4 任 中書侍郎平章事(史17 · 要10)
20	金克儉	仁 任 叅知政事 · 判尙書戶部事(墓 p. 217 金永夫墓誌銘)	仁 14, 12 任 叅知政事(史16 · 要10) 仁 15, 12 任 守司空 · 叅知政事(史16)	仁 17, 11 卒 叅知政事致仕(史17 · 要10)
※	金若溫	仁 17, 11 任 · 致仕 守太傅 · 門下侍中 · 判戶禮部事(史17)	仁 2, 12 任 守司空 · 門下侍郎平章事(史15 · 要9)	

21	高兆基	毅 2, 3 任 政堂文學・判戶部事(史17)		毅 2, 12 任 權判兵部事(史17) 毅 2, 12 任 叅知政事・判兵部事(史17・要11) 毅 3, 4 任 中書侍郎平章事(史17・要11) 毅 3, 12 任 權判吏部事(史17) 毅 3, 12 任 判尚書吏部事(史17・要11) 毅 4, 10 左遷 尚書左僕射(要11・史98 列傳) 不數月 復職 平章事(史98 列傳) 毅 4, 12 任 判兵部事(史17・要11)
※	李軾	毅 5, 任 叅知政事・判尚書戶部事(墓 p. 149 墓誌銘・墓 p. 231 李應璋墓誌銘)	毅 2, 3 任 右僕射(史17) 毅 5, 7 任・尋卒 左僕射・叅知政事(史17・要11)	
22	崔誠	毅 12, 任 守司空・中書侍郎同中書門下平章事・判尚書戶部事(墓 p. 184 墓誌銘)	毅 7, 任 政堂文學・判尚書禮部事(墓 p. 184 墓誌銘)	毅 12, 任 判刑部事(墓p. 184 墓誌銘) 毅 14, 7 在・卒 中書侍郎平章事(史18・要11)
23	文克謙	明 13, 12 任 中書侍郎平章事・判戶部事(史20・史99 列傳)	明 12, 12 任 叅知政事(史20・要12・史99 列傳)	明 15, 正月 任 中書侍郎・判禮部事(史20・要13・史99 列傳) 明 16, 兼中書門下兩省・判兵部事(史99 列傳) ※同中書門下平章事・判兵部事(史128 宋有仁附 群秀傳) 明 17, 12 任 權判尚書吏部事(史20・史99 列傳) 明 19, 9 在・卒 平章事(史20・要13)

24	權節平	明 21, 12 任 僉知政事・判戶部事(史20)	明 20, 12 任 樞密院使(史20)	明 26, 4 在・被殺 平章事(要13)
25	金 純	明 26, 12 任 同中書門下平章事・判戶部事(墓 p. 284 墓誌銘)	明 25, 12 任 中書侍郎平章事(墓 p. 284 墓誌銘)	明 27, 9 卒(墓 p. 285 墓誌銘)
26	崔 讜	神 任 門下侍郎平章事・判戶部事(墓 p. 305 墓誌銘)	神 卽位, 11 任 中書侍郎平章事(史21)	神 任 門下侍郎平章事・權判兵部事(墓 p. 305 墓誌銘) 神 2, 6 門下平章事致仕(史21)
27	任 濡	熙 元年, 在 門下侍郎平章事・判戶部事(韓國上代古文書資料集成 p. 56 張良守紅牌)	神 3, 12 任 門下侍郎平章事(史21・要14・史95 列傳)	熙 ? 在 門下侍郎同中書門下平章事・判尙書禮部事(東文選 卷23 王太子加元服敎書) 康 元年, 3 在・卒 門下侍郎平章事(史21・要14)
28	崔洪胤	高 任 中書侍郎平章事・判戶部事(東文選 卷43 讓中書侍郎表)	康 元年, 12 任 政堂文學(史21)	高 2, 5 在 平章事(史73 選擧志 科目 選場) 高 3, 在 門下侍郎同中書門下平章事・判兵部事(韓國上代古文書資料集成 p. 60 惠諶大禪師告身・墓 p. 421 崔瑞墓誌銘)
29	金就礪	高 9, 12 任 僉知政事・判戶部事(史22・史103 列傳・墓 p. 363 墓誌銘)	高 8, 12 任 樞密院使・兵部尙書(史22)	高 15, 12 任 中書侍郎平章事・判兵部事(史22・要15・史103 列傳・墓 p. 363 墓誌銘) 高 17, 任 判吏部事(墓 p. 363 墓誌銘) 高 19, 任 守太傅・門下侍郎平章事(墓 p. 363) ※門下侍郎平章事・判吏部事(墓 p. 411 金貯墓誌銘) 高 21, 5 在・卒 侍中(史23・要16・史103 列傳)

30	李奎報	高 22, 12 任 叅知政事·判戶部事(東國李相國集 年譜·墓 p. 376 墓誌銘)	高 20, 12 任 知門下省事·戶部尙書·判禮部事(左同) 高 21, 12 任 政堂文學(東國李相國集 年譜)	高 24, 12 任·致仕 門下侍郎平章事·判禮部事(左同) 高 28, 9 卒 門下侍郎平章事致仕(史23·要16)
31	蔡松年	高 任 叅知政事·判戶部事(東文選 卷26 除宰臣任景肅…麻制)	高 23, 12 任 樞密院副使(史23·要16)	高 叅知政事(史102 列傳) 高 38, 閏10 在·卒 中書侍郎平章事(史24·要17)
32	李子晟	高 任 叅知政事·判戶部事(東文選 卷26 除宰臣朴文成李子晟…敎書)		高 38, 閏10 在·卒 門下平章事(史24·要17)
33	崔 琪	高 末年, 叅知政事·吏部尙書·判戶部事(墓 p. 384 墓誌銘)		高 41, 3 在·卒 叅知政事(史24·要17)
34	李藏用	元 初年, 任 守太尉·判戶部事(史102 列傳)	元 元年, 9 在 叅知政事(史73 選擧志 科目選場·史102 列傳)	元 3, 12 任 中書侍郎平章事(史25·史102 列傳) 元 4, 12 任 守太傅·判兵部事(史25·要18·史102 列傳) 元 任 門下侍郎同中書門下平章事(史102 列傳) 元 9, 正月 任 門下侍中(史26·要18·史102 列傳)
※	羅得璜	元 ? 守司空·尙書左僕射·判戶部事致仕(墓 p. 524 羅益禧墓誌銘)	元 4, 12 任 樞密院副使(史25)	
35	俞千遇	忠烈 元年, 降任 叅文學事·判版圖司事(史105 列傳)	元 14, 10 任 中書侍郎平章事(史27) 忠烈 元年, 11 任 僉議贊成事(史28)	忠烈 2, 6 在·卒 叅文學事(史28·要19)
36	柳 璥	忠烈 2, 7 任 僉議侍郎贊成事·判版圖司事(史28·史105 列傳)	元 9, 4 在 門下侍郎(史73 選擧志 科目 選場)	忠烈 4, 2 任 判典理司事(史28·要20·史105 列傳)

		忠烈 2, 7 任 僉議侍郞贊成事·判版圖司事(史28·史105 列傳)	元 9, 4 在 門下侍郞(史73 選擧志 科目 選場) ※門下侍郞同中書門下平章事(史105 列傳) 元 任 平章事·判兵部事(史105 列傳) 元 10~12, 罷職·流配·召還	忠烈 4, 2 任 判典理司事(史28·要20·史105 列傳) 忠烈 4, 10 在 贊成事·判典理司事 任·致仕 僉議中贊(史28·要20·史105 列傳) 忠烈 15, 11 卒 僉議中贊致仕(史30·要21)
37	金坵	忠烈 初年, 叅文學事·判版圖司事(史106 列傳·止浦集 卷3 年譜)	元 14, 10 在 叅知政事(史73 選擧志 科目 選場) 忠烈 2, 5 在 叅文學事(要19)	忠烈 4, 2 任 叅文學事(史28)
38	許珙	忠烈 6, ? 任 叅文學事·判版圖事(墓 p. 404 墓誌銘)	忠烈 5, 2 任 知僉議府事(史29·要20·墓 p. 404) 忠烈 6, 12 任 叅文學事·世子保(史29·要20)	忠烈 7年 이후, 判軍簿司事(墓 p. 404) 忠烈 12, 任 僉議侍郞贊成事·判典理司事(墓 p. 404) 忠烈 13, 12 任 僉議中贊(史30·要21·史105 列傳·墓 p. 404) 忠烈 17, 8 在·卒 僉議中贊(史30·要21)
39	廉承益	忠烈 17, 9 任 判版圖司事(史30·要21)	忠烈 13, 12 任 僉議評理(史30·要21·史123 列傳) 忠烈 13, 12 任 知都僉議司事(史30·要21·史123 列傳) 忠烈 14, 正月 辭職(史30·要21·史123 列傳)	忠烈 18, 4 在 判監察司事(要21·史123 列傳) 忠烈 21, 正月 病免(史31·要21) 忠烈 28, 3 中贊致仕(史32·要22) ※都僉議中贊·判典理監察司事(朝鮮金石總覽 上 p. 700 廉悌臣神道碑)
※	權㫜	忠烈 20, 加 都僉議侍郞贊成事·判版圖司事(墓 p. 427 墓誌銘) ※加 贊成事致仕(史107 列傳)	忠烈 15, 任·致仕 知僉議府事(墓 p. 427 墓誌銘·史107 列傳)	忠烈 27, 加 判軍簿司事(墓 p. 428) 忠烈 贊成事·判典理致仕(墓 p. 529 權溥墓誌銘)

				忠宣 3, 12 卒 致仕僉議贊成事(史34·要23) 忠宣 4, 贈 僉議政丞·判選部事(墓 p. 428) ※僉議中贊·判典理司事(墓 p. 545 王煦墓誌銘)
40	金琿	忠烈 23, 8 任 侍郎贊成事·判版圖司事(史31·要21) 忠烈 24, 7 忠宣 任 僉議侍郎贊成事·判民曹事(史33)	忠烈 18, 閏6 任 僉議叅理(史30·要21·史103 列傳)	忠烈 24, 11 任·致仕僉議中贊(史31·要22·史103 列傳) 忠烈 28, 6 任 僉議侍郎贊成事(史32·要22·史103 列傳) 忠烈 29, 11 任 侍郎贊成事·判軍簿司事(史32·要22) 忠烈 31, 6 任 都僉議右中贊(史32·史103列傳) 忠烈 31, 11 在 右中贊 任 權署行省事(史32·要23·史103 列傳)
41	韓希愈	忠烈 24, 11 任 贊成事·判版圖司事(史31·要22·史104 列傳)	忠烈 18, 閏6 任 知僉議府事(史30·要21) 忠烈 24, 忠宣 7月 任 守司空·中京留守·開城府尹·商議都僉議會議都監事(史33)	忠烈 25, 正月 被執(史31·要22) 忠烈 26, 11 任 都僉議侍郎贊成事·判軍簿司事(史31·要22·史104 列傳) 忠烈 28, 10 任 僉議中贊(史32·要22·史104 列傳) 忠烈 29, 閏5 任 僉議右中贊(史32·要22·史104 列傳) 忠烈 29, 11 任 都僉議右中贊·判典理司事(史32·要22)
42	崔有渰	忠烈 26, 11 任 都僉議贊成事·判版圖司事(史31·要22)	忠烈 26, 11 在 贊成事(史31)	忠烈 29, 11 任 贊成事(史32·要22)

				忠烈 33, 3 任 都僉議中贊·判典理監察司事(史32·史110 列傳) 忠宣 2, 8 在·辭 僉議政丞(史33·要23) 忠宣 2, 9 任 守僉議政丞(史33·要23) 忠肅 11, 2 任 守僉議政丞·判選部事(史35·史110 列傳)
43	安 珦	忠烈 29, 11 任 侍郎贊成事·判版圖司事(史32·要22)	忠烈 24, 忠宣 7月 任 僉議叅理(史33)	忠烈 任·致仕 中贊(史105 列傳) 忠烈 32, 9 卒 都僉議中贊致仕(史32·要23·史105 列傳)
※	金 暄	忠烈 29, 12 加 都僉議贊成事·判版圖司事(墓 p. 420 墓誌銘)	忠烈 22, 任 政堂文學(墓 p.418 墓誌銘·史106 列傳) 忠烈 24, 致仕(墓 p. 419 墓誌銘)	
44	李 混	忠烈 33, 3 任 都僉議贊成事·判版圖司事(史32)	忠烈 30, 正月 任 判密直司事(史32)	忠宣 任·致仕 僉議政丞(史108 列傳)
※	金 璉	忠烈 僉議侍郎贊成事·判版圖司事(韓國上代古文書資料集成 p. 154 光山金氏 金積 戶口單子) ※忠烈 17, 5 卒 致仕贊成事(史30·要21)	忠烈 任·致仕 知都僉議(史107 列傳) 忠烈 加 僉議侍郎贊成事致仕(史107 列傳)	
45	金 深	忠宣 元年, 4 任 贊成事(史33·要23) ※忠宣 2, 任 都僉議贊成事·判民部事(墓 p. 502 墓誌銘)	忠宣 卽位, 9 在 中護(史33) ※忠宣 元年, 任 僉議中護(墓 p. 502 墓誌銘)	忠宣 2, 9(忠宣 3) 任 密直使·化平君(史33·要23·墓 p. 502 墓誌銘) 忠宣 5, 2 杖流(史34·要23) 忠肅 8, 任 都僉議右政丞·判摠部事(墓 p. 503 墓誌銘) 忠肅 11, 2 任 守僉議政丞·判摠部事(史35·史104 列傳)

				※忠肅 12. 任 守僉議政丞・判典理司事(墓 p. 503 墓誌銘) 忠肅 17. 4 忠惠 任 都僉議中贊(史36・要24・史104 列傳) ※忠惠 卽位. 任 都僉議中贊・判典理司事(墓 p. 503 墓誌銘) 忠惠 元年, 致仕(墓 p. 503 墓誌銘)
※	李 瑱	忠宣 ? 僉議贊成事・判民部事致仕(墓 p. 427 權旵墓誌銘)	忠烈 33, 8 任 政堂文學(史32)	忠肅 8, 9 卒 檢校僉議政丞(史35・要24)
46	崔誠之 (崔 實)	忠肅 7, 7 任 判民部(史35・要24)	忠肅 5, 正月 在 贊成事(史34)	忠肅 11, 2 任 三司使(史35) 忠惠 卽位, 7 卒 光陽君(史36・要24)
47	元 忠	忠肅 11. 任 僉議贊成事・判民部事(墓 p. 496 墓誌銘) ※贊成事(史107 列傳)	忠肅 7, 7 任 評理(史35・史107 列傳)	忠肅 17. 任 贊成事・判軍簿監察司事(墓 p. 496 墓誌銘) 忠肅 後6, 5 在・卒 贊成事(史35・要25)
48	閔祥正	忠肅 後5, 正月 在 贊成事(史35) 忠肅 後6, 在 僉議贊成事・判版圖司事(墓 p. 498 閔漬 妻 申氏墓誌銘)	忠肅 後元年, 2 任 知密直事(史35)	恭愍 元年, 卒(史107 列傳)
※	崔 墇	忠肅 ? 贈 僉議評理・判民部事・行殿中內給事(韓國上代古文書資料集成 p. 152 驪州李氏 癸酉年 准戶口・同 p. 224 驪州李氏 壬子年 准戶口)		
49	金 倫	忠穆 卽位, 4 任 贊成事(史37・要25・史110 列傳)		忠穆 卽位, 10 任 左政丞(史37・要25・史110 列傳・墓 p. 533 墓誌銘)

		※都僉議贊成事·判版圖司事(墓　　p. 533 墓誌銘)		
50	廉悌臣	忠穆 4. 任 判版圖司事(朝鮮金石總覽 上 p. 701 本人神道碑) 忠定 元年, 10 任 贊成事（史37） ※贊成事·判版圖(p. 701 本人神道碑)	忠穆 3, 12 任 贊成事(p. 701 本人神道碑)	恭愍 3, 正月 任 左政丞(史38·要26·史111 列傳) ※都僉議左政丞·判軍簿司事(p.　702 本人神道碑) 恭愍 3, 2 任 右政丞（史38·要26） ※右政丞·判典理(p.702 本人神道碑) 恭愍 3, 10 前右政丞（史38·要26） 恭愍 5, 11 任 守門下侍中(史39·要26·史111 列傳) ※守門下侍中·判兵部事(p. 702 本人神道碑) 恭愍 6, 任 判吏部事(p. 702 本人神道碑) 恭愍 7, 2 任 門下侍中(史39·要27)
51	柳　濯	恭愍 5, 7 任 門下侍郎同中書門下平章事(史39·要26·史111 列傳) ※恭愍 5, 任 門下侍郎平章事·判戶部(陽村先生文集 卷39 柳公神道碑銘)	恭愍 2, 正月 任 贊成事（史38） 恭愍 3, 2 任 左政丞(史38·要26·史111 列傳) ※恭愍 4, 2 任 左政丞·判軍簿(陽村先生文集 卷39 柳公神道碑銘)	恭愍 5, 11 流(史39·要26) 恭愍 10, 11 在 平章事（史39） ※恭愍 11, 正月 任 守門下侍中(柳公神道碑銘) 恭愍 11, 3 任 左政丞（史40·要27·史111 列傳） 恭愍 12, 閏3 任 左政丞(史40·要27) ※恭愍 12, 春 任 都僉議政丞·判典理(柳公神道碑銘) 恭愍 12, 4 任 右政丞（史40·要27）

52	李公遂	恭愍 11, 6 任 贊成事·判版圖司事(墓 p. 571 墓誌銘)	恭愍 2, 正月 任 贊成事(史38·要26·史112 列傳)	恭愍 12, 4 任 左政丞(史40·要27·史112 列傳) ※都僉議左政丞·判軍簿司事(墓 p. 573 墓誌銘) 恭愍 12, 5 罷(史40)
53	李仁復	恭愍 13, 冬 任 都僉議贊成事·判版圖司事(墓 p. 586 墓誌銘)	恭愍 12, 任 都僉議贊成事(墓 p. 586 墓誌銘)	恭愍 14, 6 任 判三司事(史41·墓 p. 586 墓誌銘) 恭愍 19, 任 檢校侍中(史112 列傳·墓 p. 586 墓誌銘)
54	池奫	禑 元年, 4 在 贊成事(史133) ※禑 任 門下贊成事·判版圖司事(史125 列傳)		禑 3, 3 伏誅(史133·要30)
55	睦仁吉	禑 3, 10 在 贊成事·判版圖司事(牧隱文藁 卷14 廣通普濟禪寺碑銘)	禑 3, 4 任 門下贊成事(史133·要30)	禑 6, 2 流(要31)
56	邊安烈	禑 10, 在 門下贊成事·判版圖司事(朝鮮金石總覽 p. 523 安心寺指空懶翁舍利石鐘碑)	禑 6, 8 在 贊成事(要31)	恭讓 元年, 11 任 領三司事(史45)
57	安宗源	昌 元年, 6 任 門下贊成事·判版圖(東文選 卷120 文簡公安公墓碑銘) ※門下贊成事(史137)	禑 12, 任 政堂文學(史109 列傳·東文選 卷120 墓碑銘) 禑 14, 正月 任 門下贊成事·判典工(東文選 卷120 墓碑銘)	恭讓 2, 8 任 判三司事(史45)
58	鄭夢周	恭讓 2, 8 任 門下贊成事·同判都評議使司事·戶曹·尙瑞寺事(圃隱文集 卷4 年譜·史117 列傳)	恭讓 元年, 11 任 門下贊成事(史45)	恭讓 2, 11 任 守門下侍中(史45·要34) ※守門下侍中·判都評議使司·兵曹·尙瑞寺事(史117 列傳·圃隱文集 卷4 年譜) 恭讓 4, 4 在·被殺 守侍中(史46)

判戶部事(判版圖司事)에 임명된 사례는 모두 58명인데, 고려전기가 22명(1번~22번), 무신정권기 12명(23번~34번), 後·末期가 24명(35번~58번)으로 분포되어 있다. 그중 고려전기의 경우 앞에서 설명한 바 判吏部事를 역임한 뒤에 致仕와 관련하여 제수받은 邵台輔(9)와 역시 權判吏部事를 지낸후 특별한 사유로 인해 제수받은 崔弘嗣(11)를 제외하면 20사례가 되거니와, 그들의 本職은 門下侍郎同中書門下平章事(門下侍郎同內史門下平章事)가 2사례(2·16)이고, 門下侍郎平章事 2사례(3·15)이며, 中書侍郎同中書門下平章事(內史侍郎同內史門下平章事)가 3사례(1·13·22)이고, 中書侍郎平章事가 1사례(12)로써, 平章事·判戶部事는 모두 8사례가 된다. 이에 비해 僕射는 3사례(5·7·19)이고, 또 僕射·尙書·守司空을 겸한 參知政事 4사례(4·6·10·14)에다 參知政事 단독직이 4사례(8·17·18·20)이며, 政堂文學은 1사례(21)로써, 이들 합계는 12사례가 된다. 判戶部事도 判兵部事와 같이 주로 平章事와 僕射·參知政事가 겸임하는 직위였음을 알 수 있지마는, 그러나 후자는 平章事가 僕射·參知政事보다 비율이 훨씬 높았던데 비하여 전자는 그 반대로 나타나고 있다. 判戶部事가 判兵部事보다 下位職이었음이 이 부분에서도 드러나 있다고 하겠다.

武臣政權期의 判戶部事 겸임자는 門下侍郎平章事 2사례(26·27), 中書侍郎同中書門下平章事 1사례(25), 中書侍郎平章事가 2사례(23·28)인데 비해, 吏部尙書·參知政事 1사례(38)에다 參知政事 단독직이 6사례(24·29·30·31·32·34)로, 平章事 대 參知政事는 5：7이다. 역시 전기와 대략 같은 비율인 것이다.

후·말기의 경우는 불명한 1사례(39)와 參文學事 3사례(35·37·38) 이외에 20사례 모두가 平章事(贊成事)들이다. 6部判事를 겸임하는 직위의 전반적인 상승과 함께 判戶部事의 本職도 많이 높아지고 있는데, 그러나 判兵部事의 그들보다는 역시 한단계 낮다는 경향을 띠고 있다.

그러면 이어서 判禮部事에 대하여 알아보기로 하자. 이제 그를 위해 저들 사례를 앞서의 요령에 따라 정리하여 제시하면 다음의 〈表 4〉와 같다.

〈表 4〉 判尙書禮部事 歷任者

번호	姓名	年月과 官職(典據)	以前 官職(典據)	以後 官職(典據)
1	蔡忠順	顯 16, 正月 任 判尙書禮部事(史5·要3)	顯 13, 4 任 內史侍郎平章事·兼西京留守(史4·要3·史93 列傳)	顯 18, 正月 任 門下侍郎(史5·要3) 顯 22, 正月 在·致仕 門下侍郎平章事(要3·史93 列傳)
2	黃周亮	靖 3, 7 任 內史侍郎同內史門下平章事·判尙書禮部事(要4)	靖 卽位, 12 任 禮部尙書·叅知政事(史6·要4·史95 列傳)	靖 4, 11 任 門下侍郎平章事(史6·要4·史95 列傳)
3	李作忠	靖 9, 2 任 內史侍郎同內史門下平章事·判尙書禮部事(史6)	靖 4, 11 任 叅知政事(史6·要4)	
4	李子淵	文 元年, 4 任 吏部尙書·叅知政事·判尙書禮部事(墓 p.22 墓誌銘)		文 4, 正月 任 內史侍郎平章事(史7·要4·史95 列傳)
5	崔惟善	文 15, 8 任 判尙書禮部事(史8)	文 10, 2 在 知中樞院事(要4·史95 列傳)	文 15, 11 任 叅知政事·權判翰林院事(史8·要5)
6	鄭惟産	文 31, 11 任 判尙書禮部事(史9·要5)	文 29, 正月 任 叅知政事·監修國史(史9·要5) 文 29, 7 任 吏部尙書(史9·要5)	文 34, 9 致仕 宰相(要5)
		宣 2, 門下侍郎同中書門下平章事·判尙書禮刑部事(朝鮮金石總覽 p.283 智光國師玄妙塔碑)		宣 8, 4 卒 門下侍郎平章事致仕(史10·要6)
7	文 正	文 末年, 門下侍郎平章事·判尙書禮刑部事(史95 列傳)	文 34, 12 在 中書侍郎平章事(史9·要5) 文 36, 8 在 門下侍郎(史9)	宣 10, 4 卒 門下侍中致仕(史10·要6)

8	崔奭	宣 ? 門下侍郎同中書門下平章事・判吏禮部事(史99 崔惟淸傳・墓 p. 221 崔惟淸墓誌銘)	文 37. 正月 任 中書侍郎同中書門下平章事(史9・要5) 宣 3. 4 任 門下侍郎平章事(史10・要6)	
9	金上琦	肅 ? 守太尉・門下侍郎平章事・判禮兵部事(墓 p. 204 金永錫墓誌銘・p. 101 崔湧妻金氏墓誌銘)	宣 10. 5 任 吏部尙書・叅知政事・判尙書戶部事(要6) 獻 元年. 9 任 中書侍郎同中書門下平章事(史10・要6) 肅 卽位. 10 任 守司徒・門下侍郎同中書門下平章事(史11・要6)	
10	魏繼廷	肅 8. 2 任 守司徒・判禮部事(史12)	肅 6. 12 任 中書侍郎同中書門下平章事(史11・要6・史95 列傳)	肅 9. 12 任 門下侍郎平章事(史12・要7・史95 列傳)
11	崔弘嗣	肅 10. 6 任 守司徒・中書侍郎同中書門下平章事・判尙書禮部事(史12) 睿 5. 12 任 判吏禮部事(史13・墓 p. 84 崔時允墓誌銘)	肅 9. 8 任 叅知政事(史12・要7)	睿 卽位. 11 任 門下侍郎同平章事(史12・要7) 睿 2. 7 在 門下侍郎平章事 任 權判尙書吏部事(史12・要7) 睿 4. 在 守太尉・門下侍郎同中書門下平章事・判尙書戶兵部(墓 p. 186 王〓孝墓誌銘) 睿 7. 3 在 致仕 門下侍郎平章事(要7)
12	李頵	睿 2. 7 任 文德殿大學士・判尙書禮部事(史12・史95 列傳)	肅 6. 2 任 叅知政事・柱國(史11・要6) 肅 7. 3 任 判尙書戶部事(史11・要6) 肅 8. 2 任 守司空・判刑部事(史12) 肅 8. 9 任 中書侍郎平章事(史12) 睿 卽位. 11 任 門下侍郎同平章事(史12・要7)	睿 5. 3 任 權尙書吏部事(史13・要7)

13	許 慶	睿 7, 2 任 檢校司徒・判尙書禮部事(史13・要7)	睿 6, 12 任 中書侍郎同平章事(史13・要7)	睿 8, 2 任・致仕 門下侍郎同中書門下平章事(史13・要8・史97 列傳)
14	吳延寵	睿 8, 12 任 守太尉・判禮兵部事(史13・要8・史96 列傳)	睿 5, 12 任 中書侍郎平章事・判三司事(史13・要7) 睿 7, 2 任 守司徒・判尙書兵部事(史13・要7) 睿 7, 9 任 門下侍郎同中書門下平章事(史13・要7)	睿 9, 3 任 判吏部事(史13・要8・史96 列傳) 睿 11, 5 在・卒 門下侍郎平章事(史14・要8)
15	金 緣 (金仁存)	睿 9, 3 任 戶部尙書・叅知政事・判禮部事・兼西京留守使(史13・要8) 睿 9, 7 任 刑部尙書・判禮部事(史13・要8)	睿 8, 12 任 禮部尙書・政堂文學・判翰林院事(史13・要8)	睿 9, 3 在 平章事(史73 選擧志 科目 選場) 睿 11, 6 任 守司徒・中書侍郎同中書門下平章事(史14・要8) 睿 12, 6 任 門下侍郎同中書門下平章事(史14・要8) 睿 13, 3 任 判兵部事(史14・要8) 仁 4, 12 任 檢校太師・門下侍中(史15・要9・史96 列傳) 仁 5, 6 任 守太傅・門下侍中・判吏部事(史15・要9・史96 列傳)
16	李 軌 (李 載)	睿 13, 3 任 戶部尙書・判禮部事(史14・要8)	睿 12, 12 任 政堂文學・判翰林院事(史14・要8)	睿 13, 5 在 政堂文學(史73 選擧志 科目 選場) 睿 15, 6 任 守司空・左僕射・叅知政事(史14・要8)
※	朴景仁	睿 任・致仕 守司空・左僕射・叅知政事・判禮部事(墓 p.52 墓誌銘)		睿 16, 6 卒 左僕射・叅知政事致仕(史14・要8)

		※睿 15, 12 任·致仕 守司空·左僕射·叅知政事(史14·要8)		
17	金 暖	睿 17, 3 任 守司徒·判禮部事(史14·要8·史97 列傳)	睿 12, 2 任 檢校司空·叅知政事(史14·要8) 睿 12, 6 任 判刑部事(史14·要8) 睿 12, 12 任 尙書右僕射·兼太子少傅(史14·要8) 睿 15, 6 任 中書侍郎平章事(史14·要8)	仁 卽位, 5 任 門下侍郎平章事(史15·要8)
18	李 壽 (李公壽)	仁 4, 4 任 門下侍郎平章事·判禮部事(史15·墓 p. 65 墓誌銘)	仁 3, 任 中書侍郎平章事·判刑部事(墓 p. 65 墓誌銘)	仁 4, 6 任 判吏部事(史15·要9·墓 p. 65) 仁 5, 6 任 判兵部事(史15·要9·墓 p. 65) 仁 5, 12 任 判吏部事·監修國史(史15·要9·墓 p. 65) 仁 6, 3 任 門下侍中(史15·要9·史95 列傳·墓 p. 65 墓誌銘) 仁 9, 7 在·乞致仕 門下侍中(要9·墓 p. 65) 仁 9, 9 任·致仕 守太傅·門下侍中·判吏部事(史16·要9)
※	洪 灌	仁 5, 5 贈 守太尉·門下侍郎同中書門下平章事·判禮部事(要9·史121 列傳)	仁 4, 2 在·被殺 左僕射(史15·要9·史121 列傳)	
19	金富佾	仁 5, 6 任 戶部尙書·判禮部事(史15·要9)	仁 4, 4 任 政堂文學(史15·要9·史97 列傳)	仁 5, 12 任 中書侍郎同中書門下平章事(史15·要9·史97 列傳) 仁 6, 3 任 守司徒·判尙書兵部事(史15·要9)

20	李瓃	仁 6, 3 任 檢校司徒・守司空・左僕射・判禮部事(史15・要9)	睿 13, 9 侍臣(要8)	仁 6, 7 在・罷 叅知政事(史15・要9)
21	崔滋盛	仁 8, 6 任 判尙書禮部事(史16)	仁 5, 12 任 叅知政事(史15・要9) 仁 6, 3 任 檢校司空・判工部事(史15・要9) 仁 7, 12 任 尙書左僕射・叅知政事(史16・要9)	仁 9, 9 任 中書侍郎・判兵部事(史16)
22	文公仁 (文公美)	仁 ? 在 門下侍郎平章事・判尙書禮部事(東文選 卷28 册皇太子敎書)	仁 8, 6 任 判尙書刑部事(史16) 仁 8, 12 任 叅知政事(史16・要9) 仁 9, 9 任 中書侍郎平章事・西京留守事(史16・要9)	仁 11, 4 任 判尙書兵部事(史16・要10) 仁 11, 11 任 判吏部事(史16)
23	崔濡	仁 11, 12 任 判禮部事(史16)	仁 11, 4 任 叅知政事・判尙書工部事(史16)	仁 13, 12 任 守司空・中書侍郎平章事(史16・要10)
※	金富儀	仁 14, 贈 守司空・尙書左僕射・政堂文學・判尙書禮部(史97 列傳)	仁 14, 10 在・卒 知樞密院事(史16・要10)	
24	金富軾	仁 16, 8 任 判禮部事(史16)	仁 9, ? 任 叅知政事・判戶部事(東文選 卷43 表箋 讓叅知政事判戶部事表) 仁 10, 12 任 守司空・中書侍郎同中書門下平章事(史16・要10) 仁 11, 12 任 判兵部事(史16・要10) 仁 14, 3 任 守太尉・門下侍中・判尙書吏部事(史16・要10・史98 列傳)	仁 20, 3 在・致仕 門下侍中(要10・史98 列傳)
※	金若溫	仁 17, 11 任・致仕 守太傅・門下侍中・判戶禮部事(史17)	仁 2, 12 任 守司空・門下侍郎平章事(史15・要9)	

25	李之氐	仁 20, 12 任 守司空·左僕射·判禮部事(史17·東文選 卷43 代李之氐守司空左僕射…表)	仁 19, 12 任 政堂文學·判翰林院事(史17·要10)	仁 21, 12 任 叅知政事·判西京留守事(史17)
26	韓惟忠	仁 23, 8 任 判尙書禮部事·修國史(史17·要10·墓 p. 90 墓誌銘)	仁 22, 12 任 叅知政事·判工部事(史17)	仁 23, 12 任 中書侍郞門下平章事(史17·要10)
27	崔梓	仁 24, 12 任 叅知政事·判禮部事(墓 p. 121 墓誌銘)	仁 24, 4 任 刑部尙書·樞密院使(墓 p. 121 墓誌銘)	毅 元年, 7 在 叅知政事(史17) 毅 2, 致仕(墓 p. 121 墓誌銘)
28	金永錫	毅 5, 任 政堂文學·判禮部事(墓 p. 204 墓誌銘) ※毅 5, 5 任 政堂文學(史17·要11)	毅 3, 任 尙書右僕射·三司使(墓 p. 204 墓誌銘)	毅 6, 12 任 中書侍郞平章事(史17·要11·墓 p. 204 墓誌銘) 毅 7, 加 判兵部事(墓 p. 204 墓誌銘) 毅 8, 正月 任 尙書左僕射·判工部事(史18)? 毅 8, 致仕(墓 p. 204 墓誌銘)
29	崔誠	毅 7, 任 政堂文學·判尙書禮部事(墓 p. 184 墓誌銘)	毅 6, 12 任 樞密院使(史17·要11·墓 p. 184 墓誌銘)	毅 12, 任 守司空·中書侍郞同中書門下平章事·判尙書戶部事(墓 p. 184 墓誌銘) 毅 12, 任 判刑部事(墓 p. 184 墓誌銘) 毅 14, 7 在·卒 中書侍郞平章事(史18·要11)
30	崔允儀	毅 15, 任 判尙書吏禮部事(墓 p. 198 墓誌銘)	毅 任 叅知政事·修國史(墓 p. 198 墓誌銘) 毅 9, 3 任 權判尙書兵部事(史18) 毅 9, 任 中書侍郞同中書門下平章事·判尙書吏部事(墓 p. 198 墓誌銘)	毅 16, 8 在·卒 門下侍郞平章事(史18·要11)

			毅 11, 任 門下侍郎同中書門下平章事(墓 p. 198 墓誌銘)	
※	崔惟淸	明 2, 6 任・致仕 守司空・集賢殿大學士・判禮部事(史19・史99 列傳・墓 p. 225 墓誌銘)	毅 3, 12 任 叅知政事・判尙書刑部事(史17) 毅 4, 12 任 中書侍郎平章事(史17・要11・史99 列傳) 毅 5, 4 任 判兵部事(史17・史99 列傳) 毅 5, 5 貶 南京留守(要11) 毅 15, 12 中書侍郎平章事致仕(史18・要11) 明 任 中書侍郎平章事(史99 列傳)	
31	韓文俊	明 11, 12 任 寶文閣大學士・判禮部事(史20・史99 列傳)	明 10, 12 任 叅知政事・太子少保(史20・要12)	明 12, 6 在 政堂文學(史73 選擧志 科目選場) 明 13, 12 任 判兵部事(史20・要12・史99 列傳) 明 14, 12 任 門下侍郎平章事・判吏部事(史20・要13・史99 列傳)
32	文克謙	明 15, 正月 任 中書侍郎・判禮部事(史20・要13・史99 列傳)	明 13, 12 任 中書侍郎平章事・判戶部事(史20・史99 列傳)	明 16, 兼中書門下兩省・判兵部事(史99 列傳) ※同中書門下平章事・判兵部事(史128 宋有仁附 群秀傳) 明 17, 12 任 權判尙書吏部事(史20・史99 列傳) 明 19, 9 在・卒 平章事(史20・要13)
33	文章弼	明 門下侍郎同中書門下平章事・上將軍・判禮部事(墓 p. 267 墓誌銘)	明 14, 12 任 叅知政事(史20・要13)	

※	柳公權	明 26, 任・卒 政堂文學・叅知政事・判禮部事(墓 p. 282 墓誌銘) ※明 26, 7 卒 政堂文學(史20・要13)	明 24, 12 任 同知樞密院事(史20・要13) 明 25, 12 在・致仕 同知樞密院事(要13・墓 p. 282 墓誌銘)	
34	奇洪壽	熙 元年, 在 門下侍郎同中書門下平章事・判禮部事(韓國上代古文書資料集成 p. 57 張良守紅牌)	神 即位, 9 任 叅知政事・判兵部事(史21・要13) 神 即位, 12 任 中書侍郎平章事・判兵部事(史21・要13) 神 2, 12 任 守太尉・門下侍郎平章事(史21・要14) 神 4, 12 任 門下侍郎同中書門下平章事(史21・要14)	熙 元年, 12 任 判吏部事(史21・要14) ※門下侍郎同中書門下平章事・判吏部事(史101 列傳) 熙 5, 6 在・卒 門下侍郎同中書門下平章事(史21・要14)
35	任濡	熙 ? 在 門下侍郎同中書門下平章事・判尙書禮部事(東文選卷23 王太子加元服敎書)	神 3, 12 任 中書侍郎平章事(史21・要14・史95 列傳) 熙 元年, 在 門下侍郎平章事・判戶部事(韓國上代古文書資料集成 p. 56 張良守紅牌)	康 元年, 3 在・卒 門下侍郎平章事(史21・要14)
36	金元義	康 元年, 12 任 叅知政事・判禮部事(史21・墓 p. 317 墓誌銘)	熙 任 守司空・左僕射・判三司事(墓 p. 317 墓誌銘)	康 2, 任 門下侍郎平章事・判兵部事(墓 p. 317 墓誌銘) 高 2, 致仕(墓 p. 317)
37	鄭克溫	高宗初 ? 叅知政事・判禮部事(墓 p. 313 墓誌銘) ※叅知政事(史101 列傳)	康 元年, 12 任 守司空・左僕射・判三司事(史21)	高 2, 2 在・卒 叅知政事(史22・要14)
38	趙冲	高 6, 任 政堂文學・判禮部事(墓 p. 335 墓誌銘・史103 列傳) ※高 門下侍郎同中書門下平章事・判禮部事(東國李相國集 卷25 同年宰相書名記)		高 任 門下侍郎平章事・判兵部事(墓 p. 335 墓誌銘) 高 7, 9 在・卒 平章事(史22・要15)

39	崔甫淳	高 7. 任 叅知政事 · 判禮部事(墓 p. 353 墓誌銘 · 東國李相國集 卷33 敎書)		高 9, 12 任 中書侍郎平章事 · 判兵部事(史22 · 要15 · 墓 p. 353 墓誌銘) 高 11. 任 門下侍郎同中書門下平章事(墓 p. 353 墓誌銘) 高 15, 12 任 守太師 · 判吏部事(史22 · 要15 · 墓 p. 354 墓誌銘) ※守太師 · 門下侍郎平章事 · 判吏部事(史99 列傳) 高 16, 正月 在 · 卒 平章事(史22 · 要15)
40	史洪紀	高 叅知政事 · 上將軍 · 判禮部事(墓 p. 388 崔沆墓誌銘)	高 8, 12 任 知門下省事 · 吏部尙書 · 判工部事(史22 · 東國李相國集 卷34 · 東文選 卷25) 高 9, 12 任 叅知政事(史22 · 要15)	高 14, 7 在 · 卒 叅知政事(史22)
41	文惟弼	高 14, 12 任 叅知政事 · 判禮部事(史22)	高 8, 12 任 守司空 · 左僕射(史22 · 要15) 高 9, 12 任 知門下省事(史22 · 要15)	高 15, 11 在 · 卒 知門下省事(史22)
42	兪升旦	高 在 叅知政事 · 判禮部事(東國李相國集 卷25 同年宰相書名記)	高 17, 3 在 政堂文學(史73 選擧志 科目 選場)	高 19, 8 在 · 卒 叅知政事(史23 · 要16)
43	李奎報	高 20, 12 任 知門下省事 · 戶部尙書 · 判禮部事(東國李相國集 年譜 · 墓 p. 376 墓誌銘) 高 24, 12 任 · 致仕 門下侍郎平章事 · 判禮部事(上同)	高 20, 6 任 樞密院副使 · 左散騎常侍(左同)	高 21, 12 任 政堂文學(東國李相國集 年譜) 高 22, 12 任 叅知政事 · 判戶部事(左同) 高 28, 9 卒 門下侍郎平章事致仕(史23 · 要16)
44	宋恂	高 任 叅知政事 · 判禮部事(東文選 卷26 除宰臣朴文成…敎書)		高 28, 4 在 叅知政事(史73 選擧志 科目 選場)

				高 41, 3 在 門下侍郎(史24) 元 卽位, 7 在・卒 平章事(史25・要17)
45	任景肅	高 任 叅知政事・判禮部事(東文選 卷26 除宰臣任景肅…麻制)	高 任 政堂文學・吏部尙書・判工部事(東文選 卷26 制誥 除朴文成…任景肅敎書)	高 37, 5 在 平章事(史73 選擧志 科目選場) 高 38, 正月 平章事致仕(要17) 高 同中書門下平章事・判吏部事(史95 列傳 任濡傳)
46	金 純	元 3, 12 任 守太尉・判禮部事(史25)		元 4, 12 任・致仕 守太傅・門下侍郎平章事(史25)
※	朴成梓	元 3, 12 任・致仕 叅知政事・判禮部事(史25)	高 45, 12 任 右僕射(史24) 元 元年, 正月 任 樞密院副使(史25・要18)	元 5, 11 卒 叅知政事致仕(史26・要18)
※	金 須	元 ? 贈 叅知政事・判禮部事(墓 p. 463 金須 妻 高氏墓誌銘)	元 12, 閏10 在・戰死 靈光副使(史27)	
47	車 信	忠烈 24, 7 忠宣 任 僉議贊成事・判儀曹事(史33)	忠烈 23, 8 任 贊成事(史31・要21) 忠烈 24, 忠宣 5月 任 檢校司徒・資政院使(史33・要22)	忠烈 25, 9 罷(史31・要22) 忠烈 28, 7 任 侍郎贊成事(史32・要22)
48	梁伯淵	禑 3, 10 在 贊成事・判禮儀司事(牧隱文藁 卷14 廣通普濟禪寺碑銘)	禑 元年, 8 在 門下評理商議(史133・史114 列傳) 禑 3, 5 在 贊成事(要30)	
49	廉興邦	禑 10, 在 門下贊成事・判禮儀司事(朝鮮金石總覽 p. 523 安心寺指空懶翁舍利石鐘碑)	禑 卽位, 9 在 密直提學(史133)	禑 11, 正月 在 三司左使(要32)
50	趙 浚	恭讓 2, 11 任 門下贊成事(要34) ※贊成事・判禮曹事(史118 列傳)	恭讓 元年, 12 任 門下評理・判尙瑞寺事(史45・史118 列傳)	恭讓 4, 正月 任 三司左使(史46・史118 列傳)

判禮部事는 모두 50사례인데, 시기별로는 고려전기가 30사례(1번~30번), 武臣政權期가 16사례(31번~46번), 그리고 후·말기가 4사례(47번~50번)이다. 그런데 전기의 30사례 가운데에서 判吏部事로 다시 이 직위를 겸했거나 또는 겸했다고 생각되는 8·24·30과, 判兵部事로 그것을 겸했거나 또는 겸했다고 생각되는 8·14는 判禮部事의 本職을 알아보는 지금의 작업에서 당연히 제외되어야 할 것으로 판단된다. 그러면 25사례가 되는데, 그 분포는 門下侍郎同平章事가 1사례(12)이고, 門下侍郎平章事는 3사례(7·18·22)이며, 中書侍郎同中書門下平章事(內史侍郎同內史門下平章事)가 5사례(2·3·10·11·13), 中書侍郎平章事(內史侍郎平章事)가 2사례(1·17)로, 平章事·判禮部事는 모두 11사례가 된다. 이에 비해 그 아래 직위인 守司空·左僕射가 2사례(20·25)이고, 僕射·叅知政事 1사례(21), 尚書·叅知政事 3사례(4·6·15), 叅知政事 단독직이 3사례(23·26·27)이며, 政堂文學은 4사례(16·19·28·29)로, 僕射·叅知政事級 이하는 모두 13사례가 되고, 1사례(5)는 不明이다. 判禮部事 역시 平章事와 僕射·叅知政事가 주로 겸임하여 判戶部事와 동일한 양상을 보이고 있으며, 그 비율도 11 : 13으로 전자보다 후자가 높다는 점에서 양자가 마찬가지라는 사실이 주목된다.

이어지는 武臣政權期의 判禮部事 겸임직은 門下侍郎同中書門下平章事가 3사례(33·34·35)이고, 中書侍郎이 1사례(32)로, 합계가 4사례인데 비해 叅知政事 9사례(31·36·37·39·40·41·42·44·45), 政堂文學 1사례(38), 知門下省事 1사례(13)로, 이들의 합계는 11사례이며, 1사례(46)는 不明으로 나타나고 있다. 이 시기의 平章事 대 叅知政事 이하급은 4 : 11로, 후자의 비율이 훨씬 높아지고 있다는 사실이 주목을 끄는데 그러나 역시 큰 경향은 전기의 判禮部事 사례나 武臣政權期의 判戶部事 사례와 유사하다는 공통성을 드러내고 있다.

후·말기에는 禮部가 오랫동안 吏部에 합병되어 있는 상태에서, 忠烈王 24년에 忠宣王이 잠시 즉위했을 때와 恭愍王 5년 이후에 얼마간 復置되는데 불과하였으므로 判禮部事(判儀曹事·判禮儀司事·

判禮曹事)의 임명도 4사례에 그치고 있다. 하지만 이들을 겸임하는 本職 역시 모두 贊成事로써 判戶部事와 거의 같은 양상을 보이고 있는 점만은 확인된다.

요컨대 判戶部事와 判禮部事의 本職을 비교하여 볼 때 武臣政權期에 平章事보다 叅知政事 이하급에서 겸임한 비율이 전자보다 후자가 조금 높다는 것을 제외하고는 양자간에 별다른 차이점이 없다고 해도 좋을 듯하다. 따라서 양자가 겸임한 직위만을 가지고는 그들간의 序列이나 高下를 쉬이 판별하기 어려운 것이다.

그렇다면 判刑部事와는 어떠했을까. 이들의 사례를 마찬가지 방식대로 정리한 것이 아래의 〈表 5〉이다.

〈表 5〉 判尙書刑部事 歷任者

번호	姓名	年月과 官職(典據)	以前 官職(典據)	以後 官職(典據)
1	柳 韶	德 任 內史門下侍郎平章事 · 判刑部事(墓 p. 47 尹彥榮 妻 柳氏墓誌銘)	德 卽位, 10 任 門下侍郎同內史門下平章事(史5 · 要3 · 史94 列傳)	靖 4, 4 在 · 卒 平章事(史6 · 要4)
2	金元冲	文 4, 正月 任 門下侍郎平章事 · 判尙書刑部事(史7 · 要4)	文 元年, 4 任 內史侍郎平章事(史7 · 要4)	※宣 3, 2 守太尉 · 門下侍中 配享靖宗 (史10)
3	李子淵	文 4年 이후, 任 權判尙書刑部事(墓 p. 22 墓誌銘)	文 4, 正月 任 內史侍郎平章事(史7 · 要4 · 史95 列傳 · 墓 p. 22 墓誌銘)	文 7, 7 任 門下侍郎平章事(史7 · 要4 · 史95 列傳)
4	王懋崇	文 22, 正月 任 判尙書刑部事(史8 · 要5)	文 15, 9 任 知中樞院事(史8 · 要5) 文 17, 8 任 東北面行營兵馬使(史8)	文 25, 5 任 中書侍郎同中書門下平章事 · 判尙書兵部事(史8 · 要5)
5	金行瓊	文 25, 正月 任 尙書左僕射 · 判尙書刑部事(史8 · 要5)	文 24, 4 在 尙書左僕射(史73 選擧志 科目 選場)	文 25, 正月 任 叅知政事(史8 · 要5)
6	崔有孚	文 26, 閏7 任 判尙書刑部事(史9 · 要5)	文 25, 正月 任 尙書右僕射(史8 · 要5)	
7	文 正	文 末年, 門下侍郎平章事 · 判尙書禮刑部事(史95 列傳)	文 34, 12 在 中書侍郎平章事(史9 · 要5) 文 36, 8 在 門下侍郎(史9)	宣 10, 4 卒 門下侍中致仕(史10 · 要6)

※	鄭惟產	宣 2, 門下侍郎同中書門下平章事·判尙書禮刑部事(朝鮮金石總覽 p. 283 智光國師玄妙塔碑)	文 29, 正月 任 叅知政事·監修國史(史9·要5) 文 29, 7 任 吏部尙書(史9·要5) 文 31, 11 任 判尙書禮部事(史9·要5) 文 34, 9 致仕宰相(要5)	宣 8, 4 卒 門下侍郎平章事致仕(史10·要6)
8	邵台輔	宣 10, 5 任 中書侍郎平章事·判尙書刑兵部事(史10·要6·史95 列傳)	宣 9, 2 任 叅知政事(史10·要6)	獻 即位, 6 任 門下侍郎平章事·上柱國(史10·要6·史95 列傳) 獻 元年, 7 任 權判吏部事(史10·要6·史95 列傳) 獻 元年, 9 任 守司徒·判吏部事(史10·要6·史95 列傳) 肅 即位, 10 任 守太尉·門下侍中(史11·要6·史95 列傳) 肅 8, 2 任 守太傅·判戶部·西京留守事 加 門下侍中致仕(史12·要7·史95 列傳)
9	林 槩	肅 即位, 10 任 中書侍郎平章事·判刑部事(史11·要6)	獻 元年, 9 任 守司空·尙書左僕射·判戶部事(史10·要6)	睿 2, 正月 卒 門下侍郎平章事致仕(史12·要7)
10	崔思諏	肅 2, 3 任 中書侍郎平章事·判刑部事·兼西京留守使(史11·要6)	肅 即位, 12 任 吏部尙書·叅知政事(史11·要6)	肅 5, 3 任 門下侍郎平章事(史11·要6) 肅 8, 2 任 守太尉·判吏部事(史12·史96 列傳) 肅 8, 9 任 門下侍中(史12·要7·史96 列傳)
11	林 幹	肅 6, 6 任 判尙書刑部事(史11·要6)	肅 2, 8 任 樞密院使·尙書左僕射(史11·要6) 肅 3, 3 任 太子小保(史11)	肅 7, 6 在 平章事(史11) 肅 8, 2 任 守司徒·判兵部事(史12) 肅 8, 9 任 門下侍郎平章事(史12·要7)

12	李顗	肅 8, 2 任 檢校司徒・守司空・判刑部事(史12)	肅 6, 12 任 叅知政事・柱國(史11・要6) 肅 7, 3 任 判尙書戶部事(史11・要6)	肅 8, 9 任 中書侍郎平章事(史12) 睿 卽位, 11 任 門下侍郎同平章事(史12・要7) 睿 2, 7 任 文德殿大學士・判尙書禮部事 (史12・史95 列傳) 睿 5, 3 任 權尙書吏部事(史13・要7)
13	尹瓘	肅 9, 7 任 叅知政事・判尙書刑部事・兼太子賓客(史12・史96 列傳)	肅 9, 2 在 樞密院使(史12・要7)	肅 10, 6 任 判尙書兵部・翰林院事(史12・要7) 睿 卽位, 11 任 中書侍郎同平章事(史12・要7・史96 列傳) 睿 2, 閏10 任 東蕃元帥(史12・史96 列傳) 睿 3, 4 任 門下侍中・判尙書吏部事(史12・要7・史96 列傳) 睿 4, 11? 免職(史13・要7・史96 列傳) 睿 5, 12 任 守太保・門下侍中・判兵部事(史13・要7・史96 列傳)
14	任懿	睿 2, 7 在 叅知政事 任 判尙書刑部事(史12・史95 列傳・墓 p. 44 墓誌銘)	睿 卽位, 11 任 尙書左僕射・叅知政事(史12・要7)	睿 3, 任 中書侍郎同中書門下平章事(墓 p. 44 墓誌銘) 睿 4, 任 權判尙書吏部事(墓 p. 45 墓誌銘) 睿 5, 3 任・致仕 守太尉・門下侍郎平章事(史13)
15	金景庸	睿 5, 12 任 門下侍郎平章事・判刑部事(史13・要7)	肅 10, 6 任 判尙書工部事 (史12) 睿 元年, 3 任 知門下省事 (史12)	睿 7, 2 任 守太保・判尙書吏部事(史13・要7)

			睿 元年, 12 任 左僕射·叅知政事(史12·要7) 睿 4, 2 在 平章事(史13·要7)	睿 7, 9 任 門下侍中(史13·要7·史97 列傳) 睿 8, 2 任 守太傅·判尙書吏部事(史13·要8)
16	柳仁著	睿 7, 9 任 尙書左僕射·判尙書刑部事(史13·要7)	睿 7, 2 任 叅知政事(史13·要7)	睿 8, 5 在·卒 叅知政事(史13·要7·史97 列傳)
17	趙仲璋	睿 9, 3 任 兵部尙書·叅知政事·判刑部事(史13·要8) 睿 9, 12 任 守司空·判尙書刑部事(史13)	睿 8, 12 任 兵部尙書·樞密院使(史13·要8)	睿 9, 7 任 權樞密院事·判秘書省事(史13·要8) 睿 10, 5 在 平章事(史73 選擧志 科目 選場) 睿 11, 6 任 守司徒·中書侍郎同中書門下平章事·判尙書戶部事(史14) 睿 14, 8 在·卒 門下侍郎平章事(史14·要8)
18	康拯	睿 11, 6 任 守司空·叅知政事·判尙書刑部事(史14)	睿 9, 3 任 尙書左僕射·樞密院使·判三司事(史13·要8)	睿 12, 3 任·致仕 中書侍郎平章事(史14·要8)
19	金晙	睿 12, 6 任 判刑部事(史14·要8)	睿 12, 2 任 檢校司空·叅知政事(史14·要8)	睿 12, 12 任 尙書右僕射·兼太子少傅(史14·要8) 睿 15, 6 任 中書侍郎平章事(史14·要8) 睿 17, 3 任 守司徒·判禮部事(史14·要8·史97 列傳) 仁 卽位, 5 任 門下侍郎平章事(史15·要8)
20	林有文	睿 17, 3 任 守司空·叅知政事·判刑部事(史14·要8)	睿 15, 6 任 右僕射·知門下省事(史14·要8)	仁 卽位, 5 任 門下侍郎平章事(史15·要8) 仁 2, 12 任 守太尉·判尙書戶部事(史15·要9)

				仁 3, 10 卒 門下侍郎平章事致仕(史15・要9・史97 林㮏傳)
21	李公壽 (李 壽)	仁 3, 任 中書侍郎平章事・判刑部事(墓 p. 65 墓誌銘)	仁 2, 12 任 守司空・叅知政事(史15・要9・史95 列傳)	仁 4, 4 任 門下侍郎平章事・判禮部事(史15・墓 p. 65 墓誌銘) 仁 4, 6 任 判吏部事(史15・要9・墓 p. 65 墓誌銘) 仁 5, 6 任 判兵部事(史15・要9・墓 p. 65 墓誌銘) 仁 5, 12 任 判吏部事・監修國史(史15・要9・墓 p. 65 墓誌銘) 仁 6, 3 任 門下侍中(史15・要9・史95 列傳) 仁 9, 7 在・乞致仕 門下侍中(要9・墓 p. 65 墓誌銘) 仁 9, 9 任・致仕 守太傅・門下侍中・判吏部事(史16・要9)
22	崔思全	仁 6, 12 任 叅知政事・判尙書刑部事(史15・史98 列傳)	仁 6, 3 任 守司空・尙書左僕射(史15・要9)	仁 9, 9 任・致仕 守太尉・門下侍郎平章事(史16・要9)
23	文公仁 (文公美)	仁 8, 6 任 判尙書刑部事(史16)	仁 7, 12 任 吏部尙書・知門下省事(史16・要9)	仁 8, 12 任 叅知政事(史16・要9) 仁 9, 9 任 中書侍郎平章事・西京留守事(史16・要9) 仁 ? 在 門下侍郎平章事・判尙書禮部事(東文選 卷28 册皇太子教書) 仁 11, 4 任 判尙書兵部事(史16・要10) 仁 11, 11 任 判吏部事(史16)

24	任元敳 (任元厚)	仁 13. 12 任 判刑部事 (史16)	仁 11. 4 任 叅知政事・ 判翰林院事(史16・ 要10) 仁 11. 12 任 判工部事 (史16・史95 列傳) 仁 12. 4 任 中書侍郎平 章事(史16・要10)	仁 18. 4 任 判尙書兵 部事(史17・要10・ 史95 列傳) 仁 19. 12 任 門下侍郎 平章事(史17・要10 ・史95 列傳) 仁 20. 4 任 判尙書吏 部事(史17・要10・ 史95 列傳) 毅 卽位. 4 任 門下侍 中・定安侯(史17・ 要10・史95 列傳)
25	任元濬	仁 15. 3 任 中書侍郎 同中書門下平章事 ・判刑部事(史16)	仁 14. 12 任 叅知政事 (史16・要10)	
26	崔 溱	仁 18. 4 任 右僕射・ 判刑部事(史17) ※仁 ? 在 守司空・ 左僕射・叅知政事 ・判尙書刑部事 (東文選 卷25 除任 元厚…)	仁 17. 12 任 叅知政事 (史17・要10)	仁 19. 12 任 中書侍郎 平章事(史17・要 10)
27	金正純	仁 20. 12 任 守司空・ 知門下省事・判刑 部事(史17・東文選 卷25 除李之氐金正 純並叅知政事)	仁 19. 12 任 知樞密院 事(史17・要10)	仁 21. 12 任 叅知政事 (史17・要10)
28	李仁實	毅 元年. 12 任 尙書 右僕射・叅知政事 ・判刑部事(史17 ・墓 p. 138 墓誌 銘)	仁 23. 8 任 同知樞密院 事(史17・要10)	毅 2. 12 任 權判吏部 事(史17) 毅 2. 12 任 中書侍郎 同平章事・判吏部 事(史17・要11) 毅 3. 4 任 守司空・ 門下侍郎平章事 (史17・要11)
29	尹彦頤	毅 2. 12 任 政堂文學・ 判刑部事(史17・墓 p. 110 墓誌銘)		毅 3. 9 在・卒 政堂 文學(史17・要11)
30	崔惟清	毅 3. 12 任 叅知政 事・判尙書刑部事 (史17)	毅 3. 9 任 知門下省事 (史17)	毅 4. 12 任 中書侍郎 平章事(史17・要11 ・史99 列傳) 毅 5. 4 任 判兵部事 (史17・史99 列傳)

				毅 5, 5 貶 南京留守(要11) 毅 15, 12 中書侍郎平章事致仕(史18・要11) 明 任 中書侍郎平章事(史99 列傳) 明 2, 6 任・致仕 守司空・集賢殿大學士・判禮部事(史17・史99 列傳・墓 p. 225 墓誌銘)
31	文公元	毅 5, 4 任 判刑部事(史17)	毅 4, 12 任 叅知政事(史17・要11)	毅 5, 5 任 中書侍郎平章事・判吏部事(史17・要11・墓 p. 157 墓誌銘) 毅 6, 12 任 門下侍郎同平章事(史17・要11)
32	梁元俊	毅 8, 12 任 吏部尙書・判刑部事(墓 p. 171 墓誌銘)	毅 8, 8 任 知門下省事(墓 p. 171 墓誌銘) ※毅 9, 5 任 知門下省事(史18・要11・史99 列傳)	毅 10, 冬 任 權判吏部事(墓 p. 171 墓誌銘) 毅 10, 12 任 中書侍郎・同中書門下侍郎平章事(墓 p. 171 墓誌銘) ※毅 10, 任 門下侍郎平章事(史99 列傳)
33	崔詵	毅 12, 任 判刑部事(墓 p. 184 墓誌銘)	毅 7, 任 政堂文學・判尙書禮部事(墓 p. 184 墓誌銘) 毅 12, 任 守司空・中書侍郎同中書門下平章事・判尙書戶部事(墓 p. 184 墓誌銘)	毅 14, 7 在・卒 中書侍郎平章事(史18・要11)
34	任克忠 (任奎)	毅 16, 12 任 判尙書刑部事(史18)	毅 5, 9 任 樞密院使(史18・要11) 毅 11, 12 任 守司空(史18)	明 即位, 9 任 中書侍郎平章事(史19・要11)
35	崔忠烈	明 11, 5 任 判刑部事(史20・史100 列傳)	明 10, 12 任 中書侍郎平章事・太子少傅(史20・要12・史100 列傳)	明 12, 2 在・卒 中書侍郎平章事(史20・要12)

194 高麗時代 尙書省 硏究

36	于逑儒	神 卽位, 11 任 守司空 · 左僕射 · 判刑部事(史21)		神 2, 6 任 · 致仕 中書平章事(史21 · 要14)

   刑部(典法司)는 忠烈王 이후의 후 · 말기에 여전히 설치되어 있었음에도 불구하고 이미 설명했듯이 判刑部事의 사례가 전혀 찾아지지 않고 있으며, 심지어는 武臣政權期에서조차 中書侍郎平章事(35)와 守司空 · 左僕射(36)가 각각 겸임하고 있는 1사례씩이 보일 뿐이므로 실제의 상황은 고려전기에 한정하여 살필 수밖에 없는데 그 숫자는 34로 집계된다. 한데 이중 2사례(4 · 34)는 本職이 不明이어서 그것을 알 수 있는 숫자는 32사례가 되거니와, 그 분포는 門下侍郎同內史門下平章事가 1사례(1)이고 門下侍郎平章事는 3사례(2 · 7 · 15)이며, 中書侍郎同中書門下平章事가 2사례(25 · 33)이고 中書侍郎平章事(內史侍郎平章事)는 6사례(3 · 8 · 9 · 10 · 21 · 24)로, 平章事 · 判刑部事는 모두 12사례가 된다. 이에 비해 左 · 右僕射가 5사례(5 · 6 · 11 · 16 · 26)이고, 僕射 · 叅知政事 1사례(28), 叅知政事 단독직이 10사례(12 · 13 · 14 · 17 · 18 · 19 · 20 · 22 · 30 · 31)이며, 政堂文學 1사례(29), 知門下省事 3사례(23 · 27 · 32)로, 이들의 합계는 20사례가 된다. 결국 平章事 대 僕射와 叅知政事 이하급은 12 : 20으로 후자의 비율이 判戶部事나 判禮部事보다 좀 높게 나타나고 있지마는, 그러나 判刑部事 역시 주로 平章事와 僕射 · 叅知政事들이 겸임하고 있어서 이 경우에도 本職만을 가지고 그들간의 序列이나 高下를 단정하여 말하기에는 역시 난점이 따른다.

   그런데 이러한 어려움은 개인의 승진과정이나 임명 기사에서도 마찬가지로 나타난다. 判戶部事와 判禮部事의 관계를 보면 崔誠(表 3의 22)은 政堂文學 · 判尙書禮部事에서 中書侍郎同中書門下平章事 · 判尙書戶部事로 승진하고 있고, 李奎報(表 3의 30) 역시 知門下省事 · 戶部尙書 · 判禮部事에서 政堂文學을 거쳐 叅知政事 · 判戶部事로 승진하고 있어서 여기서는 분명히 判戶部事가 判禮部事보다 서열이 앞선 것을 알 수 있다. 하지만 이와는 반대로 文克謙(表 3의 23)은 中書侍郞平章事・判戶部事를 제수받은 후 本職은 같지만 얼마 뒤에야 判禮部事에 취임하고 있고, 任濡(表 3의 27)도 門下侍郞平章事・判戶部事에서 門下侍郞同中書門下平章事・判尙書禮部事로 승진하고 있으며, 또 李頲(表 3의 8)는 叅知政事・判戶部事에서 判刑部事를 거쳐 門下侍郞同平章事・判尙書禮部事로 승진하고 있기도 하다. 이 경우는 判禮部事가 判戶部事보다 서열이 앞선 사례인 것이다.

그런가 하면 두 직위가 동시에 임명되고 있는 기사에 의하더라도 靖宗 9년 2월에 崔齊顔이 門下侍郞同內史門下平章事・判尙書戶部事를 제수받을 때 李作忠은 內史侍郞同內史門下平章事・判尙書禮部事를 제수받아[49] 判戶部事가 앞서고 있다. 그러나 睿宗 15년 6월에 中書侍郞平章事에 임명된 金晙이 다시 同王 17년 3월에 守司徒・判禮部事를 제수받을 때 林有文은 守司空・叅知政事・判刑部事를, 王字之는 吏部尙書・叅知政事・判戶部事를 제수받아[50] 判戶部事는 判刑部事와 함께 判禮部事보다 서열이 뒤져서 위의 두 기사가 서로 상반되는 내용을 보이고 있는 것이다.

다음 判戶部事와 判刑部事의 관계를 보면 趙仲璋(表 3의 13)의 경우 叅知政事・判刑部事에서 中書侍郞同中書門下平章事・判尙書戶部事로 승진하고 있고, 林有文(表 3의 15)도 叅知政事・判刑部事에서 門下侍郞平章事・判尙書戶部事로 승진하고 있는데 반해서, 위에 든 李頲(表 3의 8)가 判戶部事에서 判刑部事로 자리를 옮긴 사례를 비롯하여 林槩(表 3의 5)가 守司空・尙書左僕射・判戶部事에서 中書侍郞平章事・判刑部事로, 崔誠 역시 中書侍郞同中書門下平章事・判戶部事에서 다시 判刑部事로 승진한 사례도 찾아진다. 임명 기사로서는 睿宗 11년 6월 趙仲璋이 守司徒・中書侍郞同中書門下平章事・判尙書戶部事를 제수받을 때에 康拯이 守司空・叅知政事・判刑部事를 제수받은 것은[51] 判戶部事가 判刑部事보다 상위의 사례인데 비

---

49) 『高麗史』 卷 6 世家 靖宗 9年 2月.
50) 『高麗史』 卷 14 世家・『高麗史節要』 卷 8 睿宗 17年 3月.

해, 肅宗 卽位年 10月에 林槩가 中書侍郎平章事·判刑部事를 제수받
을 때 孫冠이 尙書右僕射·叅知政事·判戶部事를 제수받은 것과,[52]
同王 2년 3월에 崔思諏가 中書侍郎平章事·判刑部事를 제수받을 때
金先錫이 左僕射·判戶部事를 제수받은 것,[53] 睿宗 5년 12月에 金景
庸이 門下侍郎平章事·判刑部事를 제수받을 때 李瑋가 中書侍郎·
判戶部事를 제수받은 것,[54] 그리고 仁宗 15년 3月에 任元濬이 中書
侍郎同中書門下平章事·判刑部事를 제수받을 때 그 전해 12月에 叅
知政事를 제수받은 바 있는 李資德이 다시 判戶部事에 임명되고 있
는 것은[55] 그 반대의 내용을 보여주는 사례들이다.

이와 같이 判戶部事와 判禮部事·判刑部事 간에는 그들이 겸임하
는 本職도 그러하지만 승진 과정이나 또는 비교가 가능한 임명 기사
를 보더라도 상호간에 서열이 앞서기도 하고 혹은 뒷서기도 하여 우
열을 가리기가 매우 어렵게 되어 있다. 이는 무엇을 뜻하는가. 그것
은 결국 判戶部事와 判禮部事·判刑部事 사이에 서열상 큰 차이가
없었음을 말해주는 것에 다름 아니라는 생각이다. 이런 현상은 특히
고려전기에 두드러졌던게 아닌가 한다.

하지만 이러한 사정에도 불구하고 대체적으로 判戶部事가 後二者
보다 서열이 앞선 것은 사실인 듯하다. 이 점은 앞에서 인용한바
(마)-②사료에 「判軍簿가 二宰가 되고 判版圖가 三宰가 되는 것은
그 유래가 오래된 것」이라 분명하게 언급되어 있는 데서 짐작할 수
있다. 아울러 戶部는 周禮의 6典體系로 보나 또는 唐制의 前行·中
行·後行에 따른 순서로 보나 모두 禮部·刑部보다 서열이 앞서고
도 있는 것이다. 麗末인 昌王 때의 기사에 의하면 門下贊成事·判版
圖에 오른 安宗源을 「세상에서 二相이라 칭한다」고 한 문구도 보이

---

51) 『高麗史』卷 14 世家 睿宗 11年 6月.
52) 『高麗史』卷 11 世家·『高麗史節要』卷 6 肅宗 卽位年 10月.
53) 『高麗史』卷 11 世家·『高麗史節要』卷 6 肅宗 2年 3月.
54) 『高麗史』卷 13 世家·『高麗史節要』卷 7 睿宗 5年 12月.
55) 『高麗史』卷 16 世家 仁宗 15年 3月.

지마는,56) 이 역시 周禮의 6典體系에 의거한 서열을 염두에 둔 기록
이라 짐작된다. 앞서 判戶部事에서 判兵部事로 승진한 사례가 많이
보이는가 하면, 또 미미하기는 해도 判戶部事를 겸임하는 직위가 判
禮部事·判刑部事를 겸임하는 그들보다 조금은 높은 듯싶기도 하다
는 언급을 했거니와, 이상의 상황으로 미루어 실상도 그러하지 않았
을까 이해된다. 後二者의 本職이 前者의 그들보다 높은 사례가 여럿
찾아짐에도 불구하고 그렇지 않은 경우가 훨씬 많아서 判禮部事·
判刑部事를 겸임하는 재상보다는 역시 判戶部事를 겸임하는 宰相의
班次가 대체적으로는 앞섰으리라 판단이 가는 것이다. 그리고 이러
한 경향이 보다 뚜렷해지는 것은 忠烈王 이후의 後·末期로 생각된
다. 사실 이 시기에는 判吏部事(判典理司事)와 判兵部事(判軍簿司
事)·判戶部事(判版圖司事)의 제도만이 제대로 운영되었고 나머지
셋은 유명무실하였었다. 이런 상황에서 그들의 서열도 고착되어 후
자가 三宰의 위치로 확고하게 자리잡지 않았나 이해되는 것이다.

그렇다면 判戶部事 아래의 判禮部事와 判刑部事의 관계는 또 어
떠하였을까. 위에서 도표에 나타난 本職을 검토해 볼 때 判禮部事의
그것이 判刑部事의 그들보다 조금은 높아보이나 그것만 가지고 양
자의 서열을 확연하게 구분짓기는 어려운 실정이라고 하였거니와,
그러나 승진과정을 따져보면 다행이 그 관계는 좀더 선명하게 드러
난다. 즉, 위에서도 들었던 崔誠(表 4의 29, 表 5의 33)처럼 政堂文
學·判尙書禮部事에서 中書侍郞同中書門下平章事·判尙書戶部事로
승진하고, 거기에서 다시 判刑部事로 자리를 옮긴 사례가 눈에 띠긴
하지만, 대체적으로는 그 반대로 判刑部事에서 判禮部事로 승진하고
있기 때문이다. 叅知政事·守司空·判刑部事에서 中書侍郞平章事를
거쳐 門下侍郞同平章事·判尙書禮部事로 승진한 李顗(表 4·5의
12)와, 역시 叅知政事·判刑部事에서 中書侍郞平章事·判禮部事로
승진한 金晙(表 4의 17, 表 5의 19), 中書侍郞平章事·判刑部事에서

---

56) 『東文選』 卷120 · 『陽村先生文集』 卷38 有明朝鮮國諡文簡公安公墓碑銘.

門下侍郎平章事·判禮部事로 승진한 李壽(表 4의 18, 表 5의 21), 知門下省事·判刑部事에서 參知政事와 中書侍郎平章事를 거쳐 門下侍郎平章事·判尙書禮部事로 승진한 文公仁(表 4의 22, 表 5의 23) 등이 모두 그러한 사례들이다.

　이런 점은 두 직위가 동시에 임명될 때에 보이는 本職의 高下에서도 그대로 나타나고 있다. 睿宗 2년 7월에 中書侍郎平章事이던 李頪가 文德殿大學士·判尙書禮部事를 제수받을 때 判尙書刑部事에 임명된 任懿의 관직은 參知政事였으며,[57] 또 同王 8년 12월에 禮部尙書·政堂文學·判翰林院事를 제수받아 兵部尙書·樞密院使에 임명된 趙仲璋보다 班次가 앞섰던 金緣이 이듬해 3월에 檢校司空·戶部尙書·參知政事·判禮部事·兼西京留守使를 제수받고 있는데 비해 趙仲璋은 檢校司空·兵部尙書·參知政事·判刑部事에 임명되고 있다.[58] 그리고 中書侍郎平章事이던 金晙이 睿宗 17년 3월에 守司徒·判禮部事를 제수받을 때 林有文은 守司空·參知政事·判刑部事에 임명되고 있고,[59] 仁宗 7년 12월에 각각 尙書左僕射·參知政事와 吏部尙書·知門下省事를 제수받은 바 있는 崔滋盛과 文公仁이 이듬해 6월에 전자는 判尙書禮部事, 후자는 判尙書刑部事에 임명되고 있으며,[60] 同王 20년 12월에는 李之氐가 守司空·左僕射·判禮部事를 제수받을 때 金正純이 守司空·知門下省事·判刑部事에 임명되고 있는 것도[61] 같은 사례들이다. 이에 비해 判刑部事의 本職이 判禮部事의 그것보다 높은 사례는 찾아지지 않는 것이다. 위에서 직접적으로 비교가 안되는 判禮部事와 判刑部事의 本職은 우열을 확연하게 구분짓기가 어려운 실정이라고 언급하였지마는, 이같은 상황으로 미루어 보건대 대체적으로 전자의 그것이 높았거나 또는 같은 직위였다

---

57)『高麗史』卷12 世家 睿宗 2年 秋7月.
58)『高麗史』卷 13 世家 睿宗 8年 12月·9年 3月.
59)『高麗史』卷 14 睿宗 15年 6月·同 17年 3月·『高麗史節要』卷 8 睿宗 17年 3月.
60)『高麗史』卷 16 世家 仁宗 7年 12月·同 8年 6月.
61)『高麗史』卷 17 世家 仁宗 20年 12月.

하더라도 班次가 위였으리라는 짐작은 할 수 있을 것 같다. 朝鮮初
期인 世宗 즉위년에 吏曹에서, 지금까지 高麗의 옛 제도에 따라 兵
曹를 戶曹와 禮曹의 앞 자리에 둔 것은 옳지 않으므로 다시 周 이래
의 次序인 吏曹·戶曹·禮曹·兵曹·刑曹·工曹의 순으로 바꿀 것
을 건의하여 그에 따르고 있거니와,[62] 이때 兵曹를 戶曹·刑曹가 아
니라 戶曹·禮曹의 앞에 위치하게 하였다고 말하고 있는 것도 그 한
방증 자료는 되지 않을까 싶다. 禮部와 刑部 내지 判禮部事와 判刑
部事간의 서열은 종래의 주장과는 달리 확실히 전자가 앞서 있었다
고 이해되는 것이다.

　요컨대 判戶部事와 判禮部事·判刑部事는 모두가 주로 平章事(贊
成事)와 僕射·叅知政事級이 겸임하였으며, 거기에 그보다 하급의
宰相들도 약간 섞여있는 직위였다. 이런 공통점에다가 전자와 後二
者간에는 승진과정이나 임명기사에서 서열이 서로 뒤바뀌는 사례가
찾아져 그들을 일정하게 차례를 매기기는 어려운 일면이 있었다. 하
지만 그런 가운데서도 判戶部事의 本職 중에 平章事가 차지하는 비
율이 後二者의 그것에 비하여 조금은 높은가 하면 그것이 三宰였다
는 기사 등으로 미루어 역시 이 직위가 셋 중에서는 가장 상위였다
고 판단된다. 그리고 判禮部事와 判刑部事간에는 역시 전자의 本職
중에 平章事가 차지하는 비율이 후자의 그것에 비하여 조금은 높고,
또 승진과정이나 임명 기사에서도 위의 경우와는 달리 전자가 우위
였음이 뚜렷이 나타나, 이들간의 서열은 判刑部事가 判禮部事의 다
음이었다는 결론을 얻을 수 있는 것이다.

---

62) 「(世宗 卽位年 十二月 庚辰) 吏曹啓 自周以來 天地四時之官 稱號雖有不
　　同 其次序則未嘗變易 國初因前朝之舊 夏官在地官春官之上 未便 乞依古
　　制 一天官爲吏曹 二地官爲戶曹 三春官爲禮曹 四夏官爲兵曹 五秋官爲刑
　　曹 六冬官爲工曹 以爲定制 從之」(『朝鮮世宗實錄』卷 2).

3. 判工部事의 事例와 序列

尙書6部 가운데에서 工部가 가장 아래에 위치하였다는 사실은 여러 면에서 비교적 쉽게 나타난다. 이는 判工部事의 사례에서도 그대로 드러나는데, 먼저 그들을 전례에 따라 도표로 보이고 설명을 이어가도록 하겠다.

〈表 6〉 判尙書工部事 歷任者

번호	姓名	年月과 官職(典據)	以前 官職(典據)	以後 官職(典據)
1	金景庸	肅 10. 6 任 判尙書工部事(史12)	肅 8. 2 任 知樞密院事(史12·要7) 肅 8. 5 任 戶部尙書(史12)	睿 元年. 3 任 知門下省事(史12) 睿 元年, 12 任 左僕射·叅知政事(史12·要7) 睿 4. 2 在 平章事(史13·要7) 睿 5. 12 任 門下侍郎平章事·判刑部事(史13·要7) 睿 7. 2 任 守太保·判尙書吏部事(史13·要7) 睿 7. 9 任 門下侍中(史13·要7·史97 列傳) 睿 8. 12 任 守太傅·判尙書吏部事(史13·要8)
2	金漢忠	睿 5. 12 任 判工部事(史13·史95 列傳)	睿 元年. 3 任 尙書左僕射·判秘書省事(史12)	睿 6. 8 任 樞密院使(史13·史95 列傳) 睿 6. 12 任 尙書左僕射(史13)
3	崔挺	睿 7. 9 任 判尙書工部事(史13)	肅 6. 11 任 金吾衛上將軍·工部尙書(史11) 睿 卽位, 11 任 尙書右僕射·鷹揚軍上將軍(史12)	睿 8. 2 任·致仕 檢校司徒·叅知政事(史13·要8)

				睿 13, 閏9 在·卒 守司空·左僕射·判尚書兵部事(史14·要8)
4	柳子維	睿 8, 12 任 尙書右僕射·判工部事(史13·要8·墓 p. 49 墓誌銘·墓 p. 60 安稷崇墓誌銘)	睿 8, 3 任 尙書右僕射(史13·要8) 睿 8, 7 任 守司空(史13)	
5	劉 載	睿 守司空·尙書右僕射·判工部事(墓 p. 48 墓誌銘)	睿 9, 3 任 尙書左僕射·文德殿大學士(史13·要8)	睿 13, 3 在·卒 尙書右僕射(史14·要8)
6	金至和	睿 12, 6 任 判工部事(史14·要8)	睿 9, 12 任 尙書左僕射·兼三司使(史13) 睿 12, 2 任 守司空(史14)	睿 14, 3 任 左僕射·叅知政事(史14·要8) 仁 元年, 12 任 判兵部事(史15·要9)
7	韓安仁	睿 17, 3 任 叅知政事·判工部事(史14·要8)	睿 15, 11 在 知樞密院事(要8)	仁 卽位, 5 任 中書侍郎平章事(史15·要9)
※	崔 湧	睿? 贈 叅知政事·判工部事(墓 p. 101 崔湧 妻 金氏墓誌銘)		
8	金仁揆	仁 任 中書侍郎平章事·判尙書工部事(墓 p. 126 金之祐墓誌銘)	仁 4, 5 在 守太尉·中書侍郎平章事 貶爲守令(史97 金景庸傳·要9)	仁 13, 3 在 戶部尙書(史16) 仁 19, 12 任 左僕射·叅知政事(史17·要10)
9	崔滋盛	仁 6, 3 任 檢校司空·判工部事(史15·要9)	仁 5, 12 任 叅知政事(史15·要9)	仁 7, 12 任 尙書左僕射·叅知政事(史16·要9) 仁 8, 6 任 判尙書禮部事(史16) 仁 9, 9 任 中書侍郎·判兵部事(史16)
※	尹 誧 (尹 諧)	仁 10, 夏 任·致仕 守司空·尙書左僕射·判工部事(墓 p. 144 墓誌銘)		仁 24, 12 加 守司徒·叅知政事(墓 p. 144 墓誌銘)
10	崔 濡	仁 11, 4 任 叅知政事·判尙書工部事(史16)	仁 10, 12 任 吏部尙書·知樞密院事(史16·要10)	仁 11, 12 任 判禮部事(史16) 仁 13, 12 任 守司空·中書侍郎平章事(史16·要10)

11	任元敳 (任元厚)	仁 11, 12 任 判工部事 (史16 · 史95 列傳)	仁 11, 4 任 叅知政事 · 判翰林院事(史16 · 要10)	仁 12, 4 任 中書侍郎平 章事(史16 · 要10) 仁 13, 12 任 判刑部事 (史16) 仁 18, 4 任 判尚書兵 部事(史17 · 要10 · 史95 列傳) 仁 19, 12 任 門下侍郎 平章事(史17 · 要10 · 史95 列傳) 仁 20, 4 任 判尚書吏 部事(史17 · 要10 · 史95 列傳) 毅 卽位, 4 任 門下侍 中 · 定安侯(史17 · 要10 · 史95 列傳)
12	康侯顯	仁 15, 3 任 吏部尚 書 · 知門下省事 · 判工部事(史16)		
13	韓惟忠	仁 22, 12 任 叅知政 事 · 判工部事(史 17)	仁 20, 12 任 左僕射 · 樞密院使(史17 · 要 10)	仁 23, 8 任 判尚書禮 部事 · 修國史(史17 · 要10 · 墓 p. 90 墓誌銘) 仁 23, 12 任 中書侍郎 門下平章事(史17 · 要10)
14	王冲	仁 23, 8 任 守司空 · 叅知政事 · 判工部 事(史17 · 要10)	仁 22, 12 任 樞密院 使 · 判三司事(史17 · 要10)	仁 23, 12 任 尚書左僕 射(史17 · 要10) 毅 卽位, 11 在 平章 事(史17)
15	金永寬	毅 2, 3 任 知門下省 事 · 判工部事(史 17) 毅 2, 12 任 叅知政 事 · 判工部事(史 17)	毅 元年, 12 任 吏部尚 書 · 樞密院使(史17 · 要11)	毅 3, 12 任 中書侍郎 同中書門下平章事 · 判尚書兵部事 史 17 · 要11) 毅 4, 12 任 判吏部事 (史17 · 要11)
16	金永錫	毅 8, 正月 任 尚書左 僕射 · 判工部事 (史18)	毅 3, 任 尚書右僕射 · 三司使(墓 p. 204 墓 誌銘) 毅 5, 任 政堂文學 · 判 禮部事(墓 p. 204 墓 誌銘) ※毅 5, 5 任 政堂文學 (史17 · 要11)	毅 8, 任 守太尉(墓 p. 204 墓誌銘) 毅 8, 致仕(墓 p. 204 墓誌銘)

			毅 6, 12 任 中書侍郎平章事(史17·要11·墓 p. 204 墓誌銘) 毅 7, 加 判兵部事(墓 p. 204 墓誌銘)	
※	李公升	毅 22, 任·致仕 叅知政事·判工部事(史99 列傳)	毅 21, 9 在 樞密院使(史18·要11)	
17	韓 約	明 ? 叅知政事·判工部事(墓 p. 366 韓光衍墓誌銘)	明 11, 12 任 樞密院副使(史20·要12)	
18	金鳳毛	神 ? 任 叅知政事·判工部事(墓 p. 299 墓誌銘)	神 6, 12 任 樞密院副使(史21·墓 p. 299 墓誌銘) 神 任 知門下省事(墓 p. 299 墓誌銘)	熙 3, 任 中書侍郎平章事(墓 p. 299 墓誌銘) 熙 4, 任·致仕 門下侍郎同中書門下平章事·判兵部事(墓 p. 297) 熙 5, 6 卒 門下侍郎平章事(史21·要14)
19	鄭邦輔	高 初年, 叅知政事·判工部事(墓 p. 346 墓誌銘)	高 4, 正月 在 知門下省事(要15)	高 13, 3 卒 叅知政事致仕(史22·要15)
20	史洪紀	高 8, 12 任 知門下省事·吏部尙書·判工部事(史22·東國李相國集 卷34·東文選 卷25)		高 9, 12 任 叅知政事(史22·要15) 高 叅知政事·上將軍·判禮部事(墓 p. 388 崔沆墓誌銘) 高 14, 7 在·卒 叅知政事(史22)
21	任景肅	高 任 政堂文學·吏部尙書·判工部事(東文選 卷26 制誥 除宰臣朴文成…任景肅敎書)	高 25, 4 在 刑部尙書(史73 選擧志 科目 選場)	高 任 叅知政事·判禮部事(東文選 卷26 除宰臣任景肅…麻制) 高 37, 5 在 平章事(史73 選擧志 科目 選場) 高 38, 正月 平章事致仕(要17) 高 同中書門下平章事·判吏部事(史95 列傳 任濡傳)

22	金敞	高 任 政堂文學·尙書左僕射·判工部事(東文選 卷26 除宰臣任景肅…金敞麻制)	高 29, 4 在 樞密院副使(史73 選擧志 科目 選場·史102 列傳)	高 任 門下平章事(史102 列傳) 高 43, 2 在·卒 門下侍郞平章事(史24·要17) ※門下侍郞平章事·判吏部事(史102 列傳)
23	崔晶	元 3, 12 任 判工部事(史25)	元 元年, 正月 任 樞密院使(史25·要18·史99 列傳) 元 元年, 10 任 守司空·左僕射(史25·要18·史99 列傳)	元 4, 12 任·致仕 守太傅·中書侍郞平章事(史25·史99 列傳)
24	尹君正	元 ? 守司空·左僕射·判工部事(墓 p. 610 尹之彪墓誌銘)	元 12, 4 在 左僕射(史81 兵志 兵制) 元 14, 正月 任 守司空(史27)	
25	金之淑	忠烈 24, 7 忠宣 任 僉議叅理·判工曹事(史33)	忠烈 23, 12 任 僉議叅理(史31·要21·史108 列傳) 忠烈 24, 忠宣 5月 任 同知光政院事·叅知機務(史33·要22·史108 列傳)	忠烈 26, 11 任 都僉議贊成事·判監察司事(史31·要22·史108 列傳)
※	金龜	恭愍 ? 追封 門下評理·判典工寺事(韓國上代古文書資料集成 p. 279 安東金氏 金得雨 戶口單子)		
26	李成桂	禑 3, 10 在 贊成事·判典工司事(牧隱文藁 卷14 廣通普濟禪寺碑銘)	恭愍 20, 7 任 知門下府事(史43·要29)	禑 14, 正月 任 守門下侍中(史137·要33)
27	安宗源	禑 14, 正月 任 門下贊成事·判典工(東文選 卷120 文簡公安公墓碑銘) ※門下贊成事(史137·史109 列傳)	禑 12, 任 政堂文學(史109, 列傳·東文選 卷120 墓碑銘) 禑 13, 罷(東文選 卷120 墓碑銘)	昌 元年, 6 任 門下贊成事·判版圖(東文選 卷120 墓碑銘) ※門下贊成事(史137) 恭讓 2, 8 任 判三司事(史45)

判工部事에 임명된 사례는 모두 27명인데, 고려전기가 16사례(1번~16번), 武臣政權期가 8사례(17번~24번), 그리고 후·말기가 3사례(25번~27번)이다. 이중 후·말기의 숫자가 그렇게 적은 것은 이미 앞에서 설명한 바 있듯이 工部는 忠烈王 元年에 혁파된 이후 同王 24년 忠宣王에 의해 잠시 復置되었다가 곧 폐지되었고, 다시 恭愍王 5년 이후에야 설치되었기 때문이다. 하지만 이점을 감안하더라도 여타의 5部에 비해 전체의 숫자가 적다는게 한 특징을 이루고 있거니와, 그것은 최초의 임명 사례가 肅宗 10년(1105)으로서 다른 5部의 그들보다 7, 80년이나 뒤지고 있다는 사실과 관계가 되는 듯하다. 이는 武臣政權期 이래로 2사례만이 보이고 있는 判刑部事의 경우와 마찬가지로 判工部事制도 과연 원만히 운영되었는가에 의문을 품게하는 대목으로서 주목해 둘 필요가 있다고 생각된다.

일단 이러한 제약점을 염두에 두고 判工部事를 겸임한 직위를 살피면 고려전기 때는 中書侍郎平章事로 생각되는 것이 1사례(8), 守司空·僕射 3사례(4·5·6)에 僕射 단독직이 3사례(2·3·16)로 이들 합계는 6사례이고, 參知政事가 6사례(7·9·10·11·13·14)이며, 吏部尙書·知門下省事가 2사례(12·15), 그리고 知樞密院事·戶部尙書로 생각되는 것이 1사례(1)이다. 그런데 이들 가운데에서 맨 처음과 끝의 사례는 本職과 겸임직이 잘 어울리지 않는다. 처음 사례는 末職인 判工部事에 비해 中書侍郎平章事가 너무 고위직이라는 점에서이고, 끝의 사례는 本職이 규정과 달리 宰臣이 아니라는 점에서이다. 이렇게 된 내막을 지금으로서는 잘 파악할 수 없지만, 그러나 이들을 제외한 14사례는 僕射와 參知政事·知門下省事 등 비교적 하위의 宰相들로, 判工部事는 대부분 이들이 겸임하는 직위였음을 알 수 있다고 하겠다. 아울러 이러한 현상은 判刑部事의 그들만 하더라도 平章事 대 僕射·參知政事 이하급의 비율이 12 : 20이었음에 비추어 判工部事의 低位性을 잘 드러내고 있다고도 할 것이다.

이어지는 武臣政權期의 本職을 보면 守司空·左僕射가 2사례(23·24), 參知政事가 3사례(17·18·19)이고, 政堂文學·尙書左僕射 1

사례(22)에 政堂文學·吏部尙書 역시 1사례(21)이며, 그리고 知門下省事·吏部尙書가 1사례(20)로 나타나고 있다. 8사례 모두가 하위급 재상들로, 전기와 거의 같은 양상을 띠고 있음을 알 수 있다.

다음 후·말기는 僉議僉理가 1사례(25)이고, 나머지 둘(26·27)은 贊成事인데, 後二者의 경우는 역시 두 직위 사이가 잘 어울리지 않는다. 하지만 이번에도 그렇게 된 연유에 대해서는 여전히 잘 모르겠다.

요컨대 判工部事는 이와 같이 몇몇 예외가 눈에 띠긴 해도 시기에 관계없이 대체적으로 僕射와 僉知政事를 비롯하여 政堂文學·知門下省事 등 하위급 재상들의 겸임직이었다고 할 수 있으며, 따라서 6部 判事 가운데 가장 아래에 위치하는 직위였음도 쉽게 판별해낼 수 있다. 그런데 이는 本職뿐 아니라 승진과정에도 그대로 나타나, 2개 이상의 판사직을 거친 각 인물들을 살펴보면 예외없이 먼저 判工部事를 제수받은 다음에 다른 판사직으로 진급들을 하고 있다. 위 도표의 1·6·9·10·11·13·15·20·21·22·27이 모두 그런 사례들이다. 다만 16번의 金永錫은 中書侍郎平章事·判兵部事를 거쳐 尙書左僕射·判工部事로 자리를 옮기고 있는데, 이는 질병으로 인한 그의 요청에 따른 것이라 함은 앞 대목에서 설명한 바와 같다. 判工部事의 低位性은 이 밖에 둘 이상의 판사직이 동시에 임명되고 있는 기사에서도 자주 볼 수가 있는데 그 전거를 일일이 드는 일은 생략한다.

지금까지 검토한 사례에 의하면 判吏部事(判典理司事)는 대부분 門下侍中(僉議中贊·政丞)과 班次가 가장 높은 平章事(贊成事)가 겸임하는 首相·冢宰직이고, 判兵部事(判軍簿司事)는 班次 제2의 몇몇 侍中·政丞(고려 후·말기)과 함께 역시 班次 제2의 平章事(贊成事)와 그 약 절반 정도가 되는 숫자의 僕射·僉知政事 이하급이 겸임하는 亞相·二宰·二相직이었으며, 判戶部事(判版圖司事)와 判禮部事·判刑部事는 주로 平章事와 그보다 조금 많은 숫자의 僕射와 僉知政事 이하급에서 겸임하되, 후자의 비율이 判戶部事보다는 判禮部事, 判禮部事보다는 判刑部事가 조금씩 높은 정도로서, 判戶部事가 三宰, 判禮部事는 四宰, 判刑部事가 五宰였고, 判工部事는 대부분이 僕射와 叅知政事 이하급에서 겸임하는 六宰였다. 그러므로 6部의 서열도 吏部・兵部・戶部・禮部・刑部・工部의 순이었다고 하겠는데, 이같은 고려의 상서6부 서열은 周禮의 6典體系에 따른 吏・戶・禮・兵・刑・工과 다르며, 또『高麗史』卷 76, 百官志 1에 실린 순차나 唐制의 前行・中行・後行에 의거한 吏・兵・戶・刑・禮・工과도 다른 것으로써, 굳이 따지자면 전통적인 周 이래의 서열에서 실권이 많은 兵部를 戶部 앞에 세운 형태였다고 할 수 있을 것 같다.

　그런데 이렇게 6部에 서열이 매겨지고, 그에 따라 各部의 判事를 겸임하는 宰相들의 次序도 자연스레 정해지던 이 제도는 忠烈王 元年의 官制 개편 이후에도 물론 시행되었지만 그전 그대로 운영되기는 어려웠던 것 같다. 얼마간의 변동에도 불구하고 재상제도의 큰 틀은 거의 그대로 유지된데 비해 判事制는 이미 여러 차례 언급했듯이 判吏部事(判典理司事)와 判兵部事(判軍簿司事)・判戶部事(判版圖司事)만이 계속 존속되고, 判禮部事와 判工部事는 혁파되었다가 忠烈王 24년의 잠시 동안과 恭愍王 5년 이후에 復置되어 실제로 오랜 기간 설치하지 않았으며, 또 判刑部事도 이들보다 훨씬 오래전부터 임명되지 않은 상태였기 때문이다. 이러한 사정에서 고려 후・말기의 재상들은 6部判事와 직접 관련을 가지지 않고서도 자신들의 班次에 따라 次序가 지어지지 않았나 짐작된다. 이 시기에도 계속하여 二相・三宰와 함께 四宰・五宰・六宰, 심지어는 七宰의 용어가 찾아지며, 그중에는 6部判事를 겸임했는지의 여부를 확인할 수 없는 사례도 여럿이어서 그같은 생각이 많이 드는 것이다. 특히「朴七宰普老之子」에[63] 보이는 七宰는 6部判事와 관련하여서는 설명이 되지 않는다. 장본인인 朴普老는 禑王 3년에 知門下였으며, 이듬해에 門下評理로 진급하고 있지마는[64] 그에게 붙여진 七宰는 당시 서열이 7번째 되는 宰相이었다는 뜻일 것이다. 忠穆王 卽位年에 羅益禧가 받은 僉議叅理를 가리켜「세상에서 소위 五宰라고 하는 것」이라 한[65]

---

63)『牧隱詩藁』卷 24 詩「朴七宰普老之子大都求誌其父幽堂」.
64)『高麗史』卷 133 禑王 3年 6月・同書 卷 134 禑王 4年 11月・同 6年 2月.

기사에서도 같은 내용이 살펴진다.

二相은 원칙적으로 判軍簿司事를 겸임해야 하는 것이었으나 恭愍王 元年 당시의 「二相 曹益淸」에게서는[66] 그런 사실이 확인되지 않는다. 그리고 牧隱 李穡과 같은 시기인 麗末에 활동했던 「楊二相」[67]·「睦二相」[68]·「洪二相」[69] 등도 대개 짐작이 가는 인물들인데, 이런 姓氏를 가진 사람들의 判軍簿司事 겸임 사실도 역시 찾아지지 않는다.[70]

후·말기에 三宰를 칭한 인물로 忠定王 2년 5월 기사에 보이는 尹時遇·尹莘係·尹安淑 세 사람을[71] 비롯하여 恭愍王 元年 때의 全允臧,[72] 同王 12년의 金鏞,[73] 同王 18년의 李成瑞,[74] 禑王 2년 때의 池奫[75] 등이 거론되고 있는데, 이들중 마지막의 池奫(表 3의 54)만이 判版圖司事를 역임한 사실이 알려져 있을 뿐이고 다른 인물들은 그 여부를 알 수가 없다. 이렇게 判事制의 존속에도 불구하고 그것의 겸임 여부를 확인할 수 없는 二相과 三宰의 사례들 가운데는 혹 史料의 미비로 말미암아 그리 되었을 가능성도 없지 않을 듯싶으나, 실제로 겸임하지 않은 경우도 있었으리라 짐작이 가는 것이다.

四宰와 五宰의 경우도 마찬가지이다. 四宰의 사례로는 「禹四宰」[76]·「朴四宰」[77] 외에도 몇 곳에 더 보이고 있으나 모두 判事와 관련하여

---

65) 『高麗史』 卷 37 世家 忠穆王 卽位年 夏4月 ·『高麗墓誌銘集成』 p. 525 羅益禧墓誌銘.

66) 『高麗史節要』 卷 26 恭愍王 元年 春正月.

67) 『牧隱詩藁』 卷 16 詩 「楊二相與諸元帥班師」.

68) 『牧隱詩藁』 卷 20 詩 「睦二相與諸元帥發行」.

69) 『牧隱詩藁』 卷 24 詩 「李霽亭先生以賀誕日入京」.

70) 洪彬(表 2의 76)은 判軍簿司事를 겸임한 일이 있으나 그것은 忠肅王朝로서 시기상 맞지 않는다. 「洪二相」의 洪은 아마 洪彦博이었을 것이다.

71) 『高麗史節要』 卷 26 忠定王 2年 5月 ·『高麗史』 卷 131 列傳 崔濡傳.

72) 『高麗史節要』 卷 26 恭愍王 元年 春正月.

73) 『高麗史節要』 卷 27 恭愍王 12年 夏4月 ·『高麗史』 卷 131 列傳 金鏞傳.

74) 『高麗史節要』 卷 28 恭愍王 18年 秋8月.

75) 『高麗史節要』 卷 30 禑王 2年 11月.

76) 『牧隱詩藁』 卷 10 詩 奉呈禹四宰二首.

추적하기가 불가능하며, 五宰로는 都吉敷를[78] 비롯하여 「李五宰」[79]·
「曹五宰」[80]·「林五宰」[81]·「金五宰」[82] 등이 찾아지나 사정은 四宰
와 같다.

　判刑部事가 임명되지 않고 있던 후·말기에 있어서 六宰도 七宰와
마찬가지로 判事制와 관련하여서는 있을 수 없을 것이다. 그런데도
六宰에 관한 기사 역시 여럿 찾아지는데, 그 가운데에서 특히 忠定王
2년에 僉理를 제수받은 崔濡를 六宰에 올랐다고 한 설명은[83] 주목
할만하다. 이 밖에 徐臣桂도 六宰에 올랐던 인물로 알려져 있으며,[84]
恭愍王 23년에 政堂文學, 禑王 5년에는 門下評理를 지내는 李茂方이
六宰였다는 기사와[85] 함께 성명은 잘 알 수 없으나 「曹六宰」[86]·「
李六宰」[87]·「廉六宰」[88] 등도 눈에 띤다. 당시에는 이처럼 6部判事
와 관련이 없는 六宰·七宰 등이 있었지마는, 그전이라면 당연이 연
결되어 있어야할 二相·三宰 또는 四宰·五宰 등도 判事를 겸임하
지 않은채 그같은 지위를 부여받은 경우가 상당수 있지 않았나 짐작
된다. 후·말기에는 宰相의 班次가 여전히 6部判事와 관련이 있었지
만, 한편으로 宰相職 그 자체만에 의해서도 서열이 지어졌던 듯싶은
것이다. 이는 6部判事制가 원만하게 운영되지 못한데 한 원인이 있
다고 짐작되거니와, 그와 동시에 재상제도의 변모라는 측면 역시 염
두에 두어야 하지 않을까 생각된다.

---

77)『牧隱詩藁』卷 34 詩 留別高城李使君.
78)『高麗史』卷 126 列傳 李仁任傳.
79)『牧隱文藁』卷 10 說 孟周說.
80)「牧隱詩藁』卷 20 詩「東門合坐餞曹五宰」.
81)『牧隱詩藁』卷 25 詩「吳六和判書請僕名」·同書 卷 29 詩「途遇韓政堂偕行」.
82)『牧隱詩藁』卷 30 詩「耆老會餞金五宰」.
83)『高麗史節要』卷 26 忠定王 2年 5月·『高麗史』卷 131 列傳 崔濡傳.
84)『高麗史節要』卷 26 恭愍王 4年 春二月·『高麗史』卷 114 列傳 鄭之祥傳.
85)『牧隱詩藁』卷 21 詩 代李六宰茂方·『高麗史』卷 44 世家 恭愍王 23年 2
　　月·同書 卷 134 禑王 5年 10月.
86)『牧隱詩藁』卷 10 詩「一日司天監官」.
87)『牧隱詩藁』卷 29 詩「三月九日領門下」.
88)『牧隱詩藁』卷 29 詩「寄呈無及諸大德」.

V. 6部判事制에 따른 政治權力構造의 實際

앞에서 국무를 분담하여 집행하는 尙書6部에는 그 장관인 尙書 위에 주로 中書門下省의 宰臣들이 겸직하는 判事를 더 설치하여 이들이 실제로 各部의 업무를 총괄하였음을 살폈다. 여기에서 업무를 총괄했다고 한 것은 官署 對 官署로서의 中書門下省(宰府)과 6部의 관계가 아니라 宰府 소속의 宰臣 각자와 6部 하나하나와의 관계로서, 宰臣들은 대체적으로 班次에 따라 제1위의 首相·冢宰가 吏部, 제2위의 亞相·二宰·二相이 兵部, 三宰가 戶部, 四宰는 禮部, 五宰는 刑部, 六宰는 工部를 담당하도록 되어있는 체제였다. 그런데 史料들을 보면 「刑部奏」·「戶部奏」·「吏部尙書 崔奭等奏」·「禮官奏」의 예와 같이 尙書6部의 各部가 소관 사무에 대하여 국왕에게 직접 아뢰고 있다. 이같은 上奏에 대하여 어떤 결정이 내려져 집행하는 과정도 물론 국왕으로부터 상서 6部의 各部에 하달되어 이루어졌다. 이러한 국정의 과정을 도표로 그리면 아래와 같이 될 것 같다.

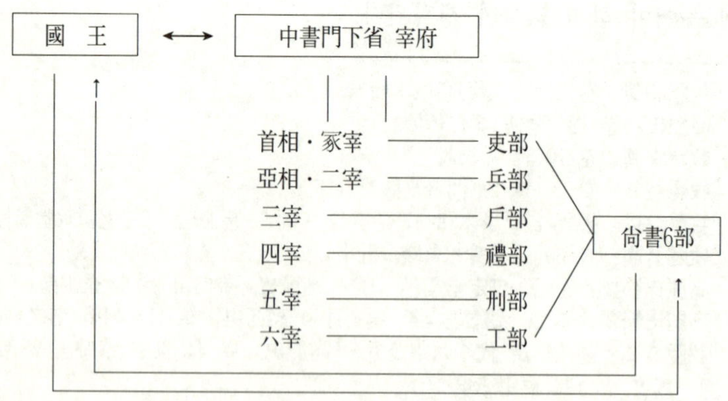

中書門下省 宰府의 宰臣(宰相)들은 중요한 국정 전반에 관하여 국왕과 함께 논의하는 議政機能을 담당하였거니와, 그 가운데는 6部에 의하여 제기된 안건을 국왕이 자문하여 온 사안도 포함되었다. 그런데 宰府의 宰臣들은 이런 의정기능 이외에도 각자가 6部의 判事로써 그들의 행정업무를 관장하였던 것인데, 그럼에도 불구하고 6部는 그 업무를 국왕에게 直奏하는 형식을 밟고 있는 데서 國王과 宰府 및 尙書6部 사이의 정치권력 문제가 검토의 대상으로 대두하게 되는 것이다.

이점에 있어 邊太燮은 中書門下省 宰府의 宰臣(省宰)이 6部判事를 겸임하는 제도에 대해 충분히 인식하고 있어, 「宰臣이 6部判事가 되어 각기 本部에 坐하여 重要事를 議論 決定하고, 각 尙書를 統領하는 職權을 가지고 있었기 때문에 尙書都省은 無力化하고, 尙書6部의 權力은 각 省宰에게 歸屬하게 되었다」고 설명하고[89] 있으면서도, 한편으로는 고려의 행정체계가 6部中心이었음을 강조하면서 상서6부는 소관 사무를 中書門下省(宰府)을 거쳐 국왕에게 啓聞한 것이 아니고 직접 上奏하여 양자는 직결되어 있었다고도 언급하고 있다.[90] 그리하여 후자와 같은 6部直奏의 제도는 「국왕으로 하여금 行政的이며 官僚的인 정부기구를 직접 지배할 수 있게 하여 王權伸張의 밑받침이 되었다고 할 수 있다」는[91] 결론을 내리고 있는 것이다. 비록 尙書6部가 判事制로 인해 宰府의 省宰 각각에게 통할을 받았을망정, 안건이 그들 官署인 中書門下省(宰府)을 경유하여 국왕에게 上奏되지 않았다는 점을 권력구조면에서 보다 강조하는 입장이라고 하겠다.

그리고 朴宰佑도 상서6부 등 중앙의 관청이 '直奏'하였다는 점을

---

89) 邊太燮, 「高麗宰相考 - 3省의 權力關係를 중심으로 - 」『歷史學報』 35·36 합집, 1967 :『高麗政治制度史研究』, 一潮閣, 1971, p. 82.

90) 邊太燮, 「高麗時代 中央政治機構의 行政體系 - 尙書省 機構를 중심으로 - 」『歷史學報』 47, 1970 :『高麗政治制度史研究』, 一潮閣, 1971, pp. 18~21.

91) 邊太燮, 「高麗의 政治體制와 權力構造」『韓國學報』 제4집, 1976, p. 29.

지적하면서, 「唐의 上奏文 중에 6部 上奏文인 奏抄, 露布는 門下省이 上奏의 可否를 심의하였다. 그만큼 門下省의 권한이 컸다. 하지만 고려는 中書門下省이 6部 上奏文을 심의했다는 기록이 전혀 없다」고[92] 하여 비슷한 취지의 견해를 개진하기도 하였다.

요컨대 이들은 권력구조에서 국왕에 대한 6部의 直奏에 보다 무게를 둠으로써 상대적으로 중서문하성의 권한은 그만큼 약하였다는 주장인데, 하지만 여기에는 6部에 대한 中書門下省(宰府) 재신들의 통할권을 어떻게 보아야 할 것인가 하는 문제가 있다. 6部가 直奏한다고 하지만 그것 자체가 이미 宰臣들의 통할하에서 이루어지는 것이며, 또 중서문하성(재부)을 경유하지 않는다고 하지만 그곳 소속 재신들은 경유하고 있는 것이나 마찬가지였기 때문이다. 이런 점에서 필자는 6部의 直奏가 지니는 의미보다는 6部判事制에 따른 宰臣들의 6部에 대한 통할권이 한층 본질적이며, 따라서 권력구조면에서도 여기에 큰 무게가 실려 있었다고 생각한다. 이는 6部判事制가 시행되지 않던 시기의 朝鮮에서 6曹直啓制를 채택함으로써 얻을 수 있었던 왕권의 강화와 같은 상황과 비교하여 보면 한층 쉽게 이해될 수 있는 것이기도 하다. 이러한 견해는 그전에도 피력한 일이 있는데,[93] 지금도 그 생각을 바꿀 마음은 없다.

중서문하성(재부)의 재신들은 議政機能과 함께 이처럼 6部判事制를 통하여 6部에 대한 통할권을 장악함으로써 상대적으로 강력한 권력기구가 되어 王權과 균형을 이루는 가운데 정치의 핵심기관이 되었다고 이해된다. 그러므로 고려는 중서문하성 중심 내지는 宰樞 중심의 정치체제였다고 할 수 있는 것이다. 이러한 체제가 후기에는 都堂 중심이 되지만, 그것은 6部 중심에서 都堂 중심으로 바뀐게 아니라 중서문하성 중심에서 都堂 중심으로 移行되어 간 것이었다.

---

92) 朴宰佑, 「高麗前期의 國政運營體系와 宰樞」『歷史學報』 154, 1997, p. 96.
93) 朴龍雲, 「(고려) 중앙 정치체제의 권력구조와 그 성격」『한국사』 13, 국사편찬위원회, 1993, p. 145.

VI. 結 論

지금까지 6部判事制에 대하여 검토하여 보았다. 이제 그 내용을 간추리면 다음과 같이 될 듯하다.

첫째로, 6部判事의 임명이 처음으로 나타나는 것은 顯宗 12년 (1021)이지만 제도의 발족은 尙書6部가 설치되는 成宗 元年(982)이 나 그로부터 얼마 지나지 않은 때로 생각된다. 그리하여 시기에 따라 명칭이나 조직면에서 얼마간의 변천은 있었으나 判吏部事·判兵部 事·判戶部事制는 麗末까지 줄곧 시행된다. 즉, 判吏部事의 경우 忠 烈王 元年(1275)의 官制 개혁시에 判禮部事의 기능까지 합친 명칭으 로 判典理司事라 바뀐 이후 判銓曹事·判選部事·判吏曹事 등으로, 判兵部事는 判軍簿司事·判兵曹事·判摠部事 등으로, 그리고 判戶部 事는 判版圖司事·判民曹事·判民部事·判戶曹事 등으로 불리면서 계속 존속하였던 것이다. 그러나 判刑部事는 제도의 존치에도 불구하 고 벌써 神宗 即位年(1197) 이후부터 사례가 보이지 않으며, 判禮部 事와 判工部事制는 무신정권기까지 그런대로 원만히 운영되지만 忠 烈王 元年에 혁파되었다가 同王 24년(1298)에 忠宣王에 의해 잠시 復置되어 각기 判儀曹事·判工曹事라 칭해지지만 곧 폐지된 후 恭愍 王 5년(1356)에야 다시 설치되어 전자는 判禮儀司事·判禮曹事로, 후 자는 判典工司事로 불리는 몇몇 사례만을 남기는데 그치고 있다.

둘째로, 6部判事는 6部의 장관인 尙書보다 상위직으로, 그들 임무 는 각자가 맡은 해당 관서의 업무를 총괄하는 것이었다. 『高麗史』와 『高麗史節要』 등에는 주로 判吏部事의 文臣에 대한 인사업무와 判 兵部事의 武臣에 대한 인사업무와 관계된 기사가 실려있지만, 『東文 選』 등 여타 史書에 전해오는 麻制에 의하여 그들이 인사업무뿐 아 니라 6部의 관장 사항 전반에 대하여 총괄한 사실을 확인할 수 있는데, 이는 宰臣判事가 실질적인 권한을 가지고 各部에 나가 視務하는 매우 직접적이요 강력한 것이었다.

셋째로, 事例에 의하면 6部判事를 겸임하는 직위는 判吏部事의 경우 대부분 門下侍中(僉議中贊·政丞)과 班次가 가장 높은 平章事(贊成事)였고, 判兵部事는 班次 제2의 몇몇 侍中·政丞(후·말기)과 함께 역시 班次 제2의 平章事(贊成事)와 그 약 절반 정도가 되는 숫자의 僕射·叅知政事 이하급이었다. 그리고 判戶部事와 判禮部事·判刑部事는 주로 平章事(贊成事)와 그보다 조금 많은 숫자의 僕射와 叅知政事 이하급에서 겸임하였는데, 후자의 비율이 判戶部事보다는 判禮部事, 判禮部事보다는 判刑部事가 조금씩 높은 정도였으며, 判工部事는 대부분이 僕射와 叅知政事 이하급에서 겸임하고 있었다.

넷째로, 本職의 高下와 그 비율, 각 인물의 승진 과정, 2개 이상의 判事가 동시에 임명되는 기사, 그리고 6部의 次序에 대하여 언급한 사료 등을 통해 볼 때 6部判事중 서열이 가장 높은 것은 首相·冢宰가 되는 判吏部事였고, 다음은 亞相·二宰·二相이라 칭해지는 判兵部事였다. 다음 判戶部事와 判禮部事·判刑部事 사이에는 승진과정이나 임명 기사 등에서 次序가 혼효되어 나오기도 하여 서열을 따지는데 어려움이 없지 않으나 대체적으로 判戶部事가 조금은 높은 3宰였고, 判禮部事가 4宰, 判刑部事가 5宰였다. 그리고 判工部事는 서열이 가장 낮은 6宰였다. 이에 따라 고려의 6部 서열도 종래『高麗史』百官志에 실린 순차나 唐制의 前行·中行·後行에 의거한 吏·兵·戶·刑·禮·工과 동일하게 보아오던 것과는 달리 실제로는 吏部·兵部·戶部·禮部·刑部·工部의 순서로써, 이는 전통적인 周 이래의 서열에서 실권이 많은 兵部를 끌어다가 戶部 앞에 세운데 따른 결과였다고 이해된다.

다섯째로, 忠烈王 이후의 후·말기에는 判吏部事·判兵部事·判戶部事의 제도만이 어려운 여건속에서나마 제대로 운영되었고, 判禮部事와 判工部事는 얼마간 復置되는데 그치는 상황이었는데, 그런 가운데서도 6部判事와 직접적인 관련이 없어 보이는 2宰·3宰와 함께 4宰·5宰, 심지어는 6宰·7宰의 용례도 찾아진다. 이는 당시 宰相의 班次가 6部判事와 상관없이 재상직 그 자체만에 의해서도 매겨졌다는 것을 의미하는 것으로써, 제도의 변화라는 측면에서 유의해 두어야 할 대목이다.

여섯째로, 종래에는 중서문하성 재신들의 6部判事職 겸임제에도 불구하고, 6部가 국왕에게 上奏하거나 또는 그 반대로 下達받을 때에 중서문하성(宰府)이라는 官署를 경유하지는 않았다는 점을 강조하여 권력구조의 파악에서 이 부분에 상당한 무게를 두었다. 일컬어 6部直奏制라 하는 것인데, 하지만 중서문하성(宰府) 재신들이 6部判事를 겸임하는 장치로 인해 6部의 直奏 자체가 이미 宰臣들의 통할 하에서 이루어지는 것이며, 또 중서문하성(재부)을 경유하지 않는다고 하나 실제로는 그곳 소속 재신들을 경유하고 있는 것과 마찬가지이기 때문에 권력구조면에서는 이 6部判事制가 보다 본질적이며 무게가 큰 제도였다고 파악되었다.

고려 때의 정치권력구조 문제는 宰臣의 6部判事 겸임제뿐 아니라 宰臣의 상대역인 樞密과의 관계를 비롯하여 臺諫·尙書省을 포함한 여러 조직체와의 力學關係나 광범하게 시행되던 또다른 兼職制의 내용과 그 의미 등 많은 주제들이 다각도로 추구되어야 어느 정도의 전망이 설 수 있는 과제이다. 이번의 검토는 그 가운데에서 한 작은 문제를 다루어 본 것에 지나지 않는 것이다. 그렇기는 하지만 이것이 큰 문제를 풀어가는데 조그마한 보탬이나마 되었으면 한다.

〈2000년 7월, 『고려시대연구』 Ⅱ〉

제3장

高麗時代의 尙書6部에 대한 檢討

I. 序 言

　尙書6部는 고려의 최고정무기구인 中書門下省과 함께 이른바 '3
省'을 구성하였던 尙書省의 하층조직으로, 행정의 집행기관이었다.
구체적으로 그것들은 尙書吏部와 그리고 尙書兵部・尙書戶部・尙書
刑部・尙書禮部・尙書工部를 말하는데, 중요한 國事를 직접 집행하
는 기관이었으므로 정치적인 비중은 그의 상층조직인 尙書都省보다
도 오히려 큰 편이었다.

　이런 관계로 종래의 尙書省 연구에서는 물론 이 尙書6部의 문제
가 매우 비중있게 다루어졌으며,[1] 근자에는 주로 『高麗史』 百官志
의 내용을 소개하는 정도의 수준이긴 하지만 6尙書를 주제로 한 논
고도 눈에 띠고 있다.[2] 필자 역시 尙書省에 관심을 가지고 尙書都省
과[3] 6部의 判事制에[4] 대하여 小論을 발표한 일이 있거니와, 後者는
尙書6部의 일부분을 해명하기 위한 글이었으므로 더 말할 나위 없
고, 前者에서도 이 문제를 꽤 많이 취급하였다. 尙書6部는 특히 선구
적인 연구들에 의해 이미 상당한 수준에 다달아 있다고 해도 좋을
듯싶은 것이다.

　그럼에도 이 자리에서 다시 尙書6部를 대상으로 검토코자 하는

---

1) 邊太燮, 「高麗 宰相考-3省의 權力關係를 중심으로-」『歷史學報』 35・36,
　　1967 ; 『高麗政治制度史研究』, 一潮閣, 1971.
　邊太燮, 「高麗時代 中央政治機構의 行政體系-尙書省 機構를 중심으로-」
　　『歷史學報』 47, 1970 ; 『高麗政治制度史研究』, 一潮閣, 1971.
2) 柳正修, 「唐 六尙書와 高麗 六尙書의 比較研究」『中央史論』 제10・11 합
　집, 1998.
3) 朴龍雲, 「高麗時代의 尙書都省에 대한 檢討」『國史館論叢』 61, 1995 ; 本
　書 所收.
4) 朴龍雲, 「高麗時代의 6部判事制에 대한 考察」『고려시대연구』 Ⅱ, 2000 ;
　本書 所收.

것은 그의 장관이던 6部尙書에 중점을 두어 좀더 깊이있게 알아보고
자 하는 의도에서이다. 尙書(判書)는 6部의 장관이었을 뿐더러 宰樞
와도 깊이 얽히어 있어서 그에 관한 종합적인 해명은 6部와 함께 官
制의 전반적인 이해에 매우 중요하기 때문이다. 그를 위해 이번에도
먼저와 마찬가지로 6部尙書에 새로이 任命되거나 在任했던 가능한
한 모든 事例들을 추출하여 분석하는 방식을 쓰고자 한다. 이때 그
시기는 高麗前期(成宗 元年, 982~毅宗 24년, 1170)와 武臣政權期(明
宗 元年, 1171~元宗 15년, 1274) 및 高麗 後·末期(忠烈王 元年,
1275~恭讓王 4년, 1392)의 셋으로 나누어 다루도록 하겠다. 그것이
합리적이면서도 편리하다는 판단에서이다.

그런데 이 작업에 앞서 尙書6部의 설치와 제도의 변천 및 그것의
직능에 대해 살피는 과정이 필요할 것 같다. 이 부분은 이미 정밀한
검토가 이루어진 바 있지만, 그에 관한 확인을 겸하여 종래에는 좀
소홀하게 다루어져온 武臣政權期 이후의 상황에 대해 보완해야 할
내용이 없지 않기 때문이다. 그리고 나서 마지막으로 6部尙書와 먼
젓번에 천착의 기회를 가졌던 6部判事와의 관계에 대해서도 좀더 생
각해보고자 한다.

小稿가 尙書6部와 尙書都省, 나아가서는 고려의 관제를 체계적으
로 이해하는데 조그마한 보탬이 되었으면 한다.

Ⅱ. 尙書6部의 설치와 제도의 변천

尙書6部가 처음으로 설치되는 시기와 沿革에 대해서는 다음의 사
료들이 전해져 쉽사리 파악할 수가 있다.

(가)-① 成宗 元年 春3月에 百官의 호칭을 고쳤다. 內議省을 內史門下라 하
  고, 廣評省을 御事都省이라 하였다(『高麗史節要』 卷 2).5)
  ②-ⓘ 尙書省. 太祖가 泰封의 제도를 좇아서 廣評省을 두고 百官을 摠領

케 하였는데, 侍中·侍郞·郞中·員外郞이 있었다. 成宗 元年에 廣評省
을 고쳐서 御事都省이라 하고, 14년에는 尙書都省으로 고쳤다. ⑪ 太祖
時에는 또 內奉省이 있었는데,『三國史』에 이르기를 內奉省은 곧 지금의
都省이라 하였으니 沿革이 이와 같지 않다(『高麗史』 卷 76 百官志 1).
③ (成宗 2年 夏5月) 비로소(처음으로) 3省·6曹·7寺를 定하였다(『高
麗史』 卷 3 世家·『高麗史節要』 卷 2)

먼저 ①과 ② 사료에서는 尙書省(처음 이름은 御事省)의 상층조
직인 御事都省만을 언급하고 있으나 뒤에 제시하는 事例(자료 1-1~
5)에 의해 확인되듯이 그와 동시에 하층조직인 御事6官도 설치되었
으므로 그 시기는 成宗 元年(982)이었음이 분명한 것 같다. 그런데
보다시피 ③사료에는 그보다 1년여가 뒤진 成宗 2년에 이르러「3
省·6曹」가「始定」되었다고 하여 차이를 나타내고 있다. 하지만 이
점에 대해서는 이미 연구자들이 成宗 元年의 설치를 그대로 긍정하
고, 成宗 2년의「始定」은 이 기구가 정비되어 본격적으로 기능을 발
휘하게 된 사실을 그같이 표현한 것이라는 해석을 내놓고 있다.[6] 타
당한 견해라고 생각된다.

다음은 연혁으로서 御事都省의 前身으로 ①과 ②-ⓘ은 廣評省을
들고 있는데 비해 ②-ⓙ는 內奉省을 지적하고 있어 역시 차이를 보
이고 있다. 그러나 이 문제에 대해서도 연구자들은 前者보다 後者가
타당하다는 쪽으로 대략 의견을 모으고 있다.[7] 요컨대 御事都省 및

---

5) 『高麗史』 卷 3 世家에는「(成宗)元年春三月庚戌 改百官號」라고만 언급
   되어 있다.

6) 邊太燮, 주 1) 1970 논문 : 1971 저서 pp. 5~6.
   李泰鎭,「高麗 宰府의 成立-그 制度史的 考察-」『歷史學報』56, 1972,
       pp. 28~29.

7) 李泰鎭, 위의 논문 pp. 34~39.
   李基白,「貴族的 政治機構의 成立」『한국사』5, 국사편찬위원회, 1975, p.
       18 ;「高麗貴族社會의 形成」, 一潮閣, 1990.
   邊太燮,「高麗初期의 政治制度」『韓㳓劤停年紀念 史學論叢』, 知識産業社,
       1981, pp. 170~171.
   趙仁成,「弓裔政權의 中央政治組織-이른바 廣評省體制에 對하여-」『白

御事6官은 國初의 內奉省을 이어서 成宗 元年에 설치되고, 同 2년에는 일련의 정비가 이루어졌다고 하겠다. 그리고 그것은 ②-①에 밝혀져 있듯이 成宗 14년(995)에 들어와 명칭이 尙書都省 및 尙書6部로 바뀌게 된다. 諸官司가 禮典에 準據한 것이기는 하지만 「額名에 임시적인 게 많으므로 典常을 살피고 可否를 가려서 假號는 모두 제거해 通規를 잘 나타내도록 한다」는[8] 취지에서였다.[9]

成宗 元年에 설치를 보는 御事6官은 각각 選官·兵官·民官·刑官·禮官·工官이라 하였는데, 『高麗史』 卷 76, 百官志 1의 吏曹 이하 각 조항에 의하면 그들 각자에게는 또한 1~3개씩 모두 9개의 屬曹가 부설되어 있었다. 이 체제가 成宗 14년에 6部·9屬司로 개칭되지만, 그 뒤 顯宗 2년(1011)에 이르러 9屬司 중 尙書吏部의 考功과 尙書刑部의 都官만을 그대로 두고 나머지는 모두 혁파함으로써 6部·2屬司制로 개편되며, 이것이 百官志에 文宗朝의 제도로 정리되어 있다. 이제 지금까지 설명해온 내용을 보기 쉽게 도표로 그리면 옆 페이지와 같다.[10]

이들 尙書6部의 각 官署에는 다시 말할 필요도 없이 각급의 官員 몇 명씩이 비치되어 일을 보았다. 御事6官 때에는 選官御事·禮官侍郎 등의 예와 같이 御事·侍郎·郎中·員外郎으로 편제되어 있었는데, 成宗 2년을 전후하여서는 이미 모든 관서에 그들이 두루 배치되었던 것 같다. 成宗 3년 5월에 있었던 한 차례의 人事에 刑官御事·刑官侍郎·刑官郎中·刑官員外郎·禮官侍郎·民官員外郎의 존재가 확인되는[11] 것으로 미루어 그런 짐작이 가는 것이다. 이들 명칭은 成宗 14년에 官署가 尙書6部로 개칭됨에 따라 吏部尙書·禮部侍郎 등과 같이 尙書·侍郎·郎中·員外郎으로 바뀌게 된다. 『高麗史』 百

山學報』 33, 1986, pp. 78~81.
8) 『高麗史』 卷 3 世家 成宗 14年 5月.
9) 이상의 설명은 尙書都省을 검토한 朴龍雲, 주 3) 논문 pp. 52~54 : 本書 pp. 11~13에서 이미 한차례 정리한 바 있다.
10) 邊太燮, 주 1) 1970 논문 : 1971 저서 pp. 6~8 참조.
11) 『高麗史』 卷 3 世家.

官志에 정리된 文宗朝 官制는 宰臣이 兼職하는 判事와 他官이 겸직하는 知事가 추가되어 있긴 하지만 기본적으로는 이 成宗 14년의 체제에 입각한 것이라 할 수 있다. 이제 그 내용을 역시 도표로 보이면 다음과 같다.

〈表 1〉 高麗前期 尙書6部 機構의 變遷

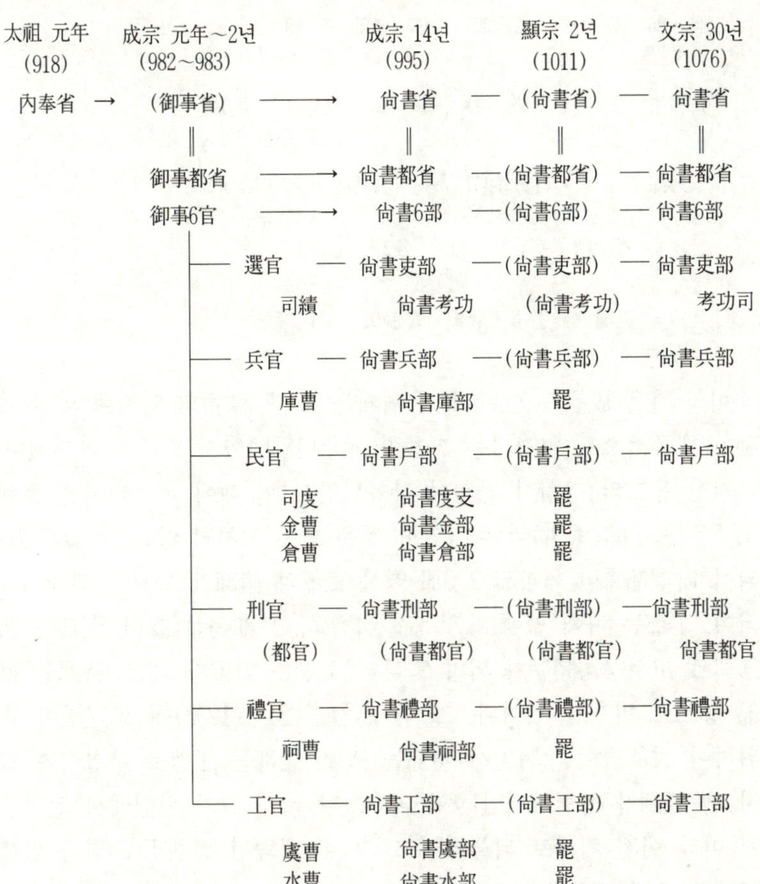

〈表 2〉 高麗前期 尙書6部의 官員과 그 변천

成宗 元年~2년 (982~983)		成宗 14년 (995)		문종30년 (1076)
御事6官	→	尙書6部	→	尙書6部 判事 各1人, 宰臣 兼職
御 事	→	(尙 書)	→	尙書 各1人, 正3品 知部事 各1人, 他官 兼職
侍 郎	→	(侍 郎)	→	侍郎 吏·禮·工 各1人, 正4品 兵·戶·刑 各2人
郎 中	→	(郎 中)	→	郎中 吏部 1人, 正5品 兵部 등은 各2人
員外郎	→	(員外郎)	→	員外郎 吏部 1人, 正5品 兵部 등은 各2人

※ 考功司·都官 … 郎中 各2人, 正5品
　　　　　　　　　員外郎 各2人, 正6品
※ 吏屬 … 主事·令史·書令史·記官 등등

　이와 같은 成宗~文宗年間의 체제는 그 후 蒙古의 압력에 의해 官制가 대폭적으로 변경되는 忠烈王 元年(1275)까지 그대로 유지된다. 하지만 몽고의 정치적 간섭이 강화되면서 이 해에 이르러서는 官制도「무릇 上國(蒙古)과 비길만한 것은 모두 고치지 않을 수 없게」[12] 되어 尙書都省이 혁파되고 6部 역시 吏部와 禮部가 합쳐져 典理司가 되며, 工部는 아예 없애고, 兵部는 軍簿司, 戶部는 版圖司, 刑部는 典法司로 고쳐 4司體制가 되며 官員의 호칭은 尙書가 判書, 侍郎은 摠郎 등으로 바뀌는 것이다. 그 뒤 忠烈王 24年(1298)에 忠宣王이 즉위하여 改革政治를 펴면서 禮部는 儀曹, 工部는 工曹로 부활시켜 일시 6曹體制가 성립하지만[13] 불과 몇 달 뒤에 그가 왕위에서 밀려남에 따라 이전 체제로 되돌려지고, 그 후 계속된 忠烈王 34년과 忠肅

---

12)『高麗史』卷 76 百官志 1 序文.

13) 이 때는 관직명도 判書는 尙書, 摠郎은 侍郎 등으로 바꾼다. 하지만 忠宣王은 곧 다시 그것들을 判書·摠郎 등으로 고친다. 이점에 대해서는『高麗史』卷 33 世家 忠宣王 卽位年 7月條 참조.

王 12년 전후의[14) 개편에도 불구하고 4司(4部)體制는 恭愍王 5년
(1356)까지 80년간 지속된다.

　그러다가 후·말기에 있어서 前期의 6部體制를 다시 회복하는 것
은 방금 지적한 공민왕 5년이었다. 잘 알려진 대로 그는 이 해에 反
元改革政治를 펴거니와, 그 일환으로 官制를 文宗 때의 제도로 환원
시키는 조처에 따라 이전의 6부가 그대로 설치된 것이었다. 물론 그
후에도 국내외의 복잡한 정세와 맞물려 몇 차례의 개편이 더 있었지
만 6部(6司)體制는 유지되다가 恭讓王 元年(1389)의 6曹體制로 이어
진다. 이제 그같은 기구와 관원의 개편 과정을『高麗史』卷 76, 百官
志 1의 吏曹 이하 各條의 내용을 중심으로 하여 도표를 그리면 다음
페이지의 〈表 3〉과 같다.

　그런데 여기에는 한 가지 더 짚고 넘어가야 할 문제가 있다. 尙書
(判書)의 정원이 그것이다. 보다시피 그의 정원은 처음부터 계속하여
1人이었다가 忠烈王 24년의 忠宣王 개편 때에 兵曹尙書의 정원만은
2人이 되고, 다시 10년 뒤인 忠烈王 34년의 忠宣王 개편시에 選部·
摠部·民部의 典書는 3人, 讞部의 典書를 2人으로 정하였다는 사실이
나타나 있다. 이같은 기술 가운데에서 忠宣王 때에 尙書 내지는 典書
의 정원을 2人~3人으로 하였다는 언급은 옳은 것 같다. 실제로 그러
한 사례가 확인되기 때문이다. 즉, 忠宣王 卽位年(忠烈王 24년) 5월
에 全昇이 兵曹尙書, 柳栯이 兵曹尙書·鷹揚軍上將軍에 임명된 것
을15) 위시하여 同 7月에는 2명이 兵曹判書를 제수받고 있으며,16) 이
어서 忠烈王 24년 9월과 26년 11월에도17) 각각 2명씩 軍簿判書에 임
명되고 있다.

---

14)『高麗史』卷 76, 百官志 1, 吏曹條 등에는 이 시기가「後復稱」이라 기술
　　되어 있으나 그 때는 忠肅王 12년 전후로 판단된다. 이점에 대해서는 朴
　　龍雲,「高麗時代의 6部判事制에 대한 考察」『고려시대연구』Ⅱ, p. 8 ;
　　本書 p. 105 참조.
15)『高麗史』卷 33 世家 忠宣王 卽位年 5月.
16)『高麗史』卷 33 世家 忠宣王 卽位年 7月 戊戌.
17)『高麗史』卷 31 世家 忠烈王 24年 9月 및 同 26年 11月.

〈表 3〉高麗 後·末期 尙書6部 機構와 그 官員의 變遷

	成宗 ~文宗	忠烈 元年 (1275)	忠烈 24. 忠宣 (1298)	忠烈 24년 (1298)	忠烈 34. 忠宣 (1308)	忠肅 12년 (1325)	恭愍 5년 (1356)	恭愍 11년 (1362)	恭愍 18년 (1369)	恭愍 21년 (1372)	恭讓 元年 (1389)
機構	吏部 →	典理司 →	銓曹 →	典理司 →	選部 →	典理司 →	吏部 →	典理司 →	選部 →	典理司 →	吏曹
	兵部 →	軍簿司 →	兵曹 →	軍簿司 →	摠部 →	軍簿司 →	兵部 →	軍簿司 →	摠部 →	軍簿司 →	兵曹
					처음은 選部에 합병						
	戶部 →	版圖司 →	民曹 →	版圖司 →	民部 →	版圖司 →	戶部 →	版圖司 →	民部 →	版圖司 →	戶曹
	刑部 →	典法司 →	刑曹 →	典法司 →	讞部 →	典法司 →	刑部 →	典法司 →	理部 →	典法司 →	刑曹
	禮部 →	(典理司에 합병) →	儀曹 ——	(典理司·選部에 합병)	⟶		禮部 →	禮儀司 →	禮部 →	禮儀司 →	禮曹
	工部 →	(革罷) →	工曹 →	(革罷)	⟶		工部 →	典工司 →	工部 →	典工司 →	工曹
官員	判事 →	(判事) →	革罷·尋復之								
	尙書 →	判書 →	尙書(判書) 各1人 兵曹는 2人 →	典書 各3人 讞部는 2人 →	(判書) →		尙書 →	判書 →	尙書 →	判書 →	(判書)
	知部事 →	(知司事) →	革罷·尋復之								
	侍郎 →	摠郎 →	侍郎(摠郎) 各3人 →	議郎 各3人 →	(摠郎) →		侍郎 →	摠郎 →	議郎 →	摠郎 →	(摠郎)
	郎中 →	正郎 →	郎中(正郎) 各3人 →	直郎 各3人 →	(正郎) →		郎中 →	正郎 →	直郎 →	正郎 →	(正郎)
	員外郎 →	佐郎 →	員外郎(佐郎) 各3人 →	散郎 各3人 →	(佐郎) →		員外郎 →	佐郎 →	散郎 →	佐郎 →	(佐郎)

그리고 忠肅王 14년에 이르러서는 民部典書 2명이 在任하고 있는 사실이 나타나고[18] 忠惠王 後3年에는 여전히 軍簿判書 2人의 在任 사실이 보이며,[19] 忠定王 元年에는 각각 典理判書 3人, 版圖判書 2人이 동시에 임명받고[20] 있다. 유사한 사례는 恭愍王朝에도 보이고 있어서 同 元年 6月에는 版圖判書 2人의 在任 사실이 확인되며, 冬 10月에는 각각 典理判書 2人, 軍簿判書 2人, 版圖判書 2人이 역시 동시에 임명받고 있는 사례도[21] 눈에 띠는 것이다.

그런데 정작 문제는 이와 비슷한 사례가 高麗前期와 武臣政權期에도 찾아진다는 점이다. 이 시기에는 百官志에 명시되어 있듯이(表 2 참조) 尚書의 정원은 각 1人씩이었다. 그렇지만 일찍이 顯宗 9년에 벌써 鄭忠節·金承渭 두 사람이 한꺼번에 兵部尚書를 제수받고 있고,[22] 德宗 3년에는 張允舍·任簡 두 사람이 역시 한꺼번에 工部尚書를 제수받고 있다.[23] 이 시기에는 분명히 兵部尚書와 工部尚書가 2명씩 在任했던 것이다. 武臣政權期에 들어와서도 좀 특수한 경우이긴 하지만 武人執政인 崔瑀가 參知政事로써 吏·兵部尚書를 겸직하도록 발령받는 人事에서 史洪紀와 金就礪가 역시 각각 吏部尚書와 兵部尚書에 임명되고 있으며,[24] 이어서 高宗 9년 12월에 吳壽祺와 文漢卿이 工部尚書, 崔甫延과 柳彦琛이 刑部尚書를, 同 14년 12월에는 崔正華·鄭畋 두 사람이 또한 일시에 戶部尚書를 제수받고 있어서[25] 동일한 양상이 확인된다.

어느 사람이 在任하고 있는 某尚書의 직위에 또 다른 사람이 임명된 사례가 있는지의 여부는 분간해내기가 좀 어렵고, 일시에 2명이

---

18) 『高麗史』 卷 35 世家 忠肅王 14年 冬11月 戊子.
19) 『高麗史』 卷 36 世家 忠惠王 後3年 6月 庚子.
20) 『高麗史』 卷 37 世家 忠定王 元年 8月 乙卯.
21) 『高麗史』 卷 38 世家 恭愍王 元年 6月 壬寅 및 同 冬10月 壬子.
22) 『高麗史』 卷 4 世家 顯宗 9年 3月.
23) 『高麗史』 卷 5 世家 德宗 3年 7月.
24) 『高麗史』 卷 22 世家 高宗 8年 12月 甲午.
25) 『高麗史』 卷 22 世家 高宗 9年 冬12月 丁酉 및 同 14年 12月 辛未.

在任하고 있거나 새로이 임명되어 定員이 2명이었음을 분명하게 보
여주는 사례도 지금 당장 확인되는 것은 위의 여섯 경우이다. 그렇
다면 우선 이 여섯 사례만을 가지고 고려전기나 무신정권기에도 尙
書의 정원이 2人이었다고 말할 수 있을까. 아마 그렇게 이야기하기
는 좀 어렵지 않나 생각된다. 각 尙書의 정원은 원칙적으로 1人이었
으되 때로는 2人이 임명되는 경우도 있었다는 정도로 이해하여 두는
것이 어떨까 싶다.

   이같은 제도가 위에서 확인한 것처럼 忠烈王 24년에 忠宣王에 의
해 兵部尙書의 정원이 2人으로 정해지고, 다시 10년 뒤인 忠烈王 34
년에는 역시 忠宣王에 의해 2人~3人으로 바뀌었다. 그렇다면 제도
가 文宗 때의 舊制로 환원된 恭愍王 5년 이후는 어떻게 되었을까.
『高麗史』卷 76, 百官志 1 吏曹條에는 이 부분에 대해「復立六部 …
品秩並復文宗舊制」라고 기술하고 있거니와, 그럼에도 定員은 옛 제
도로 돌아가지 않았던 것 같다. 여전히 동일한 尙書 2人 이상이 같
이 在任하거나 새로이 임명되고 있는 사례가 다수 눈에 띄는 것이
다. 예를 들면 恭愍王 12年 閏3月條에만도 典理判書 吳仁澤·金貴,
版圖判書 金漢眞·崔龍雨, 典工判書 李陽·趙希古 등이 찾아지며,[26]
冬11月條에는 역시 版圖判書 許子麟·辛珣·羅世 등 3명과 典法判
書 柳繼祖·金先致, 禮儀判書 李守·張必禮 등의 이름이 보이고,[27]
同 14년 7월에는 許佺·金安利 두 사람이 典法判書를 제수받고[28]
있다. 이어지는 恭讓王 때의 사례로는 3년 12월에 韓理와 鄭寓가 吏
曹判書를 제수받고 있고,[29] 同 4년 4월에는 李行·趙仁沃이 역시 吏
曹判書, 李勲·柳亮은 戶曹判書에, 그리고 6月에도 金子粹·金希善
이 刑曹判書에 임명되고[30] 있다. 물론 이 당시에도 그전처럼 1人만

---

26) 『高麗史』卷 40 世家 恭愍王 12年 閏3月 乙酉.
27) 『高麗史』卷 40 世家 恭愍王 12年 冬11月 壬申.
28) 『高麗史』卷 41 世家 恭愍王 14年 秋7月 庚辰.
29) 『高麗史』卷 46 世家 恭讓王 3年 12月 丙子.
30) 『高麗史』卷 46 世家 恭讓王 4年 夏4月 癸酉 및 同 4年 6月.

이 임명되는 경우가 많긴 했지만 동일한 判書의 직위에 2人 이상이 제수를 받는 경우도 흔히 볼 수 있는 일이었다고 하겠다.

요컨대 尙書6部의 제도는 成宗 元年(982)에 選官·兵官·民官·刑官·禮官·工官 등 御事6官과 司績·庫曹 등 9屬曹로 출발하여 이 듬해에는 정비를 보았으며, 그것이 成宗 14년(995)에 이르러 尙書吏部·兵部·戶部·刑部·禮部·工部 등 尙書6部와 尙書考功·庫部 등 9屬部로 개정되어 定型을 갖추게 되는데, 御事6官 때에는 各官에 御事·侍郎·郎中·員外郎이, 그리고 尙書6部 때에는 各部에 尙書·侍郎·郎中·員外郎이 설치되어 업무를 담당하도록 하였다. 그 뒤 顯宗 2년(1011)에 9屬部 중 考功司와 都官만을 남기고 나머지는 모두 革罷하는 변화도 있었지만 대체적으로는 이 체제를 골격으로 하여 정비를 거듭해, 宰臣이 兼職하는 判事 各1人과 他官으로 겸직하는 知部事 各1人이 추가로 설치되고, 尙書는 正3品으로 各1人, 侍郎은 正4品으로 1~2人, 郎中은 正5品으로 1~2人, 員外郎은 正6品으로 역시 1~2人으로 정하여졌으며, 이것이『高麗史』卷 76, 百官志 1 吏曹條 이하의 各項에 올라있는 文宗朝 官制인데, 다만 그중 尙書의 정원이 2人인 事例가 몇몇 눈에 띄어 의문의 여지가 없지 않으나 원칙적으로는 그러하였던 것 같다.

이 체제가 294년간 지속되다가 忠烈王 元年(1275)에 이르러 蒙古의 압력을 받아 工部는 폐지되고 禮部는 吏部와 합쳐져 典理司라는 명칭을 띠게 되며, 나머지 兵部는 軍簿司, 戶部는 版圖司, 刑部는 典法司로 개정되어 결국 4司體制로 바뀌는 변혁을 겪게된다. 이는 忠烈王 24년(1298)에 忠宣王에 의해 일시 銓曹·兵曹·民曹·刑曹·儀曹·工曹의 6曹體制로 모습이 달라지기도 하지만 그 기간은 몇 달에 그치고 곧 이전 제도로 환원되어 4司 내지 4部(選部·摠部·民部·讞部)의 형태가 80년간 이어져 갔다. 그러다가 恭愍王 5년(1356)에 이르러 처음의 6部制로 復舊가 되는데, 하지만 이후에도 복잡한 국내외 정세와 맞물려 典理司·軍簿司·版圖司·典法司·禮儀司·典工司로 바뀌어지기도 하고, 또 選部·摠部·民部·理部·禮部·工

部로 개정되는가 하면, 吏曹·兵曹·戶曹·刑曹·禮曹·工曹라 불리기도 하는 등 여러 차례의 변화가 있었다. 그때마다 尙書는 判書 또는 典書라 칭하여지기도 하고, 侍郞은 摠郞 또는 議郞, 郞中은 正郞 또는 直郞, 員外郞은 佐郞 또는 散郞으로 바뀌게 마련이었다. 그리고 특히 尙書의 정원도 忠烈王 24년에는 兵曹尙書만이 2人으로 늘어났으나 忠烈王 34년에는 選部·摠部·民部의 典書는 各3人, 讞部典書가 2人으로 된 이후 나중에는 禮部·工部 역시 같은 조처가 취해지면서 복수로 임명하는 경우가 흔히 있게 되었다. 尙書6部는 이와 같은 우여곡절을 겪으면서 麗末까지 존속하다가 朝鮮朝로 이어지게 된다.

Ⅲ. 尙書6部의 직능

尙書6部의 직능에 대해서는 『高麗史』 卷 76, 百官志 1, 吏曹條 이하의 各項에 官署別로 언급되어 있어 윤곽을 대략 파악할 수가 있다. 그 가운데에서 먼저 尙書吏部에 대한 것을 보면,

> (나)-① 吏曹(吏部)는 文選과 勳封의 政事를 관장한다. 考功司는 官吏들의 功過를 考覈하는 일을 관장한다.

라고 하여 文官의 人事와 勳勞·封爵에 관한 일을 관장하였으며, 그 예하의 考功司는 그 같은 인사에 필요한 자료들을 수집, 관리하는 일을 담당하였음이 밝혀져 있다. 이러한 吏部의 업무에 대한 일반론은

> (나)-② 舊制에 國子監이 4季月 6衙日에 衣冠의 子弟들을 모아 論語와 孝經을 시험하여 합격자를 吏部에 보고하면 吏部는 다시 世系를 고찰하여 初職을 주었다(『高麗史』 卷 99 列傳 崔惟淸附 宗峻傳).[31]

---

31) 동일한 기사가 『高麗史節要』 卷 15, 高宗 9年 夏4月條에도 실려 있다.

③ (神宗 5년 3월) (崔)忠獻이 吏·兵部를 겸직한 뒤로부터 늘상 2部를
왕래하면서 銓注를 하였다(『高麗史節要』卷 14).[32]

고 한 데서 다시 살필 수 있지마는, 아래의 기사들은 그같은 내용을
좀더 구체적으로 보여준다.

(나)-④ (安)劉勃은 뒤에 吏部郎中을 배수받았다. (당시) 吏部가 入仕者의 姓
名에 點을 찍어 아뢰는 것을 點奏라 하였는데, 이에 入仕者들이 반드시
白金 수근을 뇌물로 주어 예물을 삼으니 判事로부터 令史에 이르기까지
익숙해져서 일상사가 되었다. …오직 劉勃은 의연하여… 세상에서 그의
淸廉에 탄복하였다(『高麗史』卷 101 列傳 安劉勃傳).[33]
⑤ 熙宗 때에 崔忠獻이 權力을 오로지하여 頒政이 無常하였다. 舊例에
는 頒政으로 6月에 하는 것을 權務라 일컫고 12月에 하는 것을 大政이
라 불렀는데, 吏·兵部의 判事와 諸僚들이 本部에 모여서 功있는 자를
올리고 罪있는 자를 罷黜하되 모두 왕의 명을 받게 되어 있었으며, 이때
가 지나면 비록 闕位가 있더라도 보임하지 않았다(『高麗史』卷 75 選擧
志 3 銓注 選法).[34]
⑥ (忠宣王 復位年 10月) 戊子에 選部의 銓注에 착오가 많으므로 典書
에서 散郎까지 俸米를 추징하였다(『高麗史』卷 33 世家).

여기에서 吏部는 初入仕뿐 아니라 그 후의 陞進·罷黜 등 일체의
인사 업무를 관장하였음이 잘 드러나 있다. 그리고 그 업무는 宰臣
이 겸직하는 判事로부터 장관인 典書(尙書) 및 그 예하의 吏部郎
中·散郎과 吏屬인 令史 등 그곳 소속의 모든 관원들이 관여하고 있
는 사실도 전하고 있어 주목된다.

吏部의 건의에 따라 勳勞를 표창하는 의미에서 그것을 인사에 직
접 반영시킨 사례도 더러 눈에 띤다. 配享功臣이며 侍中을 역임했던
崔肅의 증손에게 蔭職을 수여하도록 건의하여 실현시키고 있는 것
과[35] 直史館으로 在任時에 반란이 일어나자 생명의 위협을 무릅쓰

---

32) 유사한 사료들은 여럿을 더 찾을 수 있다.
33) 유사한 기사가 『高麗史節要』卷 12 明宗 8年 9月條에 실려 있다.
34) 유사한 기사가 『高麗史節要』卷 14 熙宗 5年 秋9月條에 실려 있다.

고 '國史'를 옮겨 보전케 한 金守雌에게 吏部侍郎을 追贈토록 조처하고 있는 것을[36] 비롯하여 農桑을 권장하고 백성들을 存恤하여 政績이 뛰어난 連州防禦副使 蘇顯을 吏部로 하여금 量用토록 하거나,[37] 太常齋郎을 지냈으면서 孝子로 소문난 全彥에게 직위를 올려주도록 역시 吏部가 건의하고 있는 것도[38] 비슷한 사례이다. 반대로 잘못이 있으면 처벌을 받고 그것이 吏部에 통보되어 考功司가 관장하는 일종의 인사기록카드 내지는 신상명세서인 政案(政簿)에 올라[39] 인사에 불이익을 받았다. 일시 징벌을 받고 물러난 鄭敘·崔惟淸 등의 죄를 政簿에 기록하도록 吏部가 奏請하고 있다던가[40] 억울하게 징벌을 받은 李永의 경우 吏部에 명하여 '罪案'에서 삭제토록 한 것[41] 등이 그 점을 보여주는 자료들이다. 그리하여 일단 현직에서 물러났던 官員이 赦宥를 받거나[42] 先祖의 뛰어난 功德에 힘입어[43] 復職을 논의할 때도 그 중심기구는 吏部였다.

다음 封爵의 사례는 『高麗史』 卷 75, 選擧志 3, 銓注 凡封贈之制條에 다수 실려 있는데, 특히 恭讓王 3년 8월의 都評議使司 上言에는 그 내용을 설명한 후 「모두 吏曹에서 判을 받아 牒을 주게 하시라」는 건의가 보여 이 제도 운영에서의 吏部의 역할을 짐작할 수 있다.

吏部는 이 같은 인사 업무와 함께 그와 관련된 규정의 제정도 담당하였다. 內外에 있는 大小 衙門의 官員 數를 조절하고 있다던가[44]

---

35) 『高麗史』 卷 8 世家 文宗 11年 3月 丙申.

36) 『高麗史節要』 卷 11 毅宗 2年 11月 · 『高麗史』 卷 98 列傳 金守雌傳.

37) 『高麗史』 卷 7 世家 · 同書 卷 79 食貨志 2 農桑 · 『高麗史節要』 卷 4 文宗 元年 2月.

38) 『高麗史』 卷 5 世家 · 『高麗史節要』 卷 3 顯宗 14年 秋7月.

39) 政案·政簿에 대해서는 朴龍雲, 「高麗時代 官員의 陞黜과 考課」 『歷史學報』 145, 1995 ; 『高麗時代 官階·官職研究』, 고려대출판부, 1997, pp. 144~146 참조. 여기에는 물론 勳勞의 내용도 기록되었다.

40) 『高麗史節要』 卷 11 毅宗 5年 6月 · 『高麗史』 卷 90 列傳 宗室傳 仁宗 大寧侯暻.

41) 『高麗史節要』 卷 9 仁宗 元年 春正月 · 『高麗史』 卷 97 列傳 李永傳.

42) 『高麗史』 卷 6 世家 · 『高麗史節要』 卷 4 靖宗 元年 秋7月.

43) 『高麗史』 卷 7 世家 · 『高麗史節要』 卷 4 文宗 9年 8月.

內侍・茶房의 인원을 제한하여야 한다는 건의[45] 및 고려 後・末期에 많은 폐단을 일으키고 있던 鷹坊의 폐지를 奏請하고 있는 것[46] 등에서 그 점을 살필 수 있다. 그리고 여러 관련 규정이 잘 지켜지고 있는가를 점검하는 것 역시 그의 직무여서 吏部는 100일로 되어 있는 病暇의 기간을 넘긴 官員을 解職할 것을 아뢰고 있으며,[47] 또 69세가 되는 年末에 致仕하게 되어 있는 규정을 어긴 사람도 罷職할 것을[48] 제안하고 있기도 하다.

요컨대 尙書吏部는 文官들의 初入仕와 그 후의 考課에 따른 陞陟과 罷黜 및 勳勞와 징벌・封爵과 관련된 인사의 처리 업무를 맡았다고 하겠다. 아울러 職制와 같은 인사 관련의 규정을 제정하고 또 인사 관계의 여러 규정이 잘 준수되고 있는가를 점검하는 일 등도 역시 그의 직무 가운데 일부였다.

다음 尙書兵部의 직능에 대해서는 역시 百官志 兵曹條에,

(다)-① 兵曹(兵部)는 武選과 軍務・儀衛・郵驛의 政事를 관장한다.

고 하여 담당한 업무를 간략하게 밝히고 있는데, 그중 武選은 이미 알려져 있듯이 吏部의 文選에 대칭되는 말로 武官에 대한 인사를 뜻한다. 兵部가 맡아 본 가장 중요한 일 가운데 하나가 바로 이것이었다고 하겠거니와, 여기에는 文選의 경우와 마찬가지로 武官들의 初入仕뿐 아니라 그 후의 승진, 罷黜도 물론 포함된다. 위에 든 ㈏-④・⑤는 이 점을 말해 주는 자료이기도 한데, 유사한 기사는 여러 개가 더 찾아진다. 그중 한 두 개만 소개하면 다음과 같다.

---

44) 『高麗史』 卷 7 世家・『高麗史節要』 卷 4 文宗 元年 11月.

45) 『高麗史節要』 卷 34・『高麗史』 卷 75 選擧志 3 銓注 成衆官選補之法 恭讓王 2年 10月.

46) 『高麗史』 卷 43 世家・『高麗史節要』 卷 29 恭愍王 20年 12月.

47) 『高麗史』 卷 6 世家・『高麗史節要』 卷 4 靖宗 12年 5月.

48) 『高麗史』 卷 7 世家・『高麗史節要』 卷 4 文宗 元年 12月.

(다)-② 御史臺에서 兵部의 銓注가 정당함을 잃었다 하여 탄핵하니, 이에 (兵
部)判事인 閔令謨가 소장을 올려 스스로 中書門下 및 重房을 열거하며
도리어 반박 논핵하였다(『高麗史節要』卷 12 明宗 8年 6月).[49]
③ (恭讓王) 2年 12月에 都評議使司에서 아뢰어 말하기를, "先王께서
都目政을 설정하시고…바라건대 古制에 의거하여 吏·兵曹로 하여금
功勞를 考覈하여 授職케 하시고, 이름은 있으나 실제적인 직임이 없는
것은 없애버릴 것이며, 소임은 같은데 나아가는 길의 이름이 다른 것은
병합하십시오" 하니 좇았다(『高麗史』卷 75 選擧志 3 銓注 選法).

이와 함께 兵部가 奏請하여 어느 개인이나 집단을 포상하거나 징
벌함에 따라 인사 처리한 구체적인 사례 역시 자주 눈에 띈다. 참고
로 그것들을 들면 아래와 같다.

(다)-④ (顯宗 7년 春正月) 壬戌에 兵部가 아뢰기를, "郎將인 秦明·柳高價·
康孝 등 74人에게 爵 1級씩을 더하여 邊功에 대해 賞주기를 청합니다"
하니 좇았다(『高麗史』卷 4 世家·『高麗史節要』卷 3).
⑤ (顯宗 7년 2월) 庚辰에 兵部가 아뢰기를, "中郎將인 蔡宏·李康 등
159人은 모두 戰功이 있으니 청컨대 爵 1級씩을 더하여 주십시오" 하니
좇았다(『高麗史』卷 4 世家·『高麗史節要』卷 3).
⑥ (顯宗 7년 2월) 兵部가 아뢰기를, "將軍 黃虎猛 등 29人은 모두 戰功
이 있으니 청컨대 職 1級씩을 가하십시오" 하니 좇았다(『高麗史』卷 4
世家·『高麗史節要』卷 3).
⑦ (顯宗 9년 6월) 庚申에 兵部가 아뢰기를, "將軍 楊渥과 中郎將 咸進
등 449人은 모두 邊功이 있으니 職 1級씩을 더하여 주십시오" 하니 좇
았다(『高麗史』卷 4 世家·『高麗史節要』卷 3).
⑧ (顯宗 16년 春正月) 丁酉에 皮渭宗 등 6人을 赦免하고 爵을 회복케
하였다. 처음에 渭宗이 兵部郎中으로써, 徼外를 巡行하다가 契丹將軍 耶
律撒割이 사냥하는 것을 보고 禮賓注簿 鄭民義 등 5人과 함께 달려나가
죽이고 돌아와서 功賞을 받으려 하자, 所司가 병사를 함부로 움직여 塞
外로 나갔다 하여 먼 곳으로 유배시켰던 것인데, 이에 이르러 放還케 한
것이다(『高麗史』卷 5 世家·『高麗史節要』卷 3).

武選과 더불어 兵部의 직무로 지적된 軍務는 내용이 상당히 다양

---

49) 같은 내용의 기사가 『高麗史』卷 101 列傳 閔令謨傳에 실려 있다.

했을 것 같다. 『高麗史』 卷 82, 兵志 2에는 宿衛·鎭戌·馬政·城堡 條 등이 설정되어 있지마는 이와 관계되는 일은 軍務의 일부였을 것이다. 그리고 高麗後期의 한 기록에는 좀더 구체적으로 언급하여 軍簿司는 「軍校의 名籍·兵衛의 器仗과 장수에게 명하여 군사를 출동시키는 일」로[50] 묘사하고 있거니와, 이 역시 軍務의 일부라는 것은 쉽사리 납득된다. 이 밖에 개개의 사례로는 兵部가 아뢰어 軍班氏族의 帳籍을 새로이 작성토록 한다던가[51] 選軍과[52] 忠勇衛·近侍衛·別保衛의 額數에 대한 건의[53] 및 軍事訓鍊의 教閱을 관장하는 일[54] 등이 눈에 띠는데, 상통하는 내용이 아닌가 생각된다.

儀衛 및 郵驛과 兵部가 직접 연결되어 있는 개별 기사는 별반 찾아지지 않는다. 그러나 儀衛의 경우 『高麗史』 卷 83, 兵志 3의 看守軍과 圍宿軍·檢點軍의 존재에서 兵部의 그러한 업무를 충분히 이해할 수 있을 것 같다. 그리고 郵驛의 직무 역시도 同書 卷 82, 兵志 2에 站驛條가 설정되어 있는 것으로 보아 확인할 수 있거니와, 百官志에 언급된 兵部의 직능에 관한 기술은 간략하면서도 내용을 충실히 반영한 것으로 판단된다.

이어지는 尙書戶部의 직능에 대해서 『高麗史』 百官志에는

(라)-① 戶曹(戶部)는 戶口와 貢賦·錢粮의 政事를 관장한다.

고 보인다. 이것이 戶部尙書의 임명과 관련하여 나오는 또 다른 기록에는

---

50) 『拙藁千百』 卷 1 記 軍簿司重新廳事記.
51) 『高麗史』 卷 8 世家·同書 卷 81 兵志 1 兵制·『高麗史節要』 卷 5 文宗 18年 閏5月.
52) 『高麗史』 卷 6 世家·『高麗史節要』 卷 4 靖宗 7年 9月.
53) 『高麗史』 卷 81 兵志 1 兵制 恭讓王 3年 7月.
54) 『高麗史』 卷 81 兵志 1 兵制·『高麗史節要』 卷 4 文宗 4年 10月·『高麗史』 卷 95 列傳 王寵之傳.

> (라)-② 戶部는 곧 周의 地官이요, 尙書는 漢의 公卿이다. 戶口와 田地(戶田
> 生齒)의 籍을 관장하고 賦役과 貨幣의 政事를 맡아보니 그 所任이 매우
> 중대하다. 云云(『東文選』卷 29 批答 某讓戶部尙書餘如故不允批答).

이라고 설명되어 있는데, 이 두 기사는 동일한 내용을 말한 것 같다.
①의 '戶·口'와 ②의 '戶·生齒'가 같은 말이고, 또 ①의 '粮'과 ②의
'田'이 의미하는 내용이 같다고 이해되기 때문이다. '貢賦'와 '賦役',
'錢'과 '貨幣'는 더 논할 필요도 없이 동일한 뜻을 지닌 말이다.

　고려 때는 丁'口'數에 근거한 9等戶制를 채택하고 있었거니와, 그
것을 관장한 기구가 아래의 사료에도 드러나 있듯이 戶部였다.

> (라)-③ 國制에 백성의 나이 16이면 丁이 되어 비로소 國役을 지고 60이면 老
> 가 되어 免役하였는데, 州郡에서 매년 口를 헤아려 編籍하여 戶部에 올
> 리면 무릇 徵兵과 調役을 이 戶籍에 의해 抄定하였다(『高麗史』卷 79
> 食貨志 2 戶口).
> ④ 恭愍王 20年 12月에 下敎하기를, "一 本國의 戶口法은 근래의 播遷으
> 로 인하여 모두 그 옛 것을 잃어버렸으니 壬子年으로부터 시작해 모두
> 舊制에 의거해 良賤과 生口를 분간하여 籍을 만들고 式年에 따라 民部
> 에 보내어 叅考에 대비토록 하라" 하였다(上同).

　이처럼 戶口法은 徵兵과 良賤·生口의 분간에도 긴요하였지만 일
면으로는 調役의 근거자료이기도 하였다. 이곳의 調役은 백성들이
부담하던 3稅 가운데 하나인 徭役을 뜻한다고 생각되거니와, 사실
丁口는 다른 稅役의 하나인 貢物의 기준이 되기도 하였다. 그에 따
라서 얻어지는 두 종류의 수입이 국가 재정의 큰 몫을 차지하였지마
는, 여기에서 재무기관인 戶部가 戶口의 政事를 관장하게 된 연유를
납득할 수 있게 된다.

　그런데 당시의 기본적인 국가의 수입원은 하나가 더 있었다. 그것
은 더 말할 필요도 없이 土地에서 들어오는 租稅였다. 이 租稅는 일
반적으로 糧穀의 형태를 띠었으며, 그리하여 土地와 租稅인 糧穀과
관계된 업무 역시 戶部의 중요한 관장 사항이 되었던 것이다. 위에서

①의 ‘粮’과 ②의 ‘田’이 의미하는 내용이 같았다고 한 것도 이런 점에
서였는데, 개별적인 자료들은 대부분이 이에 관한 것들이다. 예컨대,

> (라)-⑤ 靖宗 2年 7月에 制하기를, “諸衛의 軍人 중 집이 가난하여 名田이 부
> 족한 자가 자못 많은데, 지금 변경의 征戍가 쉴새없어 存恤하지 않을 수
> 없으니 戶部는 公田을 나누어 加給하도록 하라” 하였다(『高麗史』 卷 81
> 兵志 1 兵制 ·『高麗史節要』 卷 4).

는 것은 戶部에 의한 土地 分給의 사례이며, 또

> (라)-⑥ 顯宗 13年 2月에 戶部에서 아뢰기를, “泗州는 豊沛의 땅입니다. 전번에
> 民田을 抽减하여 宮庄에 소속시켰으므로 백성들이 征稅를 견뎌내지 못한
> 즉, 바라옵건대 州 경내에 있는 公田을 審量하여 數대로 상환하십시오”
> 하니 좇았다(『高麗史』 卷 78 食貨志 1 田制 經理 ·『高麗史節要』 卷 3).
> ⑦ 靖宗 7年 正月에 戶部가 아뢰기를, “尙州 管內의 中牟縣과…臨江縣
> 등은 民田의 多寡와 膏塉이 고르지 못한즉 청컨대 사절을 보내 量田하
> 여서 食役을 고르게 하소서” 하니 좇았다(『高麗史』 卷 78 食貨志 1 田
> 制 經理 ·『高麗史節要』 卷 4).
> ⑧ (文宗) 13年 2月에 尙書戶部가 아뢰기를, “楊州 界內의 見州는 邑을 설
> 치한지가 이미 105년이어서 州民의 田畝가 여러 차례 水旱을 겪어 膏塉이
> 같지 않은즉 청컨대 사절을 보내 均定하십시오” 하니 制하여 可하다 하였
> 다(『高麗史』 卷 78 食貨志 1 田制 經理 ·『高麗史節要』 卷 5).

는 것은 租稅에 대한 戶部의 건의 가운데 몇 사례이다. 요컨대 戶部
는 戶口와 田地, 그리고 그에 근거한 徭役 · 貢物 · 租稅의 업무를 관
장하였다고 할 것이다.

그런데 그의 관장 사항중 하나인 貢物을 고려 때는 貢賦라고도 칭
하였다. 그렇기 때문에 『高麗史』 卷 78, 食貨志 1, 田制에 貢賦條가
따로 설정되어 있기도 한 것이다. 하지만 한편으로 보면 ‘貢賦’란 말
은 田租와 같은 뜻으로 쓰여지기도 하고, 또 어떤 경우에는 賦稅 ·
稅賦 등과 같이 수취 일반을 의미하는 수식적 용어로 사용되기도 하
여 혼란을 초래할 여지가 많다. 百官志 戶曹條의 ‘貢賦’가 바로 그러

한 경우인데, 이것은 후자의 의미로 쓴 것이라 판단된다. 위에서 설명했듯이 戶部는 貢物뿐 아니라 租稅·徭役 등 국가 재정의 수입원 전체를 관장하는 기구였던 것이다. 이 부분에 대한 오해가 없어야 할 것 같다.

戶部는 그밖에 貨幣의 업무를 관장했다고 하였다. 『高麗史』 卷 79, 食貨志 2에 市估條와 함께 貨幣條가 설정되어 있거니와, 이처럼 상업과 그와 불가분의 관계에 있는 貨幣의 업무는 역시 국가 재정과 깊은 관련이 있어서 戶部의 관할하에 두었던 것 같다. 그리고 시기에 따라 좀 차이가 있었지만 塩法과 관계된 사안도 戶部의 관할이었으므로 당해 자료들이 몇몇 눈에 띄고 있다.55) 戶部는 戶口와 田土 및 租稅·貢物·徭役과 貨幣·市估·塩法 등의 政事를 관장한 기구였다고 하겠다.

그러면 다음으로 尙書刑部의 직무는 어떠했을까. 이에 대해서도 『高麗史』 百官志 刑曹條에

> (마)-① 刑曹(刑部)는 法律과 詞訟·詳讞의 政事를 관장한다.
>   都官은 奴婢의 簿籍과 決訟을 관장한다.

고 하여 그 내용을 대략 이해할 수가 있다. 여기서의 法律은 律令格式을 모두 포괄하는 개념으로 그의 제정과 改變 등의 업무를 뜻하며, 詞訟은 그에 따른 재판, 그리고 詳讞은 결단하여 처벌하는 것을 의미한다. 따라서 이것은 『高麗史』 卷 84, 刑法志 序文에 '法'은 未然에 방지하기 위한 것이며, '刑'은 이미 저질러진 일을 징벌하기 위한 것이라는 설명과도 관련하여 法律은 '法'에, 詞訟과 詳讞은 '刑'과 연결을 가지는 일련의 체계를 말한 것이 아닌가 하는 생각이 많이 드는 것이다.

이제 그 구체적인 사례들을 찾아보면

---

55) 『高麗史』 卷 79 食貨志 2 塩法 忠肅王 5年 5月 및 同 8年 3月.

(마)-② 顯宗 7年 5月에 刑部에서 아뢰기를, "官吏가 監臨하면서 자신이 도둑
질한 자는 臟物의 多少를 헤아리지 말고 모두 除名하여 本貫으로 流配하
소서" 하니 좇았다(『高麗史』 卷 84 刑法志 1 職制·『高麗史節要』 卷 3).

는 것은 '法律' 관련의 刑部 직능으로 보이며, 또

(마)-③ (忠烈王 5년) 11월 癸丑에…(伍)允孚가 典法摠郎 朴仁澍에게 말하기
를, "典法司의 決訟이 어찌 그렇게 지체되는 게 많은가" 하자 仁澍가 말
하기를, "內敎·判旨가 빗발치듯하니 지체되지 않을 수 있겠는가" 라고
하므로 允孚가 왕께 고하였다(『高麗史節要』 卷 20).
④ (恭愍王 元年 8월) 庚戌에 敎하여 말하기를, "옛 군왕은 힘써 다스려
나라를 보존코자 하여 친히 機務를 보고 총명함을 넓혀 아래 사람들의
사정에 통달하였다. 지금 寡人도 역시 그러하고자 하니 僉議·監察과
典法司·開城府·選軍·都官은 무릇 決訟하는 바를 5日에 한번씩 아뢰
라" 하였다(『高麗史』 卷 38 世家·『高麗史節要』 卷 26).

는 기사는 典法司(刑部)의 詞訟 업무와 관련되어 있는 것들이다. 그
리고 詳讞에 관한 자료들도 다수 찾아지는데 그 가운데에서 몇 개만
소개하면,

(마)-⑤ (顯宗 2년) 8月 癸卯에 刑部에서 아뢰기를, "趙容謙·柳僧虔…은 南
行의 때에 行宮을 놀라게 하였은즉 청컨대 除名하여 유배하소서" 하니
좇았다(『高麗史』 卷 4 世家·『高麗史節要』 卷 3).
⑥ (靖宗 8년 8월) 甲申에 宣政殿에 납시어 刑部의 奏讞을 聽斷하였다
(『高麗史』 卷 6).
⑦ 文宗 元年 8月에 尙書刑部에서 死刑을 覆奏하니 왕이 말하기를, 云
云(『高麗史』 卷 85 刑法志 2 恤刑·『高麗史節要』 卷 4).
⑧ (毅宗 12년) 8月 庚子에 尙書刑部에서 重刑을 奏決하였다(『高麗史』
卷 18 世家).
⑨ (明宗 12년 8월) 己未에 왕이 便殿에 납시어 刑部가 아뢴바 重刑을
결단하였다(『高麗史』 卷 20 世家).
⑩ (忠惠王 元年 6월) 辛酉에 嬖人인 中郎將 韓不花가 矯旨로 죄수를
방면하였으므로 典法司에서 그 죄를 다스리기를 청하였으나 대답이 없
었다(『高麗史』 卷 36 世家).

고 한 것 등을 들 수 있다.

이 刑部 예하의 都官이 奴婢 관계의 일에 종사한 기사는 역시 여러 개가 눈에 띤다. 아래에 그것도 한 두개 보이면 다음과 같다.

(마)-⑪ (忠烈王 5년) 11月에 여러 臣下에게 賜與한 官奴婢를 收하여 都官에 속하도록 하였다(『高麗史』卷 85 刑法志 2 奴婢).
⑫ (恭讓王 4년) 都官이 上書하기를, "一, 자손이 없이 죽었을 때 그 夫는 妻의 奴婢를 모두 가지고, 그 妻가 守信하면 역시 夫의 奴婢를 모두 가지되, 一身에 그치고 죽은 후에는 本孫에 귀속토록 할 것이나 별도로 文契가 있는 것은 此限에 두지 말 것입니다" 하였다(『高麗史』卷 85 刑法志 2 奴婢).

이어서 尙書禮部의 직능에 대해 알아 볼 차례이다. 그에 관해서도 『高麗史』百官志에 규정되어 있는데,

(바)-① 禮曹(禮部)는 禮儀와 祭享·朝會·交聘·學校·科擧의 政事를 관장한다.

고 기술하고 있다. 상당히 다양한 업무를 맡아보았다고 하겠는데, 그 중 '禮儀'는 각종 儀禮 가운데에서 일반적인 禮節·禮式에 관한 일을 말한 것 같다. 이 점은 다음의 사례들을 보면 좀더 명료해질 듯싶다. 그 몇개를 소개토록 하겠다.

(바)-② (顯宗 10년 3월) 禮司에서 奏請하기를, "衛士들이 봄철에 鐵甲 입는 것을 금하십시오" 하니 좇았다(『高麗史節要』卷 3).
③ (顯宗 16년 夏4月) 禮部에서 아뢰기를, "御史臺의 새 格式에 兩班의 員吏가 朝門 거리의 公處에서 私禮에 의거 拜伏하면 곧장 처벌한다 하는데…만약 御史臺 格式대로 한다면 어찌 上下와 長幼의 次序가 분별되겠습니까. 청컨대 조정 廟祀의 禮會時 班行 이외에 그 나머지는 私禮대로 편리하게 하는게 마땅할 것입니다" 하니 좇았다(『高麗史節要』卷 3).56)

---

56) 같은 기사가 『高麗史』卷 85 刑法志 2 禁令 顯宗 16年 4月條에도 실려 있다.

④ 文宗 26年 春2月 辛亥 초하루에 禮部에 詔하여 禮服制度를 다시 정하도록 하였다(『高麗史』 卷 9 世家·『高麗史節要』 卷 5).

⑤ (肅宗) 7年 10月에 王이 西京에 있는데 禮部에서 아뢰기를, "…바라옵건대 西京留守 및 先排使 西海按察使로 하여금 먼저 나이 80 이상 된 사람들을 물어 賜設하소서" 하니 制하여 可하다 하였다(『高麗史』 卷 68 禮志 10 嘉禮 老人賜設儀).

⑥ (■宗 元年 春正月) 戊戌에 禮部에서 아뢰기를, "兩界·3京·3都護·8牧이 每 元正·冬至 및 至元節 때 坤成殿에 表를 올려 하례하는 것을 恒式으로 삼으소서" 하니 制하여 可하다 하였다(『高麗史』 卷 12 世家·『高麗史節要』 卷 7).

⑦ 睿宗 10年 10月 庚子에 禮司에서 청하여, 太子 生日을 永貞節로 삼으면서 宮官과 僚屬들은 進賀토록 하고, 兩界·3京·8牧·3都護府는 箋을 올리는 것을 恒式으로 삼게 하였다(『高麗史』 卷 67 禮志 9 嘉禮 王太子節日受宮官賀幷會儀).

⑧ (高宗 3년 2월) 왕은 昌樂公主의 장례이므로 素服하고 膳羞를 줄였다. 禮部에서 아뢰기를, "主上께서 이미 소복하였으니 百僚들 역시 하루 동안 소복해야 할 것입니다" 하니 좇았다(『高麗史節要』 卷 14)

⑨ (元宗 元年 2월) 己酉에 燃燈이므로 太孫께서 奉恩寺에 갔다. 15日이 寒食이어서 이 날에 미리 간 것인데, 禮官의 말에 따른 것이다(『高麗史』 卷 25 世家).

⑩ (恭讓王 元年 夏4月) 禮儀判書 閔霽가 羣臣의 儀從과 蓋扇에 차등이 있도록 更定할 것을 청하니 좇았으나 끝내 실행되지는 못하였다(『高麗史節要』 卷 34).

다음 '祭享'은 儀禮 가운데에서 國家 祭祀와 관계된 사안을 지칭하는 것이다. 당시에 祭享은 국가의 중대사였으므로 禮部의 업무로 특별히 규정하여 놓은 것 같다. 그에 관한 사례들을 역시 몇개 소개하면 다음과 같다.

(바)-⑪ (顯宗 3년 12월) 敎하여 말하기를, "…지금 寡人이 不德하여 재화가 종묘에 미쳤으니 슬픈 마음이 깊다. 工事를 일으킬 여가가 없으므로 먼저 신주를 만들어 齋坊에 두고자 하니 禮官은 의논하여 아뢰라" 하였다(『高麗史節要』 卷 3).

⑫ (顯宗 5년) 秋7月에 中樞使 姜邯贊이 社稷壇을 수리하고 禮司로 하

여금 儀注를 議定케 하도록 청하니 좇았다(『高麗史節要』卷 3).

⑬ (顯宗 20년 夏4月) 乙卯에 왕이 太廟의 籩豆를 의논하여 늘이고자 하니 禮部에서 「王制에 豊年에도 사치하지 않게 하고 凶年에도 儉約하게 하지 않는다」는 뜻에 근거해 不可함을 고집하므로 이에 그만두었다 (『高麗史』卷 5 世家·『高麗史節要』卷 3).

⑭ (靖宗 8년 3월) 禮部에서 아뢰기를, "4月에 禘祫祭를 지내야만 하겠는데 王后冊封都監에서 장차 21日에 冊禮를 행한다 하오니 그 禘祫祭는 攝事로 행하십시오" 하였다(『高麗史節要』卷 4·『高麗史』卷 61 禮志 3 吉禮大祀 諸陵).

⑮ (文宗 11년 5월) 戊寅에 禮部에서 아뢰기를, "초여름부터 비가 때를 맞추어 오지 않았고, 또 廣州가 보고하기를 田野가 건조하여 흉년을 면하지 못하겠다 하오니 청컨대 松岳·東神堂·諸神廟·山川·朴淵 등 다섯 곳에 每7日마다 한번씩 비시고, 또 廣州 등의 州郡으로 하여금 각각 祈雨祭를 행하게 하옵소서" 하니 制하여 可하다 하였다(『高麗史』卷 8 世家·同 卷 54 五行志 2 金).

⑯ (肅宗 7년) 冬10月에 禮部에서 아뢰기를, "우리나라에서 禮義를 敎化하기는 箕子에서 비롯하였는데, 사당이 없고 祀典에도 올라있지 않습니다. 바라옵건대 그 墳墓를 찾게하시고 사당도 지어 祭祀하게 하옵소서" 하니 좇았다(『高麗史節要』卷 6).

⑰ (熙宗 4年 8月) 丙申에 도적이 武陵을 발굴하였으므로 왕이 禮部와 諸陵署에 명하여 諸陵을 巡審토록 하였다(『高麗史』卷 21 世家·『高麗史節要』卷 14).

⑱ (恭讓王 4年 夏4月) 丁丑에 禮曹에 명하여 神事를 금하지 말게 하였다(『高麗史』卷 46 世家).

'朝會'는 글자 그대로 闕內의 조회에 관한 사안을 禮部가 맡아보았다는 것인데, 다음은 이 관계의 기록들이다.

(바)-⑲ (文宗 7년) 秋7月에 禮司가 上言하기를, "삼가 唐書를 상고해 보건대…바라옵건대 이 제도에 따라 每 閏月 초하루에 便殿에 납시어 視朝하소서" 하니 좇았다(『高麗史節要』卷 4).

⑳ 恭讓王 元年 3月 乙酉에 禮曹에서 朝會 때 풍악을 사용할 것을 청하니 (昌王이) 좇았다(『高麗史』卷 70 樂志 1 雅樂 軒架樂獨奏節度·『高麗史節要』卷 34).

㉑ (昌王 元年) 夏4月에 禮儀司에서 每月 6衙日에 朝叅하게 하기를 청

하였다(『高麗史節要』卷 34).

㉒ 恭讓王 2年 正月에 禮曹에서 啓하여, 무릇 朝會時 百官은 昧爽에 殿庭에 들어와 平明에 行禮토록 하였다(『高麗史』卷 67 禮志 9 嘉禮 一月三朝儀).

㉓ 恭讓王 4年 2月 癸酉에 禮曹가 上言하기를, "매양 朝會에 즈음해 禮가 끝나면 왕이 坐殿하여 계시는데 百官이 먼저 나가는 것은 禮가 아니오니 청컨대 지금부터는 禮가 끝나면 主上께서 먼저 내전으로 드시도록 하고 群臣은 몸을 굽혀 공손히 보내고 난 후 나가도록 하옵소서" 하니 좇았다(『高麗史』卷 67 禮志 9 嘉禮 王太子節日受宮官賀幷會儀 ·『高麗史節要』卷 35).

禮儀와 祭享·朝會가 주로 儀禮·儀式을 크게 세 분야로 다시 나눠 규정한 것인데 비해 交聘은 그와 좀 달리 對外關係의 업무를 이르는 것이다. 오늘날의 外交事務와 같은 것으로서,

(바)-㉔ (恭讓王 3年 秋7月) 己亥에 禮曹判書 韓理 등이 상소하여 말하기를, "지금 世子로 하여금 朝見케 하신다는데, 臣 등이 그윽히 생각하건대 전하께서 즉위한지 3年에 朝廷(明)에서 처음으로 使臣을 보내 말 萬匹을 구입하겠다고 했으나 국가에서 보낸 것이 2,000필도 되지 않는데, 갑자기 世子께서 入朝했다가 만약 朝廷이 늦어짐을 책망한다면 世子가 어찌 대답하겠습니까. 원하건대 殿下께서는 다시 臣僚들로 하여금 의논하게 한 뒤 시행하소서" 하니 명하여 都堂에 내렸다(『高麗史』卷 46 世家).

는 기사는 그 한 예라 하겠다. 그런데 당시에도 使節의 交換을 매우 중시하여 우리나라에서 파견되는 正使와 副使 역시 『高麗史』 등에 거의 빠짐없이 기록해놓고 있지마는, 그 담당자들을 보면 禮部尙書나 禮部侍郞뿐 아니라 여타의 尙書5部를 비롯한 타 부서의 요원들도 禮部의 요원과 거의 대등한 비율로 차출되어 그에 임하고 있음이 확인된다. 이처럼 직접적인 使節의 역할은 여러 부서의 요원들이 분담했지만 그 업무는 禮部가 주관했던 것이다.

禮部의 또 다른 직무였던 學校와 科擧의 政事는 달리 설명할 필요가 없을 것 같다. 다만 예에 따라 한 두 자료만을 들면,

(바)-㉕ (顯宗) 2年에 禮部侍郞 周起가 아뢰어 (進士의) 糊名試式을 정하였
　　다(『高麗史』卷 73 選擧志 1 科目 1·『高麗史節要』卷 3).
　　㉖ (仁宗) 17年 10月에 禮部의 貢院에서 아뢰었다. "…이후로는 初場에
　　서 經義, 二場에서 論·策을 상호 번갈아 하고, 三場에서 詩·賦로 (시
　　험)하는 것을 영구히 格式으로 삼아야 할 것입니다" 하였다(『高麗史』
　　卷 73 選擧志 1 科目 1).

고 했듯이 科擧의 方式이나 과목 등에 대해 언급하고 있음을 볼 수
있다. 그리고 『高麗史』卷 73, 選擧志 1, 科目 1 選場條에는 科試의
주관자인 知貢擧와 同知貢擧의 명단이 실려 있지마는, 거기에는 타
부서의 요원도 얼마간 임명되고 있으나 交聘의 경우와는 반대로 禮
部의 요원이 매우 큰 비중을 차지하여 한 특징을 나타내고 있다. 직
무와 관련하여 주목되는 점이라 하겠다.

　마지막이 尙書工部인데, 그의 업무에 대해서도 『高麗史』百官志에,

　　(사)-① 工曹(工部)는 山澤과 工匠·營造의 일을 관장한다

고 규정하고 있다. 이 부분 역시 별다른 설명이 필요하지 않을 듯
싶거니와, 아래의 자료는 그 내용을 다시 확인시켜 주는 기사들이다.

　　(사)-② (靖宗 7년) 2月 庚辰 초하루에 尙書工部가 아뢰기를, "松岳의 東西
　　山麓에 소나무를 심어 宮闕을 莊嚴하게 하소서" 하니 좇았다(『高麗史』
　　卷 6 世家).
　　③ (文宗 7년) 8月 丁酉에 御史臺에서 上言하기를, "尙書工部가 받자온
　　制旨에 의하면 羅城 東南隅의 언덕을 높인 것은 都邑의 허술한 곳을 보
　　완하기 위한 것인데 지금 냇물이 차서 평평하게 무너졌으니 마땅히 役夫
　　3~4千人을 징발해 수리하라 하였습니다. (그런데) 當司에서 그 언덕 부
　　근을 조사하여 본즉 모두 田畓이어서 곡식을 손상할까 염려됩니다. 청컨
　　대 수확을 기다리소서" 하니 좇았다(『高麗史』卷 7 世家).
　　④ "卿이 朕을 보좌할 날이 많으므로 例에 따라 八座로 옮기니, 百工의
　　籍을 바르게 하여 오래도록 萬世의 法規가 되게 하라. 工部尙書를 제수
　　하고 나머지는 이전과 같게 한다."(『東文選』卷 26 制誥 鄭璨爲工部尙
　　書官誥).

이상에서 尙書6部 각각의 직능에 대해 『高麗史』 百官志의 당해 官署條 규정과 실제적인 활동과를 비교하면서 살펴보았다. 그 과정에서 禮部의 업무인 交聘과 科擧의 경우 타 官署의 관원들이 차출되어 실무를 담당하는 예가 매우 많았다고 했거니와, 이처럼 尙書6部 각각의 요원들은 자기가 속한 관서의 고유 업무 이외에도 여러 가지 일에 자주 동원되었다. 그중 가장 흔한 예가 交聘使節과 과거의 考試官이었던 셈이지마는, 그 밖에 刑部나 戶部·禮部의 관원이 전쟁에서 군사의 지휘를 맡기도 하고,[57] 兵部의 관원이 재상에게 官誥와 禮物을 전달하는 일에 종사하는가 하면[58] 工部의 官員이 察訪使를 맡는[59] 등 그 종류나 사례는 이 자리에 일일이 다 지적할 수 없을 정도이다. 비슷한 경우는 尙書都省 관원들에게서도 보여 비교적 자세하게 소개한 일이 있지만,[60] 이는 다른 관서들에서도 쉽게 찾아볼 수 있는 현상으로 尙書6部 역시 마찬가지였던 것이다. 尙書6部는 중요 기관이었고, 그만큼 관원들의 위상도 높았으므로 이들은 각각에게 맡겨진 고유 업무와 함께 필요에 따라 다른 여러 가지 일에도 종사하는 경우가 많았다고 하겠다.

Ⅳ. 6部尙書의 事例와 제도의 운영

尙書6部 각 관서에서 가장 중요한 직위는 宰臣이 겸직하게 되어 있는 判事였고, 그 다음 자리는 尙書(判書)였다. 이중 判事는 앞서의 기회에 이미 살핀 바 있으므로[61] 잠시 유보해 두고, 이곳에서는 尙

---

57) 『高麗史』 卷 4 世家 顯宗 元年 冬10月 丙午·『高麗史節要』 卷 3 顯宗 元年 12月 庚戌·同書 卷 9 仁宗 2年 春正月·同書 卷 10 仁宗 13年 春正月 戊申·同書 卷 14 高宗 3年 9月·『高麗史』 卷 39 世家 恭愍王 10年 9月 丙子 등등.

58) 『高麗史』 卷 11 世家 肅宗 6年 春正月 辛巳.

59) 『高麗史』 卷 19 世家 明宗 8年 春正月 丁巳.

60) 朴龍雲, 주3) 논문 pp. 82~86 ; 本書 pp. 52~56.

書에 대해 집중적으로 추적해보기로 한다. 특히 이 직위는 6部의 專任長官이었을 뿐더러 宰樞와도 관련이 깊어서 官制와 권력구조의 파악에 한 중요 문제가 되어 있기도 하므로, 그것을 통해 尙書6部에 좀더 가까이 접근해보고자 하는 것이다.

尙書는 그 品階가 앞서 살핀대로 正3品이었다. 이로써 그의 위치는 대략 드러났다고 할 수 있는데, 하지만 고려 때는 그와 함께 각자가 소속한 官署나 맡은 일의 중요도에 따라 얼마간의 차이가 나기도 하였다. 그 점을 가장 잘 보여주는 것이 각 직위에 지급되는 田柴·祿俸과 같은 경제적 대우와 丘史의 숫자였다. 그러므로 종래에도 어느 관직의 위상을 좀더 자세하게 알아보는 한 방식으로 늘상 이 부분에 대한 검토가 이루어지곤 하였던 것이다. 6部尙書의 경우도 예외가 아니라고 생각된다. 이제 비교 검토를 위해 6部尙書와 그의 주변 및 上·下職까지를 곁들여, 먼저 田柴 지급의 내용을 도표로 그리면 다음과 같다.

〈表 4〉 6部尙書와 그 上·下職에 대한 田柴 支給表
(『高麗史』 卷 78, 食貨志 1, 田制 田柴科)

| 穆宗 元年(998) 田柴科 | | | | 文宗 30년(1076) 田柴科 | | | |
| 科 | 지급액(結) | | 受 給 者 | 科 | 지급액(結) | | 受 給 者 |
	田	柴			田	柴	
2	95	65	內史侍郎平章事(正2品) 門下侍郎平章事(正2品)	2	90	45	門下侍郎(正2品) 中書侍郎(正2品)
3	90	60	叅知政事(從2品) 左右僕射(正2品)	3	85	40	叅知政事(從2品) 左右僕射(正2品) 上將軍(正3品)
4	85	55	**6尙書(正3品)** 御史大夫(正3品) 左右散騎常侍(正3品) 大常卿(正3品)	4	80	35	**6尙書(正3品)** 御史大夫(正3品) 左右常侍(正3品) 太子詹事(正3品) 太子賓客(正3品) 大將軍(從3品)

---

61) 朴龍雲, 주4) 논문 ; 本書 所收.

〈表 5〉 6部尙書와 그 上·下職에 대한 祿俸 支給表
(『高麗史』卷 80, 食貨志 3, 祿俸 文武班祿)

文 宗 30년(1076)			仁 宗(1123~1146)		
科	支給額 (石·斗)	受 祿 者	科	支給額 (石·斗)	受 祿 者
2	366·10 (5,500斗)	中書侍郞(正2品) 門下侍郞(正2品)	2	366·10 (5,500斗)	門下平章(正2品) 中書平章(正2品)
3	353·5 (5,300斗)	諸殿大學士(從2品) 叅知政事(從2品) 中樞院使(從2品) 同知院事(從2品)			
4	333·5 (5,000斗)	左右僕射(正2品)	3	333·5 (5,000斗)	叅知政事(從2品) 左右僕射(正2品)
5	300 (4,500斗)	**6部尙書(正3品)** 左右常侍(正3品) 御史大夫(正3品) 中樞院副使(正3品) 簽書院事(正3品) 翰林學士承旨(正3品) 中樞院直學士(正3品) 判閣門事(正3品) 上將軍(正3品)	4	300 (4,500斗)	**6部尙書(正3品)** 左右常侍(正3品) 御史大夫(正3品) 判閣門事(正3品) 上將軍(正3品)
6	280 4,200斗)	試6尙書 試左右常侍	5	250 (3,750斗)	判國子監事 守太尉
7	246·10 (3,700斗)	判禮賓事(正3品) 判衞尉事(正3品) 判大府事(正3品) 判司宰事(正3品) 判大僕事(正3品)	6	246·10 (3,700斗)	判5寺事(正3品) 判3監事(正3品) 國子大司成(從3品)

8	233·5 (3,500斗)	6卿(從3品) 秘書監(從3品) 殿中監(從3品) 尙書左右丞(從3品) 國子祭酒(從3品) 判將作事(從3品) 判少府事(從3品) 大將軍(從3品)	7	233·5 (3,500斗)	國子祭酒(從3→正4) 秘書監(從3品) 殿中監(從3品) 大府卿(從3品) 大僕卿(從3品) 禮賓卿(從3品) 衛尉卿(從3品) 司宰卿(從3品) 尙書左右丞(從3品) 判少府事(從3品) 判將作事(從3品) 大將軍(從3品) 試6尙書 試左右常侍 試御史大夫 攝上將軍
9	213·5 (3,200斗)	試6卿 試秘書監 試殿中監 試尙書左右丞 試國子祭酒	8	213·5 (3,200斗)	試國子大司成
10	200 (3,000斗)	直門下(從3品) 判司天事(正3品) 判大醫事(從3品) 吏部諸曹侍郎(正4品) 給事中(從4品) 中書舍人(從4品) 御史中丞(從4品) 將軍(正4品)	9	200 (3,000斗)	判大醫事(從3品) 判司天事(正3品) 諸曹侍郎(正4品) 給事中(從4品) 中書舍人(從4品) 御史中丞(從4品) 諸將軍(正4品) 試祭酒 試5寺卿 試左右丞 試秘書監 試殿中監 攝大將軍

6部尙書는 300石(4,500斗)을 받는 5과 내지 4과에 편입되어 있다. 그리고 역시 동일한 品階인 左右常侍·御史大夫와 判閤門事가 같은 대우를 받고 있는데, 文宗 30년의 조항에는 여기에 中樞院의 正3品職인 副使와 簽書院事·直學士가 아울러 편입되어 있음이 주목된다. 그의 윗 직위로는 역시 正2品인 左右僕射와 함께 從2品인 叅知政事와 中樞院의 院使·同知院事가 자리잡고 있으며, 다시 그 윗 직위는 中書門下省의 正2品인 두 平章事였다. 반면에 6部尙書의 바로 아래에는 諸寺(5寺)·監(3監)의 正3品職인 判事가, 다시 그 아래에 諸寺監의 從3品 卿·監과 國子祭酒·尙書左右丞과 일부의 從3品 諸寺判事, 또 한 단계 내려가 6部의 正4品 侍郎과 일부의 諸寺 3品判事 및 從4品인

給事中·中書舍人·御史中丞 등이 편입되어 있다. 여기서는 中樞院의 正3品職인 副使 등이 6部尙書와 동일한 科等에 편입되어 있다는 것과 田柴科의 6部尙書와 從3品인 諸寺의 卿·監 사이에 諸寺·監의 正3品 判事가 끼어 들어가 있다는 사실이 특징적인 점이라 하겠다.

丘史의 숫자가 정해지는 것은 武臣政權期인 明宗 20년(1190)으로, 시기가 한참 내려가서의 일이다. 이제 그 규정을 살펴보면

〈表 6〉 6部尙書와 그 上·下職에 대한 丘史數
(『高麗史』 卷 72, 輿服志 鹵簿 百官儀從, 明宗 20년(1190)判)

丘史數	受　　　　給　　　　者
20명	門下侍郎平章事(正2品)　　中書侍郎平章事(正2品)
16명	參知政事(從2品)　(判)樞密院事(從2品)
15명	知門下省事(從2品)　政堂文學(從2品)　樞密院使(從2品)
14명	左右僕射(正2品)　知樞密院事(從2品)　同知樞密院事(從2品)
13명	樞密院副使(正3品)
10명	**6尙書(正3品)**　左右常侍(正3品)　御史大夫(正3品)　密直學士(正3品)　上將軍(正3品)
9명	知奏事(正3品)　判秘書事(正3品)　判殿中事(正3品)　判禮賓事(正3品)　判衛尉事(正3品)　判司宰事(正3品)　判太僕事(正3品)　判少府事(從3品)　判將作事(從3品)
8명	知尙書都省事(從2品)　承宣(正3品)　直門下(從3品)　殿中監(從3品)　卿監(從3品)　大將軍(從3品)　國子祭酒(從3品 → 正4品)　給事中(從4品)
7명	尙書左右丞(從3品)　諸曹侍郎(正4品)　將軍(正4品)　御史中丞(從4品)

6尙書는 左右常侍·御史大夫·密直學士와 함께 10명의 丘史를 받고 있어서 이점에서는 祿俸의 경우와 동일하다. 그러나 이전에는 6尙書와 같은 과등에 편입되었던 樞密院(中樞院)의 副使가 한 단계 위로 올라가 있고, 그 위에 左右僕射·知樞密院事·同知樞密院事, 또 그 위에 知門下省事·政堂文學·樞密院使, 다시 한 단계 더 올라가 參知政事가 위치하고 있는 것은 그 동안 관직 서열에 상당한 변화가 있

었음을 시사한다는 점에서 크게 주목된다. 하지만 하위직은 대체로 한 단계 아래에 正3品의 諸寺監判事, 그 아래에 從3品의 諸寺 卿監과 國子祭酒, 다시 그 아래에 正4品의 6部侍郎과 從4品 御史中丞 등이 편제되어 있는 점은 여전히 같다. 다만 그런 속에도 從2品 知尙書都省事와 正3品 承宣, 從3品의 尙書左右丞이 品階에 비해 하위 과등에 위치하고 있는 것은 눈여겨보아둘 필요가 있을 것 같다.

요컨대 6部尙書는 宰樞의 바로 아래 직위로서 그에 합당한 대우를 받았다고 할 수 있을 것 같다. 그리고 御史大夫·左右常侍(左右散騎常侍)와 判閣門事는 그와 유사한 위치에 있었으며, 中樞院(樞密院)의 正3品職인 副使와 簽書院事·直學士도 얼마 동안은 역시 위치가 비슷했던 것 같으나 시기가 내려가면서 副使를 중심으로 점차 올라가고 있다.

그의 윗 직위로는 正2品의 左右僕射 및 中樞院의 從2品인 院使·(知院事)·同知院事와, 그리고 中書門下省의 從2品인 叅知政事·(政堂文學)·(知門下省事) 등이 한 무리를 이루고 있었으며, 다시 그 위에 正2品의 두 平章事가 자리잡고 있었고, 반대로 아래로는 正3品의 諸寺監 判事와 從3品의 卿監·國子祭酒·尙書左右丞 등이 한 무리를 이루고 있었으며, 다시 그 아래에 正4品의 6部侍郎 및 일부의 諸監 등이 위치하고 있었다고 할 수 있다. 이제 그와 같은 知見을 가지고 6部尙書의 실제 사례들을 검토하여 보기로 하자.

1. 高麗前期(成宗 元年, 982~毅宗 24년, 1170) 6部尙書의 事例와 제도의 운영

1) 6部尙書의 重複職·兼任職 상황

尙書6部(御事6官)가 처음 설치되는 成宗 元年(982)으로부터 보통 고려전기로 시대구분하는 毅宗 24년(1170)까지 189년 동안에 各部의

尙書(御事)에 在任했거나 새로 임명된 사례들을 지금의 시점에서 가능한한 모두 추출하면 대략 299명이 된다. 그것을 정리한 것이 뒤에 붙인 〈자료 1〉인데, 한 명의 관료가 여러 部의 尙書를 거칠 수 있으므로 各部別로 계산하면 그 숫자는 훨씬 늘어난다. 이 부분의 파악을 위해 吏部尙書에는 ①, 兵部尙書에는 ②, 戶部尙書에는 ③, 禮部尙書에는 ④, 刑部尙書에는 ⑤, 工部尙書에는 ⑥을 붙여놓았지마는, 그 결과 ①吏部尙書는 60명, ②兵部尙書는 76명, ③戶部尙書는 72명, ④禮部尙書는 59명, ⑤刑部尙書는 73명, ⑥工部尙書는 67명으로,[62] 合計는 407명이었다. 고려전기에는 이 정도의 인원이 各部의 尙書에 在任했음을 알 수 있다고 하겠다.

한데 각 尙書들은 보다시피 單獨職으로 나오는 경우가 많지만, 일면으로는 다른 직위와 한 묶음이 되어 나오는 예도 적지 않다. 후자의 경우 尙書와 한 묶음이 되고 있는 직위는 특히 中書門下省의 參知政事·政堂文學·知門下省事와 樞密들이 압도적 다수를 차지하여 우선 이 문제가 논자들의 관심을 끌었다. 그리하여 처음에는 대체적으로 이들 중 各部의 尙書가 本職이고 3宰臣과 樞密들은 兼職이라고 파악하는 경향이 있었으나, 근자에는 그 같은 의견에 반대하고 兩者는 어느 하나가 本職이고 다른 하나가 兼職이었던 게 아니라 두 직위는 다 같은 獨立職으로서 서로 중첩되어 있는 重複職으로 이해하는 게 옳겠다는 견해가 개진되었다.

이처럼 이 문제는 먼저 本職과 兼職의 논쟁을 촉발하였는데, 이점에 있어 종래에는 品階가 높은 것이 本職, 낮은 것이 兼職이라 보기도 하고, 또 祿俸이 지급되는 직위가 實職, 그렇지 않은 게 겸직이라 구분했는가 하면, 土地와 祿俸을 아울러 받는가 그렇지 않은가에 따라

---

62) 王代別로 파악한 숫자인데, 1명이 동일한 王代에 동일한 尙書職을 두 차례 이상 在任한 경우에도 1명으로 계산하였다. 그러나 어떤 사람은 두 王代에 걸쳐 동일 상서직에 거듭 임명되는 경우가 없지 않아 실제적인 숫자보다 戶部尙書 1명(146번), 禮部尙書 1명(198번), 刑部尙書 3명(11·15·61번), 工部尙書 1명(170번)이 추가되었다.

나누기도 하고,[63] 최근에는 班次의 부여 여부가 그것들을 구별하는 중요 기준이었다는 의견[64] 등이 제시되었다. 이 가운데 특히 후자는 자기가 설정한 기준에 의거하여 尙書들 뿐 아니라 叅知政事・政堂文學・知門下省事와 樞密들도 本職이었다고 파악하고 있어 주목된다.

필자 역시 얼마 전에 후자와 동일한 결론을 내린 바 있다.[65] 兼職制와 관련하여 고려시대의 관직들은 크게 세 부류로 나눌 수 있다고 생각된다. 그 하나는『高麗史』卷 76・77, 百官志 1・2에 열거되어 있는 각 官署의 직관들에 대한 설명에「宰臣兼之」・「侍中兼之」・「其一以他官兼之」등이라 했거나「二品以上兼之」・「三品兼之」・「五品兼之」또는「兼官」등으로 표기된 것들인데, 당해 직위들은 兼職이었음에 틀림이 없을 것 같다. 다른 하나는 百官志에 그처럼「兼職임이 명시되어 있지 않으나 지금까지의 연구로 三師・三公職과 翰林院의 翰林學士承旨 이하의 직위 및 寶文閣의 學士・直學士, 諸館殿 즉 文德殿・延英殿・修文殿・集賢殿 등의 大學士・學士 등의 직위, 東宮官인 太師・太傅・太保・少師・少傅・少保와 그 이하 직위 등도 모두가 대체적으로는 겸직으로 운영되었음이 밝혀져」있는 관직들이다. 이와 같은 직위는 앞으로 연구가 진척되면 좀더 늘어나겠지마는, 그 외에도 都兵馬使와 같이 위원회의 성격을 지닌 기구의 직위나 京職을 지닌 채로 파견되던 地方官職 등은 유사한 부류로서, 이들은 역시 兼職의 범주로 이해하여도 좋지 않을까 한다.

셋째 부류는 이들 이외의 거의 모든 직위들로, 獨立職・本職으로 기능했던 관직들이다.[66] 숫자 면에서도 압도적 다수는 이들이었다고

---

63) 이점에 대해서는 박재우,「고려전기 재추의 운영원리와 권력구조」『역사와 현실』26, 1997, pp. 156~158 참조.

64) 李鎭漢,「高麗前期 樞密의 班次와 祿俸」『韓國學報』96, 1999, 155~160쪽.

65) 朴龍雲,「고려시대의 政堂文學에 대한 검토」『韓國史學報』7, 1999 :『고려시대 中書門下省宰臣 연구』, 一志社, 2000, 342~344쪽.
　　朴龍雲,「고려시대의 叅知政事」『고려시대 中書門下省宰臣 연구』, 一志社, 2000, 249~254쪽.

66) 李鎭漢은 주 64) 논문 155쪽에서 翰林院職・承宣・三司使・直門下省・諫

짐작되는데, 그들은 다른 직위에 附隨해서가 아니라 각기 독자적으로 官人들에게 제수되어 제기능을 수행하던 관직이었다. 그런데 고려 때는 이들도 어느 개인에게 단독이 아니라 두 직위 이상이 중첩하여 제수되는 경우가 흔히 있었다. 本職과 兼職에 대한 본질적인 문제가 여기에서 비롯된 것이지만, 필자로서는 이런 경우에도 어느 하나가 本職이고 다른 하나가 兼職인 것이 아니라 그들 직위는 다같이 獨立職이요 本職으로서, 상호 중첩되어 있는 重複職일 뿐이라는 게 일관된 생각이다.

한데 사료들을 검토해가다 보면 독립직일 경우 아무런 수식어가 없이 두 직위를 병렬적으로 표기한 게 보통이지만 혹 후미의 직위명 앞에다가 '兼'字를 써서 그것이 兼任職인 것처럼 나타낸 사례에도 접하게 된다. 사실 '兼'자는 兼職임을 의미하는 말이어서 우리들이 혼란을 겪고 있지마는, 그러나 獨立職 앞에 붙은 '兼'자는 그렇지 않은 직위에 붙은 '兼'자와 내용상 차이가 있다고 본다. 그것은 '兼'자가 붙지 않은 직위의 관원이 '兼'자가 붙은 직위의 일도 '함께 담당한다'는 정도의 표현으로서, 그 직위가 다른 직위에 附隨하여 존재하는 관직이라는 뜻의 兼職과는 상당한 거리가 있다고 이해되기 때문이다. 독립직이 중복되어 있을 때 '兼'자를 첨가할 경우, 흔히 班次가 낮은 직위에 붙였지만, 그것은 班次가 높은 보다 중요한 직위의[67] 관원이 상대적으로 班次가 낮은 직위의 일도 '같이 본다'는 뜻이기도 하겠다.

이런 관점에서 필자는 前二者와 後者를 구분하여 파악하는 게 좋다고 생각한다. 다른 관직[本職]에 부수하여 나오는 前二者는 글자 그대로 兼職으로 이해해도 무방하지만 독립직으로서 중첩되어 제수되던 후자는 오해의 소재를 없앤다는 의미에서도 여전히 重複職으로

議大夫·知三司事·知閤門事·判御史臺事·三司副使·起居注·御史雜端·知制誥 등은 本品行頭職으로서, 이들도 역시 本職은 아니었다고 하여 따로 분류하고 있다.

67) 班次와 品階는 대략 비례하지만, 혹 品階가 높음에도 불구하고 班次가 오히려 낮은 직위도 없지 않으므로, 品階보다 班次에 기준을 두는 게 정확하다고 생각된다.

파악하는 게 좋을 듯싶은 것이다. 이야기가 좀 장황해졌지만 本稿에서 다루려고 하는 尙書職도 이 같은 입장에서 취급하도록 하겠다.

그러면 吏部尙書에 대해서부터 살피기로 하자. 앞서 고려전기에 이 직위를 역임한 인원은 60명이었다고 하였거니와, 이제 그들이 함께 지녔던 중복직과[68] 겸임직의 상황을 알기쉽게 도표로 정리하면 다음과 같다.

〈表 7〉 高麗前期 吏部尙書의 重複職·兼任職 상황

王 代		成宗	穆宗	顯宗	德宗	靖宗	文宗	宣宗	獻宗	肅宗	睿宗	仁宗	毅宗	計
人 員		1	1	7	2	2	7	2	1	6	12	11	8	60명
단독직 (번호)						65		133		150 152 158	182 184 186 192 197 202 204 208 209	227 230 235	259 289	19직
宰臣	參政		10	12 15 20 21 44 45	53		72 107 121 124	129			185 202	218 231		17
	政堂				56			129					283	3
	知門下											219 227 242	276	3

---

[68] 28번의 姜邯贊은 顯宗 7년 12월 당시에 吏部尙書로만 재직한 듯이 나와 있다. 하지만 그는 2년 6개월 전에 이미 從2品인 中樞使에 在任했었으므로, 이곳의 吏部尙書는 기술상 그렇게 표현된 것일 뿐, 실제로는 吏部尙書·中樞使로 이해하는 것이 옳다고 생각된다. 그가 당시 從2品 中樞使에서 正3品인 吏部尙書로 강등되었다고 볼 수는 없기 때문이다. 이하의 사례들도 모두 그 같은 원칙에 따라 정리하였는데, 이점에 대해서는 朴龍雲, 「고려시대의 叅知政事」『고려시대 中書門下省宰臣 연구』, 一志社, 2000, 280~282쪽 참조.

													計
左右僕射 （知都省事）											知都 省事 224	251	1+1
樞密	院使		28		62	75 103			168	172	252	251 268 291	10
樞密	知院事					123		143		191	230		4
樞密	同知院事							162 166			239	290	4
上將軍													0
기 타	正匡 1										守司 空·判 秘書 省事 238		2
館翰	翰林學 士承旨				65								1
館翰	기 타												0
兵馬職											左軍 兵馬 使 184		1
기 타													0

전체 60명 가운데에서 중복직을 지니지 않은 吏部尚書 단독직은 19직으로 대략 31.66%의 수준을 보이고 있다. 그리고 중복직으로는 叅知政事가 17사례, 政堂文學 3사례, 知門下省事 3사례에 僕射 1사례까지 합하면 모두는 24사례로서 宰臣은 40%를 차지하며, 樞密 중에는 院使 10사례, 知院事 4사례, 同知院事 4사례로서, 합계는 18사례가 되어 30%의 비율을 나타내고 있다. 그 밖에 正匡이 1사례, 知尚書都省事 1사례, 守司空·判秘書省事 1사례가 더 보이며, 겸임직으로는 翰林學士承旨 1사례, 左軍兵馬使 1사례만이 눈에 띠고 있다. 이들을 전부 합하면 100%를 좀 상회하게 되는데 이는 한 명의 관원이 2개의 중복직을 거치는 경우가 있는데서 비롯된 것이다. 여기에 이어서 兵部 등의 상황에 대해 검토하겠지만 그와 비교하여 볼 때 吏部尚書는 宰臣들, 그 가운데서도 특히 叅知政事와 중복직을 이룬 비

율이 매우 높다는 게 가장 커다란 특징이다. 그에 반비례하여 단독
직의 비율은 많이 낮은 편이다.

그러면 兵部尙書의 경우는 어떠하였을까. 그의 중복직·겸임직 상
황을 도표로 그린 것이 아래의 〈表 8〉이다.

〈表 8〉 高麗前期 兵部尙書의 重複職·兼任職 상황

王代		成宗	穆宗	顯宗	德宗	靖宗	文宗	宣宗	獻宗	肅宗	睿宗	仁宗	毅宗	計
人員		2	0	7	4	4	9	5	0	5	13	15	12	76명
단독직 (번호)		5번		13 29 31 32 37 41	46 48 54 57	67 71	80 91 101 102 104 106 112 120 125	132 133 138 141		156 168	174 175 176 193 206	214 221 224 230 253 256 259 265 266	251 270 274 275 296 298	48직
宰臣	僉政			17							189 190 199			4
宰臣	政堂													0
宰臣	知門下											223 247		2
左右僕射													269	1
樞密	院使					66	91				199 200			4
樞密	知院事			37		64		140		172	188 195 202	240 243	272	10
樞密	同知院事									163		230 247	251 285 292 299	7
上將軍				17						145	194	225 245	269 293	7
기타		左丞 2												1

館翰	翰林學士承旨											230		1
	기 타													0
三 司								知三司事 133			三司使 176			2
兵馬職											右軍兵馬使 176			1
기 타											守司空 189	守司空 247	西京留守 298	3

兵部尙書 단독직은 48직으로서 63.15%의 비율을 보이고 있다. 그리고 僕射 1사례를 포함하여 宰臣은 전체가 7사례로서 9.21%가 되며, 樞密은 21사례로서 27.63%를 나타내고 있다. 吏部尙書와 비교하여 宰臣의 비율이 크게 줄고, 樞密은 유사한 수치이며, 따라서 단독직의 비율이 크게 높아져 있지마는, 이는 다음에 검토하는 戶部·禮部에서도 드러나듯이 대세를 이루고 있는 현상이다.

이밖에 上將軍이 7사례이고 左丞이 1사례인데, 그중 전자는 의미가 좀 다른 것들이다. 그들은 통상적인 관제의 운영에서가 아니라 〈자료 1〉의 27·88·89·90을 통해 짐작할 수 있듯이, 대체적으로는 국가에 공로가 있는 武職者, 곧 上將軍들에게 특별히 尙書를 帶有케 한 경우이기 때문이다.69) 하지만 그들도 중복직의 하나임에는 틀림이 없었다. 兵部尙書의 겸임직으로는 翰林學士承旨 1사례를 비롯해 모두 7사례였다.

이어서 戶部尙書에 대해서 알아보기로 하자. 그의 중복직·겸임직 상황은 다음의 〈表 9〉와 같다.

---

69) 이에 대해서는 邊太燮, 「高麗朝의 文班과 武班」『史學研究』11, 1961 : 『高麗政治制度史研究』, 一潮閣, 1971, pp. 294~301 참조.

〈表 9〉 高麗前期 戶部尙書의 重複職·兼任職 상황

王代		成宗	穆宗	顯宗	德宗	靖宗	文宗	宣宗	獻宗	肅宗	睿宗	仁宗	毅宗	計
人員		2	0	6	4	1	16	5	0	6	13	14	5	72명
단독직 (번호)		8번		24 34 36	49 51	63	76 78 85 87 95 98 108 113 116 128	129 131 135 137 142		149 157 164	177 180 182 186 189 196 201 205 212	215 219 222 226 238 256 258 260 262	276 277 284	46직
宰臣	叅政	※內史侍郎 9					110				195			2+1
	政堂							129			195 201			3
	知門下											223	289	2
左右僕射 (知都省事)											知都省事 203			+1
樞密	院使			25 44	56 62		103							5
	知院事			25			122 123			141 163	204	217 228 257		9
	同知院事						93					222		2
上將軍				30						146	146	229	271	5
기타							判御史臺事 93 知吏部事 116							2
館翰	翰林學士承旨										翰林學士 182			1
	기타										太子詹事 205			1

三司								兼三司使 189 196	兼三司使 222		3
兵馬職					西北面行營兵馬使 76			177			2
기 타				東京留守使 51	西京留守使 87			西京知留守 186		知西京留守事 276	4

戶部尙書를 역임한 인원은 72명이었는데, 단독직은 46직으로 63.88%였으며, 宰臣은 예외라 할 수 있는 內史侍郎 1사례를 포함하여 모두 8직이어서 11.11%이고, 樞密은 16직으로 22.22%의 비율이었다. 上將軍은 5직이었고 기타는 2직, 그리고 兼任職은 11직이었다.

禮部尙書의 중복직·겸임직 상황을 정리한 것이 〈表 10〉이다.

〈表 10〉 高麗前期 禮部尙書의 重複職·兼任職 상황

王 代	成宗	穆宗	顯宗	德宗	靖宗	文宗	宣宗	獻宗	肅宗	睿宗	仁宗	毅宗	計
人 員	0	0	6	3	1	12	1	0	7	13	11	5	59명
단독직 (번호)			19 26 40 43	50 52 60		74 77 84 100 105 107 112 118 120 126			152 153 158 165 167	154 173 182 191 192 198 213	198 227 235 251 258	275 280 294 295	38직

宰臣	僉政					56		134						2
	政堂											171 195		2
	知門下													0
左右僕射				19										1
樞密	院使			21 33			81 82							4
	知院事										200 204 210	241 244		5
	同知院事									148 162	179 191	227 240 244	282	8
	副使											238		1
	簽書院事											246 248		2
上將軍														0
館翰	翰林學士承旨									152 162	翰林 學士 213			3
	기 타						太子 賓客 112			史館 脩撰 165		同知 貢舉 198 知制 誥 227 知貢 舉 235	同知 貢舉 295	6
兵馬職							74			158	中軍 兵馬 使 173			3
기 타												知西 京留 守事 251		1

역임자 59명 가운데에서 단독직으로 나타난 것이 38직으로 64.4%를 차지하고 있으며, 宰臣은 僕射 1사례를 포함해 합계가 5직으로

8.49%, 樞密은 20직으로 33.89%였다. 그리고 겸임직은 13직이다.

다음은 刑部尙書이다. 그의 중복직·겸임직 상황을 정리하여 〈表 11〉을 만들었다.

〈表 11〉 高麗前期 刑部尙書의 重複職·兼任職 상황

王代	成宗	穆宗	顯宗	德宗	靖宗	文宗	宣宗	獻宗	肅宗	睿宗	仁宗	毅宗	計
人員	2	2	6	3	4	7	4	2	8	18	10	7	73명
단독직 (번호)		11 15	15 23 38	47 50	70	83 107 109	133	144	149 155 164 169	173 177 182 187 196 197 201 204 207	232 233 263 267	271 275 278 279 290 297	36직
宰臣 參政			11 17 42				136			179			5
宰臣 政堂								140	171	195			3
宰臣 知門下													0
左右僕射										156			1
樞密 院使			42	61	61	94 121	130 139			185	216 257		10
樞密 知院事						111				178 210	235		4
樞密 同知院事										190 211	234		3
上將軍					69				147 160	175 194	229 249	270	8
기 타	4 6				判御 史臺 事 68								3

館翰	翰林學士承旨										201 204			2
	기 타						知貢擧 83				知制誥 207 延英殿學士 201			3
兵馬職				統軍使 15				133						2
기 타												善慶府詹事 263		1

전체 역임자 73명 가운데 단독직은 36직으로 49.31%이고, 宰臣은 僕射 1사례를 포함하여 모두가 9직으로 12.32%, 樞密은 17직으로 23.28%의 비율로 나타나 있다. 上將軍은 7사례이고 기타가 3사례, 겸임직은 8사례이다.

끝으로 工部尙書인데, 그의 중복직·겸임직 상황은 아래의 〈表 12〉와 같다.

〈表 12 〉 高麗前期 工部尙書의 重複職·兼任職 상황

王 代	成宗	穆宗	顯宗	德宗	靖宗	文宗	宣宗	獻宗	肅宗	睿宗	仁宗	毅宗	計
人 員	2	0	6	7	2	15	2	0	7	9	11	7	67명
단독직 (번호)			14 18 35 39	48 50 54 57 58 59	60 67	73 79 86 91 92 97 99 101 114 117 119 127	130 134		146 150 154 159 170	170 177 181 186 197 207 208 209	222 236 238 239 251 254 257 267	274 278 279 281 284	52직

宰臣	蔡政			22										1
	政堂													0
	知門下													0
左右僕射 （知都省事）		知都 省事 7												+1
樞密	院使													0
	知院事										220			1
	同知院事				55		134				257			3
上將軍									151 161	193	250 264	273		6
기 타		大相 3				判司 天太 史局 事 115								2
館翰	翰林學士 承旨													0
	기 타								史館 修撰 官 159		知貢 擧 239			2
三司									三司 使 150	三司 使 186 207	三司 使 236			4
兵馬職					67	134			150	170 186 197				6
기 타											安北 大都 護府 使 222			1

　전체 67명 중 단독직이 52직으로 나타나 비율은 77.61%에 이르고 있다. 6尙書 가운데 가장 높은 수치이다. 반대로 宰臣은 1사례 뿐으로 1.49%, 樞密은 4사례로서 5.97%의 분포여서 가장 낮은 수치이다. 上將軍은 6사례이며 기타는 2사례, 겸임직은 13사례가 보이고 있다.
　지금까지 설명해 온 내용을 논자들이 많은 관심을 가지고 있는바

6部尙書들이 宰臣과 樞密職을 帶有한 상황을 중심으로 해 다시 한번 정리하면 다음의 〈表 13〉과 같다.

〈表 13〉 高麗前期 6部尙書의 王代別 宰臣·樞密職 帶有 상황

6部 \ 王代		成宗	穆宗	顯宗	德宗	靖宗	文宗	宣宗	獻宗	肅宗	睿宗	仁宗	毅宗	計	(%)
吏部	人 員	1	1	7	2	2	7	2	1	6	12	11	8	60	
	단독직	0	0	0	0	1	0	1	0	3	9	3	2	19	(31.66)
	宰 臣		1	6	2		4	2			2	5	1	23	(40)
	僕 射											1 (知事)	1	1+1	
	樞 密			1		1	3		1	3	2	3	4	18	(30)
兵部	人 員	2	0	7	4	4	9	5	0	5	13	15	12	76	
	단독직	1	0	6	4	2	9	4	0	2	5	9	6	48	(63.15)
	宰 臣			1							3	2		6	(9.21)
	僕 射												1	1	
	樞 密			1		2	1	1	0	2	5	4	5	21	(27.63)
戶部	人 員	2	0	6	4	1	16	5	0	6	13	14	5	72	
	단독직	1	0	3	2	1	10	5	0	3	9	9	3	46	(63.88)
	宰 臣	1					1	1			3	1	1	8	(11.11)
	僕 射										1 (知事)			+1	
	樞 密			3	2		4			2	1	4		16	(22.22)
禮部	人 員	0	0	6	3	1	12	1	0	7	13	11	5	59	
	단독직	0	0	4	3	0	10	0	0	5	7	5	4	38	(64.4)
	宰 臣						1	1			2			4	(8.47)
	僕 射			1										1	
	樞 密			2			2			2	5	8	1	20	(33.89)
刑部	人 員	2	2	6	3	4	7	4	2	8	18	10	7	73	
	단독직	0	2	3	2	1	3	1	1	4	9	4	6	36	(49.31)
	宰 臣			3				1	1	1	2			8	(12.32)
	僕 射										1			1	
	樞 密			1	1	1	3	2			5	4		17	(23.28)
工部	人 員	2	0	6	7	2	15	2	0	7	9	11	6	67	
	단독직	0	0	4	6	2	12	2	0	5	8	8	5	52	(77.61)
	宰 臣			1										1	
	僕 射	1 (知事)												+1	(1.49)
	樞 密				1		1					2		4	(5.97)

合計	人　員	9	3	38	23	14	66	19	3	39	78	72	43	407	
	단독직	2	2	20	17	7	44	13	1	22	47	38	26	239(58.72)	
	宰　臣	1	1	11	2	1	5	5	1	1	12	8	2	50	(13.26)
	僕　射	1 (知事)	0	1	0	0	0	0	0	1	1 (知事)	1 (知事)	2	4+3	
	樞　密	0	0	8	4	4	13	4	2	9	18	25	10	96(23.58)	

앞서 언급했듯이 고려전기에 6部尙書를 역임한 연인원은 407이었고, 그 가운데에서 단독직으로 나타난 것은 239직으로서 58.72%의 비율을 보이고 있다. 이는 우리들이 그간 짐작하여 왔던 것보다 상당히 높은 수치로써 6部尙書의 위상이나 권력관계 및 겸직제 문제 등을 살펴가는 데 있어 유의해야 할 사안이라는 점에서 주목된다. 그에 비하면 宰臣은 僕射 4사례를 포함해 모두 54사례로 13.26%의 비율을 나타내고 있으며, 樞密은 96사례로 23.58%를 차지하고 있다. 宰樞를 합하면 36.84%를 조금 넘고 있지마는, 宰臣에 비해 樞密이 2배 가까운 숫자라는 점도 눈길이 가는 대목이다. 尙書別 宰樞의 중복 비율은 吏部尙書가 42직으로 70%이며, 兵部尙書가 28직 : 36.84%, 戶部尙書 24직 : 33.33%, 禮部尙書 25직 : 42.36%, 刑部尙書 26직 : 35.6%, 工部尙書 6직 : 7.46%를 차지하고 있다. 兵部·戶部·禮部·刑部尙書는 비슷한 수치를 보이고 있는데 비해 吏部尙書는 이들보다 크게 높고, 반대로 工部尙書는 그들보다 크게 낮아 역시 주목할 필요가 있을 것 같다. 고려전기의 6部尙書들은 단독직과 중복직 면에서 볼 때 대략 이와 같은 기조 위에서 운영되었다고 할 수 있겠다.

2) 6部尙書와 科擧·蔭敍

고려전기에 6部尙書를 역임한 관원 가운데에서 科擧及第者는 몇 명이나 되었고, 또 蔭敍 출신은 어느 정도였을까. 이점을 알아보기 위해 〈자료 1〉에서 그 부분이 밝혀져 있는 인원들을 가려 뽑아 그렇지 않은 사람과 구분해 도표를 만들면 다음의 〈表 14〉와 같다.70)

〈表 14〉 6部尙書別 科擧及第者와 蔭叙出身者 數

6部	科擧·蔭叙·不明	〈자료 1〉 번호
吏部尙書	科擧 31명(51.66%)	20·28·44·56·72·75·124·129·143·152·158·162·166·168·184·185·191·204·209·219·227·230·231·235·238·251·252·259·268·290·291 (143·209·251·259는 蔭叙 出身)
	蔭叙 6명(10%)	103·143·209·251·259·276 (143·209·251·259는 科擧 出身)
	不明 27명(45%) (計 64명-4명)	1·10·12·15·21·45·53·62·65·107·121·123·133·150·172·182·186·192·197·202·208·218·224·239·242·283·289
兵部尙書	科擧 14명(18.42%)	2·37·112·140·168·188·195·200·230·251·259·272·275·285 (188·251·259·272는 蔭叙 出身)
	蔭叙 9명(11.84%)	188·190·243·251·256·259·272·292·296(188·251·259·272는 科擧 出身)
	不明 57명(75%) (計 80명-4명)	5·13·17·29·31·32·41·46·48·54·57·64·66·67·71·80·91·101·102·104·106·120·125·132·133·138·141·145·156·163·172·174·175·176·189·193·194·199·202·206·214·221·223·224·225·240·245·247·253·265·266·269·270·274·293·298·299
戶部尙書	科擧 17명(23.94%)	9·44·56·128·129·195·201·203·204·219·228·238·257·258·260·262·277 (257·260은 蔭叙 出身)
	蔭叙 9명(12.67%)	103·108·137·196·222·256·257·260·276(257·260은 科擧 出身)
	不明 47명(66.19%) (計 73명-2명)	8·24·25·30·34·36·49·51·62·63·76·78·85·87·89·93·95·98·110·113·116·122·123·131·135·141·142·146·149·157·163·164·177·180·182·186·189·205·212·215·217·223·226·229·271·284·289
禮部尙書	科擧 30명(51.72%)	19·56·81·100·112·126·152·153·158·162·167·171·179·191·195·198·200·204·210·213·227·235·238·241·244·248·251·258·275·282 (251은 蔭叙 出身)
	蔭叙 1명(1.72%)	251 (251은 科擧 出身)
	不明 28명(48.27%) (計 59명-1명)	21·26·33·40·43·50·52·60·74·77·82·84·105·107·118·120·134·148·154·165·173·182·192·240·246·280·294·295
刑部尙書	科擧 18명(25.71%)	42·61·68·83·111·140·171·178·179·185·195·201·204·210·235·257·275·290 (257은 蔭叙 出身)
	蔭叙 6명(8.57%)	190·196·211·216·257·263 (257은 科擧 出身)
	不明 47명(67.14%) (計 71명-1명)	4·6·11·15·17·23·38·47·50·69·70·88·94·107·109·121·130·133·136·139·144·147·149·155·156·160·164·169·173·175·177·182·187·194·197·207·229·232·233·234·249·267·270·271·278·279·297

---

70) 앞서 밝힌 총원보다 호부상서 1명, 형부상서 2명, 예부상서 1명, 형부상서 3명, 공부상서 1명이 줄어든 것은 前者가 王代別로 파악한 것인데 비해 여기서는 인원수 자체만을 기준으로 한 때문이다. 주 62) 참조.

工部尙書	科擧 7명(10.6%)	127·159·209·236·238·251·257 (209·251·257은 蔭叙 出身)
	蔭叙 5명(7.57%)	209·220·222·251·257 (209·251·257은 科擧 出身)
	不明 57명(86.36%) (計 69명 – 3명)	3·7·14·18·22·27·35·39·48·50·54·55·57·58·59·60·67·73·79·86·90·91·92·96·97·99·101·114·115·117·119·130·134·146·150·151·154·161·170·177·181·186·193·197·207·208·239·250·254·264·267·273·274·278·279·281·284
合計	科擧 117명(29.17%) 蔭叙 36명(8.97%) 不明 263명(65.58%) (計 416명—15명 = 401명)	

　이 도표의 가장 큰 제약점은 한 눈에 알 수 있듯이 不明者가 매우 많아 전체의 65%를 상회하고 있다는 것이다. 아마 그들 중에는 과거급제자나 음서출신자가 얼마간 섞여 있을 듯싶고, 그 이외의 출신들도 포함되어 있을 것인데, 하지만 지금으로서는 확인할 길이 없어 부득이 논외로 할 수밖에 없을 것 같다.

　이런 점을 감안하고 과거급제자에 대해서부터 살펴볼 때 우선 눈에 띄는 특징은 禮部尙書의 경우 100%가 이 출신이라는 사실이다. 음서 출신이 1명 포함되어 있지만 그는 뒤에 及第를 하고 있으므로 이 범주에 넣어도 별다른 문제가 없는 것이다. 禮部尙書는 그의 직능을 고려하여 특별한 사정이 없는 한 아마 거의 모두를 급제자로 임명했던 모양 같다. 中書門下省의 政堂文學을 모두 급제자로 임명했던 것과[71] 마찬가지 이치이다.

　다음 吏部尙書 역임자의 급제 비율이 여타 尙書들에 비해 월등히 높은 점도 눈길이 가는 대목이다. 吏部尙書 역시 될 수 있는대로 급제자를 많이 기용했던 것 같다. 그와 반대로 工部尙書는 비율이 상대적으로 매우 낮다. 나머지 兵部와 戶部·刑部尙書는 비슷한 수치를 보이고 있거니와, 6부상서의 전체 평균 비율은 29.17%를 나타내고 있다. 이것은 門下侍中의 급제 비율이 60~78%였던 것과는 말할 나위 없고, 平章事 44%, 叅知政事 45.3%보다 많이 낮은 수치

---

71) 朴龍雲, 주 65) 저서 pp. 357~358.

이며, 知門下省事 31.5%보다도 한 단계 아래로서,[72] 좋은 비교가
된다.

蔭叙 출신자는 전체가 36명으로 8.97%의 비율을 보이고 있다. 이
를 科擧 급제자와 견주어 보면 음서 : 과거는 대략 9 : 29가 되는데,
하지만 이것이 당시의 현상 그대로를 반영한 수치라고 말하기는 물
론 어렵다.

3) 6部尙書의 序列

唐・宋이나 朝鮮의 상서6부 서열은 동양의 전통적인 周禮의 6典
體制에 따라 吏部・戶部・禮部・兵部・刑部・工部의 순이었다. 하
지만 고려는 그와 좀 달라서 吏・兵・戶・刑・禮・工의 순서였다는
것이 종래의 이해였거니와,[73] 필자는 최근에 그것을 조금 수정하여
刑部와 禮部 사이의 순서를 바꾸어 놓는 게 좋겠다는 견해를 피력
한 바 있다.[74] 사실 비교적 班次를 중시하여 서열에 반영시킨 것은
6部의 判事制였는데, 그들의 임명 기사나 승진의 사례들을 검토하
여 보면 戶部・禮部・刑部, 심지어는 兵部까지도 부분적으로 서열
의 전후가 상호간에 뒤바뀐 경우가 없지 않으나 대체적으로는 吏
部・兵部・戶部・禮部・刑部・工部의 순서였음을 확인할 수 있었
기 때문이다.

그런데 이와 같은 양상은 6部尙書에 있어서도 마찬가지였다고
생각된다. 吏部와 工部의 경우는 重複職에서도 부분적으로 드러났
지만, 역시 임명 기사나 내부의 승진 과정을 보면 그 같은 서열에
따른 예가 많다. 하지만 그렇지 않은 경우도 눈에 띄는 것이다. 먼

---

72) 朴龍雲, 上同 저서 p. 76과 p. 183 및 p. 285와 p. 397.
73) 邊太燮,「高麗時代 中央政治機構의 行政體系 - 尙書省機構를 중심으로 - 」
　　『歷史學報』 47, 1970 ;『高麗政治制度史研究』, 一潮閣, 1971, 11~13쪽.
74) 朴龍雲,『高麗時代의 6部判事制에 대한 考察』『고려시대연구』 II, 2000 ;
　　本書 所收.

저 2명 이상이 동시에 임명되고 있는 기사에 의하면 德宗 2년 10월
에 黃周亮을 戶部尙書로 삼은데 이어서 閔可擧를 刑部尙書로 삼고
있으며,[75] 同王 3년 7월 丙申에는 兵部尙書와 工部尙書 순으로,[76]
그리고 睿宗 12년 6월 庚辰에는 吏部尙書 · 戶部尙書 · 刑部尙書 ·
工部尙書를 차례로 제수하고[77] 있다. 그런가 하면 文宗 6년 7월 戊
午에는 刑部尙書 · 禮部尙書 · 戶部尙書 · 工部尙書의 순으로,[78] 그
리고 同王 15년 春正月 癸丑에는 刑部尙書 · 戶部尙書 · 兵部尙書의
순으로 임명하고 있어서[79] 통상적인 서열과는 다른 모습을 보여주
고 있다.

이와 같은 현상은 2개 이상의 尙書職을 거친 관료들에서도 그대
로 나타나고 있다. 〈자료 1〉에서 먼저 통상적인 서열대로 전직한 경
우들을 찾아보면 工部尙書→刑部尙書→吏部尙書를 역임한 178번 金
至和와 工部尙書→戶部尙書→吏部尙書를 역임한 238번 韓惟忠을 비
롯하여 모두 30사례(48 · 54 · 57 · 67 · 91 · 112 · 133 · 150 · 152 · 15
4 · 158 · 164 · 173 · 175 · 192 · 193 · 194 · 196 · 207 · 208 · 209 · 222 ·
224 · 251 · 259 · 267 · 270 · 279)에 접할 수가 있다. 이와 함께 서열이
제대로 지켜지지 않은 경우도 戶部尙書→刑部尙書→工部尙書의 순
서로 전직한 177번 柳子維와 禮部尙書→吏部尙書→刑部尙書의 순서
로 전직한 235번 金富儀를 비롯하여 모두 16사례(50 · 60 · 101 · 12
0 · 149 · 182 · 186 · 201 · 227 · 258 · 271 · 274 · 275 · 278)가 찾아지는
것이다. 그중에서 刑部尙書→禮部尙書→戶部尙書→禮部尙書→御史
大夫→吏部尙書→刑部尙書의 순서로 여러 직위를 돌아가며 역임한

---

75)『高麗史』卷 5 世家.

76) 上同.

77)『高麗史』卷 14 世家. 유사한 사례는 이 밖에도 다수가 찾아진다.

78)『高麗史』卷 7 世家.

79)『高麗史』卷 8 世家. 유사한 기사는『高麗史』卷 9 世家 文宗 27年 12月
　　丙申 · 同書 卷 11 世家 肅宗 4年 12月 癸亥 · 同書 卷 12 世家 肅宗 8年
　　5月 辛亥 · 同書 卷 17 世家 仁宗 18年 12月 丙寅 · 左同 毅宗 6年 12月
　　丙戌條 등 여러 곳에서 볼 수 있다.

182번 金商祐는 이러한 대표적인 예일 것이다.

앞서 6部尙書들이 宰樞職을 重複職으로 지니는 상황에 대하여 설명하였거니와, 이렇게 宰樞職을 帶有할 때는 그렇지 않은 尙書들보다 서열이 앞섰다.80) 그렇기 때문에 임명 기사를 보면, 靖宗 即位年의 경우 禮部尙書·叅知政事에 임명된 黃周亮이 앞서고 그 뒤에 吏部尙書에 임명된 崔齊顏이 기록되고 있으며,81) 肅宗 6年의 경우에도 禮部尙書·同知樞密院事·翰林學士承旨 뒤에 兵部尙書·同知樞密院事, 그리고 吏部尙書가 기록되고 있는 것이다.82) 〈자료 1〉에 보이는 바 刑部尙書에서 刑部尙書·叅知政事로(11번), 兵部尙書에서 知中樞院事·兵部尙書로(37번), 工部尙書에서 兵部尙書, 다시 거기에서 中樞使·兵部尙書로(91번) 승진한 사례들도 이점을 입증해주는 자료들이다.

그렇다면 重複職을 다 같이 지니고 있는 尙書 사이의 서열은 어떠하였을까. 순리대로라면 班次가 높은 宰樞가 서열이 앞서는 상서직을 帶有하였고 승진도 그러하였으리라 짐작되는데, 실제 사례들도 대체적으로는 그와 같았다. 예컨대 임명 기사에 吏部尙書·叅知政事 鄭惟產의 뒤를 따라 戶部尙書·叅知政事·權判三司事·兼太子少保 金若珍과 刑部尙書·知中樞院事 文正이 기록된 것과83) 吏部尙書·叅知政事·修國史 金上琦의 뒤에 禮部尙書·叅知政事 柳奭과 中樞院使·刑部尙書 林槩가 기록된 것이84) 그런 자료들이다. 뿐 아니라 그런 양상을 보여주는 사례는 관원들의 승진에서도 여럿이 찾아진

---

80) 고위의 兼任職을 帶有했을 때도 마찬가지였다.

81) 『高麗史』 卷 6 世家 靖宗 即位年 12月 己巳.

82) 『高麗史』 卷 11 世家 肅宗 6年 12月. 유사한 사례는 『高麗史』 卷 13 世家 睿宗 6年 12月 丙午·同書 卷 14 睿宗 14年 6月 甲午條에서도 볼 수가 있다.

83) 『高麗史』 卷 9 世家·『高麗史節要』 卷 5 文宗 29年 秋7月 庚辰. 이곳에는 鄭惟產이 吏部尙書로만 나오나, 그는 이미 그해 春正月에 叅知政事·監修國史를 제수받은 바 있었다.

84) 『高麗史』 卷 10 世家 宣宗 10年 5月 戊戌.

다. 그들을 〈자료 1〉에서 뽑아 열거하면 다음과 같다.

崔士威(15)　　刑部尙書→刑部尙書·叅知政事→吏部尙書·叅知政事
蔡忠順(21)　　禮部尙書·中樞使→左散騎常侍·中樞使→吏部尙書·叅知政事
李可道(44)　　戶部尙書·(中樞使)85)→叅知政事→行吏部尙書·叅知政事
崔齊顔(62)　　戶部尙書·(中樞使)→吏部尙書·(中樞使)
金　悌(121)　　中樞院使·刑部尙書→吏部尙書·叅知政事
金上琦(129)　　戶部尙書·政堂文學→吏部尙書·(政堂文學)→吏部尙書·叅知
　　　　　　　　政事
柳　伸(162)　　禮部尙書·同知樞密院事→吏部尙書·(同知樞密院事)
鄭　文(171)　　刑部尙書·政堂文學→禮部尙書·(政堂文學)
王　嘏(172)　　知樞密院事·兵部尙書→吏部尙書·樞密院使
許　慶(185)　　刑部尙書·樞密院使→吏部尙書·叅知政事
金　晙(200)　　禮部尙書·知樞密院事→兵部尙書·樞密院使
王字之(202)　　吏部尙書→左散騎常侍·同知樞密院事→兵部尙書·知樞密院事
　　　　　　　　→樞密院使→吏部尙書·叅知政事
韓安仁(210)　　刑部尙書·知樞密院事→禮部尙書·(知樞密院事)
金　珦(223)　　戶部尙書·知門下省事→兵部尙書·(知門下省事)
崔　濡(230)　　吏部尙書→左散騎常侍→兵部尙書·同知樞密院事→吏部尙書·
　　　　　　　　知樞密院事
陳　淑(240)　　禮部尙書·同知樞密院事→兵部尙書·知樞密院事

　　큰 추세는 宰樞職이 승진하면서 尙書職도 높은 서열의 직위가 주
어지고 있으며, 더러는 재추직은 그대로이지만 시일이 경과하면서
상서직은 역시 서열이 높은 직위로 옮겨가고 있다. 이 부분에서도
상서직의 서열이 반영되고 있음을 확인할 수 있는 것이다.
　　하지만 그렇다고 하여 이 원리가 모든 사례에 다 들어맞는 것은
아니었다. 여기서도 역시 그와 상반되는 기사가 종종 눈에 띠는 것

---

85) 戶部尙書로만 나오지만 그는 이미 中樞使를 역임한 바 있으므로 그것은
　　戶部尙書·中樞使로 보아야 한다. 이하 ( )로 표시한 직위는 모두 그러
　　한 사례들이다. 그에 대해서는 주 68) 참조.

이다. 먼저 임명 기사의 경우 禮部尙書·政堂文學·判翰林院事 金緣
의 뒤에 兵部尙書·樞密院使 趙仲璋이 기록되고 있는 게[86] 그 하나
이다. 上位의 政堂文學이 禮部尙書를 지니고 있는데 비해 그보다 下
位인 樞密院使가 尙書로서는 서열이 앞서는 兵部尙書를 帶有하고
있거니와, 기록의 순서는 宰樞의 班次에 따르고 있음이 주목된다. 개
인의 승진 사례 역시 宰樞職은 동일하거나 승진하고 있는데 비해 상
서직의 서열은 오히려 처지는 경우가 그러한 것들인데, 〈자료 1〉에
서 그들을 찾아 열거하면 아래와 같다.

庚　方(17)　　兵部尙書·叅知政事→刑部尙書·叅知政事
黃周亮(56)　　戶部尙書·(中樞使)→政堂文學·判翰林院事→吏部尙書·(政
　　　　　　　堂文學)→禮部尙書·叅知政事
柳　洪(123)　知中樞院事·吏部尙書→戶部尙書·(知中樞院事)
李　預(140)　兵部尙書·(知中樞院事)→政堂文學·刑部尙書
黃宗慤(141)　兵部尙書·(同知樞密院事)→知樞密院事·戶部尙書
金　緣(195)　兵部尙書·知樞密院事→禮部尙書·政堂文學→戶部尙書·叅知
(金仁存)　　政事
朴景仁(204)　刑部尙書·翰林學士承旨→吏部尙書→戶部尙書·知樞密院事→
　　　　　　　禮部尙書·(知樞密院事)
崔　梓(257)　戶部尙書·知樞密院事→刑部尙書·樞密院使

　　여기에서 우리는 한 원칙을 발견할 수 있다. 宰樞와 尙書가 중복
되어 있을 경우 班次·序列은 宰樞職에 따랐다는 것이다. 이들간의
서열은 비교적 철저하여 승진 역시 그 순차에 의거하고 있다. 이때
尙書職 역시 대체적으로 그의 서열에 맞추어 宰樞와 중복시키려 했
던 것 같으나 그렇지 않은 사례 역시 흔히 대할 수 있었다. 이 같은
현상은 6部尙書가 단독직으로 제수될 때에도 비슷하여 그의 서열에
따른 사례가 훨씬 많으나 그것이 지켜지지 않은 경우도 여전히 상
당수가 눈에 띄는 것이다. 그 연유에 대해 「상서급 관직은 品階·

---

86)『高麗史』卷 13 世家·『高麗史節要』卷 8 睿宗 8年 12月 丙辰.

田柴科・祿俸額・丘史 등이 시기에 관계없이 완전히 일치하므로 그
들 사이에 내부적인 서열의 차이는 다소 있었겠지만 기본적으로 동
일한 반차였으며」 그리하여 이들은 「서열에 크게 구애받지 않고 교
차 제수되기도」 했다는[87] 설명이 있다. 그런대로 수긍이 가는 견해
이기는 하나 6부상서 사이에는 엄연히 서열이 존재하였으며, 그리
하여 될 수 있는대로 그것을 지키려 했다는 사실도 소홀히 보아 넘
겨서는 안되리라 생각한다. 6부상서의 서열을 준수할 수 없었던 것
은 그때 그때의 정치상황에 따른 부득이한 조처였다고 짐작되며,
이는 특히 宰樞職과 중복하여 제수할 때 더욱 그러하였을 것으로
보인다.

4) 6部尙書의 前職과 陞進職

  고려전기에 있어서 6부상서는 어떤 직위로부터 진급하는 자리였
으며, 또 그 관직을 거친 다음에는 어떤 직위로 승진하였을까. 지금
부터는 이 부분에 대해 검토코자 하는데, 간편하면서도 정확한 방법
은 역시 〈자료 1〉의 사례에서 추출해내는 것이라 생각된다.

  그러면 먼저 前職에 대해서 살피기로 하자. 그리하여 실제로 찾아
보면 가장 큰 비중을 차지하는 것은 左右散騎常侍(左右常侍)와 御
史大夫로 나타난다. 金審言(19번)처럼 右散騎常侍에서 禮部尙書로
승진했거나, 李子淵(72번)처럼 「中樞使・右常侍→吏部尙書・叅知政
事」를 中樞使는 叅知政事, 右常侍는 吏部尙書로 승진한 사례라고 파
악할 때 散騎常侍(常侍)는 모두 28사례(19・37・40・54・64・65・6
8・72・80・103・110・118・121・143・169・177・184・191・192・19
5・200・204・209・210・243・277・280・295)이고 御史大夫는 13사
례(66・166・168・178・182・189・190・196・201・207・211・242・2
57)로, 합계는 41사례에 이르는 것이다. 산기상시는 諫諍機關인 郎舍

---

87) 李鎭漢, 주 64) 논문 p. 162.

의 장관이고, 어사대부는 監察機關인 御史臺의 장관으로, 이 두 직위
는 앞서 검토했듯이 品階나 대우·班次가 6部尙書와 동일한 正3品의
대표적 직위였지마는, 보다시피 상서의 前職이 되고 있다. 이것은 6
부상서의 위상이 그만큼 높았음을 의미한다. 뒤에 더 설명하겠지만
부분적으로는 이 반대의 사례도 눈에 띤다. 양자는 외형상의 지위가
동일했으므로 尙書에서 散騎常侍나 御史大夫로 轉職하는 예도 있게
된 것 같다. 이밖에 역시 正3品으로 前職이 되고 있는 예로는 知奏
事가 4사례(158·162·202·290) 보이고 三司使도 2사례(49·138)
찾아진다.

6部尙書의 前職으로서 두번째로 높은 비중을 차지하고 있는 것은
諸寺의 從3品인 卿·監이다. 少府監에서 工部尙書로 승진한 崔賢敏
(18번), 殿中監에서 刑部尙書로 승진한 李周憲(23번)을 포함해 그
수는 17사례(18·23·43·60·130·137·141·153·158·167·171·
176·188·218·222·259·267)가 헤아려진다. 그 밖에 역시 從3品으
로 尙書에 진출했던 직위로는 尙書左右丞 4사례(26·41·156·164)
와 國子祭酒 2사례(44·159)·大司成 3사례(235·251·258)가 눈에
띤다. 諸寺의 卿·監을 비롯하여 일부의 從3品 직위들도 尙書의 前
職으로 기능했던 것 같다.

다음은 동일한 상서6부의 차관인 正4品 侍郎들이다. 戶部侍郎에서
刑部尙書로 진급한 崔士威(15번), 吏部侍郎에서 禮部尙書로 진급한
梁積(33번)을 포함해 이들은 모두 12사례(15·33·74·104·106·
109·111·117·129·133·154·163)가 보인다. 正4品에서 從3品을
거치지 않고 곧장 正3品으로 진급하는 것은 승진의 원칙에서 벗어나
는 것인데, 더러는 그와 같은 경로를 밟은 경우도 있지 않았나 짐작
된다. 이들 사례는 肅宗朝 이후로는 찾아지지 않는다.

고려전기에 6부상서의 前職처럼 되어 있던 또 하나의 직위로는
中樞院의 樞密들이 있었다. 여기에서 「前職처럼」 되어 있었다고 표
현한 것은 그들 중 副使의 경우 品階와 班次가 尙書와 같았으나 상
급직인 同知中樞院事(同知樞密院事)와 知中樞院事(知樞密院事)·中

樞院使(樞密院使)는 尙書와 차원을 달리하는 從2品 宰相들이었으므로 前職이라 부르기에는 무언가 석연치 않기 때문이다. 그럼에도 이들은 中樞使에서 禮部尙書로 轉職한 蔡忠順(21번)의 예와 같이 실제로는 前職이 되고 있는 것이다. 하지만 이 경우도 실은 中樞使에서 禮部尙書로 강등된 게 아니라 中樞使職을 그대로 지닌채 禮部尙書를 중복직으로 帶有한 것이라 해석된다. 이런 점에서도 그것을 단순한 前職이라 간주하는데는 어려움이 따르지만, 그러나 尙書職을 제수하기 전에 흔히 副使와 樞密이 임명되곤 했던 것은 사실이었다. 그리하여 이 같은 사례는 樞密院副使에서 禮部尙書(153·238·294)와 吏部尙書(289)로 승진한 4사례를 포함해 모두 20사례(21·25·28·42·55·62·94·123·153·163·179·217·228·238·239·247·252·272·289·294)가 찾아진다. 그리고 崔冲처럼(61번) 同知中樞院事에서 刑部尙書·中樞使로 승진한 사례도 비슷한 경우인데, 이런 사례 역시 16명(61·81·122·130·168·185·191·199·216·220·234·251·257·290·291·292)이 보인다. 이것은 역시 6부상서의 위상이 높았음을 시사함과 동시에 樞密의 그것에 대해서도 여러 모로 생각해보게 하는 사안이라는 점에서 주목된다.

그런데 樞密은 이처럼 6部尙書의 前職처럼 이용되기도 했지만, 한편으로는 그것의 陞進職이 되기도 하였다. 그러한 사례로는 王懋崇(93번)과 같이 戶部尙書·判御史臺事·(同知中樞院事)에서 知中樞院事로 승진한 9명(93·123·143·163·202·234·282·290·292)과 함께 吏部尙書·翰林學士承旨에서 中樞院使로 승진한 李作忠(65)과 刑部尙書에서 知中樞院事로 승진한 崔惟善(83)처럼 직접 尙書에서 樞密로 승진한 27사례(65·83·100·119·134·137·138·141·144·149·153·155·189·191·196·201·203·226·227·238·251·257·258·275·289·295·297)를 합하여 모두 36사례에 이르고 있다. 이와 같이 고려전기에 있어서의 樞密은 6部尙書와의 관계에 있어서 좀 미묘한 위치에 있었다. 그런데 살펴보면 樞密의 前職처럼 기능하는 비율이 초기에는 비교적 높았다가 시일이 경과하면서 점차 낮아지는 것에 반비례하여 승진직으로 기능하는 비율은 상대적으로 높아지고 있다.

樞密의 위상과 더불어 그것이 6部尙書의 승진직 가운데 한 부분을 차지하고 있음도 확인한 셈이거니와, 그보다 비중이 더욱 큰 직위는 正2品인 左右僕射였다. 그것은 工部尙書에서 右僕射로 승진한 文仁渭(14)와 吏部尙書·(中樞使)에서 尙書左僕射·中樞使로 승진한 崔齊顔(62)을 비롯하여 무려 47사례(14·19·23·33·34·35·41·43·46·50·60·62·74·84·101·102·106·108·116·120·133·150·156·158·161·162·167·168·170·175·177·192·194·197·198·207·209·224·231·233·238·240·257·259·270·274·291)나 되는 것이다. 동일한 尙書省의 僕射는 가장 중요한 尙書의 승진로였다 할 것이다.

앞서 품계와 반차가 尙書와 동일하면서도 그의 前職이 되었던 左右散騎常侍와 御史大夫가 반대로 옮겨앉는 자리이기도 했다는 점을 지적하였다. 그런 경우는 禮部尙書에서 右散騎常侍로 轉職한 崔思齊(126)와 工部尙書·叅知政事에서 左散騎常侍·叅知政事로 轉職한 張瑩(22)을 포함하여 모두 9사례(21·22·126·129·130·168·202·230·239)가 눈에 띠는데, 이들은 승진직이라기 보다는 後職 정도로 해두는 것이 어떨까 싶다.

요컨대 고려전기에 있어서 6部尙書의 前職은 그와 동일한 正3品의 左右散騎常侍(左右常侍)와 御史大夫를 비롯하여 從3品인 諸寺의 卿·監, 그리고 같은 尙書6部의 차관인 正4品 侍郎이 큰 줄기를 이루고 있는 가운데 일부의 正3品 知奏事와 三司使, 從3品인 尙書左右丞과 國子祭酒·大司成 등이었으며, 中樞院副使와 樞密들도 前職처럼 기능하고 있었다. 그리하여 일단 尙書를 역임한 사람들은 주로 左右僕射와 樞密로 승진했다고 하겠다.

2. 武臣政權期(明宗 元年, 1171~元宗 15년, 1274)
6部尙書의 事例와 제도의 운영

1) 6部尙書의 重複職・兼任職 상황

毅宗 24년(1170)에 武臣亂이 일어나 성공을 거두게됨에 따라 文臣 중심의 정권이 무너지고 대신에 武臣들이 집권하였다. 그리하여 고려사회는 커다란 변혁을 겪게 되지만, 그같은 소용돌이 속에서 종래의 정치질서는 동요되기 마련이었다. 거기에다가 무인들은 여러 가지 새로운 정치기구들을 설치하였다. 軍國의 庶務를 관장한 敎定都監이나 인사기구인 政房, 그리고 군사조직인 都房과 三別抄 같은 게 그 대표적인 것이었다.

하지만 무신들은 이전의 중요한 정치기구들을 폐지하지 않고 그대로 존속시켰다. 그리고는 될 수 있는대로 자기들이 그 관직을 많이 차지하는 방향을 취하였던 것이다. 따라서 종래 정치기구들의 계속적인 존속에도 불구하고 그들의 기능이나 성격은 이전과 비교하여 꽤 많은 차이가 있었다.

尙書6部와 그의 장관인 尙書도 예외가 아니었다. 하지만 어떻든 이 제도는 계속되어 여러 사람들이 그 자리에 임명되었다. 이제 그들 事例를 가능한대로 추출해보니 모두 98명이었다. 이들을 도표화한 것이 〈자료 2〉인데, 尙書別로는 ①吏部尙書가 27명이었고, ②兵部尙書 28명, ③戶部尙書 16명, ④禮部尙書 18명, ⑤刑部尙書 25명, ⑥工部尙書 16명으로, 합계 130명이었다. 武臣政權期와 그후 대폭적인 관제 개혁이 이루어지는 몇년간을 합한 104년간이라는 기간을 前期의 189년과 대비해 놓고 보더라도 전체 숫자는 꽤 많이 줄어든 것을 알 수 있다.

前期에서와 마찬가지 요령으로 이들 중 먼저 吏部尙書의 重複職・兼任職 상황을 도표로 나타내면 다음의 〈表 15〉와 같다.

〈表 15〉 武臣政權期 吏部尙書의 重複職·兼任職 상황

	王 代	明宗	神宗	熙宗	康宗	高宗	元宗	計
	人 員	8	1	1	0	13	4	27명
	단독직 (번 호)	7/16 24/27						4직
宰 臣	平章事		30					1
	叅 政		30.			42/76		3
	政 堂					63/67	81/91/92	5
	知門下					44/49/54 /60/72		5
	左僕射					49		1
樞 密	判院事					46		1
	院 使	2	30			38		3
	知院事	19/20				47		3
	同知院事							0
	副 使	23				71		2
	上將軍							0
	기 타			知奏事 36				1
館 翰	翰林學士承旨							0
	기 타							0
	兵馬職							0
	기 타							0

　　여기에서 우선 주목되는 것은 단독직으로 나오는 게 4사례밖에
되지 않아 14.81%의 비율을 보이고 있다는 점이다. 그에 반비례하여
중복직이 되고 있는 宰臣은 예외라 할 수 있는 平章事 1사례에다가
叅知政事 3사례, 政堂文學 5사례, 知門下省事 5사례에 左僕射 1사례
까지 합하여 모두는 15사례로서 55.55%에 이르고 있다. 그리고 樞密
은 上位의 判樞密院事와 당시에는 중요한 기능을 담당하는 下位의
樞密院副使까지 합해 전체는 9사례로 33.33%의 비율을 차지하고 있
다. 吏部尙書는 고려전기에도 단독직의 비율이 낮은 편이었지만 무

신정권기에는 그보다도 훨씬 더 낮아지고 있으며, 대신에 宰臣의 중복직 비율은 많이 높아졌는데, 그것도 前期에는 叅知政事가 중심이었었지만 이때는 그렇지가 않아서 역시 한 변화된 모습을 엿보게 한다. 그 밖의 중복직으로는 知奏事 1사례가 더 눈에 띄나 兼任職은 찾아지지 않는다.

다음 兵部尙書의 중복직·겸임직 상황을 도표로 그린 것이 아래의 〈表 16〉이다.

〈表 16〉 武臣政權期 兵部尙書의 重複職·兼任職 상황

王　代		明宗	神宗	熙宗	康宗	高宗	元宗	計
人　員		11	3	0	0	10	4	28명
단독직 (번호)		6/9/13/ 14/17/1 9/20/22 /28	33			51/56/61/75	86	15직
宰 臣	參　政	5	30			42		3
	政　堂							0
	知門下							0
	右僕射						88	1
樞 密	院　使		30			45		2
	知院事					57	83	2
	同知院事		32				95	2
	副　使	1				42/71		3
	上將軍					40		1
	기　타		知奏事 30 知吏部事 30			知奏事 49		3
館 翰	翰林學士承旨					翰林學士 75		1
	기　타							0
	兵馬職							0
	기　타							0

이 직위의 역임자 28명 가운데에서 단독직으로 나타나고 있는 숫자는 15직으로 53.57%의 비율을 차지하고 있는데, 戶部·刑部·工部 尙書도 대략 이와 유사하다. 당시의 단독직 상황을 짐작케하는 대목이라 하겠다. 중복직은 右僕射 1사례에 叅知政事가 3사례로서 이들

의 비율은 14.28%이며, 樞密은 모두가 9사례로 32.14%를 보이고 있다. 이 밖에 上將軍 1사례, 知奏事 2사례, 知吏部事 1사례가 더 눈에 들어오며, 겸임직은 翰林學士 1사례가 찾아질 뿐이다.

이어서 戶部尙書의 중복직·겸임직 상황을 정리하면 다음의 〈表 17〉과 같다.

〈表 17〉 武臣政權期 戶部尙書의 重複職·兼任職 상황

	王 代	明宗	神宗	熙宗	康宗	高宗	元宗	計
	人 員	3	2	2	0	9	0	16명
	단독직 (번 호)	9/10	33	35/37		53/58/64		8직
宰	叅 政							0
	政 堂							0
臣	知門下					66		1
	左右僕射							0
樞	院 使		29			55		2
	知院事							0
	同知院事					43/55		2
密	副 使	20				73		2
	上將軍 (上護軍)	20				71/78		3
	기 타							0
	館 翰							0
	兵馬職							0
	기 타							0

호부상서 역임자는 모두 16명인데 그중 단독직으로 띠고 있는게 8사례로서 50%의 비율이다. 중복직으로는 宰臣중에서도 知門下省事 1사례만이 찾아져 6.25%라는 저조한 비율을 나타내고 있는데, 대신에 樞密은 6사례로 37.5%를 차지하고 있다. 그 외에 上將軍 3사례가 더 보인다.

무신정권기 예부상서의 역임자는 18명으로 집계된다. 이들의 중복직·겸임직 상황을 정리한 것이 아래의 도표이다.

〈表 18〉 武臣政權期 禮部尙書의 重複職·兼任職 상황

	王 代	明宗	神宗	熙宗	康宗	高宗	元宗	計
	人 員	4	0	0	0	8	6	18명
	단독직 (번호)	3/18				38/62	96	5직
宰	叅 政	20						1
	政 堂	7					94	2
臣	知門下							0
	左右僕射							0
樞	院 使					41/43 /52		3
	知院事					46/79		2
密	同知院事							0
	副 使					43/54	82/84 /93/98	6
	上 將 軍							0
	기 타							0
館	翰林學士承旨	翰林學士 3						1
翰	기 타	知貢擧 3					同知貢擧 82	2
	兵馬職							0
	기 타							0

 단독직은 5직으로 27.77%에 불과하다. 역시 吏部와 함께 타 부서에 비하여 매우 낮은 비율을 보이고 있는 것이다. 반면에 중복직인 宰臣은 叅知政事 1사례, 政堂文學 2사례로서 16.66%의 비율을 나타내고 있으며, 樞密은 모두 11사례로 61.11%나 된다. 특히 樞密의 비율이 높다는 게 주목된다. 겸임직으로는 翰林學士 1사례, 知貢擧 1사례, 同知貢擧 1사례가 눈에 띈다. 이들은 모두 文翰職으로서 禮部尙書의 성격과 관련하여 여전히 눈길이 가는 대목이다.

 다음은 刑部尙書의 차례이다. 이들의 중복직·겸임직 상황을 도표로 그리면 아래의 〈表 19〉와 같다.

〈表 19〉 武臣政權期 刑部尙書의 重複職·兼任職 상황

王 代		明宗	神宗	熙宗	康宗	高宗	元宗	計
人 員		9	2	1	0	9	4	25명
단독직 (번호)		3/15/ 19/22 /25	31			50/59/63/ 67/69/70	85	13직
宰 臣	參 政							0
	政 堂							0
	知門下	4						1
左右僕射								0
樞 密	院 使							0
	知院事							0
	同知院事						89	1
	副 使	1	32			68/74	90/97	6
上將軍		11/21		34				3
기 타						判閣門事 52		1
館 翰	翰林學士承旨					63		1
	기 타					同知貢擧 67		1
兵馬職								0
기 타								0

　이 기간에 형부상서를 역임한 사람은 25명인데, 그중 단독직으로 나타나고 있는 것은 13직으로 52%의 분포를 보이고 있다. 宰臣 가운에 중복직으로는 知門下省事 1사례 뿐이어서 역시 4%라는 저조한 비율을 나타내고 있지마는, 그러나 樞密로서 중복직이 되고 있는 것은 7사례로 28%의 비율을 차지하고 있다. 그 밖의 중복직은 上將軍 3사례, 判閣門事 1사례이며, 겸임직으로는 翰林學士承旨 1사례, 同知貢擧 1사례가 눈에 띈다.

　끝으로 工部尙書인데, 그의 중복직·겸임직 상황을 정리한 것이 다음의 〈表 20〉이다.

〈表 20〉 武臣政權期 工部尙書의 重複職·兼任職 상황

王 代		明宗	神宗	熙宗	康宗	高宗	元宗	計
人 員		7	0	0	0	8	1	16명
단독직 (번호)		9/10/11/ 12/26				39/50/51/ 77		9직
宰 臣	平章事					60		1
	叅 政							0
	政 堂							0
	知門下	19						1
左右僕射								0
樞 密	院 使					65		1
	知院事							0
	同知院事	20						1
	副 使	19				48	87	3
上將軍								0
기 타						左承宣· 知吏部事 57		1
館 翰								0
兵馬職								0
기 타								0

　이 직위 역임자 16명 가운데 단독직으로서 띠고 있는 사례는 9명
으로 56.25%의 비율을 차지한다. 그리고 중복직으로는 역시 예외라
할 수 있는 平章事 1사례에 知門下省事도 1사례로 이들 宰臣의 비율
은 12.5%이며, 樞密은 5사례로서 31.25%에 상당한다. 그 밖에 左承
宣·知吏部事 1사례가 더 보인다.
　이제까지 설명해 온 내용 중 단독직과 宰樞 및 僕射로 중복직이
되고 있는 상황을 따로 종합해 도표를 그리면 다음의 〈表 21〉이 만
들어진다.

〈表 21〉 武臣政權期 6部尙書의 王代別 宰臣・樞密職 帶有 상황

6部	王代	明宗	神宗	熙宗	康宗	高宗	元宗	計(%)
吏部	人員	8	1	1	0	13	4	27
	단독직	4	0	0	0	0	0	4(14.81)
	宰臣		2			9	3	14 (55.55)
	僕射					1		1
	樞密	4	1			4		9(33.33)
兵部	人員	11	3	0	0	10	4	28
	단독직	9	1	0	0	4	1	15(53.57)
	宰臣	1	1			1		3 (14.28)
	僕射						1	1
	樞密	1	2			4	2	9(32.14)
戶部	人員	3	2	2	0	9	0	16
	단독직	2	1	2	0	3	0	8(50)
	宰臣					1		1(6.25)
	僕射							0
	樞密	1	1			4		6(37.5)
禮部	人員	4	0	0	0	8	6	18
	단독직	2	0	0	0	2	1	5(27.77)
	宰臣	2					1	3(16.66)
	僕射							0
	樞密					7	4	11(61.11)
刑部	人員	9	2	1	0	9	4	25
	단독직	5	1	0	0	6	1	13(52)
	宰臣	1						1(4)
	僕射							0
	樞密	1	1			2	3	7(28)
工部	人員	7	0	0	0	8	1	16
	단독직	5	0	0	0	4	0	9(56.25)
	宰臣	1				1		2(12.5)
	僕射							0
	樞密	2				2	1	5(31.25)
合計	人員	42	8	4	0	57	19	130
	단독직	27	3	2	0	19	3	54(41.53)
	宰臣	5	3	0	0	12	4	24 (20)
	僕射	0	0	0	0	1	1	2
	樞密	9	5	0	0	23	10	47(36.15)

보다시피 6部尙書 사이에도 그들 상황이 한결같지는 않다. 吏部와 禮部의 단독직 비율이 다른 부서에 비해 현저히 낮다는게 그 한 사

레이다. 그런가하면 宰臣의 중복직 비율은 戶部와 刑部가 또한 낮다. 이에 비해 樞密의 중복직 비율은 禮部의 경우가 좀 유별나기는 하나 대체적으로 비등하다. 이렇게 尙書 사이에도 차별성이 눈에 띠기는 하지만 전체 130명 가운데에서 단독직은 54사례로 평균 비율은 41.53%로 나타나 큰 줄기는 대략 짐작할 수가 있다. 그리고 僕射 2명을 합한 宰臣은 26명으로서 20%, 樞密은 47명으로 36.15%의 비율을 보이고 있어서 이 부분에 대해서도 당시의 상황을 어느 정도 파악할 수 있을 것 같다. 고려전기에는 단독직이 58.72%, 宰臣 13.26%, 樞密 23.58%의 비율이었다. 무신정권기에는 前期에 비해 전체적인 숫자가 좀 줄어든 가운데 단독직의 비율은 역시 좀 줄고, 宰樞의 중복직 비율은 좀 높아지고 있지마는, 이 시기라 하여 제도의 기본적인 틀이 크게 달라졌다고 말하기는 어렵지 않나 판단된다. 단, 宰臣의 중복직에 있어서 前期에는 叅知政事가 높은 비중을 차지했었으나 무신정권기에 들어와서는 오히려 政堂文學과 知門下省事의 비중이 높아지고 있다는 점 등은 여전히 유의해 두어야 할 대목이라 생각된다.

2) 6部尙書와 科擧·蔭敍

科擧制와 蔭敍制도 무신정권기에 들어와 얼마간의 변질이 초래되었으나 제도 자체는 여전히 존속하면서 그대로 시행되었다. 그리하여 6部尙書 역임자 중에도 이들 출신이 여럿 보이거니와 그 상황을 〈자료 2〉에서 뽑아내 도표로 정리하면 다음의 〈表 22〉와 같다.

〈表 22〉 6部尙書別 科擧及第者와 蔭敍出身者 數

6部	科擧·蔭敍·不明	〈자료 2〉 번 호
吏部尙書	科擧 9명(33.33%) 蔭敍 4명(14.81%) 不明 16명(59.25%) (計 29명-2명)	7·23·38·60·63·67·81·91·92 (23·38은 蔭敍 出身) 23·30·36·38 (23·38은 科擧 出身) 2·16·19·20·24·27·42·44·46·47·49·54·71·72·76·80
兵部尙書	科擧 3명(10.71%) 蔭敍 4명(14.28%) 不明 21명(75%) (計 28명)	13·75·83 1·30·32·45 5·6·9·14·17·19·20·22·28·33·40·42·49·51·56·57·61·71·86·88·95
戶部尙書	科擧 3명(18.75%) 蔭敍 2명(12. 5%) 不明 11명(68.75%) (計 16명)	43·66·73 35·37 9·10·20·29·33·53·55·58·64·71·78
禮部尙書	科擧 8명(44.44%) 蔭敍 2명(11.11%) 不明 10명(55.55%) (計 20명-2명)	3·7·38·41·43·93·94·98 (38·41은 蔭敍 出身) 38·41 (38·41은 科擧 出身) 18·20·46·52·54·62·79·82·84·96
刑部尙書	科擧 7명(28%) 蔭敍 4명(16%) 不明 14명(56%) (計 25명)	3·31·63·67·69·70·74 1·21·32·90 4·11·15·19·22·25·34·50·52·59·68·85·89·97
工部尙書	科擧 1명(6.25%) 蔭敍 0명 不明 15명(93.75%) (計 16명)	60 8·10·11·12·19·20·26·39·48·50·51·57·65·77·87
合計	科擧 31명(23.84%) 蔭敍 16명(12. 3%) 不明 87명(66.92%) (計 134명-4명 = 130명)	

尙書別 급제 상황은 무신정권기에도 前期와 매우 유사한 경향이
었던 것 같다. 예부상서의 경우 不明者가 여전히 많다는 제약점에도
불구하고 급제자가 아니면 이 직위에 취임할 수 없었던 듯 나타나고
있다는 게 그 한 사례이다. 그리고 이 예부상서에 이어서 이부상서
의 급제 비율이 다른 상서들에 비해서 크게 높고, 반대로 공부상서
의 그것이 가장 낮다는 점도 前期와 마찬가지인 것이다.

그렇지만 역임자 자체의 숫자가 크게 줄어든 사실과 관계가 있긴

하겠으나 전체 급제자 숫자는 31명밖에 되지 않아 前期의 117명과 좋은 대조를 이루고 있다. 그리하여 그 비율도 前期의 29.17%에 비해 당시는 23.84%로, 역시 낮아지고 있는 것이다. 이에 비해 蔭敍 출신자는 오히려 반대의 현상을 보여주고 있다. 고려전기 對 무신정권기의 이 출신 숫자는 36명 : 16명이지만 비율은 8.97% : 12.3%로서 후자가 높은 것이다. 이것은 무신정권기에 들어와 정치질서의 동요와 더불어 무장들이 여러 방면으로 많이 진출한 데 따른 결과에 기인하는 것 같다. 하지만 종래의 기본적인 틀을 준수하려는 노력도 없지 않았으므로 예부상서에는 거의 모두 급제자가 임명되는 현상 등도 있게 되지 않았나 생각된다.

3) 6部尙書의 序列

앞서 고려전기의 6部尙書 서열에 대하여 검토해 본 결과 대략 다음과 같다는 사실을 확인하였다.

첫째로, 6部尙書 사이의 서열은 吏部·兵部·戶部·禮部·刑部·工部尙書의 순이었는데, 事例들도 대체적으로는 이와 부합되나, 혹 兵部尙書도 그러하지만 특히 戶部·禮部·刑部尙書 사이에서는 그것이 뒤바뀐 경우 역시 얼마간 눈에 띈다.

둘째로, 宰樞를 중복직으로 지니고 있는 상서는 단독직으로 나오는 상서보다 서열이 높았다.

셋째로, 宰樞를 다같이 중복직으로 지니고 있는 상서들 사이의 서열은 尙書의 서열이 아니라 宰樞의 班次에 따랐다. 그러므로 班次가 높은 宰樞가 尙書도 서열이 앞서는 직위를 띠는 경향이었으나, 그렇다고 상서의 서열이 꼭 지켜진 것은 아니었다.

그런데 이같은 원칙은 무신정권기라 하여 달라지지 않은 것 같다. 그 내용을 우선 임명 기사를 통해 살펴보기로 하자. 다음은 高宗 8년의 관직 제수에 대한 기사인데 그중에서 필요한 부분만 발췌하여 소개하면 아래와 같은 순서로 되어 있다.

    (아)-① - ⅰ) 史洪紀　知門下省事·吏部尙書·判工部事
        ⅱ) 金就礪　樞密院使·兵部尙書·判三司事
       ⅲ) 鄭通輔　知樞密院事·禮部尙書
       ⅳ) 韓光衍　同知樞密院事·戶部尙書(『高麗史』卷 22 世家 高宗 8
          年 12月 甲午).

  ⅰ)·ⅱ)·ⅲ)까지는 宰樞의 班次에 따라 尙書의 서열도 지켜지고
있다. 그러나 ⅳ)의 경우 宰樞의 班次는 준수되고 있으나 상서직은
오히려 ⅲ)보다 앞서는 것이어서 서열이 바뀐 사례가 되는 것이다.
  아래의 자료 하나를 더 살펴보기로 하자. 이것은 역시 高宗 14
년의 관직 제수 기사인데,

    (아)-② - ⅰ) 貢天源　知門下省事·吏部尙書
        ⅱ) 柳彥琛　樞密院使·禮部尙書
       ⅲ) 崔正華　同知樞密院事·戶部尙書
       ⅳ) 史光補　兵部尙書
       ⅴ) 金叔龍　樞密院左承宣·工部尙書·知吏部事
      ⅵ) 鄭　畋　戶部尙書
      ⅶ) 李仲敏　刑部尙書(『高麗史』卷 22 世家 高宗 14年 12月 辛未).

와 같이 ⅰ)·ⅱ)·ⅲ)은 宰樞職의 班次에 따른 순서로 되어 있고,
그들이 띠고 있는 尙書도 ⅰ)·ⅱ) 사이에는 서열에 문제가 없으나
ⅲ)은 ⅱ)보다 서열이 앞섬에도 불구하고 재추직의 班次가 낮음으
로 해서 3위에 머물고 있다. 그리고 ⅳ)의 兵部尙書도 상서직만으로
서는 ⅱ)·ⅲ)의 禮部·戶部尙書보다 서열이 앞서나 단독직이므로
해서 재추직을 아울러 지니고 있는 그들의 뒤로 처지고 있다. ⅴ)의
工部尙書는 ⅵ)·ⅶ)보다 서열이 뒤지지만 正3品인 左承宣을 함께
지니고 있어서 앞 자리에 있게 된 것 같다. 그러나 尙書職을 단독직
으로 띠고 있는 ⅳ)·ⅵ)·ⅶ) 사이에서는 상서의 서열을 그대로 따

르고 있는 것이다. 물론 이밖의 자료 가운데서는 단독직이면서도 刑部尙書·工部尙書가 戶部尙書보다 먼저 나오는 기사 역시 눈에 띤다.[88] 하지만 그 자료를 일일이 들어 소개하는 번잡은 피한다.

이상의 임명 기사뿐 만 아니라 그것은 2개 이상의 상서직을 역임한 개인의 자료를 통해서도 확인된다. 뒤에 제시한 〈자료 2〉 가운데에서 戶部尙書에서 兵部尙書로 轉職한 丁黃載(9번)와, 工部尙書→戶部尙書(10), 刑部尙書→兵部尙書(22), 工部尙書→刑部尙書(50), 工部尙書→兵部尙書(51)는 6부상서의 서열에 따른 예가 된다. 그리고 禮部尙書에서 刑部尙書로 전직한 李文鐸(3)은 그 반대의 예가 될 것이다.

다음 刑部尙書→兵部尙書→樞密院副使·工部尙書(19)와 戶部尙書→兵部尙書→戶部尙書·樞密院副使(20)는 6부상서의 서열과 함께 상서 단독직이 宰樞職을 띤 그들보다 하위였다는 것을 보여주는 사례들이다.

이어서 다같이 宰樞職 — 일부는 正3品職 — 을 帶有하고 있는 尙書들을 보면

      金鳳毛(32) 樞密院副使·刑部尙書→同知樞密院事·兵部尙書
      鄭通輔(46) 知樞密院事·禮部尙書→樞密院使→判樞密院事→判樞密院事·吏
            部尙書
      柳彦琛(52) 刑部尙書·判閣門事→同知樞密院事·左散騎常侍→樞密院使·禮
            部尙書
      金叔龍(57) 左承宣·工部尙書→知奏事→知樞密院事·兵部尙書

등은 宰樞職과 尙書職의 서열이 함께 지켜지고 있는 경우이며, 또 다음의

      宋有仁 (1) 樞密院副使·兵部尙書→刑部尙書·(樞密院副使)
      白任至(19) 樞密院副使·工部尙書→知樞密院事·吏部尙書→知門下省事·工
            部尙書
      金   純(20) 戶部尙書·樞密院副使→工部尙書·同知樞密院事→吏部尙書·知

---

88) 『高麗史』 卷 22 世家 高宗 9年 12月 丁酉.

樞密院事→叅知政事·禮部尙書
韓光衍(43) 樞密院副使·禮部尙書→同知樞密院事·戶部尙書→樞密院使·禮
部尙書
崔宗峻(60) 知門下省事·吏部尙書→中書侍郎平章事·工部尙書

등은 宰樞의 班次는 엄격하게 지켜지고 있는데 비하여 尙書의 서열은 혹 순서대로이기도 하지만 그렇지 않은 사례들이기도 하다. 여러모로 보아 6부상서의 서열은 무신정권기에도 前期와 별다른 차이가 없었다고 이해되는 것이다.

4) 6部尙書의 前職과 陞進職

무신정권기에 있어서 6부상서의 前職으로 기능한 직위들을 〈자료 2〉에서 찾아보면 그들 역시 부분적으로는 前期 때와 동일한 관직이었음을 확인할 수 있게 된다. 그 하나가 散騎常侍(常侍)이다. 散騎常侍에서 刑部尙書로 승진하는 閔湜(31)과 함께 「樞密院副使·左散騎常侍→知樞密院事·吏部尙書」로 승진한 田元均(36)을 여전히 그와 같은 사례로 이해할 경우 그들은 모두 6사례(31·36·52·60·66·91)가 찾아지는 것이다. 하지만 이것은 前期와 비교할 때 대폭적으로 줄어든 숫자라는 점에서 차이를 발견할 수 있으며, 또 御史大夫가 보이지 않는 것도 달라진 부분이다. 前期 때에 역시 正3品으로서 前職이 되었던 직위로 知奏事를 지적했었지만 이 시기에도 知奏事에서 兵部尙書·知奏事로 전직한 사례(49) 등이 눈에 띈다.

다른 하나는 諸寺의 卿·監들로서, 무신정권기에도 「金吾衛上將軍·殿中監→戶部尙書·龍虎軍上將軍」으로 승진한 金純(20)을 비롯하여 「大府卿→樞密院副使·刑部尙書」(32), 「殿中監→戶部尙書」(33), 「大府卿·兼三司使→戶部尙書」(35) 등 4사례가 보인다. 그렇지만 이들도 前期와 비교하여 대폭적으로 줄어든 숫자라는 점에서는 散騎常侍의 경우와 다를 바가 없다. 前期에 동일한 從3品으로 같은 기능을

했던 직위로서 소수에 그쳤던 것들이 무신집권기에도 찾아져 尙書
左右丞 2사례(8·18), 國子祭酒 2사례(3·70), 大司成 2사례(13·38)
가 눈에 띠거니와, 卿·監 자체가 소수인만큼 이들을 여전히 소수라
하기에는 좀 적절치 않다는 생각이 든다.

다음은 前職처럼 보이는 樞密들이다. 前期에서와 마찬가지로 무신
정권기에도 「樞密院副使→禮部尙書·(樞密院副使)」(82)와 「同知樞
密院事→刑部尙書·(同知樞密院事)」(89)를 비롯해 「同知樞密院事→
樞密院使·吏部尙書」(2) 및 그와 유사한 사례(45·55) 등 몇몇이 찾
아지는 것이다. 앞 대목에서 이들이 尙書職의 제수 이전에 주어지고
있다는 사실에 유의하면서도 前職으로 간주하는 데는 문제가 있다
는 점을 지적하였지만 무신정권기에는 더욱 그러하다. 당시에는 樞
密의 위상이 크게 상승하면서, 뒤에 설명하겠지만 그들은 尙書의 陞
進職으로 기능하는게 일반화되기 때문이다. 나아가서 그 숫자도 前
期와 비교하여 매우 제한되고 있는 것이다. 아마 이들 사례는 樞密
職 내부에서의 승진에 중점이 있고 상서는 중복직으로 지닌 것이라
는 정도로 이해하는게 어떨까 싶은 생각이 많이 든다.

이상은 前期와 관련지어 검토해 본 것이지만 무신정권기에는 이
전과 계통을 달리하는 또 하나의 前職이 있었다. 上將軍이 그것이었
다. 물론 前期에도 흔한 것은 아니었으나 上將軍으로 있으면서 상서
직을 함께 지녀 소개한 일이 있고, 그같은 전통은 무신정권기로 이
어졌지만, 이제는 그런 정도가 아니라 上將軍에서 6部尙書로의 승진
이 통상적인 仕路처럼 되어 그것이 前職의 기능을 담당함으로써 많
은 사례가 있게 된 것이다. 그 구체적인 예로는 上將軍·知御史臺事
에서 工部尙書로 승진한 杜景升(10)을 포함해 모두 13사례(10·11·
17·19·21·25·26·40·47·48·51·84·86)가 찾아진다. 한 직위
로서는 가장 큰 수치이다. 이는 官制面에서 무신정권기의 변질된 모
습을 보여주는 한 양상이라 생각되어 더욱 눈길이 간다.

그러면 다음으로 6부상서들이 진출하는 陞進職에 대하여 전례처럼
〈자료 2〉를 통해 알아보기로 하자. 고려전기에 이 기능을 담당한 직

위는 左右僕射와 樞密들이었지마는, 살펴보면 이점에서는 무신집권기도 마찬가지였음이 확인된다. 그러나 그 실 내용에 있어서는 前期의 경우 左右僕射가 가장 큰 비중을 차지하고 다음이 樞密들이었는데 이제는 그 비중이 반대로 나타나고 있다. 구체적으로 樞密은 「樞密院副使·刑部尙書→同知樞密院事·兵部尙書」(32), 「樞密院副使·禮部尙書→同知樞密院事·戶部尙書」(43), 「禮部尙書·(樞密院副使·左僕射)→樞密院使」(54)와 같은 예를 제외시키고, 吏部尙書에서 樞密院副使로 승진한 廉信若(7)이나 上將軍·刑部尙書에서 樞密院副使·左散騎常侍로 승진한 金元義(34) 등과 같이 상서직에서 곧바로 추밀직으로 승진한 경우만도 17사례(7·10·12·14·17·19·20·34·38·49·51·52·56·62·63·67·85)가 된다. 그에 비해 僕射는 兵部尙書에서 尙書左僕射로 승진한 丁黃載(9) 等類 4사례(1·9·11·13)에, 「知樞密院事·吏部尙書→守司空·左僕射」(36)와 「兵部尙書·知奏事→樞密院副使·左僕射」(49), 「刑部尙書·翰林學士承旨→知樞密院事·左僕射」(63), 「樞密院副使·禮部尙書→守司空·左僕射」(84) 등을 유사한 사례로 파악하더라도 8사례에 그치고 있는 것이다. 역시 무신정권기에 들어와 변화된 모습의 하나라 하겠다.

고려전기에 前職으로 기능했던 左右散騎常侍와 御史大夫는 尙書를 거친 사람에게 제수되기도 하였는데, 그 경우 이들을 陞進職으로 이해하기 보다는 轉職 또는 後職으로 보는게 좋겠다는 의견을 제시한바 있거니와, 그런 사례는 무신정권기에도 몇몇 눈에 띤다. 吏部尙書에서 御史大夫로 옮겨앉은 鄭國儉(24)을 비롯하여 34·52·56·90번의 당해자들이 그들이다. 참고로 같이 언급하여 둔다.

요컨대 무신정권기에 6部尙書의 前職으로 기능한 것은 前期에서와 마찬가지로 左右散騎常侍(正3品)와 諸寺의 卿·監(從3品)을 비롯하여 知奏事(正3品) 및 尙書左右丞(從3品)·國子祭酒(從3品→正4品), 大司成(從3品) 등이었다. 하지만 前二者는 前期와 비교하여 대폭 축소된 규모여서 한 변화를 느낄 수 있었으며, 御史大夫(正3品)와 6部의 侍郞(正4品)이 보이지 않는 것도 달라진 점이었다. 아울러

上將軍(正3品)이 그전처럼 중복직으로 뿐만 아니라 이제는 前職으로도 대거 등장하고 있거니와 관제상의 가장 큰 변화는 바로 이점에 있었던 것 같다.

前期에 前職처럼 기능했던 樞密이 무신정권기에도 몇몇 눈에 띠나 소수에 그치고, 그것은 오히려 승진직의 주류가 되고 있다. 樞密職의 위상과 함께 역시 한 변화를 느끼게하는 대목이다. 그리하여 前期에 주류를 이루었던 左右僕射는 제2의 승진직으로 물러나 있는 것이다. 6部尙書의 前職과 陞進職은 序列에서와는 달리 무신정권기에 접어들어 상당한 변화가 초래되었음을 알 수 있다고 하겠다.

3. 高麗 後·末期(忠烈王 元年, 1275~恭讓王 4년, 1392) 6部尙書의 事例와 제도의 운영

1) 6部尙書의 重複職·兼任職 상황

忠烈王朝에 접어들어 蒙古의 정치적 간섭을 많이 받게 되면서 官制에도 변혁이 초래되어 尙書省은 僉議府에 합병되고 6部 역시 4司로 바뀌게 된다. 즉 禮部는 典理司로 바뀌는 吏部에 합쳐져 혁파되다시피 하고, 兵部는 軍簿司, 戶部는 版圖司, 刑部는 典法司로 개칭되며, 工部는 아예 폐지되고 마는 것이다. 그에 따라 尙書도 判書라는 명칭으로 불리게 된다. 이 4司는 忠烈王 24년(1298)에 忠宣王에 의해 일시 6曹로 개정되었다가 곧 이전으로 되돌려져 恭愍王 5년(1356)까지 이어져 갔다. 다 아는 대로 공민왕 5년에는 反元改革政治와 함께 官制도 「文宗 舊制」로의 환원이 단행되어 종래의 6部가 부활되거니와, 그후에도 몇 차례의 개정이 더 있긴 했지만 이 6典體制는 麗末까지 유지된다.

그런데 이 後·末期의 4司 ─ 6部 또는 6曹 ─ 制를 이해함에 있어 한가지 더 유념해두어야할 사실은 특히 尙書(判書)의 경우 정원이 2~3人으로 증가한다는 점이다. 이전에도 1人씩으로 규정되어 있는 정원제에서 벗어나 혹 2人이 임명되는 사례가 없지 않았으나, 후·말기에 들어와서는 아예 정원이 2~3人으로 늘어나며, 그리하여 실제로 그 규정대로 임명된 사례가 자주 눈에 띠는 것이다.

그 때문인듯, 고려전기의 189년간에 407명의 6部尙書가 재직한 것과 비교할 때 後·末期는 118년간이라는 상대적인 짧은 기간에도 불구하고 재직 인원의 숫자는 377명으로서 비슷하게 나타나고 있다. 이들을 전례와 마찬가지 요령으로 도표화한 것이 〈자료 3〉인데, 이제 그들을 다시 尙書(判書)별로 계산하면, ① 典理判書(吏部尙書) 73명, ② 軍簿判書(兵部尙書) 64명, ③ 版圖判書(戶部尙書) 85명, ④ 禮儀判書(禮部尙書) 40명, ⑤ 典法判書(刑部尙書) 78명,[89] ⑥ 典工判書(工部尙書) 37명으로 집계된다.

그러면 지금부터 이들 하나하나의 重複職·兼任職 상황에 대하여 살피도록 하겠다. 그중 먼저 典理判書의 그것을 보기쉽게 도표로 만든게 다음의 〈表 23〉이다.

〈表 23〉 高麗 後·末期 典理判書(吏部尙書)의 重複職·兼任職 상황

王 代	忠烈	忠宣	忠肅	忠惠	忠穆	忠定	恭愍	禑王	昌王	恭讓	計
人 員	7	3	11	1	6	5	22	8	2	7	73명
단독직 (번호)	14 45	28 61	64 69 72 73 74 89 90 92 96	91	102 103 104 105 107 110	112 114 115 116	125/126/ 128/131/ 132/133/ 138/143/ 147/158/ 159/161/ 162/163/ 168/178/ 188/195/ 197/198/ 208/217	224 240 248 250 255 269 270 271	278 279	286 293 297 298 299 305	62직

---

89) 두 王代에 걸쳐 재직한 인원이 4명(28·93·109·271) 포함되어 있어 실제로는 74명이 된다.

구분												計
宰 臣								政堂文學 123				1
樞密	判密直											313	1
	司 使	23	33										2
	知司事	21 38											2
	同知司事	34											1
	副 使 (副密直)	13		67/68									3
上 護 軍 (上將軍)												0
기 타								三司 右使 106					1
館 翰				寶文閣 提學 64		藝文 提學 110			國子試試 官 195				3
兵馬職									143				1
巡問使· 按撫使 類									159·178	240			3
기 타			崇館 使 28										1

　전체 73명 가운데 단독직으로 典理判書를 띠고 있는 숫자는 62직으로 84.93%의 비율을 보이고 있다. 우선 그 수치가 매우 높다는게 주목되거니와 상대적으로 중복직의 숫자는 아주 적어 宰臣은 1직으로 1.36%, 樞密은 9직으로 12.32%를 나타내고 있다. 그것도 얼마간의 비중을 차지하고 있는 樞密의 예에서 드러나듯이 시기적으로는 忠烈·忠宣·忠肅王代에 집중되어 있다. 이러한 양상은 다른 判書들의 경우에도 대체적으로 유사하거니와, 이 부분의 후·말기 특성은 벌써 여기에 드러나 있는 셈이라 하겠다. 그밖의 중복직은 三司右使가 하나이고, 겸임직은 館翰職이 3직, 兵馬職 하나, 巡問使·按撫使 類 셋, 기타가 하나이다.

　다음으로 軍簿判書의 상황을 보도록 하자. 〈表 24〉가 그것을 도표화한 것인데,

〈表 24〉 高麗 後・末期 軍簿判書(兵部尙書)의 重複職・兼任職 상황

王代	忠烈	忠宣	忠肅	忠惠	忠穆	忠定	恭愍	禑王	昌王	恭讓	計
人員	18	5	13	3	3	1	16	2	0	3	64명
단독직 (번호)	4 7 25 42 43 46 47 53	32	66 70 71 75 76 77 79 83 87 88	98 99 100	103 105 108	117	110/127/ 133/135/ 136/139/ 147/155/ 172/185/ 186/189/ 190/193/ 194	223 245		300 309	45직
宰臣											0
樞密 司使		59									1
樞密 知司事	22	23	69								3
樞密 同知司事											0
樞密 副使	9/38 /39/ 51										4
上護軍 (上將軍)	1/2/ 8/15 /21/ 39	26	82 86				128			283	11
기 타		知申事 ・知銓 曹事 37									1
館翰		崇文館 學士 32	同考 試官 70								2
兵馬職											0
巡問使・按撫使 類											0
기 타											0

전체 64명 가운데에서 단독직으로 이 직위를 띠고 있는 사람은 45명으로 70.31%를 차지하고 있다. 그에 비해 중복직으로 宰臣職을 帶有한 사례는 하나도 보이지 않고 樞密은 모두 8사례로 12.5%의 비율

을 나타내고 있다. 이밖에 上護軍(上將軍)이 11사례나 찾아져 눈길
을 끄는데, 이는 武臣政權期 이래의 사회상과 함께 班主制 등과 관
련이 있는 것 같다. 기타로 知申事·知銓曹事 1사례가 더 보이고, 겸
임직은 館翰職 2사례만이 눈에 들어온다.

　이어서 版圖判書의 중복직·겸임직 상황을 정리한 것이 〈表 25〉
이다. 그 내용은 다음과 같다.

〈表 25〉 高麗 後·末期 版圖判書(戶部尙書)의 重複職·兼任職 상황

王 代		忠 烈	忠宣	忠肅	忠惠	忠穆	忠定	恭 愍	禑王	昌王	恭讓	計
人 員		19	4	8	0	2	5	29	11	3	4	85명
단독직 (번호)		7 48 52 54	62 63	65 78 80 84 85		106 111	113 118 119 120 121	124/125/126/ 129/130/134/ 138/141/145/ 151/153/156/ 164/165/167/ 174/175/176/ 182/190/192/ 199/201/202/ 204/205/207/ 214/216	222 227 228 231 233 235 248 249 251 267 276	277 278 281	289 294 303 306	65직
宰 臣		權授贊 成事 50										1
樞密	司 使	55										1
	知司事	32 40										2
	同知司事	41		64 68								3
	副 使	3/5/ 10/16/ 17/23/ 24/37/ 56	29									10
	學 士	14										1
上 護 軍				94								1

기 타		同知資政院事 36							1
館 翰	藝文館提學 54								1
兵 馬 職									0
巡問使·按撫使 類									0
기 타									0

　이 직위를 역임한 사람은 모두 85명인데, 그중 단독직의 형태로 지니고 있던 인원은 65명으로 76.49%의 비율이다. 그러나 중복직이 되고 있는 宰臣職은 여전히 매우 적어 贊成事(平章事)를 「權授」한 한 사례만이 보이고 있다. 하지만 이는 당해 직위 자체가 예외적인 것인 데다가 또 「權授」된 것이어서 좀 특별한 사례라 할 수 있다. 반면에 樞密은 17직으로 20%를 차지하여 비율이 좀 높은 편이다. 이밖에 上護軍 1사례에 기타도 1사례이고, 겸임직 역시 1사례 보이고 있다.

　다음은 禮儀判書의 중복직·겸임직 상황인데, 그것을 정리한게 아래의 〈表 26〉이다.

　禮儀司(禮部)는 앞서 설명한대로 오랫동안 폐지되다시피 하여 判書의 재직 사례도 40명에 그치고 있다. 그런데 이들은 거의가 단독직으로서(38사례) 그 비율이 무려 95%에 이르고 있어 다른 判書들과도 좀 다른 면을 느끼게 한다. 그와도 관련하여 중복직으로서의 宰樞職은 한 사례도 보이지 않고, 다만 上護軍 1사례와 同知資政院事 1사례가 눈에 띠일 뿐이다. 그나마 上護軍(上將軍)은 일반적으로 禮儀判書(禮部尙書)의 중복직이 되지 않던 직위인만큼 이 역시 특별한 사례일 듯싶다. 겸임직으로는 館翰職이 3사례, 按撫使 1사례가 찾아진다.

〈表 26〉高麗 後·末期 禮儀判書(禮部尙書)의 重複職·兼任職 상황

王 代	忠烈	忠 宣	忠肅~忠定	恭 愍	禑 王	昌 王	恭 讓	計
人 員	0	2	0	11	18	2	7	40명
단독직 (번호)		30		156/157 169/181/ 183/184/ 193/199/ 200/206/ 213	219/220/221/ 223/225/226/ 231/236/239/ 242/246/253/ 256/261/262/ 272/273/274	282	284 285 288 297 308 312 315	38직
宰 臣								0
樞 密								0
上 護 軍						278		1
기 타		同知資政 院事 35						1
館 翰		弘文館 學士 30			藝文館提學 231	同知春 秋館事 278		3
兵 馬 職				183				1
巡問使· 按撫使 類					220			1
기 타								0

　그러면 이어서 典法判書에 관해 알아보기로 하자. 그것을 위해 당해 직위의 중복직·겸임직 상황을 도표로 정리하면 다음의 〈表 27〉과 같다.

　전법판서의 역임자는 모두 78명인데, 그 가운데에서 단독직으로 나오고 있는 것은 67직으로 85.89%의 높은 비율을 차지하고 있다. 그에 반비례하여 중복직이 되고 있는 宰樞職은 여전히 적어 宰臣은 政堂文學이 1사례 보일 뿐이어서 비율로도 1.28%에 그치고 있으며, 樞密은 8사례로 10.25%의 비중을 나타내고 있다. 그밖에 上護軍이 3사례 더 찾아지며, 겸임직으로는 館翰職이 6사례, 巡問使·按撫使類가 3사례 눈에 띈다.

〈表 27〉 高麗 後·末期 典法判書(刑部尙書)의 重複職·兼任職 상황

王 代		忠烈	忠宣	忠肅	忠惠	忠穆	忠定	恭愍	禑王	昌王	恭讓	計
人 員		13	6	6	1	2	2	23	11	2	12	78명
단독직 (번호)		6 11 18 19 20 26 49	31 57 58 61	66 81 93 97	93	101 109	109 122	135/140/ 141/144/ 146/148/ 149/152/ 154/158/ 160/177/ 178/179/ 191/192/ 193/196/ 204/209/ 210/215	231/232/ 234/239/ 241/247/ 257/265/ 266/271/ 275	271 280	287/289/ 290/292/ 295/296/ 301/307/ 310/311/ 315/316	67직
宰 臣		政堂 文學 49										1
樞密	判密直	28										1
	司 使		59										1
	知司事											0
	同知司事											0
	副 使	7 12 15 27 44	28										6
上 護 軍				64 95				211				3
기 타												0
館翰		同知 貢擧 6	詞林 學士 承旨 31	寶文 閣提 學 64				修文殿 學士 193 寶文閣 提學 211	進賢館 提學 231			6
兵馬職												0
巡問使· 按撫使 類									241/247/ 257			3
기 타												0

끝으로 典工判書의 중복직·겸임직 상황을 도표로 정리하면 다음의 〈表 28〉과 같다.

〈表 28〉 高麗 後·末期 典工判書(工部尙書)의 重複職·兼任職 상황

王 代	忠烈	忠宣	忠肅~忠定	恭愍	禑王	昌王	恭讓	計
人 員	0	1	0	13	17	1	5	37명
단독직 (번호)				137/150/ 156/166/ 170/171/ 173/180/ 187/199/ 212	218/229/231/237/ 238/243/244/246/ 252/254/258/259/ 260/263/264/268/ 274	278	284/291/ 302/304/ 314	34직
宰 臣								0
樞密 司 使								0
樞密 知司事								0
樞密 同知司事		34						1
樞密 副 使				142				1
上 護 軍				203				1
기 타								0
館 翰					進賢館提學 231			1
兵 馬 職								0
巡問使·按撫使 類								0
기 타								0

역시 폐지된 기간이 길어 判書 역임자의 숫자도 37사례에 그치고 있는데, 그중 단독직의 사례는 34직으로 91.89%의 비율을 차지하고 있다. 중복직은 樞密만이 2사례가 보여 5.4%의 비율을 나타내고 있으나 宰臣職은 찾아지지 않는다. 그밖에 上護軍이 1사례이고, 겸임직도 館翰職 1사례만이 눈에 띠고 있다.

이상에서 고려 후·말기의 6部判書들은 얼마만한 숫자가 단독직의 형태를 띠고 있었으며, 또 중복직·겸임직은 어떤 직위가 얼마나 되었는가에 대해 간략하게 살펴보았다. 이제 그들중 단독직과 함께 중복직으로 기능한 宰樞를 중심으로 하여 다시 종합해 정리하면 아래의 〈表 29〉와 같다.

〈表 29〉 高麗 後·末期 6部判書(6部尚書)의 王代別 宰臣·樞密職 帶有 상황

6部	王代	忠烈	忠宣	忠肅	忠惠	忠穆	忠定	恭愍	禑王	昌王	恭讓	計(%)
典理司	人員	7	3	11	1	6	5	23	8	2	7	73
	단독직	2	2	9	1	6	4	22	8	2	6	62(84.93)
	宰臣							1				1(1.36)
	樞密	5	1	2							1	9(12.32)
軍簿司	人員	18	5	13	3	3	1	16	2	0	3	64
	단독직	8	1	10	3	3	1	15	2	0	2	45(70.31)
	宰臣											0
	樞密	5	2	1								8(12. 5)
版圖司	人員	19	4	8	0	2	5	29	11	3	4	85
	단독직	4	2	5	0	2	5	29	11	3	4	65(76.49)
	宰臣	1										1(1.17)
	樞密	14	1	2								17(20)
禮儀司	人員	0	2	0	0	0	0	11	18	2	7	40
	단독직	0	1	0	0	0	0	11	18	1	7	38(95)
	宰臣											0
	樞密											0
典法司	人員	13	6	6	1	2	2	23	11	2	12	78
	단독직	7	4	4	1	2	2	22	11	2	12	67(85.89)
	宰臣	1										1(1.28)
	樞密	6	2									8(10.25)
典工司	人員	0	1	0	0	0	0	13	17	1	5	37
	단독직	0	0	0	0	0	0	11	17	1	5	34(91.89)
	宰臣											0
	樞密		1					1				2(5. 4)
合計	人員	57	21	38	5	13	13	115	67	10	38	377
	단독직	21	10	28	5	13	12	110	67	9	36	311(82.49)
	宰臣	2	0	0	0	0	0	1	0	0	0	3(0.79)
	樞密	30	7	5	0	0	0	1	0	0	1	44(11.67)

보다시피 이 시기의 가장 커다란 특징은 전체의 6部判書 역임자 377명 가운데 단독직이 311명으로 82.49%라는 압도적 다수를 차지하고 있다는데 있을 것 같다. 이에 비해 중복직 중에서 특히 宰臣은 政堂文學 2사례에 權授贊成事 1사례로 그 비중은 0.79%에 그치고

있어 이미 이 제도는 소멸된 것이나 다름없다고 해도 큰 잘못이 아닐 듯싶다. 그나마 樞密이 44사례로 11.67%의 비율을 나타내고 있으나 그 역시 이전 시기에 비하여 ⅓ 내지 ½에 지나지 않으며, 시기적으로도 처음의 忠烈·忠宣·忠肅王代에 거의 집중되어 있어 뚜렷한 경향성을 보이고 있다. 고려 후·말기에 들어와서도 6部判書와 宰樞의 중복직 제도는 얼마동안 명맥을 유지하여 오다가 곧 폐지된 거나 마찬가지였다고 할 수 있을 것 같으며, 그에 따라 단독직의 비율도 압도적 수치로서, 당시 사회가 처해 있던 한계적 상황에도 불구하고 6部判書들은 그만큼 독자성을 가지고 활발하게 기능하였을 것이라 생각된다.

2) 6部尙書와 科擧·蔭敍

무신정권기에 이어서 고려 후·말기에도 대내외적으로 어려움이 많았으나 科擧制나 蔭叙制는 변함없이 준행되었다. 그리하여 다수의 이들 출신자를 배출하였는데, 6部判書 역임자 가운데 그들의 상황을 역시 〈자료 3〉에서 찾아내어 그것을 잘 알 수 없는 사람들과 구분하여 도표의 형식으로 정리하면 옆 페이지와 같다. 다음의 〈表 30〉이 그것이다.[90]

여기에서 종래와 비교하여 얼른 눈에 들어오는 것은 禮儀判書의 경우이다. 이 시기에 처해 있던 그의 한계성에도 기인하는 바가 있긴 하겠지만 상대적으로 及第者數가 많이 줄고 급제 비율도 매우 낮아진 데다가 역임자 가운데는 순수한 蔭叙出身者도 한 명 보이는 것이다. 과거제와 관련하여 이 직위가 가지고 있던 특성은 고려 후·말기에 들어와 얼마간의 변화가 초래되지 않았나 생각된다.

---

90) 典法判書의 경우 두 王代에 걸쳐 재직한 인원이 4명 포함되어 있어 여기
　　서는 그 숫자만큼 줄었다. 주 89) 참조.

〈表 30〉 6部尙書別 科擧及第者와 蔭叙出身者 數

6部	科擧·蔭叙·不明	〈자료 3〉 번호
典理判書	科擧 27명(36.98%)	14·23·33·64·67·68·69·102·104·105·106·107·110·123·126·138·158·217·250·255·269·270·278·293·297·305·313
	蔭叙 3명 (4.1%)	13·28·61
	不明 43명 (58.9%) (計 73명)	21·34·38·45·72·73·74·89·90·91·92·96·103·112·114·115·116·125·128·131·132·133·143·147·159·161·162·163·168·178·188·195·197·198·208·224·240·248·271·279·286·298·299
軍簿判書	科擧 14명(21.87%)	7·23·59·69·82·87·88·105·108·110·135·193·194·245(193은 蔭叙 出身)
	蔭叙 3명 (4.68%)	22·66·193 (193은 科擧 出身)
	不明 48명 (75%) (計 65명 -1명)	1·2·4·8·9·15·21·25·26·32·37·38·39·42·43·46·47·51·53·70·71·75·76·77·79·83·86·98·99·100·103·117·127·128·133·136·139·147·155·172·185·186·189·190·223·283·300·309
版圖判書	科擧 23명(27.05%)	5·7·14·17·23·24·40·52·64·65·68·80·106·120·126·138·202·204·214·227·231·278·289
	蔭叙 3명 (3.52%)	3·141·249
	不明 59명(69.41%) (計 85명)	10·16·29·32·36·37·41·48·50·54·55·56·62·63·78·84·85·94·111·113·118·119·121·124·125·129·130·134·145·151·153·156·164·165·167·174·175·176·182·190·192·199·201·205·207·216·222·228·233·235·248·251·267·276·277·281·294·303·306
禮儀判書	科擧 11명 (27.5%)	35·193·231·262·274·278·284·285·288·297·315 (35·193은 음서 출신)
	蔭叙 3명 (7.5%)	35·193·221 (35·193은 科擧 出身)
	不明 28명 (70%) (計 42명 -2명)	30·156·157·169·181·183·184·199·200·206·213·219·220·223·225·226·236·239·242·246·253·256·261·272·273·282·308·312
典法判書	科擧 22명(29.72%)	7·49·57·59·64·81·93·109·122·135·148·149·158·193·204·211·231·247·287·289·310·315 (81·148·193은 蔭叙 出身)
	蔭叙 9명(12.16%)	28·61·66·81·141·148·193·209·210 (81·148·193은 科擧 出身)
	不明 46명(62.16%) (計 77명 -3명)	6·11·12·15·18·19·20·26·27·31·44·58·95·97·101·140·144·146·152·154·160·177·178·179·191·192·196·215·232·234·239·241·257·265·266·271·275·280·290·292·295·296·301·307·311·316
典工判書	科擧 4명(10.81%) 蔭叙 0명	231·274·278·284
	不明 33명(89.18%) (計 37명)	34·137·142·150·156·166·170·171·173·180·187·199·203·212·218·229·237·238·243·244·246·252·254·258·259·260·263·264·268·291·302·304·314
合計	科擧 101명(25.2%) 蔭叙 21명(5.63%) 不明 257명(68.9%) (計 379명 -6명 = 373명)	

이 부분을 제외하면 달리 커다란 차이점은 발견되지 않는다. 典理判書의 급제 비율이 다른 판서들에 비해 좀 높고 대신에 典工判書의 그것이 가장 낮은 점도 종래와 같은 현상이고, 전체의 급제 비율 역시 무신집권기보다 조금은 상승하였으나 대동소이한 편이며, 不明者의 비율 또한 유사하다. 다만 蔭叙 출신자의 비율이 前代에 비하여 가장 낮아 검토의 여지를 남기고 있으나 자료가 가지는 제약성도 있는 만큼 그점을 지나치게 부각시키는 데에도 난점이 따른다. 6부판서 역임자들의 사례를 통해 볼 때 이 제도의 운영에도 얼마간의 변화가 엿보이기는 하나 큰 틀은 여전하지 않았나 생각된다.

3) 6部尙書의 序列

6部尙書의 서열은 앞서 고려전기와 무신정권기가 대략 동일했다는 사실을 확인하였다. 그런데 이 부분만은 고려 후·말기에 있어서도 별다른 차이가 없었던 것 같다. 우선 임명 기사를 보더라도 忠宣王 卽位年의 경우와 같이 전통적인 서열이 혹 뒤바뀌 나오는 예가 없지 않으나[91] 대체적으로는 吏·兵·戶·禮·刑·工의 순서를 지키고[92] 있는 것이다. 이는 관원의 승진 과정에서도 대략 그대로 나타나 서열에 따라 轉職하고들 있다. 〈자료 3〉에서 그 예들을 찾아보면 典工判書→禮儀判書→版圖判書→典理判書를 차례로 거친 閔霽(278)와 工部尙書→禮儀判書→版圖判書의 순으로 역임한 趙暾(156)이 그 대표적인 사례라 할 수 있다. 그밖에 版圖判書와 軍簿判書를 순차로 역임한 朱悅(7), 典法判書와 兵曹尙書를 순차로 역임한 柳栯(26) 등과 같은 경우는 모두 21사례(7·26·66·103·105·125·12

---

91) 『高麗史』 卷 33 世家 忠宣王 卽位年(忠烈 24) 5月.

92) 『高麗史』 卷 31 世家 忠烈王 26年 11月·同 卷 37 世家 忠定王 元年 8月 乙卯·同 卷 38 世家 恭愍王 元年 冬10月 壬子·同 卷 41 恭愍王 14年 秋7月 庚辰·同 卷 46 世家 恭讓王 3年 12月 丙子 및 同 4年 夏4月 癸酉 등.

8 · 133 · 138 · 147 · 158 · 190 · 192 · 204 · 223 · 246 · 248 · 271 · 284 · 289 · 297)나 찾아진다. 6部判書 내의 서열을 지켜가며 轉職한 사례를 현재로서는 23개 확인할 수 있는 셈이다.

물론 그렇지 아니한 경우 역시 눈에 띤다. 禮儀判書→工部尙書→禮部尙書→工部尙書→民部尙書를 순차적으로 역임한 張子溫(199)과 撫部典書에서 讞部典書·上護軍으로 자리를 옮긴 吳潛(59)이 그같은 사례들이다. 비슷한 경우는 이밖에 110 · 126 · 141 · 193 · 231 · 239 · 274 등 7사례가 더 찾아진다. 이러한 양상은 이전 시기에도 똑같이 보인다고 하였거니와, 먼저의 설명처럼 될 수 있는대로 서열을 지키려고 노력하되 그때 그때의 여건이나 정치적 상황에 따라서 더러 그것이 준수되지 못하는 사례도 있게 되었다는 정도로 이해해 두는게 어떨까 싶다.

다음으로 그와 같이 判書(尙書) 단독직이 아니라 宰樞와 중복직이 되었을 때는 후자의 서열이 높았다고 했는데, 이점 또한 고려 후·말기에도 마찬가지였다. 그것을 뒷받침해주는 임명 기사로서는 忠烈王 26년에 知密直司事·典理判書와 密直副使·軍簿判書에 이어서 맨 뒤에 軍簿判書 단독직을 적어놓고 있는 기록을 우선 들 수 있고,[93] 또 다음과 같은 관원들의 승진 과정에서 역시 그점을 엿볼 수 있다.

朱 悅(7)	軍簿判書→副知密直·典法判書
閔宗儒(28)	銓曹尙書→密直副使·刑曹判書
李英柱(39)	軍簿判書·鷹揚軍上將軍→密直副使·軍簿判書
李齊賢(69)	選部典書→知密直司事→知密直司事·撫部典書

서열에 있어서 또 하나의 원리는 중복직을 다같이 帶有하고 있을 경우에 班次가 높은 宰樞가 서열이 앞서는 尙書(判書)를 지니는게 보통이었으나 그렇지 않은 사례도 얼마간 있었다는 것이었는데, 이

---

93) 『高麗史』 卷 31 世家 忠烈王 26年 11月.

부분 역시 고려 후·말기도 예외가 아니었다. 지금 고려 후·말기라
했지만 앞서 지적했듯이 그같은 제도 자체가 초기의 忠烈·忠宣·
忠肅王代에 한정되다시피 하여 사례도 그리 많지가 않아서 前者의
경우,

鄭　瑎(23)　　　知密直司事·兵曹尙書→右常侍·(知密直司事)→密直使·典理
判書

元　卿(34)　　　同知密直司事·工曹判書→同知密直·典理判書

가 보이며, 후자의 경우로는

李伯謙(68)　　　密直副使·選部典書→同知密直司事·民部典書

등이 찾아지는 정도이다. 이 후자의 사례는 역시 그때의 여건이나
정치적 상황으로 말미암은 결과일 것이다.

　　요컨대 6부상서의 서열은 고려전기나 무신정권기, 그리고 이어지
는 고려 후·말기에 있어서도 별다른 차이가 없었다고 말할 수 있을
것 같다. 당해 제도를 운용함에 있어 시기에 따라 여러 모로 변화가
초래되었던 점과 대조되는 측면이라 하겠다.

4) 6部尙書의 前職과 陞進職

　　고려 후·말기에 들어와 6部尙書의 前職으로 기능한 직위는 어떤
것들이었을까. <자료 3>에서 찾아보면 역시 이 시기 이전의 그것들
이 먼저 눈에 들어온다. 그 하나가 正3品의 左右散騎常侍(左右常侍)
와 監察大夫(御史大夫)인데, 忠烈王朝에는 「右常侍→文翰學士承旨
→詞林學士承旨·刑曹尙書」를 거친 崔昷(31)과 監察大夫에서 典理
判書로 승진하는 朴顗(45)의 두 사례만이 보인다. 이들은 고려전기
에 그같은 기능이 가장 컸고, 무신정권기에는 숫자가 크게 줄어드는

경향을 띠었었지마는, 지금도 여전히 위축된 상태라고 하겠다. 그러던 것이「文宗 舊制」로의 환원을 선언한 恭愍王 5년 이후에 재차 다수가 6부판서의 前職이 되는 흥미로운 현상을 나타내고 있는 것이다. 구체적으로 常侍의 경우 散騎常侍에서 戶部尙書로 승진한 韓公義(141)를 포함해 전체는 16사례(141·148·159·189·208·221·231·249·270·284·285·300·301·306·310·311)에 달하며 大夫로는 監察大夫에서 각각 戶部尙書와 典理判書로 자리를 옮긴 李達衷(126)과 崔宰(158)의 두 사례가 더 찾아진다.

從3品인 諸寺의 卿·監(尹)과 大司成도 그런 종류들이다. 이들 역시 前期에는 큰 줄기를 차지하는 부류였으나 무신정권기에 들어와 소수의 지위로 떨어지지마는, 후·말기도 마찬가지 상태로 존재하고 있다. 前者의 예로는 大府卿에서 典法判書로 승진한 朴暉(20)를 비롯하여 모두 3사례(20·149·194)가 눈에 띠며, 후자는 國學大司成에서 典法判書로 승진한 郭汝弼(6)을 비롯해 모두 5사례(6·23·191·192·262)가 보인다.

무신정권기에 들어서서 새로이 前職으로 한 큰 부분을 차지하게 되었던 上將軍(上護軍, 正3品)은 후·말기에도 그대로 유지되고 있다. 이들 사례는 上將軍에서 軍簿判書·鷹揚軍上將軍으로 승진한 康允紹(2)를 포함해 모두 13경우(2·15·47·91·98·103·129·155·163·197·199·201·225)가 눈에 띠는데, 혹 大護軍(大將軍, 從3品)에서 곧장 判書로 승진한듯한 4경우(76·139·157·247)까지 합하면 전체는 17사례가 되는 것이다.

그런데 고려 후·말기에는 이들 이외에 6부판서의 前職으로 기능하는 직위가 몇개 추가된다. 그 하나가 正3品인 諸寺의 判事들이다. 그런 사례로는 判典校寺事에서 選部典書로 승진한 李齊賢(69)과 같은 경우를 중심으로 하여 判秘書省事에서 副知密直司事·版圖判書로 승진한 崔瑞(24)와 같은 경우 몇몇을 포함해 모두 27사례(24·38·69·80·81·87·93·102·127·138·142·152·153·156·160·173·180·181·202·209·223·234·256·269·271·278·288)에

이르고 있다.

그리고 또 하나는 역시 正3品인 樞密院(密直司)의 知申事·承宣(承旨·代言)·副承宣(副承旨·副代言)들이다. 이들은 그전에도 소수가 前職으로 기능하여 왔었지마는, 이제는 대거 그 역할을 담당하고 있는 것이다. 그런 예로는 右副承旨에서 崇文館學士·兵曹尙書로 올라간 全昇(32)과 같은 경우 20사례(32·66·74·84·104·105·106·107·116·120·122·143·147·177·193·224·255·271·307·309)에다가 「承宣→密直副使·版圖判書」로 올라간 崔文本(3)과 같은 경우 6사례(3·5·13·14·37·67)를 더해 모두는 26사례가 눈에 띠고 있다. 이전 시기와는 좀 달리 지금은 6부상서와 동일한 品階의 正3品職 대부분이 그의 前職이 되고 있음을 알 수 있다.

마지막으로 前職처럼 나오는 樞密들의 경우인데, 주로 忠烈王朝에 몇 사례가 나타나고 있다. 「副知密直司事→典法判書·(副知密直司事)」로 轉職한 孔愉(12) 등 6사례(12·29·30·37·38·44)가 그들이다. 그리고 시기로 보아 「密直副使→版圖判書·(密直副使)」로 轉職한 金寶生(228)은 예외에 해당한다. 아울러 「知密直司事→密直司使·銓曹判書」로 승진한 李混(33)과 「副知密直司事→同知密直司事·工曹判書」로 승진한 元卿(34)과 같은 경우도 유사한 사례로 넣어야 할지 잘 판단이 서질 않지만 두개가 찾아진다. 이런 예들은 역시 고려전기에 다수였다가 무신정권기에는 대폭적으로 줄어들었지만, 후·말기에는 그 초기에 해당하는 忠烈王朝 이후에 소멸되다시피 하는 것으로 미루어 흐름을 짐작할 수 있을 것 같다.

이어서 고려 후·말기에 6부판서를 역임한 관원들이 승진하는 직위에 대하여 알아보도록 하자. 그런데 생각해 보면 이 시기의 승진직은 비교적 단순했을 것 같다. 고려전기에는 그러한 승진직으로 左右僕射가 가장 큰 비중을 차지하고 있었고 그 다음이 樞密이었으나, 무신정권기에는 그 양자간의 비중이 뒤바뀐다고 했거니와, 후·말기에는 僕射職이 아예 폐지되다시피 하였으므로 이제는 樞密만이 남아 그 역할을 담당할 수밖에 없게 되었다고 짐작되기 때문이다.

　검토해 보면 실제로도 그러하였다. 忠烈王朝에는 密直副使·版圖判書에서 同知密直司事로 승진한 李尊庇(5)와 같은 경우가 7사례(5·12·13·15·29·32·38) 섞여 있으나 그 이외의 거의 전부는 軍簿判書·鷹揚軍上將軍에서 密直副使로 승진한 奇洪碩(1)과 典法判書에서 副知密直司事로 승진한 金頵(13) 등과 같이 判書에서 곧장 樞密로 승진한 경우로 그들만도 79사례(1·19·21·23·30·43·49·64·69·70·71·73·75·76·81·84·88·103·105·106·107·110·112·120·122·123·124·125·126·127·129·133·136·138·141·147·151·155·157·159·160·162·163·170·173·174·178·181·182·186·195·199·200·208·210·218·219·221·223·224·227·231·233·234·239·241·242·245·247·248·249·250·255·257·269·273·274·286·288)에 이르고 있는 것이다.

　그밖의 승진직을 들라면 여전히 左右常侍와 監察大夫(御史大夫·大司憲)를 지적할 수 있다. 이들은 品階와 班次가 6部判書와 같으면서 前職이 되기도 했지만 또한 승진직으로도 기능하여 그것은 차라리 승진직이라기보다 後職 내지 轉職으로 이해하는게 좋겠다는 의견을 말한 일이 있는데, 이 시기에도 그같은 사례들에 다수 접할 수 있는 것이다. 그들중 常侍의 경우로는 知密直司事·兵曹尙書에서 右常侍·(知密直司事)로 轉職한 鄭瑎를 비롯해 모두는 3사례(23·45·287)가 찾아지며, 監察大夫의 경우는 典法判書·權授判密直司事에서 監察大夫·(權授判密直司事)로 옮긴 閔宗儒(28)와 軍簿判書에서 監察大夫로 옮긴 郭瑐(42) 등 모두 13사례(28·42·46·64·93·102·104·108·122·126·144·158·202)가 보인다. 이 가운데에서 특히 後者는 前職으로 기능한게 3사례뿐이었는데, 後職은 13사례나 되어 단순한 後職으로 간주하는데는 얼마간의 불안이 따른다.

　다음 또 하나의 後職은 역시 前職이기도 했던 副代言·代言·知申事를 들 수 있다. 그런 사례로 軍簿判書에서 知申事로 轉職한 廉興邦(194)이 보이는데 이는 恭愍王朝의 일이다. 그 나머지는 典工判書에서 역시 知申事로 轉職한 權鑄(260) 등 모두 8사례(260·262·271·

284·290·295·306·307)이지마는, 이들은 시기적으로 모두 昌王·恭讓王 때의 사례라는 점이 관심을 끈다. 혹 이것은 고려왕조의 흥망과 관련하여 권력투쟁이 심하였던 이 시기에 국왕의 측근직을 장악하려 한데 따른 특별한 경우가 아닐까 싶은 생각이 많이 든다.

요컨대 고려 후·말기에 6부판서의 前職으로 기능한 것은 종래부터 그같은 위치에 있었던 左右散騎常侍(左右常侍)·監察大夫(御史大夫)와 그리고 諸寺의 卿·監(尹) 및 大司成 등이었으나 이들은 비교적 소수였다. 그 대신에 무신정권기부터 큰 부분을 차지하는 上將軍(上護軍)은 여전하였고, 여기에 새로이 正3品의 諸寺 判事와 樞密院(密直司)의 副承宣(副承旨·副代言)·承宣(承旨·代言)·知申事 등이 대거 편입되어 그 역할을 맡고 있었다.

그리고 승진직으로는 종래 그 기능을 담당했던 左右僕射가 이 시기에 접어들어 거의 폐지되다시피 하였으므로 대부분은 樞密職이 될 수밖에 없었다. 거기에 前職이기도 했던 左右常侍·監察大夫(大司憲·御史大夫)와 副代言·代言·知申事 등이 轉職 내지 後職으로서 일부 그같은 역할을 담당하였음이 확인되고 있다.

5. 6部尙書와 6部判事의 관계

이미 설명했듯이 국무의 집행기관인 尙書6部의 專任長官은 尙書(判書)였지만 고려에서는 그 위에 주로 中書門下省의 宰臣들이 임명되는 判事를 더 두고 있었다. 그런데 이들 宰臣判事의 기능은 6部가 중요 업무를 처리함에 있어 직접 당해 관서에 나가 관장하는[94] 매우 직접적이요 강력한 것이었다고 알려져 있다.[95] 여기에서 6부의 判事와 尙書 사이의 관계와 더불어 이들의 소속 기구인 中書門下省과 尙書6部간의 권력 문제가 해결해야 할 과제로 대두하게 된다. 그

---

94) 邊太燮, 주 1) 1970 논문 : 1971 著書 p. 17.
95) 朴龍雲, 주4) 논문 p. 17 : 本書 所收.

런데다가 앞 대목에서 검토한 것처럼 6부상서도 중복직의 형태로 역시 中書門下省의 宰臣과 中樞院의 樞密들이 임명되는 경우가 많아 문제가 한층 복잡해지는 한편으로, 과연 6부판사의 임명은 6부 각각에 언제나 결원되는 일이 없이 이루어졌던가에 대해서도 의문의 여지가 있어 문제의 해결을 더욱 어렵게 한다.

하지만 이 과제도 사례를 분석하는 방법을 이용하면 어느 정도의 윤곽을 잡을 수 있지 않을까 싶은 생각이 든다. 그에 따라 양자를 비교할 수 있도록 이미 앞 대목에서 조사한 각 尙書의 人員·단독직·宰樞重複職 숫자와 判事의 그것을[96] 곁들여 도표를 작성하면 다음과 같거니와, 아래의 〈表 31〉은 그중 고려전기의 것이다.

〈表 31〉 고려전기의 王代別로 본 6部判事와 尙書의 단독직 및 宰樞重複職 상황

6部	王代	成宗	穆宗	顯宗	德宗	靖宗	文宗	宣宗	獻宗	肅宗	睿宗	仁宗	毅宗	計
吏部	人員	1	1	7	2	2	7	2	1	6	12	11	8	60
	단독직	0	0	0	0	1	0	1	0	3	9	3	2	19
	宰臣	0	1	6	2	0	4	2	0	0	2	5	1+1	24
	樞密	0	0	1	0	1	3	0	1	3	2	3	4	18
	判事	0	0	2	0	1	3	3	1	1	10	7	14	42직(38명)
兵部	人員	2	0	7	4	4	9	5	0	5	13	15	12	76
	단독직	1	0	6	4	2	9	4	0	2	5	9	6	48
	宰臣	0	0	1	0	0	0	0	0	0	3	2	+1	7
	樞密	0	0	1	0	2	1	1	0	2	5	4	5	21
	判事	0	0	1	0	0	6	2	1	3	6	11	16	46직(37명)
戶部	人員	2	0	6	4	1	16	5	0	6	13	14	5	72(71)
	단독직	1	0	3	2	1	10	5	0	3	9	9	3	46
	宰臣	1	0	0	0	0	1	1	0	0	3	1	1	8
	樞密	0	0	3	2	0	4	0	0	2	1	4	0	16
	判事	0	0	0	0	2	0	2	1	5	4	6	2	22직(22명)

---

96) 上同 論文. 王代別에 따른 職位보다 人員을 기준으로 했을 때 그 숫자는 얼마간 줄어드는 경우가 있게 된다. 이하도 마찬가지이다.

314 高麗時代 尚書省 研究

禮部	人　員	0	0	6	3	1	12	1	0	7	13	11	5	59(58)
	단독직	0	0	4	3	0	10	0	0	5	7	5	4	38
	宰　臣	0	0	+1	0	1	0	1	0	0	2	0	0	5
	樞　密	0	0	2	0	0	2	0	0	2	5	8	1	20
	判　事	0	0	1	0	2	4	2	0	3	9	10	3	34직(30명)
刑部	人　員	2	2	6	3	4	7	4	2	8	18	10	7	73(70)
	단독직	0	2	3	2	1	3	1	1	4	9	4	6	36
	宰　臣	0	0	3	0	0	0	1	1	1+1	2	0	0	9
	樞　密	0	0	1	1	1	3	2	0	0	5	4	0	17
	判　事	0	0	0	1	0	6	1	0	5	7	7	7	34직(34명)
工部	人　員	2	0	6	7	2	15	2	0	7	9	11	6	67(66)
	단독직	0	0	4	6	2	12	2	0	5	8	8	5	52
	宰　臣	0	0	1	0	0	0	0	0	0	0	0	0	1
	樞　密	0	0	0	1	0	0	1	0	0	0	2	0	4
	判　事	0	0	0	0	0	0	0	0	1	6	7	3	17직(16명)
合計	人　員	9	3	38	3	14	66	19	3	39	78	72	43	407
	단독직	2	2	20	17	7	44	13	1	22	47	38	26	239
	宰　臣	1	1	11+1	2	1	5	5	1	1+1	12	8	2+2	54
	樞　密	0	0	8	4	4	13	4	2	9	18	25	10	96
	判　事	0	0	4	1	5	19	10	3	18	42	48	45	195직(177명)

　위에 제시한 바와 같은 통계의 작성에 있어서는 대개가 그러하지만 정확성에 문제가 있을 수 있다. 조작상의 착오는 차치하고라도 자료가 미비되어 있는 데다가 해석에 따라서 숫자가 달라질 수 있기 때문이다. 또 하나는 이들 통계가 官職에 새로 임명되었거나 在職한 숫자를 계산한 것인데, 在任 期間의 여하에 따라서는 그것의 단순 비교가 별다른 의미를 가지지 못하게 된다는 문제가 있다. 그러나 지금으로서는 자료의 경우 가능한한 모든 것을 추출해내고 또 그것을 합리적으로 해석했다고 일단은 보아 두기로 한다. 그리고 재임 기간의 문제도 정확하게 밝히기가 어려우므로 모두를 평균하면 역시 대체적으로는 비슷했다고 간주하기로 한다.

　현재의 형편상 부득불 이런 점들을 용인하고 논지를 전개할 수밖에 없을 듯싶은데, 우선 吏部의 경우를 검토하기로 하자. 보다시피 고려전기에 있어서 吏部尙書의 사례는 60직(60명)이고, 그중 19직이 단독직으로 되어 있다. 이에 비해 중복직은 宰臣이 24, 樞密이 18로, 합계는 42사례가 되어 전체 숫자에 접근해 있다는 사실이 먼저 주목된다. 吏部尙書의 70%를 宰樞가 차지하고 있었던 것이다.

거기에다가 宰臣들이 겸직하는 吏部判事도 42직(38명)이다. 더 말할 것도 없이 이것 또한 吏部尙書 전체에 접근해 있는 수치로써, 이는 결국 尙書가 재직하는 대부분의 기간에 宰臣判事도 재임했다는 이야기가 되겠다. 그런데 그 尙書 중 24명은 역시 宰臣이었으므로 이 둘을 합하면 宰臣은 전체 尙書의 숫자를 초과하며 樞密까지 염두에 두면 더욱 그러하다. 그러므로 吏部의 判事와 尙書가 모두 宰臣들에 의해 장악되는 경우가 많았고, 아니면 宰臣判事와 樞密尙書가 같이 일을 보기도 했을 것이다. 吏部尙書 단독직의 사례가 19직이 보인다고 했지만 그가 단독으로 吏部의 업무를 결정하는 일은 아마 거의 없지 않았을까 생각된다.

吏部에 비하면 兵部 이하는 약간 사정이 다르다. 兵部尙書 전체는 76사례이고 그중 단독직은 48사례인데 대해 중복직이 되고 있는 宰臣은 7사례, 樞密은 21사례에 그치고 있는 것이다. 특히 宰臣의 숫자가 대폭적으로 줄어들고 있는데 戶部 이하도 대개 같은 경향이다. 그러나 兵部判事는 46직(37명)으로서 尙書 단독직의 숫자와 거의 같으며, 이 判事와 尙書職을 띠고 있는 宰樞를 합하면 역시 尙書 전체의 숫자와 비슷하다. 兵部判事는 결원이 된 시기가 있었다 하더라도 그 기간은 그리 많지 않았으리라 짐작되며, 그러므로 尙書를 帶有한 宰樞까지 고려한다면 단독직으로 띠고 있는 兵部尙書가 혼자서 업무를 결정하는 일도 아마 거의 없었을 것 같다. 兵部의 宰樞 비율은 禮部와 刑部도 대동소이하다. 따라서 이들 관서에서의 업무 처리도 兵部와 유사한 상황이었을 것이다. 다만 한때의 기간을 가지고 논한다면 兵部와 刑部의 判事는 靖宗까지만 하여도 1명만이 임명되고, 禮部도 德宗까지 1명만 제수되고 있는 것으로 보아 때로는 6부의 업무가 判事와 관계없이 처리되는 기간도 있었음을 간과하지는 말아야 할 것 같다.

戶部는 宰樞의 비율이 좀 더 낮아서 尙書의 전체 숫자 72사례중 단독직이 46사례인데 비해 중복직이 되고 있는 宰臣은 8사례이고, 樞密은 16사례이며 判事도 22사례에 머물고 있다. 判事의 숫자는 尙書 단독직의 절반 수준이며, 尙書職을 帶有하고 있는 宰樞 數를 합해야 그와 비슷한 수치가 된다. 戶部의 경우는 判事가 결원이 된 기간이 꽤 있었을 것으로 짐작되며, 尙書 단독직의 기능도 그만큼 컸으리라 생각된다. 德宗 때까지 判事가 임명된 사례가 없는 것도 위의 경우와 유사하다.

工部는 宰樞가 차지하는 비율이 더욱 저조하며 尙書의 전체 사례 67명 가운데 단독직으로 띠고 있는 것이 52사례나 된다. 그렇지만 중복직이 되고 있는 宰臣은 1사례, 樞密은 4사례이고, 判事도 17사례에 지나지 않는 것이다. 이렇게 저조한 재추직의 비율로 미루어 이들의 기능이 상당히 약했으리라는 것은 충분히 짐작할 수 있는 터이지만, 특히 判事는 매우 늦은 肅宗朝에 이르러서야 비로소 제수되기 시작하여 한계성을 더욱 뚜렷이 드러내고 있다. 工部는 이런 점에서 다른 5부와도 다른 면이 많았다고 할 수 있다.

이처럼 6부 각각은 업무와 위상 등에 따라 判事나 尙書를 帶有한 宰樞의 비율이 좀 달랐다. 그럼에도 전체적으로는 尙書의 총 인원 407명 가운데에 단독직이 239직으로 58.72%를 나타내고 있으며, 다시 重複職이 되고 있는 宰臣은 54職으로 13.26%, 樞密은 96직으로 23.58%여서 재추 모두는 150직, 36.84%를 차지하고 있지마는, 그 위에 判事 195직(177명)이 더 설치되어 6부 내의 宰臣 數는 249職이 되며 거기에 樞密까지 계산하면 345職에 이른다. 이를 비교하면 判事는 尙書 단독직의 숫자에 접근해 있으며 전체 숫자에는 절반 정도이다. 그러니까 判事만을 가지고 본다면 결원이 되는 경우가 상당 기간 있었을 것이 예상되는데 그 많은 부분은 시기적으로 볼 때 아직 判事制가 활성화되지 못한 靖宗까지의 초기와, 그리고 관부로서는 工部의 저조 등에 따른 결과일 것이다. 하지만 여기에 상서직을 띤 宰臣까지 감안하면 상서 단독직의 수를 상회한다. 이는 6부가 대체적으로 宰臣의 지휘하에 있었음을 뜻한다. 거기에 樞密까지 염두에 두고 보면 더욱 그러하였을 것이다. 개개의 사례 중에는 그렇지 않은 경우가 혹 있었겠지만 산술적으로는 대략 이와 같은 결론에 도달하게 되는 것이다.

이런 점을 감안하고 判事와 尙書의 임명을 생각해 보면 몇 가지 경우를 예상할 수 있다. 그 하나는 判事와 宰臣尙書의 사례이다. 이 때는 宰臣判事가 尙書를 맡은 宰臣보다 班次가 위였을 것이다. 그러나 이 같은 사례는 그 수가 그렇게 많지는 않았을 것 같다. 다음이 判事와 樞密尙書의 경우인데 그 수는 꽤 많았으리라 짐작된다. 그러나 이들 보다 더 흔한 경우는 아마 判事와 尙書 단독직의 사례였을 것으로 생각된다. 그리고 判事가 결원이었을 때에는 대체적으로 宰樞가 상서직을 띠었으리라 짐작된다.

위의 몇 가지 경우는 도표로 제시한 判事와 尙書의 사례들을 비교하면 쉽게 찾을 수 있으리라고 본다. 그러나 간편하면서도 보다 쉬운 방법은 그들이 동시에 임명되는 기사들을 통해서이다. 그 하나의 예를 들면 예종 8년의 경우

   ᄌᆞ-①-ⅰ) 金景庸　守太傅·判尙書吏部事
      ⅱ) 吳延寵　守太尉·判禮兵部事·上柱國
     ⅲ) 金　緣　禮部尙書·政堂文學·判翰林院事
     ⅳ) 趙仲璋　兵部尙書·樞密院使
      ⅴ) 柳子維　尙書右僕射·判工部事
     ⅵ) 劉　載　吏部尙書
    ⅶ) 金至和　刑部尙書
   ⅷ) 史　榮　攝工部尙書·三司使（『高麗史』卷 13 睿宗 8年 12月 丙辰).

와 같이 班次의 순서에 따라 차례로 관직을 제수받고 있거니와, 金景庸은 이미 睿宗 5년 12월에 門下侍郞平章事를 받은바 있고,[97] 吳

____

97) 『高麗史』卷 13 世家 · 『高麗史節要』卷 7.

延寵도 同王 7년 9월에 門下侍郎同中書門下平章事를 제수받은 바 있어[98] 당시에는 서열 제1, 제2위의 首相과 亞相으로써 각각 判吏部事와 判兵部事·判禮部事에 임명되고 있지마는, 그 아래의 政堂文學이 禮部尙書, 樞密院使가 兵部尙書, 그리고 吏部尙書는 단독직으로 제수를 받고 있다. 平章事 判事에 宰臣尙書·樞密尙書와 尙書 단독직의 사례인 것이다. 그 밖에 僕射 判事에 尙書 단독직도 보인다.

이듬해인 睿宗 9년의 기사를 하나 더 보도록 하자.

이때의 임명은

   ㉔-② - i) 吳延寵　判吏部事
       ii) 金　緣　檢校司空·戶部尙書·叅知政事·判禮部事
      iii) 趙仲璋　檢校司空·兵部尙書·叅知政事·判刑部事
      iv) 金　晙　禮部尙書·知樞密院事
       v) 金至和　吏部尙書
      vi) 李　載　刑部尙書·延英殿學士 (高麗史』卷 13 世家 睿宗 9年 3
          月 己丑).

와 같은데, 역시 宰臣判事에 樞密尙書 1사례와 宰臣判事에 尙書 단독직 2사례를 확인할 수 있다. 이와 유사한 사례들은 시기와 관계없이 이 자리에 모두를 소개할 수 없을 정도로 다수가 눈에 띤다. 앞서의 결론을 뒷받침하여 주는 증거의 하나라고 하겠다.

그러면 이어서 무신정권기의 상황에 대하여 검토하도록 하자. 그것을 위해 앞서와 마찬가지 요령으로 尙書의 人員·단독직·宰樞重複職과 6部判事의 사례를 조사하여 도표를 만들면 다음과 같다.

조사 기간이 짧아진 탓도 있겠지만 전반적으로 尙書의 사례가 줄어든 가운데서도 宰樞 중복직이 차지하는 비율과 함께 6部判事의 그것도 좀 높아져 우선 주목된다. 그리하여 전체적인 상황은 고려전기와 유사한 경향을 나타내고 있는 것이다.

---

98) 위와 같음.

〈표 32〉 무신정권기의 王代別로 본 6部判事와 尙書의 단독직 및
宰樞重複職 상황

6部	王代	明宗	神宗	熙宗	康宗	高宗	元宗	計
吏部	人 員	8	1	1	0	13	4	27
	단독직	4	0	0	0	0	0	4
	宰 臣	0	2	0	0	9+1	3	15
	樞 密	4	1	0	0	4	0	9
	判 事	8	2	3	0	8	4	25직(22명)
兵部	人 員	11	3	0	0	10	4	28
	단독직	9	1	0	0	4	1	15
	宰 臣	1	1	0	0	1	+1	4
	樞 密	1	2	0	0	4	2	9
	判 事	11	4	1	1	8	2	27직(26명)
戸部	人 員	3	2	2	0	9	0	16
	단독직	2	1	2	0	3	0	8
	宰 臣	0	0	0	0	1	0	1
	樞 密	1	1	0	0	4	0	6
	判 事	3	1	1	0	6	1	12직(12명)
禮部	人 員	4	0	0	0	8	6	18
	단독직	2	0	0	0	2	1	5
	宰 臣	2	0	0	0	0	1	3
	樞 密	0	0	0	0	7	4	11
	判 事	3	0	1	1	10	1	16직(16명)
刑部	人 員	9	2	1	0	9	4	25
	단독직	5	1	0	0	6	1	13
	宰 臣	1	0	0	0	0	0	1
	樞 密	1	1	0	0	2	3	7
	判 事	1	1	0	0	0	0	2직(2명)
工部	人 員	7	0	0	0	8	1	16
	단독직	5	0	0	0	4	0	9
	宰 臣	1	0	0	0	1	0	2
	樞 密	2	0	0	0	2	1	5
	判 事	1	1	0	0	4	2	8직(8명)
合計	人 員	42	8	4	0	57	19	130
	단독직	27	3	2	0	19	3	54
	宰 臣	5	3	0	0	12+1	4+1	26
	樞 密	9	5	0	0	23	10	47
	判 事	27	9	6	2	36	10	90직(86명)

吏部의 경우 尙書의 중복직이 되고 있는 宰臣은 15직으로 55.55%이고 樞密은 9직으로 33.33%로써, 그들의 합계는 무려 88.88%에 이르고 있으며 6部判事만도 尙書 전체의 숫자 27사례에 육박해 있다.

兵部 역시 尙書의 중복직이 되고 있는 宰臣은 4직으로 14.28%, 樞密은 9직으로서 32.14%를 차지하여 吏部보다는 많이 뒤떨어지나 前期에 비해서는 상당히 높아진 수치이며, 특히 6部判事는 전체 尙書의 人員과 하나의 차이만을 보이고 있다. 따라서 6部判事와 宰樞重複職을 합하면 그 수는 더 말할 필요도 없이 상서의 전체 인원을 훨씬 상회하게 되는 것이다. 이와 같은 상황은 조금 차이는 있어도 戶部와 禮部도 유사하거니와, 이런 점들은 대체적으로 前期와 경향을 같이하는 측면이라 말할 수 있을 것 같다.

이 방면에서 고려전기에 많이 쳐져 있던 工部는 전체 尙書의 인원 16명중 단독직으로 나오는 것이 9직인데 비해 중복직이 되고 있는 宰臣은 2직, 樞密은 5직이며, 判事는 8직으로, 이들 宰樞數를 합하면 尙書 단독직은 물론 훨씬 상회하며 전체 숫자와도 거의 같다. 이 시기에는 宰樞들이 工部에도 활발히 진출하는 변화가 있었음을 알 수 있다.

반면에 刑部는 오히려 前期와 상반되는 방향으로 변화가 초래되었다. 判事는 明宗朝의 1사례와 神宗朝의 1사례를 끝으로 아예 임명되지 않고 있으며 尙書의 宰臣 중복직도 역시 1사례에 그치는 저조함을 보이고 있는 것이다. 그나마 樞密만이 종래의 수준을 유지하여 判事와 宰樞重複職 10사례에 대해 尙書 단독직이 13사례, 전체는 25사례의 수치를 나타내고 있다. 이런 점들은 말할 나위 없이 前期와 달라진 측면이 되겠다.

이와 같이 무신정권기에는 관서에 따라 기복이 있고, 또 尙書의 숫자에도 차이가 있었다. 그리하여 전체의 尙書 130명 가운데에 단독직은 54명으로 집계되어 41.53%의 비율을 나타내고 있으며, 중복직이 되고 있는 宰臣은 26직으로 20%이고, 樞密은 47직으로 36.15%의 비율로써 前期에 비해 단독직 비율은 줄고 宰樞重複職의 그것은 꽤 높아진 편이다. 거기에다가 6부판사는 90직(86명)으로 역시 비율이 높아져 그 자신만으로도 상서 단독직의 숫자를 크게 상회하고 있다. 아울러 宰臣判事와 宰臣尙書를 합산하면 116사례로써 尙書 전체 숫자에 근접하여 있고 樞密尙書까지 계산하면 역시 전체 尙書의 수치를 많이 상회하게 된다.

이것은 고려전기와 비교하여 判事의 비율이 높을 뿐만 아니라 宰樞尙書의 비율 역시 그러하여 상서6부 내에서 이들이 차지하는 역할과 기능은 오히려 전기보다 강화되었다는 이야기가 되는 것이다. 무신정권기의 전체적인 상황이 고려전기와 유사했다는 앞서의 언급은 이런 측면을 두고 한 말이다.

그렇지만 이것은 산술적으로 6부 내에서 宰樞가 차지하는 비율만을 가지고 도출해낸 결론으로서, 당시 사회가 무신정권기라는 특수한 상황에 있었다는 점을 고려하지 않은 것이다. 잘 알려진 대로 武人執政이 擅權하는 분위기 속에서 인사권만 하여도 저들이 注擬해 올린 내용을 吏部와 兵部의 判事는 검열만 할 뿐이었고, 심지어는 국왕조차도 머리를 끄덕여 용인할 수밖에 없었던 그 때에 6부의 역할과 기능이 제대로 발휘되었을 리는 만무하다.

이런 한계 상황을 감안할 때 6부 내에서 宰樞가 차지하는 비율을 가지고 내린 결론도 그만큼 한계성을 지닐 수밖에 없다고 판단된다. 그러나 당해 제도의 외형적인 틀만은 고려전기와 유사하게 유지되어 그대로 운영하였던 것도 분명한 사실이라고 하겠다.

그러면 이 제도가 고려 후·말기에는 어떻게 되었을까. 그것을 알아보기 위해 역시 동일한 내용을 앞서와 마찬가지 요령으로 도표화하면 다음의 〈表 33〉과 같다.

이 시기의 상황은 얼핏 보아도 그 전과 크게 달라진 것을 알 수 있다. 종래 吏部(典理司)에 나타났던 특색도 없어져 전체가 비슷한 양상을 띠고 있는 가운데 우선 상서 단독직이 압도적으로 많아져서 전체 377사례 가운데 311직으로서 82.49%에 달하고 있다.

〈表 33〉 고려 후·말기의 王代別로 본 6部判事와 尚書의 단독직 및 宰樞重複職 상황

6部		忠烈	忠宣	忠肅	忠惠	忠穆	忠定	恭愍	禑王	昌王	恭讓	計
典理司	人 員	7	3	11	1	6	5	23	8	2	7	73
	단독직	2	2	9	1	6	4	22	8	2	6	62
	宰 臣	0	0	0	0	0	0	1	0	0	0	1
	樞 密	5	1	2	0	0	0	0	0	0	1	9
	判 事	11	0	4	2	0	0	4	1	1	0	23직(18명)
軍簿司	人 員	18	5	13	3	3	1	16	2	0	3	64
	단독직	8	1	10	3	3	1	15	2	0	2	45
	宰 臣	0	0	0	0	0	0	0	0	0	0	0
	樞 密	5	2	1	0	0	0	0	0	0	0	8
	判 事	7	2	4	0	1	0	4	1	0	1	20직(20명)
版圖司	人 員	19	4	8	0	2	5	29	11	3	4	85
	단독직	4	2	5	0	2	5	29	11	3	4	65
	宰 臣	1	0	0	0	0	0	0	0	0	0	1
	樞 密	14	1	2	0	0	0	0	0	0	0	17
	判 事	11	1	3	0	2	1	3	3	1	1	26직(24명)
禮儀司	人 員	0	2	0	0	0	0	11	18	2	7	40
	단독직	0	1	0	0	0	0	11	18	1	7	38
	宰 臣	0	0	0	0	0	0	0	0	0	0	0
	樞 密	0	0	0	0	0	0	0	0	0	0	0
	判 事	0	1	0	0	0	0	0	2	0	1	4직(4명)
典法司	人 員	13	6	6	1	2	2	23	11	2	12	78(74)
	단독직	7	4	4	1	2	2	22	11	2	12	67
	宰 臣	1	0	0	0	0	0	0	0	0	0	1
	樞 密	6	2	0	0	0	0	0	0	0	0	8
	判 事	0	0	0	0	0	0	0	0	0	0	0
典工司	人 員	0	1	0	0	0	0	13	17	1	5	37
	단독직	0	0	0	0	0	0	11	17	1	5	34
	宰 臣	0	0	0	0	0	0	0	0	0	0	0
	樞 密	0	1	0	0	0	0	1	0	0	0	2
	判 事	0	1	0	0	0	0	0	2	0	0	3직(3명)
合計	人 員	57	21	38	5	13	13	115	67	10	38	377
	단독직	21	10	28	5	13	12	110	67	9	36	311
	宰 臣	2	0	0	0	0	0	1	0	0	0	3
	樞 密	30	7	5	0	0	0	1	0	0	1	44
	判 事	29	5	11	2	3	1	11	9	2	3	76직(69명)

그에 반비례하여 중복직이 되고 있는 宰臣은 전체가 3사례 뿐으로써 이제는 제도 자체가 폐지된 것이나 다름없게 되었고, 樞密도 44사례로 11.67%에 그치고 있으며, 그나마 시기적으로 忠烈·忠宣·忠肅王代에 거의 한정되고 있는 것이다. 이에 비해 判事制는 그런대로 명맥을 유지하여 76직(69명)의 사례를 남기고 있으나 그 역시 상서 단독직의 ¼정도 수준이며, 전체 사례와 비교하면 물론 더욱 비율이 떨어진다. 이제 6部(4司) 내에 宰臣判事가 임명되는 경우는 매우 적어져서 결원이 되기가 일쑤였고, 樞密이 尙書(判書)職에 제수되는 일도 忠肅王代까지는 그런대로 유지되다가 이후에는 거의 사라지고 말았던 것이다. 尙書(判書)들은 단독직·독립직으로 그만큼 역할과 기능이 강화되었다고 할 수 있겠다.

이 시기에도 정치·사회가 지니는 한계성이 있었다. 官制만 하더라도 인사 기구인 政房이 廢置를 거듭하면서도 존속하였고, 宰樞들의 합좌기구인 都評議使司(都堂)도 정치기구로서만이 아니라 행정기관으로도 기능하였다. 그리하여 우리들은 흔히 이 시기를 6部는 虛設化되고 都堂 중심의 정치체제가 이루어진 때라고 말해 오지만 6部判事나 宰樞가 尙書를 중복직으로 지니던 제도면에서 본다면 오히려 그와 상치된다. 宰樞 개개에서 都堂이라는 기구 자체가 尙書6部를 관장하는 방식으로 바뀌었다고 본다면 문제가 좀 달라지지만, 우리들이 고려 후·말기의 정치제도를 논의할 때에는 이런 측면도 함께 고려하여 보아야 하지 않을까 싶다.

VI. 結 論

우리들은 지금까지 尙書6部의 설치와 제도의 변천 및 그들 직능을 재확인하고, 이어서 6部尙書의 事例를 중심으로 그것이 어떻게 운영되었는가를 고려전기와 무신정권기, 고려 후·말기의 세 시기로 나누어 살피는 한편으로 그것과 6部判事와의 관계에 대해서도 검토하였다. 이제 그 내용들을 정리하면 대략 다음과 같다.

첫째로, 尙書6部는 成宗 元年(982)에 御事6官과 9屬曹의 설치로 출발하였다가 成宗 14년(995)에 이르러 비로소 尙書6부(吏部·兵部·戶部·禮部·刑部·工部)와 9屬司로 개정되며, 이어서 顯宗 2년(1011)에 그 9屬司 중 7개가 혁파되고 尙書考功과 都官만이 남게 되어 6部·2屬司制의 정형이 이루어져 이것이 『高麗史』 卷 76, 百官志 1에 文宗 官制로 정리가 된다. 하지만 이 6部도 忠烈王 元年(1275)에 典理司·軍簿司·版圖司·典法司 등 4司로 바뀌는 대변혁이 초래된 이후 6曹와 4司 혹은 4部로 다시 개정되는 등 반복을 거듭하다가 恭愍王 5년(1356)에 전통적인 6部制로 환원이 되는데, 그러나 이후에도 다시 6司와 6曹로 바뀌는 등 복잡한 연혁을 지닌다.

6部에는 주로 中書門下省의 宰臣이 兼職하는 判事와 正3品의 尙書 이하 侍郎·郎中·員外郎 등의 관원이 있어 업무를 담당하였는데, 4司(6司) 내지 6曹 때에는 그들 명칭 역시 判書·摠郎·正郎·佐郎 등으로 바뀌기도 한다. 그런데 專任長官이라 할 수 있는 尙書(判書)의 定員이 百官志에는 忠烈王 24년과 同 34년에 忠宣王에 의해 2~3人으로 개정되었다고 전해지고, 이는 실제와도 부합되나 1人으로 정해져 있었다는 그 이전에도 2人인 사례가 간혹 보이고 있어 주목된다. 원칙적으로는 1人이었으되 때로는 2人이 임명되는 경우도 있었던 것으로 이해된다.

둘째로, 『高麗史』 卷 76, 百官志 1에 尙書各部의 직무로 규정되어 있는 바 吏部의 文選·勳封의 政事 관장과 兵部의 武選·軍務·儀衛·郵驛의 政事 관장, 그리고 戶部의 戶口·貢賦·錢粮의 政事 관장, 刑部의 法律·詞訟·詳讞의 政事 관장, 禮部의 禮儀·祭享·朝會·交聘·學校·科擧의 政事 관장, 工部의 山澤·工匠·營造의 일 관장 등을 실제적인 활동과 비교하여 본즉 비교적 정확하였다. 그러나 禮部의 관원이 아닌 사람이 外交使節과 科擧의 考試官을 맡거나, 兵部와 관계없는 사람이 전쟁에서 군사의 지휘를 맡는 등 이들 각각은 자기들의 고유 업무 이외의 일에 종사하는 경우도 매우 많았다. 이는 다른 관서의 요원들도 마찬가지였지마는, 관원들 가운데에서 엘리트 그룹의 일부를 이루고 있던 6部의 요원들 역시 예외가 아니었다.

셋째로, 고려시대 6部의 尙書는 文翰職이나 兵馬職 및 지방의 留守 등을 겸임직으로 지니기도 했지만, 특히 中書門下省의 從2品인 叅知政事·政堂文學·知門下省事 등 宰臣과 尙書都省의 正2品인 左右僕射, 그리고 中樞院(樞密院)의 從2品인 判院事·院使·知院事·同知院事 — 나중에는 正3品 副使·簽書院事·直學士 — 등 樞密과 重複職이 되고 있다는데 한 큰 특징이 있었다. 그리하여 권력구조상 보다 커다란 의미가 있는 후자에 대하여 조사해 보면 고려전기의 경우 6部 사이에 꽤 차이가 있긴 하지만 합계를 했을 때 전체의 尙書 407사례 중 단독직이 239사례로 58.72%의 비율을 차지하고 있으며 복야를 포함한 宰臣重複職은 54사례로 13.26%, 樞密重複職은 96사례로 23.58%로써, 宰樞 합계는 150사례, 36.84%가 된다. 이어지는 무신정권기는 전체 130사례 중 단독직이 54사례로 41.58%의 비율이고, 宰臣重複職은 26사례로 20%, 樞密重複職은 47사례로 36.15%여서 이들 합계는 56.15%이며, 고려 후·말기는 전체 377사례 중 단독직이 311사례로 82.49%이고, 宰臣重複職은 3사례로 0.79%, 樞密重複職은 44사례로 11.67%여서 이들 합계는 12.36%가 된다. 단독직과 宰樞重複職의 비율을 다시 시기별로 대비시키면 58.72% : 36.84% → 41.58% : 56.15% → 82.49% : 12.36%이고, 宰臣重複職과 樞密重複職의 비율은 13.26% : 23.58% → 20% : 36.15% → 0.79% : 11.67%가 되거니와, 전자의 경우 고려전기에는 단독직이 宰樞重複職보다 비율이 좀 상회하다가 무신정권기에는 오히려 좀 낮아지고, 후·말기에는 압도적 수치를 나타내고 있으며, 후자는 고려전기나 무신정권기에 다같이 樞密이 宰臣의 대략 2배 정도이다가 후·말기에는 宰臣의 重複職이 거의 소멸되다시피 하고 樞密의 그것도 忠肅王代까지로 거의 한정되면서 수치도 크게 낮아져 비교 자체가 별다른 의미를 가지지 못하게 된다. 이는 6부상서 제도의 운영뿐 아니라 권력구조상 큰 의미를 지니므로 재삼 음미해 볼 필요가 있다.

넷째로, 6部尙書 역임자들의 科擧及第와 蔭敍出身의 상황을 검토하여 보면, 특히 禮部尙書의 경우 후·말기에는 조금 다른 양상도 나타나지만 대체적으로는 모두가 及第者였다는 데서 한 특징을 찾을 수 있다. 하지만 전체적으로는 고려전기도 科擧及第者가 117명으로서 29.17% 정도의 비율을 보이고 있으며, 蔭敍出身者는 36명으로 8.97%인데 비해 不明者는 263명으로 65.58%나 된다. 무신정권기는 科擧及第者가 31명으로 23.84%, 蔭敍出身者는 16명으로 12.3%, 不明者는 87명으로 66.92%이며, 후·말기는 科擧及第者가 101명으로 25.2%, 蔭敍出身者는 21명으로 5.63%, 그리고 不明者는 257명으로 68.9%의 비율을 나타내고 있다. 전반적으로 上位職인 宰臣들보다는 많이 못 미치는 수치인데, 시기상으로 보면 무신정권기에는 고려전기보다 과거급제자의 비율이 좀 준데 비해 음서출신자는 좀 늘고 있으며, 다시 후·말기에는 무신정권기보다 과거급제자의 비율이 좀 늘었는데 비해 음서출신자는 좀 줄고 있으나, 절대적인 숫자가 적은데다가 자료상의 제약성 등을 감안할 때 그 같은 수치의 변동에서 그렇게 큰 의미를 찾을 수 있을까는 의문이다.

다섯째로, 6部尙書 사이의 서열은 임명 기사나 轉職過程 등을 통해 살필 수 있는데, 사례들을 보면 兵部尙書도 그러하지만 특히 戶部·禮部·刑部 사이에 뒤바뀐 경우가 좀 눈에 띠기는 하나 대체적으로 吏部·兵部·戶部·禮部·刑部·工部尙書의 순이었다. 그러나 하위의 尙書가 宰樞를 重複職으로 帶有했을 때에는 班次가 宰樞職에 의해 정해졌으므로 그렇지 않은 상위의 尙書보다 서열이 앞섰다. 그리고 다같이 宰樞를 중복직으로 지니고 있을 경우 역시 그것의 班次에 의하여 서열이 정해졌고, 따라서 尙書도 서열이 앞서는 직위가 班次가 높은 宰樞와 중복직이 되는 게 원칙이었다. 그러나 그때 그때의 여건이나 정치적 상황에 의해 그것이 지켜지지 않는 경우도 꽤 있어서 이때만은 상서의 서열이 여전히 뒤바뀌었는데, 이 같은 상황은 고려전기나 무신정권기, 고려 후·말기가 마찬가지였다.

여섯째로, 6部尙書의 前職과 陞進職에 관해서인데, 전자에 대해서부터 보면 고려전기에는 品階와 班次가 그와 동일했던 左右散騎常侍(左右常侍)와 御史大夫가 가장 큰 부분을 차지하고 있었고, 從3品인 諸寺의 卿·監과 6부의 차관인 正4品 侍郎도 한 줄기를 이루고 있었다. 그밖에 正3品 知奏事와 三司使, 從3品인 尙書左右丞과 國子祭酒·大司成이 소수로 기능하는 가운데, 좀 특이한 것은 樞密들도 前職처럼 나오고 있다는 점이었다. 그러나 이런 사례는 시일이 경과하면서 많이 줄어들고 있다.

무신정권기에 들어와 대폭적으로 숫자가 줄긴 했어도 여전히 散騎常侍와 諸寺의 卿·監이 前職으로 기능하고 있으며, 知奏事와 尙書左右丞·國子祭酒·大司成도 더러 눈에 띠고 있다. 아울러 前職처럼 보이는 樞密들 역시 매우 제한되고는 있으나 몇몇 사례가 찾아지는 가운데, 이제는 상당수의 正3品 上將軍이 前職으로 대두하고 있어 이 시기의 한 변화상을 엿보게 한다. 후·말기에는 그 변화가 좀 더 심하여 上將軍이 前職으로 여전히 한 줄기를 이루는 이외에 正3品의 諸寺 判事와 樞密院(密直司)의 知申事·承宣(承旨·代言)·副承宣(副承旨·副代言)이 그 줄기에 합류한다. 그리고 종래의 散騎常侍(常侍)와 監察大夫(御史大夫)는 「文宗 舊制」로 官制를 환원한 恭愍王 5년 이후에 많이 등장하는 특징을 보이고 있으며 諸寺의 卿·監(尹)과 大司成은 역시 소수가 찾아지는 정도이다.

이어서 6부상서들이 다음으로 승진하는 직위들을 찾아보면 전기의 경우 가장 큰 비중을 차지한 것은 正2品인 左右僕射였고 그 뒤가 樞密들이었으며, 前職으로 기능했던 左右散騎常侍와 御史大夫도 승진직이라기 보다는 轉職 내지 後職으로 이용되고 있음이 확인된다. 이 같은 상황은 무신정권기에도 유사하지만 僕射와 樞密의 비중이 뒤바뀌는 변화상이 나타나고 있으며, 후·말기에 들어와서는 그 하나인 僕射가 폐지되다시피 하였으므로 이제는 樞密만이 남아 그 역할을 담당하게 된다. 다만 이 시기에는 散騎常侍와 監察大夫(御史大

夫)가 이전과 다름없이 後職으로 기능하고 있는 가운데 다시 知申事·承宣(承旨·代言)·副承宣(副承旨·副代言)들이 특히 昌王과 恭讓王代에 그 같은 직위로 부상하고 있어 관심을 끄는데, 이는 아마 당시의 정치 상황과 밀접히 관련되어 있는 특수한 현상인 것 같다. 그러나 어떻든 이와 같은 前職과 陞進職의 변화도 6부상서제의 운영과 그의 위상을 이해하는 한 중요 측면으로서 주목된다.

일곱째로, 위에서 尙書의 단독직과 宰樞重複職에 대해 이미 언급하였지마는 6부 내에서 이들보다 훨씬 중요한 위치에 있던 직위는 주로 中書門下省의 宰臣들이 임명되는 判事였다. 그들을 조사하여 본즉 역시 各部에 따라 꽤 차이가 있었으나 전체적으로는 고려전기에서 195직이 찾아졌고, 무신정권기는 90직, 고려 후·말기는 76직의 사례가 확인되었다. 이중 고려전기의 195직은 상서의 단독직 239사례와 대비하여도 차이가 그다지 많지 않다는 사실이 우선 주목된다. 당시에는 宰臣判事의 비중이 그만큼 컸다는 이야기이다. 물론 工部判事는 肅宗朝에 이르러서야 임명되기 시작하였고 다른 判事들의 경우도 初期에는 제수가 적어 일정한 한계가 없다고는 할 수 없으나 대체적으로는 宰臣判事들이 다수 임명된 편이어서 특히 吏部와 兵部를 중심으로 하여 커다란 역할을 수행했던 것이다. 더구나 상서직 가운데에 54직은 역시 宰臣들이 차지했으므로 이 둘을 합하면 249직이 되어 상서 단독직의 수를 상회하게 된다. 6부 내에서 宰臣의 영향력이 한층 커진 셈이며, 거기에다가 樞密尙書 96사례를 함께 감안한다면 더욱 그러했다고 할 수 있다.

그런데 무신정권기의 宰臣判事 90직은 刑部判事制가 거의 중단되는 제약에도 불구하고 그 자체가 상서의 단독직 54사례를 크게 상회하는 수치이다. 거기에다가 상서 가운데 宰臣이 임명된 26사례와 樞密이 임명된 47사례를 아울러 고려할 때 이 시기의 6부에 대한 判事나 樞密의 비중과 역할을 짐작하기 어렵지 않다. 다만 이때는 무신정권기라는 한계 상황을 감안해야 하므로 그것을 곧바로 권력구조와 연결시켜 생각하기는 어렵지만 6부의 判事와 尙書制 운영의 실상은 대략 그와 같았던 것이다.

그러나 이 같은 상황은 고려 후·말기에 들어와 일변하게 된다. 이 시기에는 상서 단독직 311사례에 대하여 判事는 76직만이 임명되는 저조를 보이며, 尙書에 제수된 宰臣의 숫자도 3사례 뿐으로 제도 자체가 폐지되다시피 하는 것이다. 다만 樞密尙書는 44사례로써 그나마 명맥을 이어가기는 하나 전반적으로는 尙書 단독직이 독립적으로 자기의 역할을 수행하는 추세였다고 할 것이다. 이 시기에도 무신정권기에 새로 설치한 인사기구인 政房이 존재하였고 또 宰樞의 합좌기구인 都堂이 강화되는 등의 요소가 있어 권력구조를 검토함에 있어서는 이런 여러 측면을 함께 고려해야 하지만 6부의 判事와 尙書 제도의 변화를 통해서도 그 일면을 엿볼 수 있지 않나 생각된다.

워낙 크고 어려운 문제를 다루다 보니 내용이 소략해 졌다. 앞으로 6부의 하나하나를 주제로 삼아 보다 정밀한 작업이 이루어져야 할 것으로 본다. 〈新 稿〉

〈자료 1〉 高麗前期 6部尙書 歷任者

王名은 첫 글자만 표기하였으며, 그 다음에 나오는 처음 숫자는 '年'을, 다음의 숫자는 '月'을 나타낸다. 册名은 간략하게 표현하여 『高麗史』는 '史'로, 『高麗史節要』는 '要'로, 金龍善編著 『高麗墓誌銘集成』은 '墓'로 썼고, 그 다음의 숫자는 卷數를 말하는데, 다만 묘지명은 페이지로 나타내었다. 王名・年・月 다음에 나오는 '任'은 그때 임명받았다는 뜻이고, '在'는 당시 在任하고 있었다는 의미이며, '在・卒'은 재임중 사망, '任・致仕'는 임명과 동시에 치사, '?'는 王代 또는 年月을 잘 알 수 없다는 뜻으로 썼다. 列傳과 墓誌銘이 本人의 것일 때는 이름을 생략하였고, 다른 사람의 그것에 나오는 경우만 성명을 밝혔다. 이하의 表도 마찬가지이다.

번호	성 명 (本貫) (及第與否)	年月과 官職 (典據)	以前 官職 (典據)	以後 官職 (典據)
1	崔承老 (慶州)	①成 元年, 6 在 正匡・行選官御事 (要2・史93 列傳)	成 元年, 6 在 正匡(史82 兵志 鎭戌)	成 2, 正月 任 門下侍郎平章事(史3・要2・史93 列傳) 成 7, 12 任 門下守侍中(史3・要2・史93 列傳)
2	徐 熙 (利川) (及第)	②成 2, 5 在 佐丞任 兵官御事(史3・要2・史94 列傳)	光 18, 任 廣評員外郎(史94 列傳) 光 23, 8 在 內議侍郎(史2・要2・史94 列傳)	成 12, 10 在 內史侍郎 任 中軍使(史3・要2) 成 13, 8 在 平章事(要2・史94 列傳)
3	鄭謙儒	⑥成 2, 5 在 大相任 工官御事(史3・要2)		
4	薛神祐	⑤成 2, 6 在 光祿卿任 刑官御事(史3・要2)		
5	劉彦儒	②成 2, 12 在 兵官御事任 考試官(史73 選擧志 科目 選場)		
6	李謙宜	⑤成 3, 5 在 主農卿任 刑官御事(史3) ⑤成 3, 5 在 刑官御事(史3・要2)		
7	朴良柔	⑥成 9, 12 在 工官御事・知都省事(史3)		成 12, 10 在 侍中(史3・要2)

8	李知白	③成 12, 閏10 前民官御事(要2·史94 徐熙傳)	成 2, 9 在 佐丞 任 諫議大夫(史3·要2)	成 14, 9 如契丹(史3·要2)
9	崔亮 (慶州) (及第)	③成 任 內史侍郎·兼民官御事(史93 列傳)	成 任 左散騎常侍·叅知政事(史93 列傳) ※ 以病 解職 成 12, 10 復職·在 門下侍郎(史3·要2·史93 列傳)	成 同內史門下平章事·監修國史(史93 列傳) 成 14, 4 在·卒 內史侍郎(史3) 平章事(要2)
10	劉瑨 (忠州)	①穆 12, 正月 在 吏部尙書·叅知政事(要2·史94 列傳) 叅知政事(史3)		顯 即位, 3 任 尙書左僕射(史4·要2·史94 列傳) 顯 2, 3 任 內史侍郎平章事(史4·要3) 顯 3, 2 任 門下侍郎(史4·要3·史94 列傳)
11	陳頔	⑤穆 12, 正月 在 刑部尙書(史3·要2) ⑤顯 即位, 3 任 刑部尙書·叅知政事(史4·要2)		顯 即位, 10 任 內史侍郎平章事(史4·要2) 顯 5, 6 加 門下侍郎平章事(史4·要3) ※ 奉使契丹 被留
12	康兆	①顯 即位, 3 任 吏部尙書·叅知政事(史4·要2·史127 列傳) ①顯 元年, 10 在 吏部尙書·叅知政事(要3) 叅知政事(史4)	穆 中樞使·右常侍(史127 列傳) 穆 12, 正月 在 西北面都巡檢使(史3·要2·史127 列傳) 顯 即位, 2 任 中臺使(史4·史127 列傳)	顯 元年, 11 契丹에 被執(要3·史127 列傳)
13	金勵	②顯 即位, 3 任 兵部尙書(史4)		
14	文仁渭 (長淵)	⑥顯 即位, 3 任 工部尙書(史4)		顯 2, 8 任 右僕射(史4·要3) 顯 2, 12 任 叅知政事(史4·要3)
15	崔士威 (水州)	⑤穆 刑部尙書(史94 列傳) ⑤顯 元年, 10 在 刑部尙書 任 統軍使(史4·要3·史127 康兆傳)	穆 12, 正月 在 戶部侍郎(史3·要2)	顯 3, 2 任 內史侍郎平章事(史4·要3·史94 列傳) 顯 5, 4 任 門下侍郎平章事(史4·要3)

		顯 2.3 任 叅知政事(史4・要3 史94 列傳) 顯 2.7 任 西北面行營都統使(史4・要3) 顯 2.8 在 叅知政事 任 西京留守(史4・要3) ①顯 2.9 任(轉) 吏部尙書(史4・史94 列傳)		顯 12.8 任 檢校太師・守門下侍中(史4・要3・史94 列傳)
16	楊 規	⑥顯 2.2 贈工部尙書(要3・史94 列傳)	穆 刑部郎中(史94 列傳) 顯 元年.11 在 巡檢使・刑部郎中(要3) 顯 2. 正月 戰死(史4・要3・史94 列傳)	
17	庾 方 (平山)	②顯 2.5 任 兵部尙書・兼上將軍(史4) ②顯 2.10 在 兵部尙書 任 叅知政事・西京留守・兼西北面行營都兵馬使(史4) ⑤顯 7.11 任 刑部尙書・叅知政事(史4・要3)	成 12.閏10 在 郎將(要2) 穆 12.正月 在 親從將軍(史3・要2)	顯 12.3 任 內史侍郎平章事(史4・要3) 顯 12.8 任 檢校太保(史4) 顯 13.6 任 門下侍郎平章事(史4・要3) 顯 16.正月 任 判尙書兵部事(史5・要3)
18	崔賢敏	⑥顯 2.5 任 工部尙書(史4)	顯 元年.10 在 少府監 任 左軍兵馬使(史4・要3)	
19	金審言 (靈光) (及第)	④顯 2.5 任 禮部尙書(史4・史93 列傳) 顯 4.8 在 左僕射 任 知貢擧(史73 選擧志 科目 選場) ④顯 4.9 在 禮部尙書 任 修國史(史4・要3)	成 9.9 在 起居郎(史3・要2) 顯 卽位.3 任 右散騎常侍(史4・要2・史93 列傳)	顯 5.4 任 內史侍郎平章事(史4・要3・史93 列傳) 顯 5.8 在 內史侍郎平章事 任 西京留守(史4・要3・史93 列傳)

20	崔 沆 (慶州) (及第)	①顯 3, 2 任 吏部尙書·叅知政事(史4·要3·史93 列傳) ①顯 4, 9 在 吏部尙書·叅知政事 任 監修國史(史4·要3·史93 列傳)	穆 7, 4 在 內史舍人 任 知貢擧(史73 選擧志 科目 選場·史93 列傳) 穆 12, 正月 在 吏部侍郎·中樞院使(要2·史93 列傳) 顯 卽位, 3 任 左散騎常侍(史4·要2) 顯 翰林學士承旨·左散騎常侍(史93 列傳) 顯 卽位, 7 任 政堂文學(要2·史93 列傳)	顯 7, 11 任 內史侍郎平章事(史4·要3·史93 列傳) 顯 8, 4 在 門下平章事(史4·要3) 顯 12, 8 任 檢校太傅·守門下侍郎同內史門下平章事(史4·要3·史93 列傳)
21	蔡忠順	④顯 3, 2 任 禮部尙書(史4·要3) 顯 4, 2 在 中樞院使(史4·要3) ④顯 7, 正月 復爲 禮部尙書(史4) 顯 8, 12 任 左散騎常侍·中樞使(史4) 中樞使(要3) ①顯 9, 6 任 吏部尙書·叅知政事(史4·要3·史93 列傳)	穆 11, 3 在 中樞院直學士(史73 選擧志 科目 選場) 穆 12, 正月 在 給事中·中樞院副使(史3·要2·史93 列傳) 顯 卽位, 2 任 直中臺(史4·要2) 顯 卽位 3 任 吏部侍郎·兼左諫議大夫(史4·要2·史93 列傳) 顯 2, 正月 任 秘書監(史4·要3) 顯 2, 7 任 中樞使(史4·要3)	顯 12, 8 任 檢校太尉(史4) 顯 13, 4 任 內史侍郎平章事·兼西京留守(史4·要3·史93 列傳) 顯 14, 正月 任 太子少師(史4·要3·史93 列傳) 顯 16, 正月 任 判尙書禮部事(史5·要3) 顯 18, 正月 任 門下侍郎(史4·要3·史93 列傳)
22	張 瑩	⑥顯 3, 閏11 在 工部尙書·叅知政事(史4) 工部尙書(要3) ⑥顯 4, 4 在 工部尙書·叅知政事 任 西京留守(史4) ※在 叅知政事 任 西京留守(要3)	成 12, 閏10 在 閣門舍人(要2)	顯 7, 正月 任 左散騎常侍(史4) 顯 8, 正月 在 檢校太尉·左散騎常侍·叅知政事(史4) 叅知政事(要3) 顯 12, 6 任·致仕 尙書左僕射·同內史門下平章事(史4·要3)
23	李周憲 (土山)	⑤顯 6, 閏6 任 刑部尙書(史4)	穆 內史舍人·兼典三司(史94 列傳) 顯 任 殿中監(史94 列傳)	顯 7, 7 任 尙書右僕射(史4·要3·史94 列傳)

No.	姓名			
				顯 7, 9 任 西京留守(史4) 顯 12, 10 任 尙書左僕射·叅知政事(史4·要3)
24	張延祐 (全州)	③顯 6, 閏6 任 戶部尙書(史4) ③顯 6,11 在·卒 戶部尙書(史4·要3·史94 皇甫兪義 附傳)	顯 元年,10 在 兵部侍郎(要3) 顯 2, 7 任 中樞使(史4·要3) 顯 2, 8 任 判御史臺事(史4·要3) 顯 5,11 在·流 中樞院使(史4·要3·史94 皇甫兪義傳)	
25	金殷傳 (安山)	③顯 7, 正月 任(轉)戶部尙書(史4·史94 列傳) 顯 7, 6 任 中樞使·上護軍(史4·史94 列傳) ③顯 8, 5 在·卒 中樞使·戶部尙書(史4) 中樞使(要3) 戶部尙書(史64 禮志 凶禮 諸臣喪)	顯 2, 正月 在 公州節度使(要3·史94 列傳) 顯 2, 2 納女(史4·要3) 顯 2, 11 在 刑部侍郎(史4·要3·史94 列傳) 顯 6, 5 任 知中樞事(史4·要3·史94 列傳)	
26	孫夢周	④顯 7, 9 任 禮部尙書(史4)	顯 元年, 4 在 國子司業 任 知貢擧(史73 選擧志 科目 選場) 顯 2, 6 任 尙書左丞(史4) 顯 5, 9 任 翰林學士承旨(史4)	
27	元 祐	⑥顯 7, 12 任 工部尙書(史4) ※以武職兼之		
28	姜邯賛 (衿州) (及第)	①顯 7, 12 在 吏部尙書(要3·史94 列傳)	穆 禮部侍郎(史94 列傳) 顯 2, 任 國子祭酒(史94 列傳) 顯 2, 6 任 翰林學士承旨·左散騎常侍(史4·史94 列傳)	顯 9, 5 任 西京留守·內史侍郎平章事(要3) 顯 10, 11 任 檢校太尉·門下侍郎同內史門下平章事(史4·要3·史94 列傳)

			顯 5, 7 在 中樞使(要 3·史59 禮志 吉禮 社稷·史94 列傳)	
29	金徵祐	②顯 8, 9 在·致仕 兵部尙書(史4)		
30	李 元	③顯 8, 11 任 龍虎軍 上將軍·兼戶部尙 書(史4)	顯 元年, 11 在 左右奇 軍將軍(要3)	顯 10, 7 任 右僕射 (史4·要3) 顯 14, 12 任 檢校太 子太保(史5·要3)
31	鄭忠節	②顯 9, 3 任 兵部尙 書(史4)	顯 元年, 12 在 大將軍 (要3·史94 智蔡文傳)	
32	金承渭	②顯 9, 3 任 兵部尙 書(史4)	顯 4, 5 在 大將軍(史 4·要3)	
33	梁 積	④顯 9, 5 任 禮部尙 書·兼中樞使(史4) ④顯 11, 4 在 禮部尙 書(史4·要3)	顯 2, 8 任 御史中丞(史 4) 顯 5, 8 任 吏部侍郎· 中樞副使(史4)	顯 18, 正月 任 左僕 射(史5·要3) 顯 22, 正月 在 左僕 射 任 東京留守使(史 5)
34	晉含祚	③顯 9, 8 任 戶部尙 書(史4)	穆 12, 正月 在 大卜(史 3)	顯 11, 正月 任 右僕 射·兼都正使(史4 ·要3) 顯 14, 正月 任 尙書 左僕射(史5·要3) 顯 21, 7 在·卒 內史 侍郎(史5·要3)
35	朱德明	⑥顯 9, 9 任 工部尙 書(史4)		顯 12, 3 任 尙書左僕 射(史4·要3) 顯 14, 正月 任 尙書 右僕射(史5·要3) 德 卽位, 8 在·卒 左 僕射(史5)
36	崔 元	③顯 11, 正月 任 戶 部尙書(史4)		
37	姜民瞻 (晉州) (及第)	②顯 11, 3 任 兵部尙 書(史4) 顯 11, 4 在 知中樞 事(史4) ※顯 11, 任 知中樞 事·兵部尙書(史9 4 列傳)	顯 7, 正月 任 內史舍人 (史4·史94 列傳) 顯 9, 12 在 大將軍 任 副元帥(史4·要3) 顯 10, 3 任 鷹揚軍上將 軍(史4) 顯 10, 12 任 右散騎常 侍(史4·要3·史94 列傳)	

		※兵部尙書·知中樞院事·兼太子太傅(東文選 卷64 記 奉先弘慶寺記) ②顯 12, 11 在·卒 知中樞事·兵部尙書(史4) 知中樞事(要3)		
38	金玄涉	⑤顯 12, 3 任 刑部尙書(史4)		
39	朴訥嵒	⑥顯 12, 3 任 工部尙書(史4)		德 卽位, 8 在·卒 檢校太保(史5)
40	周 佇 (宋 出身)	④顯 13, 10 任 禮部尙書(史4·要3·史94 列傳) ④顯 15, 5 在·卒 禮部尙書(史5·要3)	顯 2, 正月 任 禮部侍郎·中樞院直學士(史4·要3·史94 列傳) 顯 任 內史舍人(史94 列傳) 顯 5, 4 在 秘書監(史73 選擧志 科目 選場) 顯 9, 6 任 右常侍(史4·史94 列傳) 顯 12, 6 任 翰林學士承旨·左散騎常侍(史4·要3·史94 列傳)	
41	崔輔成	②顯 14, 9 任 兵部尙書(史5)	顯 2, 4 任 尙書右丞(史4)	德 3, 5 任 尙書左僕射(史5) 文 卽位, 9 致仕尙書左僕射(史7·要4)
42	郭 元 (淸州) (及第)	⑤顯 15, 正月 任 刑部尙書(史5·史94 列傳·史94 崔士威傳) 顯 15, 7 任 西北面行營副都統(史5·要3) 顯 18, 正月 任 叅知政事(史5·要3·史94 列傳) ⑤顯 20, 11 在·卒 刑部尙書·叅知政事(史5) 叅知政事(要3)	顯 2, 任 中樞直學士(史94 列傳) 顯 6, 11 在 民官侍郎(史4·要3) 顯 7, 6 任 刑部侍郎·右諫議大夫(史4·史94 列傳) 顯 8, 3 在 禮部侍郎(史73 選擧志 科目 選場) 顯 10, 6 在 翰林學士(史73 選擧志 科目 選場)	

번호	이름			
			顯 13, 正月 任 右散騎常侍(史4·史94 列傳) 顯 13, 9 在 左散騎常侍(史4·要3) 顯 14, 正月 任 中樞使(史5·要3·史94 列傳)	
43	劉徵弼	④顯 15, 正月 任 禮部尙書(史5) ④顯 15, 3 在 禮部尙書 任 知貢擧(史73 選擧志 科目 選場)	顯 3, 閏10 在 禮部侍郎(史4·要3) 顯 11, 5 在 國子祭酒 任 知貢擧(史73 選擧志 科目 選場) 顯 13, 正月 任 翰林學士·秘書監(史4)	顯 21, 5 任 太子賓客(史5) 德 元年, 3 任 尙書左僕射(史5·要4) 德 3, 7 任 尙書右僕射(史5·要4) 靖 2, 3 任 叅知政事·兼西京留守使(史6·要4)
44	李可道 (王可道) (淸州) (及第)	③顯 15, 11 任 戶部尙書(史5) 顯 18, 正月 任 叅知政事(史5·要3·史94 列傳) ①顯 20, 11 任 檢校太尉·行吏部尙書·兼太子少師·叅知政事(史5·史94 列傳)	顯 11, 正月 任 尙書右丞(史4·史94 列傳) ※ 顯　中樞副使·尙書右丞(朝鮮金石總覽 p. 241 玄化寺碑) 顯 12, 5 在 尙書左丞(史4·要3) 顯 13, 3 任 同知中樞事(史4·要3·史94 列傳) 顯 13, 10 任 中樞使·國子祭酒(史4·要3)	顯 21, 8 任 內史侍郎·判三司事(史5·要3) 德 卽位, 10 任 門下侍郎同內史門下平章事(史5·要3·史94 列傳)
45	柳 韶	①顯 22, 5 任 吏部尙書·叅知政事(史5·要3·史94 列傳)	顯 13, 10 任 右諫議大夫(史4·史94 列傳) 顯 16, 2 任 同知中樞事(史5) 顯 16, 7 任 太子賓客(史5) 顯 20, 12 起復 西北面判兵馬事(史5·要3) 顯 21, 2 任 中樞使(史5·要3)	德 卽位, 7 中軍兵馬元帥(史5·要3·史94 列傳) 德 卽位, 10 任 門下侍郎同內史門下平章事(史5·要3·史94 列傳)
46	張劇孟	②德 卽位, 7 任 兵部尙書(史5)		德 3, 3 任 尙書右僕射(史5·要4) 文 元年, 6 在 守司徒·左僕射(史7)

47	洪 賓	⑤德 卽位, 7 任 刑部 尙書(史5)		靖 7, 5 在 上護軍(史 6) 靖 7, 11 加 重大匡 (史6)
48	李有暹	⑥德 卽位, 7 任 工部 尙書(史5) ②德 3, 3 任 兵部 尙書(史5)		
49	盧戩	③德 卽位, 9 任 戶部 尙書(史5)	顯 5, 8 任 御史中丞(史 4) 顯 9, 2 任 中樞副使・ 上護軍(史4) 顯 14, 9 任 三司使(史 5)	
50	閔可擧	⑥德 卽位, 9 任 工部 尙書(史5) ④德 2, 正月 任 禮部 尙書(史5) ⑤德 2, 10 任 刑部 尙書(史5)		德 3, 7 任 尙書左僕 射(史5・要4)
51	李作仁	③德 卽位, 11 在・卒 東京留守使・戶部 尙書(史5・要3)	穆 12, 正月 在 右承 宣・殿中侍御史(史3 ・要2) 顯 13, 正月 任 同知中 樞事(史4) 顯 13, 10 任 司憲大夫 (史4・要3) 顯 19, 3 在 郎中 任 知貢擧(史73 選擧 志 科目 選場) 顯 21, 2 任 叅知政事 (史5・要3)	
52	羅敏	④德 元年, 3 任 禮部 尙書(史5) ④德 2, 正月 在 禮部 尙書(史5)	顯 10, 6 任 尙書禮部侍 郞・兼右諫議大夫 (史4) 顯 16, 2 任 致君文德功 臣(史5)	
53	皇甫兪義	①德 元年, 8 任 吏部 尙書・叅知政事 (史5・要4・史94 列傳)	顯 7, 6 任 給事中(史 4・史94 列傳) 顯 17, 6 任 御史大夫(史 5・要3・史94 列傳) 顯 22, 5 任 中樞使(史 5・要3・史94 列傳)	德 3, 7 任 內史侍郞 同內史門下平章事 (史5・要4・史94 列傳)

			德 元年, 2 任 叅知政事(史5·要4·史94 列傳)	
54	柳 琮	⑥德 2, 正月 任 工部尙書(史5) ②德 2, 9 任 兵部尙書(史5)	穆 12, 正月 在 中郞將(史3) 顯 12, 9 在 兵部侍郞(史4·要3) 德 元年, 8 任 左散騎常侍(史5)	
55	韓彬卿	⑥德 2, 9 任 工部尙書(史5)	顯 9, 11 任 侍講學士(史4) 顯 20, 2 任 兼太子賓客·同知中樞使(事)(史5) *宮人 韓氏의 父	
56	黃周亮 (及第)	③德 2, 10 任 戶部尙書(史5·史95 列傳) 德 3, 正月 任 政堂文學·判翰林院事(史5·要4·史95 列傳) ①德 3, 7 任 吏部尙書(史5·史95 列傳) ④靖 卽位, 12 任 禮部尙書·叅知政事(史6·要4·史95 列傳) ④靖 3, 3 在 禮部尙書 任 知貢擧(史73 選擧志 科目 選場)	顯 18, 6 任 刑部侍郞(史5) 顯 20, 8 在 尙書左丞(要3) 顯 20, 11 任 國子祭酒·翰林學士(史5) 顯 21, 5 任 太子右庶子(史5) 顯 21, 12 任 中樞副使(史5·要3·史95 列傳) 德 元年, 2 任 中樞使(史5·要4) 德 元年, 3 任 修國史(史5·要4) 德 2, 正月 任 判御史臺事(史5·要4)	靖 3, 7 任 內史侍郞同內史門下平章事·判尙書禮部事(史6·要4) 靖 4, 11 任 門下侍郞平章事(史6·要4·史95 列傳)
57	金 鼎	⑥德 3, 3 任 工部尙書(史5) ②德 3, 7 任 兵部尙書(史5)		
58	張允舍	⑥德 3, 7 任 工部尙書(史5)		
59	任 簡	⑥德 3, 7 任 工部尙書(史5)		
60	劉志誠 (宋 出身)	④德 3, 7 任 禮部尙書(史5·墓 p. 15 墓誌銘)	顯? 禮部侍郞(墓 p. 15 墓誌銘)	靖 尙書右僕射(墓 p. 15 墓誌銘)

		⑥靖 卽位, 12 任 工部尙書(史6・墓 p. 15 墓誌銘)	顯? 禮賓卿(墓 p. 15 墓誌銘)	
61	崔 冲 (海州) (及第)	⑤德 3, 7 任 刑部尙書・中樞使(史5・要4・史95 列傳) ⑤靖 元年, 正月 任 中樞使・刑部尙書(史6・要4) ⑤靖 元年, 3 在 刑部尙書 任 知貢擧(史73 選擧志 科目 選場)	顯 11, 正月 任 起居舍人(史4) 顯 15, 12 任 中樞直學士(史5) 顯 16, 12 任 翰林學士・內史舍人(史5) 顯 20, 11 任 右諫議大夫(史5) 顯 21, 5 任 太子右諭德(史5) 德 2, 正月 任 右散騎常侍(史5) 德 3, 4 在 同知中樞院事(要4) ※德宗初 右散騎常侍・同知中樞院事 (史95 列傳)	靖 3, 7 任 叅知政事・修國史(史6・要4) 靖 6, 7 在 左僕射(要4) 靖 7, 10 任 內史侍郎平章事(史6・要4・史95 列傳)
62	崔齊顏 (慶州)	③德 3, 7 任 戶部尙書(史5) ①靖 卽位, 12 任 吏部尙書(史6・要4)	顯 17, 11 任 太子右庶子(史5) 顯 21, 12 任 中樞使(史5・要3)	靖 2, 2 任 尙書左僕射・中樞使(史6・要4) 靖 3, 7 任 尙書左僕射・叅知政事・中樞使(史6・要4) 靖 9, 2 任 門下侍郎 同內史門下平章事・判尙書戶部事(史6・要4)
63	李 珍	③靖 卽位, 12 任 戶部尙書(史6)		
64	金忠賛 (安山)	②靖 元年, 7 任 兵部尙書(史6) ②靖 2, 7 在・卒 知中樞院事・兵部尙書(史6) ※中樞使・兵部尙書(墓 p. 24 金爛圓墓誌銘)	德 2, 2 任 禮賓卿・知中樞院事(史5) 德 3, 7 任 右散騎常侍(史5) 靖 卽位, 12 任 左散騎常侍(史6)	
65	李作忠	①靖 2, 2 任 吏部尙書・翰林學士承旨(史6・要4)	德 元年, 2 在 尙書左丞 任 知貢擧(史73 選擧志 科目 選場)	靖 2, 8 任 中樞院使(史6・要4)

			德 元年, 12 任 左諫議大夫(史5) 德 3, 3 任 御史大夫·知翰林院事(史5·要4) 靖 卽位, 12 任 右散騎常侍(史6)	靖 4, 11 任 叅知政事(史6·要4) 靖 9, 2 任 內史侍郎同內史門下平章事·判尙書禮部事(史6·要4) 靖 10, 4 在 內史侍郎 任 知貢擧(史73 選擧志 科目 選場)
66	皇甫穎	②靖 2, 8 任 兵部尙書(史6·要4)	德 卽位, 9 任 御史中丞(史5) 德 元年, 8 任 尙書右丞·判御史臺事(史5) 德 3, 正月 任 中樞副使(史5) 靖 元年, 7 任 中樞使·兼御史大夫(史6·要4)	靖 7, 10 在 西京留守使·叅知政事(史6·要4) 靖 7, 10 任 守司空·左僕射(史6·要4) 靖 9, 2 任 內史侍郎同內史門下平章事(史6·要4)
67	元穎 (原州)	⑥靖 5, 正月 在 工部尙書 任 春夏番西北路兵馬使(史6) ⑥靖 6, 9 任 工部尙書(史6) ②靖? 兵部尙書(墓 p.469 元善之墓誌銘)	顯 試兵部員外郎(史127 康兆傳) 德 2, 11 任 西京副留守·知分司戶部事(史5)	
68	李周佐 (慶州) (及第)	⑤靖 6, 8 在·卒 刑部尙書·判御史臺事(史6·要4·史94 列傳)	顯 21, 8 任 御史中丞(史5) 德 2, 正月 任 右諫議大夫(史5) 德 3, 3 任 國子祭酒·左諫議大夫(史5) 靖 2, 2 任 右散騎常侍(史6·史94 列傳)	靖 贈司空·尙書右僕射(史94 列傳)
69	安保	⑤靖 8, 正月 在 金吾衛上將軍·刑部尙書(史6)		
70	金令器	⑤靖 9, 6 任 刑部尙書(史6)	靖 卽位, 12 任 御史中丞(史6) 靖 元年, 8 任 內史舍人(史6) 靖 2, 8 任 左諫議(史6)	靖 10, 11 在 東北面兵馬使(史6·要4) *靖 10, 東北路兵馬使·叅知政事(史95 王寵之傳) 文 元年, 4 任 門下侍郎平章事(史7·要4)

71	高 烈	②靖 10, 11 在 攝兵部尙書(史6) 兵部尙書(要4)	靖 7, 11 加 重大匡(史6)	文 元年, 4 任 守司空・尙書左僕射(史7) *武臣
72	李子淵 (慶源) (及第)	①文 元年, 4 任 吏部尙書・叅知政事(史7・要4・史95 列傳) *吏部尙書・叅知政事・判尙書禮部事(墓 p. 22 墓誌銘)	靖 元年, 8 任 給事中(史6・史95 列傳・墓 p. 21 墓誌銘) 靖 知尙書吏部事(墓 p. 21 墓誌銘) 靖 吏部侍郎(墓 p. 21 墓誌銘) 靖 禮賓卿(墓 p. 21 墓誌銘) 靖 再任 知吏部事(墓 p. 21 墓誌銘) 靖 中樞副使(墓 p. 21 墓誌銘・史95 列傳) 靖 知中樞院事・右散騎常侍(墓 p. 21 墓誌銘) *靖 6, 9 任 知中樞院事(史6・要4) *靖 8, 8 任 中樞副使(史6) 靖 中樞使(墓 p. 21 墓誌銘) ※中樞使・右常侍(東文選 卷25 制誥 賜李子淵)	文 3, 2 守司徒(史7・要4) 文 4, 正月 任 內史侍郎平章事(史7・要4・史95 列傳)
73	河興休	⑥文 元年, 4 任 守工部尙書(史7)	靖 7, 5 在 大將軍(史6)	文 13, 8 上將軍(史8) ※年 八十 以上
74	李守和	④文 元年, 7 在 禮部尙書 任 西北面秋冬番兵馬使(史7)	顯 11, 正月 任 起居郎(史4) 顯 11, 5 流(要3) 靖 元年, 6 在 戶部侍郎(史6・要4)	文 5, 3 在・卒 尙書左僕射(史7・要4)
75	王寵之 (及第)	①文 4, 10 在 都兵馬使・吏部尙書(要4・史95 列傳)	靖 6, 9 任 知奏事(史6・要4) 靖 禮賓卿(史95 列傳) 文 元年, 7 在 中樞使 任 西北面中軍使兼行營兵馬使(史7・史95 列傳)	文 任 內史侍郎(史95 列傳) 文 7, 7 任 門下侍郎平章事(史7・要4・史95 列傳)

			文 3, 2 任 守司空·上柱國(史7·要4)	
76	朴成傑	③文 元年, 12 在 戶部尙書 任 西北面行營兵馬使(史7)	靖 5, 9 在 都兵馬副使(要4·史82 兵志 城堡)	文 4, 正月 在 東北面都兵馬使(史7·要4) 文 7, 7 任 叅知政事(史7·要4) 文 8, 2 在 司徒·尙書右僕射(史7) 文 9, 7 任 內史侍郎平章事(史7·要4)
77	蔡忠顯	④文 3, 2 任 禮部尙書(史7)	靖 元年, 6 在 閤門使(史6·要4)	
78	魏崇	③文 3, 3 任 攝戶部尙書(史7)		
79	吳演	⑥文 3, 3 任 攝工部尙書(史7)		
80	楊鑑	②文 4, 6 在 兵部尙書 任 秋冬番兵馬使(史7·要4)	文 3, 2 任 右散騎常侍(史7)	
81	鄭倍傑 (草溪) (及第)	④文 禮部尙書·中樞使(史95 鄭文傳) ④文 34, 2 故禮部尙書·中樞使(史9·要5)	靖 元年, 正月 任 左拾遺·知制誥(史6) 文 元年, 4 在 中樞院副使 任 知貢擧(史73 選擧志 科目 選場)	
82	鄭傑	④文 5, 8 在·卒 中樞使·禮部尙書(史7)	文 3, 2 任 同知中樞院事(史7·要4) 文 3, 3 任 秘書監·知中樞院事(史7) 文 4, 正月 任 中樞院使·翰林學士承旨(史7·要4)	
83	崔惟善 (海州) (及第)	⑤文 6, 7 任 刑部尙書(史7) ⑤文 7, 3 在 刑部尙書 任 知貢擧(史73 選擧志 科目 選場)	文 元年, 7 任 御史雜端(史7) 文 6, 正月 任 翰林學士(史7)	文 9, 9 在 知中樞院事(史7·要4·史95 列傳) 文 10, 2 在 知中樞院事(要4) 文 15, 3 在 翰林學士 任 知貢擧(史73 選擧志 科目 選場)

				文 15, 8 任 判尙書禮部事(史8) 文 15, 11 任 叅知政事·權判翰林院事(史8·要5)
84	李令幹	④文 6, 7 任 禮部尙書(史7)	靖 8, 12 任 秘書少監·兼翰林侍講學士(史6)	文 6, 9 任 翰林學士(史7) 文 10, 4 在 尙書右僕射 任 知貢擧(史73 選擧志 科目 選場) ※中樞使·尙書右僕射(墓 p. 88 韓惟忠墓誌銘)
85	王祚	③文 6, 7 任 戶部尙書(史7)		
86	庾逵	⑥文 6, 7 任 工部尙書(史7·史95 金元鼎傳) ⑥文 12, 5 在 工部尙書(要5)		
87	王夷甫	③文 7, 10 在 (西京)留守使·戶部尙書(史7)	靖 5, 正月 在 殿中侍御史 任 東路兵馬副使(史6)	文 11, 9 如契丹(史8) 文 17, 8 任 兼西京留守使(史8)
88	仇勝	⑤文 9, 7 任 刑部尙書(史7) ※以武職 兼之		
89	金所寶	③文 9, 7 任 戶部尙書(史7) ※以武職 兼之		
90	皇甫延	⑥文 9, 7 任 工部尙書(史7) ※以武職 兼之	文 5, 4 任 鷹揚軍大將軍·兼大府卿(史7)	
91	金元晃 (慶州)	⑥文 11, 3 任 工部尙書(史8) ②文 15, 正月 任 兵部尙書(史8·史97 金景庸傳) 文 15, 12 任 中樞院使(史8·要5)		

		②文 16, 7 在·卒 中樞使·兵部尙書(史8·墓 p. 41 崔繼芳墓誌銘) ※檢校太子太師·中樞院使·兵部尙書(墓 p. 47 尹彦榮 妻 柳氏墓誌銘) ※兵部尙書·中樞使(墓 p. 126 金之祐墓誌銘)		
92	洪揩	⑥文 13, 8 工部尙書(史8·要5) ※年 八十 以上		
93	王懋崇	③文 15, 正月 任 戶部尙書·判御史臺事(史8)	文 6, 4 任 左副承宣(史7) 文 7, 在 同知中樞院事(史95 崔冲傳) 文 11, 3 任 御史大夫(史8·要5)	文 15, 9 任 知中樞院事(史8·要5) 文 17, 8 任 東北面行營兵馬使(史8) 文 22, 正月 任 判尙書刑部事(史8·要5) 文 25, 5 任 中書侍郎 同中書門下平章事·判尙書兵部事(史8·要5)
94	異惟忠	⑤文 15, 正月 任 刑部尙書(史8)	文 11, 3 任 同知中樞院事(史8·要5) 文 知中樞院事(朝鮮金石總覽 p. 283 智光國師碑) 文 14, 9 任 中樞院使(史8·要5)	文 15, 12 任 叅知政事(史8·要5) 文 17, 8 任 判三司事·西北面中軍兵馬使(史8)
95	崔順漢	③文 15, 3 任 戶部尙書(史8)		
96	鄭層	⑥文 15, 3 任 攝工部尙書(史8) ※工部尙書(史95 金元鼎傳)		
97	張仲英	⑥文 15, 4 任 工部尙書(史8)	文? 工部侍郎(朝鮮金石總覽 p. 283 智光國師碑)	
98	李璜	③文 17, 4 任 戶部尙書(史8)	德 2, 正月 在 左右衛猛校尉(史5)	

99	朴希仲	⑥文 17, 4 任 攝工部尙書(史8)		
100	崔 偁 (及第)	④文 19, 9 在 禮部尙書(史8・要5)	文 12, 2 在 內史舍人・知東宮侍講事(史8・要5) 文 15, 11 任 左諭德(史8)	文 22, 4 知貢擧(史73 選擧志 科目 選場) 文 22, 4 任 同知中樞院事(史8・要5) 文? 叅政(補閑集 上 崔文憲公典試)
101	金 陽 (江陵)	②文 21, 正月 在 兵部尙書(史8) ⑥文 26, 3 任 工部尙書(史9)	文 15, 11 任 太子右庶子(史8)	文 29, 12 任 尙書右僕射(史9)
102	金行瓊 (靈光)	②文 22, 正月 任 兵部尙書(史8)	文 15, 8 任 翰林學士(史8) 文 17, 5 在 翰林學士 任 知貢擧(史73 選擧志 科目 選場)	文 24, 4 在 尙書左僕射 任 知貢擧(史73 選擧志 科目 選場) 文 25, 正月 任 左僕射・判尙書刑部事(史8・要5) 文 25, 正月 任 叅知政事(史8・要5)
103	李 頲 (慶源) (蔭叙)	③文 24, 任 戶部尙書・中樞使・權西京留守使(墓 p. 28 墓誌銘) ①文 25, 任 吏部尙書(墓 p. 28)	文 13, 任 尙書右丞(墓 p. 28 墓誌銘) 文 14, 任 吏部侍郎(墓 p. 28) 文 16, 任 殿中監・知尙書吏部事(墓 p. 28) 文 18, 任 同知中樞院事・兼三司事(墓 p. 28) 文 22, 正月 任 右散騎常侍(史8・墓 p. 28)	文 26, 任 叅知政事・判三司事(墓 p. 28) 文 29, 7 任 中書侍郎 同中書門下平章事・上柱國(史9・墓 p. 28)
104	洪德威	②文 25, 正月 任 兵部尙書(史8)	文 16, 6 在 禮部侍郎・左諫議大夫 任 東北面秋冬番兵馬副使(史8) 文 22, 8 在 刑部侍郎 任 東北面秋冬番兵馬副使(史8)	文 29, 7 任 秘書監・左諫議大夫・兼太子少詹事(史9)

105	李聰顯	④文 26, 3 任 禮部尚書(史9)	文 20, 4 在·免職 攝大府卿(史8)	
106	李徵望	②文 26, 12 任 兵部尚書(史9)	文 22, 2 在 大府少監 任 東北面春夏番兵馬副使(史8) 文 23, 7 在 兵部侍郎 任 東北面秋冬番兵馬副使(史8)	文 28, 7 任 尚書右僕射(史9·要5) 文 29, 正月 任 左僕射·判兵部事(史9·要5) 文 35, 7 卒 叅知政事致仕(史9·要5)
107	鄭惟產 (海州)	⑤文 27, 2 任 攝刑部尚書(史9) 文 27, 10 在 翰林學士 任 知貢擧(史73 選擧志 科目 選場) ④文 27, 12 任 禮部尚書(史9) 文 29, 正月 任 叅知政事·監修國史(史9·要5) 文 29, 3 任 太子少師(史9) ①文 29, 7 任 吏部尚書(史9·要5)	文 23, 5 任 尚書左丞·右諫議大夫(史8) 文 23, 7 任 西北面秋冬番兵馬副使(史8) 文 25, 正月 任 翰林學士(史8) 文 26, 7 在 翰林學士·國子祭酒 任 知西北面秋冬番兵馬事(史9)	文 31, 11 任 判尚書禮部事(史9·要5) 宣 8, 4 卒 門下侍郎平章事致仕(史10·要6)
108	崔惟吉 (海州) (蔭叙)	③文 27, 12 任 戶部尚書(史9)		文 29, 3 任 太子賓客(史9) 文 29, 7 任 尚書右僕射(史9) 文 29, 12 任 尚書左僕射(史9)
109	閔昌壽	⑤文 27, 12 任 刑部尚書(史9)	文 26, 2 在 戶部侍郎 任 東北面兵馬副使(史9)	
110	金若珍 (中和)	③文 29, 7 任 戶部尚書·叅知政事·權判三司事·兼太子少保(史9·要5)	文 24, 7 在 戶部侍郎 任 東北路兵馬副使(史8) 文 28, 7 任 左散騎常侍(史9)	文 29, 12 任 判東北面兵馬事(史9·要5) 文 31, 12 任 太子太保(史9) 文 36, 12 在·卒 中書侍郎平章事(史9·要5)

111	文 正 (長淵) (及第)	⑤文 29, 7 任 刑部尙書·知中樞院事 (史9·要5)	文 24, 4 在 兵部侍郎·左諫議大夫 任 西北路兵馬副使 (史8)	文 31, 12 任 太子少保(史9) 文 31, 11 任 叅知政事·兼西京留守使 (史9·要5)
112	李靖恭 (樹州) (及第)	④文 29, 7 任 禮部尙書·太子賓客(史9) ④文 30, 3 在 禮部尙書 任 知貢擧(史73 選擧志 科目 選場) ②文 30, 9 任 兵部尙書(史9)	文 14, 3 任 侍御史(史8) 文 24, 正月 任 翰林學士(史8)	文 35, 11 任 叅知政事·修國史(史9·要5) 文 36, 8 在 左僕射 (史9) 文 37, 正月 任 中書侍郎同中書門下平章事(史9·要5)
113	方吳桂	③文 29, 8 任 戶部尙書(史9)		
114	曹爲一	⑥文 29, 8 任 攝工部尙書(史9)		
115	柳得韶	⑥文 29, 12 任 工部尙書·判司天太史局事(史9)	文 元年, 3 在 太史丞 (史7)	
116	王 錫	③文 30, 4 在 戶部尙書(史9·要5) ③文 35, 正月 任 戶部尙書·知吏部事 (史9)		文 37, 正月 任 右僕射(史9·要5) 宣 卽位, 12 在 叅知政事(史10)
117	李 碩 (慶源)	⑥文 31, 正月 任 工部尙書(史9·史88 后妃傳 宣宗 思肅太后李氏) ※尙書(史127 李資義傳)	文 26, 7 在 兵部侍郎 任 東北面秋冬番兵馬副使(史9)	
118	盧 寅 (宋 出身)	④文 31. 11 任 禮部尙書(史9)	文 20, 4 在 起居舍人 任 知貢擧(史73 選擧志 科目 選場) 文 25, 正月 任 尙書右丞·左諫議大夫(史8) 文 27, 2 任 殿中監(史9) 文 29, 12 任 左散騎常侍(史9)	

119	文晃	⑥文 32, 5 在 工部尙書(史9)	文 30, 9 任 御史中丞(史9)	宣 3, 4 任 知中樞院事(史10·要6) 宣 4, 7 任 西北路兵馬使·兼知中軍兵馬事(史10) 宣 4, 9 任 檢校太子太傅(史10) 宣 4, 12 任 知中樞院事(史10·要6)
120	盧旦	②文 32, 6 在 兵部尙書(史9) ④文 34, 5 在 禮部尙書 任 知貢擧(史73 選擧志 科目 選場) ④文 35, 8 在 禮部尙書(史9·要5)	文 28, 7 任 禮部侍郎·右諫議大夫(史9) 文 29, 8 任 翰林學士(史9) 文 31, 12 任 直門下省(史9)	文 35, 12 任 右僕射·翰林學士承旨(史9) 宣 2, 4 在 中樞院使 任 知貢擧(史73 選擧志 科目 選場) 宣 3, 4 任 尙書左僕射·叅知政事(史10·要6) 宣 8, 7 卒 尙書左僕射致仕(史10·要6)
121	金悌	⑤文 32, 6 在 中樞院使·刑部尙書(史9) ①文 33, 2 任 吏部尙書·叅知政事·兼太子少保(史9) 吏部尙書·叅知政事(要5)	文 25, 3 在 民官侍郎(史8·要5) 文 29, 7 任 禮賓卿·同知中樞院事(史9) 文 31, 11 任 左散騎常侍·知中樞院事(史9)	文 35, 2 任 太子太保(史9)
122	金良鑑	③文 32, 6 任 知中樞院事·戶部尙書(史9)	文 27, 8 在 太僕卿(史9·要5) 文 29, 12 任 右散騎常侍(史9) 文 31, 11 任 同知中樞院事(史9)	文 35, 正月 任 叅知政事·判尙書兵部事·兼西京留守使(史9·要5) 文 35, 3 任 權判中樞院事(史9·要5) 文 37, 正月 任 左僕射(史9·要5) 宣 卽位, 12 在 中書侍郎平章事(史10)
123	柳洪 (貞州)	①文 32, 6 在 知中樞院事·吏部尙書(史9)	文 25, 12 任 給事中·左承宣(史8) 文 27, 2 任 兵部侍郎·中樞院知奏事(史9)	文 35, 2 任 太子賓客(史9) 文 35, 12 任 中樞院使(史9)

		③文 34, 3 在 戶部尙書(史9·要5·史95 朴寅亮傳)	文 29, 正月 任 中樞副使(史9·要5) 文 29, 7 任 知中樞院事(史9·要5)	宣 即位, 12 在 叅知政事(史10) 宣 3, 4 任 中書侍郎平章事(史10·要6)
124	崔奭 (鐵原) (及第)	①文 35, 正月 任 吏部尙書·叅知政事(史9) 檢校司空·吏部尙書·叅知政事·判三司事(要5) ①文 35, 6 在 吏部尙書(要5) ①文 36, 3 在 吏部尙書 任 知貢擧(史73 選擧志 科目 選場)	文 29, 4 在 刑部侍郎(史9·要5) 文 29, 12 任 殿中監·知御史臺事(史9) 文 31, 12 任 左諫議大夫(史9) 文 34, 12 在 同知中樞院事 任 兵馬使(史9·要5)	文 37, 正月 任 中書侍郎同中書門下平章事(史9·要5) 宣 3, 4 任 門下侍郎平章事(史10·要6)
125	廉漢	②文 34, 12 在 兵部尙書 任 兵馬使(史9·要5) ②文 35, 正月 任 兵部尙書(史9·要5) ②文 35, 11 在 兵部尙書(史9)	文 27, 6 在 領軍都部署將軍(史9·要5)	
126	崔思齊 (海州) (及第)	④文 35, 4 在 禮部尙書(史9·要5)		文 35, 12 任 右散騎常侍(史9) 宣 5, 3 任 中樞院使(史10) 宣 6, 6 任 叅知政事(史10·要6) 宣 7, 2 任 中書侍郎同中書門下平章事(史10·要6)
127	洪德成 (及第)	⑥文 35, 12 在 工部尙書(史9·要5·墓 p. 122 閔瑛墓誌銘) ⑥文 尙書(補閑集 上 崔文憲公典試)		
128	李象先 (遂安) (及第)	③文? 戶部尙書(墓 p. 202 李仁榮墓誌銘)	靖 6, 5 任 監察御史(史6)	

129	金上琦 (江陵) (及第)	③宣 2, 8 在 戶部尙書(史10·要6) 宣 3, 11 在 諫議(史10) 宣 6, 6 任 右散騎常侍(史10) ③宣 8, 7 任 戶部尙書·政堂文學(史10·要6) ①宣 9, 正月 任 吏部尙書(史10) ①宣 9, 4 在 吏部尙書 任 知貢擧(史73 選擧志 科目 選場) 宣 9, 4 在 政堂文學 任 權判東北面兵馬事·兼行營兵馬使(史10·要6) 宣 9, 6 在 政堂文學 任 修國史(史10) ①宣 10, 5 任 吏部尙書·叅知政事·判尙書戶部事·修國史(史10·要6)	文 29, 12 任 左補闕(史9) 宣 元年, 5 在 吏部侍郎 任 同知貢擧(史73 選擧志 科目 選場)	獻 元年, 9 任 中書侍郎同中書門下平章事(史10·要6) 肅 卽位, 10 任 守司徒·門下侍郎同中書門下平章事(史11·要6)
130	林槩 (沃溝)	⑥宣 2, 8 在 工部尙書(史10·要6) 宣 4, 2 任 御史大夫(史10·要6) 宣 4, 8 在 御史大夫 任 西北路兵馬使(史10) 宣 9, 正月 任 同知中樞院事(史10) 宣 9, 4 在 同知中樞院事 任 東北面兵馬使·兼行營兵馬使(史10·要6) ⑤宣 10, 5 任 中樞院使·刑部尙書(史10)	文 35, 12 任 衛尉卿·知御史臺事(史9)	獻 卽位, 6 任 叅知政事(史10·要6) 獻 元年, 9 任 守司空·尙書左僕射·判戶部事(史10·要6) 肅 卽位, 10 任 中書侍郎平章事·判刑部事(史11·要6)

131	盧神烈	③宣 3, 4 任 戶部尙書(史10)		
132	文 幹 (旄善)	②宣 3, 4 任 攝兵部尙書(史10)		
133	邵台輔	⑤宣 3, 8 在 刑部尙書 任 西北面兵馬使(史10) ①宣 4, 正月 任 吏部尙書(史10) ※②宣 兵部尙書·知三司事(東文選 卷29 批答 邵台輔讓)	文宗末 戶部侍郎(史95 列傳)	宣 8, 9 在 左僕射(史10·要6) 宣 9, 2 任 叅知政事(史10·要6) 宣 10, 5 任 中書侍郎平章事·判刑兵部事(史10·要6)
134	柳 奭	⑥宣 3, 8 在 工部尙書 任 東北面兵馬使(史10) 宣 8, 7 任 同知中樞院事(史10·要6) 宣 9, 6 任 知中樞院事(史10·要6) 宣 10, 3 在 同知中樞院事 任 太子左詹事(史10) ④宣 10, 5 任 禮部尙書·叅知政事(史10·要6)		獻 卽位, 6 任 左僕射(史10·要6) 獻 元年, 4 在 叅知政事 任 知貢擧(史73 選擧志 科目 選場) 獻 元年, 5 任 判三司事(史10·要6) 獻 元年, 9 任 中書侍郎同中書門下平章事(史10·要6)
135	金忠義	③宣 4, 12 任 戶部尙書(史10)		
136	李 顔 (慶源)	⑤宣 5, 12 任 刑部尙書·叅知政事(史10·要6)	宣 5, 2 在 中樞院副使(史10·要6)	宣 8, 12 在·卒 門下侍郎平章事(史10·要6)
137	李資義 (慶源) (蔭叙)	③宣 7, 7 在 戶部尙書(史10·要6·史127 列傳)	宣 6, 12 在 大僕卿(史10)	獻 卽位, 6 任 知中樞院事(史10·要6) 獻 元年, 5 任 中樞院使(史10·要6·史127 列傳) 獻 元年, 7 伏誅 中樞院使(史10·要6)
138	徐 靖	②宣 8, 9 在 兵部尙書(史10·要6)	文 19, 8 在 殿中少監(史8·要5) 宣 6, 6 任 三司使(史10)	宣 9, 4 在 中樞院使 任 西北面兵馬使·兼中軍兵馬使(史10·要6)

No.	姓名			
				宣 9, 6 任 叅知政事(史10・要6) 宣 10, 5 任 尙書左僕射・叅知政事・判三司事(史10・要6)
139	朴揚旦 (平山?)	⑤宣 9, 正月 卒 中樞院使・刑部尙書致仕(史10) ※刑部尙書・中樞院使(墓 p. 130 朴璜墓誌銘)	文 23, 2 在 大府少卿 任 西北面春夏番兵馬副使(史8)	
140	李預 (慶源) (及第)	②宣 兵部尙書(史95 列傳) 宣 11, 3 在 知中樞院事 任 知貢擧(史73 選擧志 科目 選場) ⑤獻 元年, 5 任 政堂文學・刑部尙書(史10・要6・史95 列傳) *李資義黨 罷職 ⑤睿 元年, 12 任・致仕 檢校太尉・刑部尙書・政堂文學(史12・史95 列傳)	宣 2, 4 在 禮部侍郎 任 同知貢擧(史73 選擧志 科目 選場) 宣 4, 12 任 翰林學士(史10) 宣 9, 6 任 同知中樞院事(史10・要6) 宣 10, 5 任 知中樞院事・翰林學士承旨(史10・史95 列傳)	
141	黃宗慤	②宣 10, 7 在 兵部尙書(史10・要6) 獻 元年, 9 任 同知樞密院事(史10・要6) 肅 即位, 12 任 知樞密院事(史11・要6) ③肅 元年, 8 在・卒 知樞密院事・戶部尙書(史11)	宣 3, 5 在 尙書左丞(史10) 宣 4, 11 任 衛尉卿・西京副留守(史10)	
142	金義忠	③宣? 戶部尙書(墓 p. 189 墓誌銘)	文 36, 2 在 衛尉少卿 任 東北面兵馬副使(史9)	
143	崔思諏 (海州) (蔭敍・及第)	①獻 元年, 8 任 吏部尙書・知中樞院事(史10・要6・史96 列傳)	宣 5, 3 在 禮賓少卿 任 同知貢擧(史73 選擧志 科目 選場)	肅 元年, 3 在 叅知政事 任 知貢擧(史73 選擧志 科目 選場)

		肅 卽位, 10 任 守司空·中樞院使·翰林學士承旨(史11·要6) ①肅 卽位, 12 任 吏部尙書·叅知政事(史11·要6)	宣 御史大夫(史96 列傳) 獻 卽位, 6 任 同知中樞院事·左散騎常侍(史10·要6·史96 列傳)	肅 2, 3 任 中書侍郎平章事·判刑部事·兼西京留守使(史11·要6·史96 列傳)
144	金先錫	⑤獻 元年, 9 任 刑部尙書(史10)	文 戶部郎中(史95 列傳) 宣 5, 9 在 太僕少卿(史10·要6)	肅 卽位, 10 任 知樞密院事(史11·要6·史95 列傳) 肅 卽位, 12 任 樞密院使(史11·要6) 肅 2, 3 任 左僕射·判戶部事(史11·要6·史95 列傳) 肅 2, 8 任 中書侍郎平章事(史11·要6·史95 列傳)
145	尹莘傑	②肅 卽位, 10 任 龍虎軍上將軍·兵部尙書(史11·要6)		
146	黃兪顯	⑥肅 卽位, 10 任 工部尙書(史11·要6) ③肅 元年, 正月 任 鷹揚軍上將軍·戶部尙書(史11) 肅 9, 2 在·罷職 兵馬使·左僕射 (史12·要7) ③睿 卽位, 11 任 興威衛上將軍·戶部尙書(史12)		
147	崔 迪	⑤肅 卽位, 10 任 金吾衛上將軍·攝刑部尙書(史11·要6) ⑤肅 元年, 正月 任 神虎衛上將軍·刑部尙書(史11) ⑤肅 元年, 6 在 刑部尙書(史11)		

148	黃瑩	④肅 卽位, 12 任 禮部尙書·同知樞密院事(史11·要6)		肅 元年, 6 在 知樞密院事(史11) 肅 2, 3 任 叅知政事(史11·要6) 肅 2, 4 在 叅知政事 任 知貢擧(史73 選擧志 科目 選場) 肅 4, 2 任 中書侍郎同中書門下平章事(史11·要6)
149	郭尙 (淸州)	③肅 卽位, 任 戶部尙書(史97 列傳) 肅 初年, 任 西京留守(史97 列傳) ⑤肅 初年, 任 刑部尙書(史97 列傳)	宣 3, 閏2 在 殿中少監(史10) 宣 在 左承宣(史97 列傳)	肅 6, 9 在 同知樞密院事(史11·要6) 肅 7, 3 任 左僕射·叅知政事·兼西京留守使(史11) 肅 7, 6 在 叅知政事(史11)
150	庾晢	⑥肅 元年, 正月 在 工部尙書·三司使 任 西北面兵馬使(史11) ①肅 2, 4 在 吏部尙書 任 同知貢擧(史73 選擧志 科目 選場)	宣 4, 11 在 衛尉少卿(史10·要6)	肅 4, 12 任 尙書右僕射·兼太子賓客(史11)
151	王惟烈	⑥肅 元年, 正月 任 金吾衛上將軍·工部尙書(史11)		
152	魏繼廷 (及第)	④肅 2, 3 任 禮部尙書·翰林學士承旨(史11) 肅 3, 3 任 賓客(史11) ④肅 3, 4 在 禮部尙書 任 知貢擧(史73 選擧志 科目 選場) ①肅 4, 2 任 吏部尙書(史11)	宣 7, 7 在 禮部侍郎(史10·要6) 宣 御史中丞(史95 列傳) 宣 樞密承宣(史95 列傳)	肅 6, 6 任 判翰林院事(史11·要6) 肅 6, 12 任 中書侍郎同中書門下平章事(史11·要6·史95 列傳)
153	李頲 (慶源) (及第)	④肅 4, 2 任 禮部尙書(史11)	宣 8, 3 在 禮部郎中(史74 選擧志 科目 國子試之額)	肅 5, 4 在 同知樞密院事 任 知貢擧(史73 選擧志 科目 選場)

			肅 元年, 6 在 直門下省 (史11) 肅 2, 3 任 禮賓卿·樞 密院副使(史11) 肅 3, 3 任 賓客(史11)	肅 6, 9 在 政堂文學 (要6) 肅 6, 12 任 叅知政事 (史11·要6)
154	林成槩	⑥肅 4, 4 任 工部尙 書(史11) 睿 6, 3 尙書致仕(史 13) ④睿 8, 4 禮部尙書致 仕(史13·要8)	肅 元年, 3 在 禮部侍郎 任 同知貢擧(史73 選 擧志 科目 選場)	
155	吳壽增	⑤肅 4, 12 任 刑部尙 書(史11)		肅 6, 4 在 樞密院事 任 西北面兵馬使· 知中軍兵馬使事 (史11) 肅 6, 6 任 判三司事 (史11·要6) 肅 6, 12 任 尙書左僕 射·兼太子賓客 (史11·要6) 肅 8, 2 任 叅知政事 (史12·要7)
156	韓 瑩	②肅 4, 12 任 兵部尙 書(史11) ②肅 6, 正月 在 兵部 尙書(史11) 肅 6, 12 任 尙書右 僕射(史11·要6) ⑤肅 10, 3 任 刑部尙 書(史12)	宣 3, 5 在 尙書右丞(史 10·要6)	
157	趙公善	③肅 4, 12 任 戶部尙 書(史11)		
158	崔弘(洪)嗣 (忠州) (及第)	④肅 6, 正月 在 禮部 尙書 任　西北面兵馬使 (史11) ①肅 6, 12 任 吏部尙 書(史11)	宣 3, 5 在 禮部侍郎(史 10·要6) 獻 元年, 4 在 左承宣 任 同知貢擧(史73 選 擧志 科目 選場) 肅 元年, 6 在 殿中監· 知奏事(史11)	肅 7, 12 任 尙書右僕 射·兼三司事(史11) 肅 8, 6 任 樞密院 使·兼太子賓客 (史12·要7) 肅 8, 10 任 西北面兵 馬使兼知中軍兵馬 事(史12) 肅 9, 7 在 樞密院使 (史12·要7) 肅 9, 8 任 叅知政事 (史12·要7)

159	洪 器 (及第)	⑥肅 6, 4 任 工部尙書·充史館修撰官(史11)	文 31, 12 任 右補闕(史9) 肅 3, 4 在 國子祭酒 任 同知貢擧(史73 選擧志 科目 選場)	
160	羅 俊	⑤肅 6, 11 任 左右衛上將軍·攝刑部尙書(史11)	肅 3, 3 任 左監門(史11)	
161	崔 挺	⑥肅 6, 11 任 金吾衛上將軍·工部尙書(史11) ※攝工部尙書·攝金吾衛上將軍(墓 p. 186 王佇墓誌銘)	肅 3, 3 任 詹事府侍衛(史11)	睿 卽位, 11 任 尙書右僕射·鷹揚軍上將軍(史12) 睿 7, 9 任 判尙書工部事(史13) 睿 8, 2 檢校司徒·叅知政事致仕(史13)
162	柳 伸 (全州) (及第)	④肅 6, 12 任 禮部尙書·同知樞密院事·翰林學士承旨(史11·要6) ①肅 7, 12 任 吏部尙書(史11)	宣 10, 7 在 工部侍郞(史10·要6) 肅 元年, 6 在 右承宣·給事中(史11) 肅 3, 3 任 左諭德(史11) 肅 5, 4 在 知奏事 任 同知貢擧(史73 選擧志 科目 選場)	肅 7, 12 任 西北面兵馬使(史11) 肅 8, 2 任 檢校司空(史12) 肅 8, 6 任 左僕射·政堂文學(史12·史95 列傳)
163	金景庸 (慶州)	②肅 6, 12 任 兵部尙書·同知樞密院事(史11·要6) 肅 8, 2 任 知樞密院事(史12·要7) ③肅 8, 5 任 戶部尙書(史12)	肅 元年, 10 在 御史中丞(要6) 肅 3, 3 任 右諭德(史11) 肅 3, 12 任 吏部侍郞·知御史臺事(史11)	肅 10, 6 任 判尙書工部事(史12) 睿 卽位, 11 任 檢校太師·守司空(史12) 睿 元年, 3 任 知門下省事(史12) 睿 元年, 12 任 左僕射·叅知政事(史12·要7)
164	崔 瓅 (孔巖)	⑤肅 7, 6 任 刑部尙書(史11·墓 p. 120 崔梓墓誌銘) ③肅 8, 6 任 戶部尙書(史12)	宣 4, 12 在 刑部侍郞(史10·要6) 肅 元年, 正月 在 尙書左丞 任 東北面兵馬使(史11)	
165	林 義	④肅 7, 12 任 禮部尙書·兼史館脩撰(史11)		

166	尹 瓘 (坡平) (及第)	①肅 8, 2 任 吏部尙書・同知樞密院事(史12・要7) 吏部尙書(史96 列傳)	肅 4, 4 任 右諫議大夫・翰林侍講學士(史11) 肅 6, 6 任 知奏事(史11) 肅 7, 11 任 樞密院副使(史11・要6) 肅 7, 12 任 御史大夫(史11・史96 列傳)	肅 8, 6 任 知樞密院事・兼翰林學士承旨(史12・要7) 肅 9, 2 在 樞密院使 任 東北面行營兵馬都統(史12・要7) 肅 9, 7 任 叅知政事・判尙書刑部事・兼太子賓客(史 12)
167	金漢忠 (慶州) (及第)	④肅 8, 5 任 禮部尙書(史12)	獻 刑部侍郎(史95 列傳) 肅 3, 3 任 左庶子(史11・史95 列傳) 肅 6, 6 在 大府卿 任 西北面兵馬使(史11)	睿 元年, 3 任 尙書左僕射・判秘書省事(史12) 睿 2, 12 在 中軍兵馬使(要7) 睿 5, 12 任 判工部事(史13・史95 列傳) 睿 6, 8 任 樞密院使(史13) 睿 6, 12 任 尙書左僕射(史13) 睿 15, 9 卒 樞密院使致仕(史14・要8) ※尙書左僕射致仕(史95 列傳) ※守司空・左僕射・樞密院使・判工部事致仕(墓 p. 201 崔精墓誌銘)
168	任 懿 (定安) (及第)	②肅 8, 5 任 兵部尙書(史12・史95 列傳・墓 p. 44 墓誌銘) 肅 9, 4 在 判御史臺事(史12・墓 p. 44) 肅 9, 8 任 同知樞密院事(史12・要7・墓 p. 44) ①肅 10, 6 任 樞密院使・吏部尙書(史12・要7) ※樞密院使・吏部尙書・兼太子賓客・判三司事(墓 p. 44)	肅 卽位, 10 在 刑部侍郎(史11・要6) 肅 元年, 在 攝司宰卿 任 全州牧使(墓 p. 44 墓誌銘) 肅 4, 4 任 太僕卿・諫議大夫(史11・墓 p. 44 墓誌銘) 肅 6, 6 任 御史大夫(史11・史95 列傳・墓 p. 44)	睿 卽位, 11 任 尙書左僕射・叅知政事(史12・史95 列傳) ※參知政事(要7) ※檢校司徒・尙書左僕射・叅知政事・判樞密院事(墓 p. 44) 睿 2, 7 在 叅知政事 任 判尙書刑部事(史12) 睿 4, 7 在 中書侍郎平章事(史13・要7・史95 列傳)

169	李繼膺	⑤肅 9, 12 任 刑部尙書(史12)	肅 3, 12 任 刑部侍郎·右諫議大夫(史11) 肅 7, 正月 在 少府監 任 知東北面兵馬事(史11) 肅 7, 6 任 左散騎常侍(史11) 肅 8, 6 任 左散騎常侍(史12)	
170	崔公詡 (翊)	⑥肅 9, 12 任 攝工部尙書(史12) ⑥睿 元年, 2 在 工部尙書 任 西北面兵馬使(史12)	肅 7, 9 在 西京副留守(史11)	睿 4, 2 任 右僕射(史13)
171	鄭文 (草溪) (及第)	⑤肅 10, 6 任 刑部尙書·政堂文學·兼太子賓客(史12·要7·史95 列傳) ④睿 卽位, 11 任 檢校司空·禮部尙書(史12·史95 列傳)	宣 刑部員外郎(史95 列傳) 肅 9, 2 在 翰林學士 任 知貢擧(史73 選擧志 科目 選場) 肅 9, 7 在 秘書監(史12)	睿 元年, 12 在·卒 政堂文學(史12·要7)
172	王嘏 (開城)	②肅 10, 6 任 知樞密院事·兵部尙書(史12·要7) ①睿 卽位, 11 任 吏部尙書·樞密院使(史12) 樞密院使(要7)	肅 3, 12 任 兵部員外郎·右副承宣(史11) 肅 6, 6 任 左承宣(史11) 肅 8, 2 任 樞密院副使(史12·要7) 肅 9, 12 任 三司事(史12)	睿 卽位, 11 任 西北面兵馬使·兼知中軍兵馬事(史12) 睿 元年, 12 任 守司空(史12) 睿 2, 7 在 樞密院使 任 判三司事(史12) 睿? 叅知政事(墓 p. 121 崔梓墓誌銘)
173	李緯	⑤睿 卽位, 11 任 刑部尙書·知制誥(史12) ④睿 元年, 8 在 禮部尙書 任 中軍兵馬使(史12)		
174	崔惟正	②睿 卽位, 11 任 兵部尙書(史12) ②睿 元年, 8 在 兵部尙書 任 中軍兵馬使(史12)	肅 3, 3 任 右淸道率府率(史11)	

175	高義和 (全州)	⑤睿 卽位. 11 任 龍虎軍上將軍·刑部尙書(史12) ②睿 3. 7 任 兵部尙書(史12·史95 邵台輔附傳)	獻 散員(史95 邵台輔附傳) 獻 元年. 7 壯士(要6)	睿 9. 正月 任 右僕射·鷹揚軍上將軍(史13) 睿 14. 正月 卒 尙書左僕射致仕(史14)
176	金德珍	②睿 元年. 3 任 兵部尙書·兼三司使(史12) ②睿 右軍兵馬使·兵部尙書(史96 尹瓘傳) ※睿 2. 12 在 右軍兵馬使(要7)	肅 6. 正月 在 尙書左丞 任 東北面兵馬使(史11) 肅 7. 6 在 大僕卿 任 東北面兵馬使(史11) 肅 9. 正月 在 衛尉卿 任 東北面行營兵馬使(史12·要7)	
177	柳子維	③睿 元年. 3 任 戶部尙書(史12) ③睿 4. 8 在 戶部尙書 任 西北面兵馬使(史13) ⑤睿 6. 3 任 刑部尙書(史13) ⑥睿 6. 12 任 工部尙書(史13)	睿 卽位. 12 在 右散騎常侍 任 東界加發兵馬使(史12·要7)	睿 8. 3 任 尙書右僕射(史13·要8) 睿 8. 7 任 守司空(史13) 睿 8. 12 任 尙書右僕射·判工部事(史13)
178	吳延寵 (海州) (及第)	⑤睿 任 檢校司空·刑部尙書(史96 列傳)	肅 9. 3 任 左承宣·刑部侍郎·知御史臺事(史12·要7·史96 列傳) 肅 9. 6 任 尙書左丞·翰林侍講學士(史12·史96 列傳) 肅 9. 7 在 權知樞密院副使(史12) 肅 9. 8 任 樞密院副使·翰林學士(史12·要7) 肅 10. 6 任 同知樞密院事·秘書監·翰林學士承旨(史12) 睿 卽位. 11 任 知樞密院事·御史大夫·翰林學士承旨(史12·要7·史96 列傳) 睿 卽位. 12 任 東界行營兵馬使(史12)	睿 元年. 12 在 知樞密院事(史12·要7) 睿 2. 閏10 任 副元帥(史12) ※睿 2. 在 知樞密院事 任 副元帥(史58 地理志 東界) 睿 3. 4 任 尙書左僕射·叅知政事(史12·要7) 睿 4. 4 在 東界兵馬副元帥(史13) ※免官 睿 5. 12 任 中書侍郎平章事·判三司事(史13·要7)

179	李 瑋 (樹州) (及第)	④睿 3, 5 在 禮部尚書 任 知貢擧(史73 選擧志 科目 選場) 睿 4, 6 在 樞密使 (要7・史96 尹瓘 傳) 睿 4, 10 任 參知政事(史13・要7) ⑤睿 5, 6 任 刑部尚書(史13・史98 列傳)	肅 10, 閏正月 任 秘書監・知尚書吏部事(史12) 肅 10, 6 任 御史大夫(史12・要7) 睿 元年, 11 任 同知樞密院事(史12) 睿 元年, 12 任 檢校司空(史12)	睿 5, 6 在 參知政事(史13) 睿 5, 12 任 中書侍郎・判戶部事・兼西京留守使(史13・要7)
180	金麗珍	③睿 3, 7 任 攝戶部尚書(史12)		
181	朴 伸	⑥睿 3, 7 任 攝工部尚書(史12)		
182	金商祐	⑤睿 3, 7 在 刑部尚書(史12・要7) ④睿 4, 3 在 禮部尚書 任 同知貢擧(史73 選擧志 科目 選場) ③睿 4, 7 任 戶部尚書・翰林學士(史13) ④睿 5, 6 任 禮部尚書(史13) 睿 5, 12 任 御史大夫(史13) ①睿 6, 12 任 吏部尚書(史13・墓 p. 90 韓惟忠墓誌銘) ⑤睿 7, 9 任 刑部尚書(史13)	睿 元年, 3 任 攝御史大夫(史12) 睿 2, 12 任 御史大夫(史12)	
183	宋 忠	②睿 3, 8 在・戰死 將軍 贈 上將軍・兵部尚書(史12・要7)	肅 9, 2 在・罷職 兵馬副使・大將軍(史12・要7)	
184	文 冠 (旌善) (及第)	①睿 4, 7 在 兵馬使・吏部尚書(史13・要7・史97 列傳)	睿 10, 閏正月 任 少府監・知御史臺事・兼太子左庶子(史12) 睿 元年, 3 任 右散騎常侍(史12)	睿 5, 11 任 守司空(史13) 睿 6, 3 在・致仕 參知政事(要7・史97 列傳)

			睿 2, 12 在 左軍兵馬使 (要7)	
185	許 慶 (孔巖) (及第)	⑤睿 5, 12 任 刑部尙 書·樞密院使(史13 ·要7·史97 列傳) ①睿 6, 3 任 吏部尙 書·叅知政事(史 13·要7·史97 列 傳)	肅 9, 6 任 給事中·右 副承宣(史12) 肅 10, 閏正月 任 吏部 侍郎·左承宣(史12) 睿 4, 4 在 同知樞密院 事(史13)	睿 6, 12 任 中書侍郎 同平章事(史13· 要7) 睿 7, 2 檢校司徒·判 尙書禮部事(史13 ·要7)
186	史 榮	③睿 5, 12 任 攝戶部 尙書·西京知留 守(史13) ⑥睿 8, 12 任 攝工部 尙書·三司使(史 13) ⑥睿 9, 3 任 工部尙 書(史13) ⑥睿 9, 7 在 工部尙 書 任 西北面兵馬使 (史13) ①睿 9, 12 任 吏部尙 書(史13)		
187	任申幸	⑤睿 6, 2 任 攝刑部 尙書(史13) ⑤睿 7, 8 在·流刑 部尙書(史13·要7 ·史90 宗室傳 文 宗 道生僧統竅)	睿 卽位, 12 任 兵馬副 使(史12)	
188	柳仁著 (貞州) (蔭敍· 及第)	②睿 6, 3 任 兵部尙 書(史13)	睿 4, 4 在 樞密院副使 (史13) 睿 4, 10 任 殿中監·知 樞密院事(史13)	睿 6, 12 任 守司空 (史13) 睿 7, 2 任 叅知政事 (史13·要7) 睿 7, 9 任 左僕射· 判尙書刑部事(史 13·要7) 睿 8, 5 在·卒 叅知 政事(史13·要8)
189	崔繼芳 (水州)	③睿 6, 3 任 戶部尙 書·兼三司使(史 13) 睿 7, 2 任 同知樞密 院事(史13·要7)	睿 4, 正月 在 御史大夫 (史13·要7)	睿 8, 12 任 尙書左僕 射·判三司事·柱 國(史13·要8)

		睿 7, 9 任 檢校司空・樞密院使(史13・要7) ②睿 8, 7 任 守司空・兵部尚書・叅知政事(史13)		睿 守司空・左僕射・叅知政事(墓 p. 40 墓誌銘)
190	李資謙 (慶源) (蔭敍)	⑤睿 6, 12 任 檢校司空・刑部尚書(史13) 睿 7, 2 任 叅知政事(史13・要7・史127 列傳) ②睿 7, 9 任 守司空・兵部尚書・判三司事(史13・要7)	睿 元年, 3 任 試御史中丞(史12) 睿 3, 正月 在 給事中(史12・要7) ※納妃 睿 4, 10 任 禮賓卿・樞密院副使(史13) 睿 5, 12 任 殿中監・同知樞密院事(史13・要7) 睿 6, 3 任 御史大夫(史13・要7)	睿 8, 3 任 尚書左僕射(史13・要8・史127 列傳) 睿 8, 12 任 檢校司徒・柱國(史13) 睿 9, 7 任 守司空・尚書左僕射・叅知政事(史13・要8) 睿 9, 12 任 守司徒・中書侍郎同中書門下平章事・兼西京留守使(史13・要8)
191	高令臣 (開州) (及第)	④睿 6, 12 任 禮部尚書(史13・史97 列傳) 睿 7, 2 任 同知樞密院事(史13・要7) ①睿 7, 9 任 吏部尚書・知樞密院事(史13・要7)	肅 6, 12 任 刑部侍郎・右諫議大夫(史11) 睿 即位, 11 任 秘書監・直門下省(史12) 睿 元年, 3 任 左散騎常侍(史12・史97 列傳) 睿 3, 7 在 尚書 任 西北面兵馬使(史12)	睿 8, 7 任 檢校司空・叅知政事(史13・要8・史97 列傳) 睿 11, 2 卒 叅知政事致仕(史14・要8)
192	劉載 (宋 출신)	④睿 7, 9 任 禮部尚書(史13・史97 列傳) ①睿 8, 12 任 吏部尚書(史13・史97 列傳)	肅 9, 2 在 禮部侍郎 任 同知貢擧(史73 選擧志 科目 選場・墓 p. 48 墓誌銘) 肅 9, 3 任 左諫議大夫(史12) 睿 4, 7 任 左散騎常侍(史13・史97 列傳)	睿 9, 3 任 尚書左僕射・文德殿學士(史13・要8) 睿 13, 3 在・卒 尚書右僕射(史14・要8)
193	宋秀	⑥睿 8, 2 任 神虎衛上將軍・工部尚書(史13) ⑥睿 11, 閏正月 任 工部尚書(史14) ②睿 15, 6 任 兵部尚書(史14)		

194	尹惟志	⑤睿 8, 2 任 左右衛上將軍·攝刑部尙書(史13) ②睿 9, 正月 任 兵部尙書·龍虎軍上將軍(史13)		睿 15, 6 任 右僕射(史14) 仁 卽位, 5 任 左僕射(史15)
195	金仁存 (金緣) (江陵) (及第)	②睿 8, 3 任 兵部尙書·知樞密院事(史13·要8) ④睿 8, 12 任 禮部尙書·政堂文學·判翰林院事(史13·要8) ③睿 9, 3 任 檢校司空·戶部尙書·叅知政事·判禮部事·兼西京留守使(史13·要8) 睿 9, 3 在 平章事 任 知貢擧(史73 選擧志 科目 選場) ④睿 9, 4 任 禮部尙書·政堂文學·判翰林院事(史13·要8) ⑤睿 9, 7 任 刑部尙書·判禮部事(史13·要8) ③睿 9, 12 任 守司徒·戶部尙書(史13)	睿 元年, 4 在 禮部侍郎 任 同知貢擧(史73 選擧志 科目 選場) 睿 元年, 8 在 禮部侍郎 任 中軍兵馬副使(史12) 睿 4, 2 任 右諫議大夫(史13) 睿 6, 3 任 秘書監·樞密院副使(史13·要7) 睿 7, 9 任 左散騎常侍·同知樞密院事·翰林學士承旨(史13·要7)	睿 10, 10 在 中書侍郎平章事(史14·要8) 睿 11, 6 任 守司徒·中書侍郎同中書門下平章事·上柱國(史14·要8·史96 列傳)
196	康 拯 (永康) (蔭敍)	⑤睿 8, 3 任 刑部尙書(史13·史97 列傳) ③睿 8, 7 任 戶部尙書·三司使(史13·史97 列傳)	睿 卽位, 11 任 知御史臺事(史12) 睿 6, 7 在 右散騎常侍 任 西北面兵馬使(史13) 睿 7, 9 任 御史大夫(史13·要7·史97 列傳)	睿 8, 12 任 知樞密院事(史13·要8) 睿 9, 3 任 左僕射·樞密院使·判三司事(史13·要8) 睿 11, 6 任 守司空·叅知政事·判尙書刑部事·兼太子少傅(史14·要8)
197	金至和	⑥睿 8, 3 任 工部尙書(史13)	肅 6, 12 任 右補闕(史11)	睿 9, 12 任 左僕射·兼三司使(史13)

		⑥睿 8, 7 在 工部尙書 任 西北面兵馬使(史13) ⑤睿 8, 12 任 刑部尙書(史13) ①睿 9, 3 任 吏部尙書(史13)	睿 7, 4 任 知吏部事(史13)	睿 12, 2 任 守司空(史14) 睿 12, 6 任 判工部事(史14·要8) 睿 14, 3 任 左僕射·叅知政事(史14·要8)
198	洪灌 (唐城) (及第)	④睿 8, 10 在 禮部尙書(史13·要8) 睿 9, 12 任 文德殿學士(史13) 睿 11, 2 在 國子祭酒(史74 選舉志 科目 國子試之額) 睿 13, 正月 在 寶文閣學士(史14) ④仁 元年, 4 在 禮部尙書 任 同知貢擧(史73 選舉志 科目 選場)	睿 6, 正月 在 國子司業·御史雜端 任 東北面兵馬副使(史13) 睿 6, 12 任 御史中丞(史13) 睿 7, 正月 在 御史中丞 任 東北面兵馬使(史13)	仁 4, 2 在·被殺 左僕射(史15·要9)
199	趙仲璋	②睿 8, 12 任 兵部尙書·樞密院使(史13·要8) ②睿 9, 3 任 檢校司空·兵部尙書·叅知政事·判刑部事(史13·要8)	睿 6, 3 任 吏部侍郎·知御史臺事(史13) 睿 7, 4 任 左諫議大夫(史13) 睿 8, 6 任 殿中監(史13) 睿 8, 7 任 同知樞密院事(史13·要8)	睿 9, 7 任 權樞密院事·判秘書省事(史13·要8) 睿 9, 12 任 守司空·判尙書刑部事(史13) 睿 10, 5 在 平章事 任 知貢擧(史73 選舉志 科目 選場) 睿 11, 6 任 守司徒·中書侍郎同中書門下平章事·判尙書戶部事(史14·要8)
200	金晙 (開州) (及第)	④睿 9, 3 任 禮部尙書·知樞密院事(史13·要8·史97 列傳) 睿 11, 4 在 知樞密院事 任 知貢擧(史73 選舉志 科目 選場)	睿 4, 12 任 尙書右丞·右承宣(史13) 睿 7, 2 任 禮賓卿·知奏事(史13) 睿 8, 7 任 樞密院副使(史13·要8) 睿 8, 12 任 左散騎常侍·同知樞密院事(史13·要8)	睿 12, 2 任 檢校司空·叅知政事(史14·要8) 睿 12, 6 任 判刑部事(史14·要8) 睿 12, 12 任 右僕射·兼太子少傅(史14·要8)

		②睿 11, 6 任 兵部尙書·樞密院使·兼太子賓客(史14) 兵部尙書·樞密院使(要8)		睿 14, 6 任 守司空(史14) 睿 15, 6 任 中書侍郎平章事(史14·要8)
201	李　載 (李軌) (淸州) (及第)	⑤睿 9, 3 任 刑部尙書·延英殿學士(史13) ③睿 9, 7 任 戶部尙書(史13·史97 金黃元附傳) ⑤睿 9, 12 任 刑部尙書·翰林學士承旨(史13) 睿 12, 2 任 樞密院使(史14·要8) 睿 在 樞密院使(史96 金仁存傳) 睿 12, 6 任 判三司事(史14·要8) 睿 12, 12 任 政堂文學·判翰林院事·兼太子少傅(史14·要8) ③睿 13, 3 任 戶部尙書·判禮部事(史14·要8)	睿 3, 5 在 國子祭酒 任 同知貢擧(史73 選擧志 科目 選場) 睿 4, 2 在 右諫議大夫(史13) 睿 5, 7 在 司宰卿 任 西北面兵馬使(史13) 睿 6, 12 任 殿中監(史13) 睿 8, 正月 在 知刑部事 任 西北面兵馬使(史13) 睿 8, 3 任 御史大夫·文德殿學士(史13)	睿 13, 5 在 政堂文學 任 知貢擧(史73 選擧志 科目 選場) 睿 14, 6 任 修國史(史14) 睿 15, 6 任 守司空·左僕射·叅知政事(史14·要8) 仁 卽位, 7 卒 叅知政事致仕(史15·要8)
202	王字之	①睿 10, 7 在 吏部尙書(史14·要8) 睿 12, 2 任 左散騎常侍·同知樞密院事(史14·要8) ②睿 12, 12 任 兵部尙書·知樞密院事(史14·要8) 睿 13, 5 任 東北面兵馬使·兼知行營兵馬事(史14) 睿 14, 6 任 樞密院使·判三司事(史14·要8) 睿 15, 5 在 樞密院使(要8·史92 王儒附傳·史97 韓安仁傳)	睿 7, 2 任 吏部侍郎·左承宣(史13) 睿 8, 12 任 禮賓卿·知奏事(史13) 睿 9, 3 任 殿中監(史13) 睿 9, 6 在 知奏事(史13) 睿 7, 2 任 吏部侍郎·左承宣(史13) 睿 8, 12 任 禮賓卿·知奏事(史13) 睿 9, 3 任 殿中監(史13) 睿 9, 6 在 知奏事(史13)	睿 17, 3 在·卒 叅知政事(史14·要8·史92 王儒附傳) 睿 17, 3 在·卒 叅知政事(史14·要8·史92 王儒附傳)

		①睿 17, 3 任 吏部尙書·叅知政事·判戶部事(史14) 吏部尙書·叅知政事·判戶部事·兼太子少傅(要8)		
203	金若溫 (金義文) (光陽) (及第)	③睿 11, 4 在 知西京留守事·戶部尙書(史14) ③睿 12, 6 任 戶部尙書(史14)	睿? 中書舍人(史97 列傳) 睿? 閤門使(史97 列傳) 睿 8, 12 任 知尙書都省事(史13)	睿 17, 3 任 知樞密院事·兼太子賓客(史14·要8) 仁 卽位, 5 任 叅知政事(史15·要8) 仁 元年, 12 任 中書侍郎平章事(史15·要9·史97 列傳)
204	朴景仁 (平山) (及第)	⑤睿 11, 6 任 刑部尙書·翰林學士承旨(史14) ①睿 12, 6 任 吏部尙書(史14·史95 列傳) ③睿 12, 12 任 戶部尙書·知樞密院事·判三司事·兼太子賓客(史14) 戶部尙書·知樞密院事(要8) ④睿 13, 3 任 禮部尙書(史14·史97 列傳·墓 p. 52 墓誌銘)	睿 8, 12 任 殿中監·翰林學士(史13) 睿 9, 3 任 右散騎(史13) 睿 9, 12 任 左散騎常侍(史13) 睿 10, 8 在 西北面兵馬使(史14·要8)	睿 13, 5 任 西北面兵馬使·兼知中軍兵馬事(史14) 睿 14, 6 任 判翰林院事(史14) 睿 15, 6 任 知樞密院事(史14·要8) 睿 15, 12 任·致仕守司空·尙書左僕射·叅知政事(史14·要8·史95 列傳)
205	金 沆	③睿 12년 이전, 戶部尙書·兼太子詹事(墓 p. 41 崔繼芳墓誌銘)		
206	安子恭	②睿 12, 12 任·致仕兵部尙書(史14)	睿 7, 7 在 刑部侍郎 任 東北面兵馬副使(史13) 睿 9, 2 在 三司使 任 西北面兵馬使(史13) 睿 9, 12 任 知御史臺事(史13)	
207	崔 贄 (水州)	⑥睿 12, 在 工部尙書·三司使(墓 p. 40 崔繼芳墓誌銘)	睿 9, 3 任 左散騎常侍(史13)	睿 14, 3 任 右僕射·判御書院事(史14·要8)

		⑤睿 12, 6 任 刑部尚書(史14)	睿 9, 7 任 御史大夫(史13・要8)	
208	崔德愷 (玠)	⑥睿 12, 6 任 工部尚書(史14) ①睿 14, 6 任 吏部尚書(史14)		
209	李公壽 (李壽) (慶源) (蔭敍・ 及第)	⑥睿 13, 任 工部尚書(墓 p. 65 墓誌銘・史95 列傳) ①睿 14, 夏 任 吏部尚書(墓 p. 65)	睿 8, 任 禮部侍郎・右諫議大夫(墓 p. 64 墓誌銘) 睿 9, 任 衛尉卿・知尙書都省事(墓 p. 64) 睿 9, 12 在 衛尉卿(史13) 睿 9, 秘書監・知刑部事(墓 p. 64) 睿 11, 任 國子監大司成・兼直門下省(墓 p. 64) 睿 12, 6 任 右散騎常侍(史14・墓 p. 64)	睿 14, 12 任 右僕射(墓 p. 65) 睿 任 左僕射(墓 p. 65) 仁 2, 12 任 檢校司徒・守司空・叅知政事(史15・史95 列傳・墓 p. 65) 仁 3, 12 任 中書侍郎平章事(墓 p. 65・史15・史95 列傳)
210	韓安仁 (湍州) (及第)	⑤睿 14, 6 任 刑部尚書・兼太子賓客(史14) 刑部尚書・知樞密院事(要8) ④睿 15, 6 任 禮部尚書(史14・要8)	睿 3, 7 在 禮部侍郎(史12・要7) 睿 5, 6 任 殿中少監・左承宣(史13) 睿 11, 6 任 樞密院知奏事・兼直學士(史14) 睿 12, 2 任 殿中監・樞密院副使(史14・要8) 睿 12, 12 任 右散騎常侍・同知樞密院事・翰林學士承旨(史14・要8)	睿 15, 11 在 知樞密院事(要8) 睿 17, 3 任 叅知政事・判工部事(史14・要8) 仁 卽位, 5 任 中書侍郎平章事(史15・要8・史97 列傳)
211	崔弘宰 (稷山) (蔭敍)	⑤睿 15, 6 任 刑部尚書(史14) 刑部尚書・同知樞密院事(要8)	睿 8, 11 在 殿中監(史13) 睿 11, 7 在 右散騎常侍 任 西北面兵馬使(史14) 睿 12, 6 任 御史大夫(史14・要8)	睿 16, 2 在 同知樞密院事(要8) 睿 17, 3 任 樞密院使・判三司事(史14・要8) 仁 卽位, 5 任 叅知政事(史15・要8・史125 列傳) 仁 卽位, 12 任 權判樞密院事(史15)

				仁 元年, 12 任 門下侍郎平章事(史15·要9·史125 列傳)
212	朴永侯 (竹州)	③睿? 戶部尙書(墓 p. 308 朴仁碩墓誌銘)		
213	崔 瀹 (海州) (及第)	④睿 禮部尙書·翰林學士(史95 列傳) ※尙書(補閑集 上 睿宗御宇)	睿 11, 4 在 知制誥(要8) 睿 左遷·任 春州府使(史95 列傳)	,
214	李英閶	②仁 卽位, 5 任 兵部尙書(史15)		
215	崔 卓	③仁 卽位, 5 任 戶部尙書(史15)		仁 4, 2 在 上將軍(史15·要9)
216	李資諒 (慶源) (蔭敍)	⑤仁 卽位, 刑部尙書·樞密院使(史95 李子淵附傳) 仁 卽位, 5 任 樞密院使(史15·要8)	睿 12, 6 任 刑部侍郎·知奏事·兼太子右諭德(史14) 睿 17, 3 任 樞密院副使·兼太子賓客(史14·要8)	仁 元年, 正月 在·卒 中書侍郎平章事(史15·要9·史95 李子淵附傳)
217	金 沾 (江陵)	③仁? 戶部尙書(墓 p. 160 金義光墓誌銘)	睿 13, 5 在 禮賓卿 任 同知貢擧(史73 選擧志 科目 選場) 睿 14, 6 任 御史大夫(史14·要8) 仁 卽位, 5 任 知樞密院事(史15·要8)	仁 元年, 7 在·卒 中書侍郎平章事(史15·要9)
218	拓俊京 (谷州)	①仁 元年, 12 任 吏部尙書·參知政事(史15·要9·史127 列傳)	睿 12, 6 任 知御史臺事(史14) 睿 14, 正月 任 東北面兵馬使(史14) 睿 17, 3 任 衛尉卿·直門下省(史14)	仁 2, 12 任 檢校司徒·守司空·中書侍郎平章事(史15·要9)
219	金仁揆 (慶州) (及第)	①仁 2, 12 任 檢校司空·吏部尙書·知門下省事(史15·要9) 仁 3, 12 任 參知政事(史15·要9) 仁 4, 5 在 平章事 貶爲守令(要9) ③仁 13, 3 在 戶部尙書(史16·要10)	睿 17, 3 任 左諫議大夫(史14) 睿 17, 8 在 知奏事 任 同知貢擧(史73 選擧志 科目 選場) 仁 元年, 12 任 同知樞密院事(史15·要9)	仁 19, 12 任 左僕射·參知政事(史17·要10) 仁 20, 5 在·卒 參知政事(史17·要10)

220	李資德 (慶源) (蔭敍)	⑥仁 2. 12 任 工部尙書・知樞密院事(史15・要9・墓 p. 195 崔允仁墓誌銘)	睿 6. 10 在 刑部侍郎(史13) 睿 17, 正月 任 東北面兵馬副使(史14) 仁 元年, 12 任 樞密院副使(史15・要9)	仁 3, 12 任 叅知政事(史15・要9) 仁 4,5 在 平章事 貶爲守令(要9) 仁 14, 12 任 叅知政事(史16・要10)
221	拓俊臣 (谷州)	②仁 初年, 兵部尙書(史127 李資謙傳)		
222	金義元 (光陽) (蔭敍)	③仁 4, 4 任 戶部尙書・同知樞密院事(墓 p. 135 墓誌銘) 同知樞密院事(史15・要9) 仁 4, 5 在 同知樞密院事 貶爲守令(要9) 仁 6, 守安邊都護府(墓 p. 135) ⑥仁 10, 工部尙書・安北大都護府使(墓 p. 135) ③仁 戶部尙書・兼三司使(墓 p. 135) ※戶部尙書(墓 p. 199 崔允儀墓誌銘)	睿 8. 10 在 刑部侍郎(史13) 仁 卽位, 兵部侍郎・知茶房事(墓 p. 134 墓誌銘) 仁 禮賓卿・知御史臺事(墓 p. 134)	
223	金珚 (安東)	③仁 4, 6 任 戶部尙書・知門下省事(史15・要9) ②仁 4, 12 任 兵部尙書(史15・史98 列傳)	仁 4, 2 在 承宣(要9・史127 李資謙傳) 仁 4, 4 任 同知樞密院事(史15・要9・史98 列傳)	仁 5, 6 任 檢校太尉・守司空(史15・要9) 仁 5, 12 任 叅知政事(史15・要9) 仁 6, 3 任 同中書門下平章事(史15・要9)
224	崔思全 (耽津)	②仁 4, 6 任 兵部尙書(史15・要9・史98 列傳) ①仁 5, 6 任 吏部尙書・知都省事(史15・要9)	仁 4, 3 在 內醫・軍器少監(要9)	仁 6, 3 任 守司空・左僕射(史15・要9・史98 列傳) 仁 6, 12 任 叅知政事・判刑部事(史15・史98 列傳)
225	高公現	②仁 4, 6 任 兵部尙書・龍虎軍上將軍(史15)		

226	崔惟迪	③仁 4, 12 任 戶部尙書(史15)	仁 即位, 12 在 給事中(要8)	仁 5, 5 在·流 同知樞密院事(史15·要9)
227	文公仁 (文公美) (南平) (及第)	①仁 5, 4 任 吏部尙書(史15·要9·史125 列傳) ④仁 5, 6 任 禮部尙書·知制誥(史15·史125 列傳·東文選 卷36 表箋 代文公美謝禮部尙書表) 仁 5, 12 任 同知樞密院事(史15·要9) ①仁 7, 12 任 吏部尙書·知門下省事(史16) 知門下省事(要9)	睿 10, 7 在 禮部侍郎(史14·要8) 睿 11, 11 在 右副承宣(史14·要8) 睿 12, 6 任 殿中少監·右承宣·兼太子右贊善(史14) 睿 17, 3 任 禮賓少卿·知奏事(史14) 仁 即位, 5 任 樞密院副使(史15·要8·史125 列傳) 仁 即位, 12 在·流 樞密院副使(史15·要8)	仁 8, 6 任 判尙書刑部事(史16) 仁 8, 12 任 叅知政事(史16·要9) 仁 9, 9 任 檢校司徒·中書侍郎平章事·西京留守事(史16·要9)
228	金富軾 (慶州) (及第)	③仁 5, 12 任 戶部尙書(史15·史98 列傳)	仁 2, 4 在 兵部侍郎 任 同知貢擧(史73 選擧志 科目 選場) 仁 2, 7 在 禮部侍郎(要9) 仁 4, 4 任 御史大夫·樞密院副使(史15·要9) 仁 5, 6 任 知樞密院事(史15·要9)	仁 6, 3 任 翰林學士承旨(史15·史98 列傳) 仁 6, 8 在 平章事(要9) 仁 8, 6 任 判三司事(史16·要9) 仁 8, 12 任 政堂文學·修國史(史16·要9) 仁 9, 9 任 檢校司空·叅知政事(史16·要9)
229	崔弘義	③仁 6, 6 任 戶部尙書·左右衛上將軍(史15) ⑤仁 金吾衛上將軍·攝刑部尙書(東文選 卷30 批答 崔弘義讓)		
230	崔濡 (江陵) (及第)	①仁 6, 10 在 吏部尙書(史15·要9) ※使臣	仁 即位, 7 在 御史雜端(要8)	仁 11, 4 任 叅知政事·判工部事·兼太子少保(史16·要10)

		仁 6, 12 任 左散騎常侍(史15) 仁 9, 4 任 左詹事(史16) ②仁 9, 9 任 兵部尙書·翰林學士承旨(史16) 同知樞密院事(要9) 仁 9, 12 任 判翰林院事(史16) ①仁 10, 12 任 吏部尙書·知樞密院事(史16) 知樞密院事(要10)	仁 6, 4 任 同知貢擧(史73 選擧志 科目 選場)	仁 11, 12 任 判禮部事(史16) 仁 13, 12 任 守司空·中書侍郎平章事(史16·要10)
231	崔滋盛 (水州) (及第)	①仁 6, 12 任 吏部尙書(史15)	仁 4, 3 在 大卿(要9) 仁 5, 6 任 同知樞密院事(史15·要9) 仁 5, 12 任 叅知政事(史15·要9) 仁 6, 3 任 檢校司空·判工部事(史15·要9)	仁 7, 12 任 左僕射·叅知政事(史16) 叅知政事(要9) 仁 8, 6 任 判尙書禮部事(史16)
232	尹 俌	⑤仁 6, 12 任 刑部尙書(史15)		
233	鄭旌淑	⑤仁 7, 正月 任 刑部尙書(史16)	仁 2, 2 在·流 將軍(要9)	仁 13, 正月 任 中軍帥(要10) 仁 13, 4 任 左僕射·鷹揚軍上將軍(史16)
234	林景淸	⑤仁 7, 12 任 刑部尙書·同知樞密院事(史16) 同知樞密院事(要9)	仁 6, 8 大臣(要9) 仁 6, 9 任 樞密院副使(史15·要9)	仁 8, 12 任 知樞密院事(史16·要9) 仁 11, 4 任 右僕射(史16·要10) 仁 11, 12 任 守司空(史16) 仁 13, 11 任·致仕 守司空·左僕射·樞密院使(史16·要10)
235	金富儀 (慶州) (及第)	④仁 11, 8 在 禮部尙書 任 知貢擧(史73 選擧志 科目 選場)	睿 12, 3 在 御史中丞(要8) 仁 7, 3 在 大司成(史16·要9)	仁 14, 10 在·卒 知樞密院事(史16·要10)

		①仁 11, 12 任 吏部尙書(史16) 仁 12, 6 在 翰林學士(史16) ①仁 13, 正月 在 吏部尙書(要10·史98 金富軾傳) ⑤仁 13, 11 任 刑部尙書·寶文閣大學士(史16) ⑤仁 13, 12 任 知樞密院事·知制誥(史16) 知樞密院事(要10·史97 列傳) ※刑部尙書·知樞密院事(東文選 卷35 表箋 謝刑部尙書知樞密院事表)	仁 11, 5 在 翰林學士承旨(史16·要10)	※知樞密院(東文選 卷23 敎書 知樞密院金富儀卒)
236	安稷崇 (洞州) (及第)	⑥仁 12년 이전, 工部尙書·三司使(墓 p. 60 墓誌銘)	仁 刑部侍郎(墓 p. 60 墓誌銘) 仁 8, 11 在 諫議(史16) 仁 9, 9 在 直門下省(史16) 仁 西北面兵馬事(墓 p. 60)	仁 12, 致仕(墓 p. 60)
237	張文緯 (洪川) (蔭敍·及第)	④仁 12, 在·卒 檢校禮部尙書·試司宰少卿(墓 p. 57 墓誌銘)		
238	韓惟忠 (淸州) (及第)	④仁 13, 11 任 禮部尙書·同修國史(史16) 仁 14, 5 在 樞密院副使 貶爲忠州牧使(史16·要10) ⑥仁 任 工部尙書(墓 p. 89) ③仁 任 戶部尙書(墓 p. 89) ①仁 任 守司空·吏部尙書·判秘書省事(墓 p. 89)	仁 承制(墓 p. 89 墓誌銘) 仁 11, 4 任 樞密院副使(史16·要10·墓 p. 89)	仁 20, 12 任 左僕射·樞密院使(史17·要10·墓 p. 89) 仁 22, 5 任 知貢擧(史73 選擧志 科目 選場·墓 p. 89) 仁 22, 12 任 叅知政事·判工部事·兼太子少傅(史17·要10·墓 p. 89)

239	李 仲 (陜州)	⑥仁 13, 11 任 工部尙書·知制誥(史16) 仁 13, 11 在 左常侍(要10) 仁 13, 12 任 同知樞密院事(史16·要10) 仁 15, 3 在 同知樞密院事 任 知貢擧(史73 選擧志 科目 選場) ①仁 16, 3 任 吏部尙書·判御史臺事(史16)	仁 5, 9 在 國子司業(史15) 仁 11, 11 在 直門下省(要10) 仁 13, 正月 在 西北面兵馬使(要10)	仁 16, 8 任 叅知政事·判三司事(史16·要10) 仁 16, 12 任 檢校司徒·守司空·左僕射·判戶部事·太子少師(史16) 尙書左僕射(要10) 仁 18, 4 任 中書侍郎平章事(史17·要10)
240	陳 淑	④仁 14, 3 任 禮部尙書·同知樞密院事·兼太子賓客(史16) 同知樞密院事(要10) ②仁 14, 12 任 兵部尙書·知樞密院事(史16) 知樞密院事(要10) ②仁 15, 12 任 兵部尙書·知樞密院事(史16)	仁 3, 5 在 司宰少卿(史15)	仁 16, 3 任 右僕射(史16) 仁 16, 7 在·免 樞密使(要10·史98 朴挺揆傳) 毅 5, 4 卒 叅知政事致仕(史17·要11)
241	鄭 沆 (東萊) (及第)	④仁 14, 11 任·卒 知樞密院事·禮部尙書·翰林學士承旨(史97 列傳·墓 p. 62 墓誌銘) ※禮部尙書·知樞密院事·翰林學士承旨·知制誥(墓 p. 207 崔惟淸 妻 鄭氏墓誌銘) ※知樞密院事(要10)	仁 11, 左承宣·吏部侍郎(墓 p. 62 墓誌銘) 仁 12, 5 在 右承宣 任 同知貢擧(史73 選擧志 科目 選場) 仁 12, 6 在 翰林學士(史16) 仁 12, 秘書監·知奏事(墓 p. 62) 仁 12, 試國子監大司成(墓 p. 62)	
242	康侯顯	①仁 15, 3 任 吏部尙書·知門下省事·判工部事(史16) 知門下省事(要10)	仁 4, 5 在 承宣(要9) 仁 6, 12 任 右散騎常侍(史15) 仁 8, 4 任 同知貢擧(史73 選擧志 科目 選場) 仁 11, 12 任 御史大夫(史16)	

243	崔溱 (海州) (蔭敍)	②仁 16, 8 任 兵部尙書・知樞密院事(史16) 知樞密院事(要10)	仁 15, 12 任 左散騎常侍・樞密院副使・太子賓客(史16)	仁 17, 12 任 叅知政事(史17) 仁 18, 4 任 右僕射・判刑部事(史17) 仁 19, 12 任 中書侍郞平章事(史17)
244	李之氏 (慶源) (及第)	④仁 16, 12 任 御史大夫・同知樞密院事(史16・要10・史95 列傳) ※同知樞密院事・禮部尙書・翰林學士承旨(東文選 卷25 制誥 除任元厚) 仁 17, 12 任 知樞密院事(史17・要10) 仁 18, 5 在 知樞密院事 任 知貢擧(史73 選擧志 科目 選場) ④仁 18, 12 任 禮部尙書(史17・史95 列傳)	仁 14, 3 在 左承宣(史16) 仁 16, 3 在 尙書右丞(史73 選擧志 科目 選場) 仁 16, 8 任 樞密院副使(史16・要10)	仁 19, 12 任 政堂文學・判翰林院事(史17) 仁 20, 12 任 守司空・左僕射・判禮部事(史17)
245	尹珍	②仁 18, 2 任 兵部尙書・上將軍(史17)		
246	任元淑 (定安)	④仁 18, 4 任 禮部尙書・簽書樞密院事(史17)		毅 2, 閏8 任・致仕 中書侍郞同平章事(史17)
247	金正純 (黃州)	②仁 18, 12 任 兵部尙書(史17) 仁 19, 12 任 知樞密院事(史17・要10) ②仁 20, 12 任 守司空・知門下省事・判刑部事(史17) ※守司空・知門下省事・兵部尙書・判刑部事・兼太子少保(東文選 卷25 制誥 除李之氏金正純)	仁 13, 正月 在 承宣(要10) 仁 13, 正月 中軍帥(要10) 仁 16, 8 任 樞密院副使(史16・要10) 仁 16, 12 任 同知樞密院事(史16・要10)	仁 21, 12 任 叅知政事(史17・史98 列傳) 仁 22, 12 任 右僕射・西京留守使・兼太子少傅(史17)
248	康滌 (及第)	④仁 19, 3 任・致仕 禮部尙書・簽書樞密院事(史17)	仁 15, 3 在 尙書左丞 任 同知貢擧(史73 選擧志 科目 選場)	

249	金良秀	⑤仁 20, 正月 任 刑部尙書·上將軍(史17)	仁 大將軍(史98 金富軾傳)	
250	李祿千	⑥仁 20, 正月 任 工部尙書·上將軍(史17)	仁 4, 2 在 將軍(要9·史127 李資謙傳) 仁 13, 閏2 在 上將軍(要10·史98 金富軾傳)	
251	崔 誠 (水州) (蔭敍·及第)	④仁 19, 任 借禮部尙書·知西京留守事(墓 p. 184 墓誌銘) 仁 22, 任 禮賓卿·寶文閣學士(墓 p. 184) 仁 22, 左諫議大夫·司宰卿·修文殿學士(墓 p. 184) 毅 卽位, 任 右散騎常侍(墓 p. 184) 毅 2, 3 在 右常侍(史17) 毅 2, 3 任 國子監大司成(史17·墓 p. 184) ⑥毅 3, 4 任 工部尙書(史17) ②毅 4, 12 任 兵部尙書(史17) 毅 同知樞密院事(墓 p. 184)· 毅 5, 4 任 知樞密院事(史17·要11·墓 p. 184) 毅 5, 5 任 判三司事(史17·墓 p. 184) ①毅 6, 12 任 樞密院使·吏部尙書·右僕射(墓 p. 184) 樞密院使(史17·要11)	仁 18, 11 在 禮部侍郎(史17)	毅 11, 12 任 政堂文學(史18·要11·墓 p. 184) 毅 14, 11 在·卒 中書侍郎平章事(史18·要11)

252	王 冲 (開州) (及第)	①仁 20, 12 任 吏部尙書(史17·墓 p. 176)	仁 吏部侍郎(墓 p. 176) 仁 知奏事(墓 p. 176) 仁 17, 12 任 樞密院副使(史17·要10·墓 p. 176) 仁 左散騎常侍(墓 p. 176) 仁 18, 12 任 同知樞密院事(史17) 仁 19, 12 任 知樞密院事(史17·要10) 仁 20, 3 在 樞密院使 任 知貢擧(史73 選擧志 科目 選場)	仁 22, 12 任 樞密院使·判三司事(史17) 樞密院使(要10) 仁 23, 8 任 守司空·叅知政事·判工部事·太子少保(史17) 仁 23, 12 任 尙書左僕射(史17)
253	池錫崇	②仁 21, 正月 任 兵部尙書(史17)	仁 4, 3 在 郞將(要9·史127 李資謙傳)	
254	崔孝升	⑥仁 21, 正月 任 攝工部尙書(史17)		
255	權 適 (安東) (及第)	④仁 21, 任 檢校禮部尙書(墓 p. 97 墓誌銘)	仁 20, 3 在 刑部侍郎 任 同知貢擧(史73 選擧志 科目 選場·墓 p. 97 墓誌銘) 仁 20, 12 任 禮部侍郎(墓 p. 97)	仁 21, 12 任 左諫議大夫(墓 p. 97) 仁 22, 正月 任 檢校尙書右僕射(墓 p. 97)
256	許 載 (孔巖) (蔭敍)	②仁 任·致仕 兵部尙書(要10·史98 列傳·墓 p. 81 墓誌銘) ③仁 22, 2 卒 戶部尙書致仕(史17·要11·史98 列傳·墓 p. 81 墓誌銘)	睿 12, 正月 在 借兵部侍郎 任 東北面兵馬副使(史14) 睿 17, 正月 任 西北面兵馬使(史14) 仁 2, 12 任 同知樞密院事(史15) 仁 3, 12 任 知門下省事(史15·要9) 仁 4, 4 任 叅知政事(史15·要9) 仁 4, 6 貶爲豊州防禦使(要9)	
257	崔 梓 (孔巖) (蔭敍·及第)	⑥仁 22, 任 工部尙書(墓 p. 121 墓誌銘)	仁 18, 秘書監·直門下省(墓 p. 121 墓誌銘)	仁 24, 12 任 檢校司徒·守司空·左僕射·叅知政事·判禮部事(墓 p. 121)

		仁 23. 3 任 同知樞密院事·兼太子賓客(史17·墓 p. 121) 同知樞密院事(要 10) ③仁 23. 12 任 戶部尙書·知樞密院事(史17·墓 p. 121) ⑤仁 24. 4 任 刑部尙書·樞密院使·判三司事(墓 p. 121)	仁 19. 右散騎常侍(墓 p. 121) 仁 21. 御史大夫(墓 p. 121)	毅 元年. 7 在 叅知政事(史17)
258	林 光 (林完) (宋 출신) (及第)	③仁 戶部尙書(墓 p. 132 墓誌銘) ④仁 禮部尙書(墓 p. 132)	仁 18. 5 在 國子祭酒(史73 選擧志 科目 選場) 仁 知都省事(墓 p. 132 墓誌銘) 仁 國子監大司成(墓 p. 132)	毅 元年. 12 任 知樞密院事(史17·要11·墓 p. 132) 毅 2. 3 任 樞密院使·判秘書省事(史17·要11·墓 p. 132) 毅 4. 夏 任 守司空·左僕射·判秘書省事(墓 p. 132)
259	金永錫 (江陵) (蔭敍· 及第)	②仁 23. 冬 任 試兵部尙書(墓 p. 204 墓誌銘) ②仁 24. 冬 任 兵部尙書(墓 p. 204) 毅 2. 閏8 任 修文殿學士(史17·墓 p. 204) ①毅 2. 12 任 吏部尙書(史17·墓 p. 204)	仁 21. 冬 任 衛尉卿·太子右庶子(墓 p. 204 墓誌銘) 仁 22. 冬 任 兼知三司事(墓 p. 204) 仁 23. 任 殿中監(墓 p. 204)	毅 3. 4 任 三司使(史17) 尙書右僕射·三司使(墓 p. 204) 毅 5. 5 任 政堂文學(史17) 政堂文學·判禮部事(墓 p. 204) 毅 6. 12 任 中書侍郎平章事(史17·要11·墓 p. 204)
260	尹彥頤 (坡平) (蔭敍· 及第)	③仁 23. 任 戶部尙書(墓 p. 114 墓誌銘)	仁 12. 任 禮部侍郎·寶文閣直學士(墓 p. 112 墓誌銘) 仁 右諫議大夫(墓 p. 112) 仁 14. 5 貶 梁州防禦使(要10) 仁 16. 廣州牧使(史96 列傳)	毅 2. 12 任 政堂文學·判刑部事(史17)

261	尹 先 (海平)	②仁 贈兵部尙書·龍虎軍上將軍(墓 p. 267 文章弼墓誌銘)	仁 4, 2 在·被殺 大將軍(要9·史127 李資謙傳)	
262	金 誠 (京兆) (明經及第)	③仁? 戶部尙書(墓 p. 99 墓誌銘)	仁 衛尉少卿·知刑部事(墓 p. 99 墓誌銘) 仁 秘書少監·御書檢討官·知戶部事(墓 p. 99)	
263	李 軾 (慶源) (蔭敍)	⑤仁? 刑部尙書·兼善慶府詹事(墓 p. 149 墓誌銘)	仁 17, 知南京留守(墓 p. 149 墓誌銘) 仁 吏部郎中·兼太子洗馬(墓 p. 149) 仁 試衛尉卿(墓 p. 149)	毅 2, 3 任 右僕射(史17) 毅 5, 7 任 左僕射·叅知政事(史17)
264	盧安孟 (杞溪)	⑥仁? 工部尙書·左右衛上將軍(墓 p. 271 盧卓儒墓誌銘)		
265	金 璿 *妃父	②仁 兵部尙書(史88 后妃傳 仁宗 宣平王后金氏)	仁 5, 2 在 刪定都監判官(史15)	
266	愼安之 (宋人)	②仁 兵部尙書(史97 列傳)		
267	尹彦植 (坡平)	⑥仁 工部尙書(東文選 卷25 制誥 尹彦植可) ⑤仁 刑部尙書(高麗圖經 卷8 人物 接伴正奉大夫刑部尙書)	仁 14, 2 在 殿中監(史16)	毅 2, 閏8 任 守司空(史17) 毅 3, 5 在·卒 守司空·左僕射(史17)
268	金永寬 (江陵) (及第)	①毅 元年, 12 任 吏部尙書·樞密院使(史17) 樞密院使(要11)	毅 元年, 5 知貢擧(史73 選擧志 科目 選場)	毅 2, 3 任 知門下省事·判工部事(史17·要11) 毅 2, 12 任 叅知政事·判工部事(史17·要11)
269	池 深	②毅 2, 2 任 右僕射·兵部尙書·鷹揚軍上將軍(史17)		毅 4, 正月 任 守司空(史17)
270	權正鈞	⑤毅 2, 2 任 刑部尙書·龍虎軍上將軍(史17) ②毅 5, 3 任 兵部尙書(史17)	仁 4, 3 在 散員(要9) 仁 將軍(史96 尹彦頤傳)	毅 10, 12 在 左僕射(要11)

271	于邦宰	③毅 2, 2 任 戶部尙書·左右衛上將軍(史17) ⑤毅 7, 2 任 刑部尙書(史18)	仁 13, 11 在 將軍(要10)	
272	崔惟淸 (鐵原) (蔭敍·及第)	②毅 2, 12 任 兵部尙書(史17)	仁 戶部侍郎(史99 列傳) 仁 承宣(史99 列傳) 毅 卽位, 知奏事(史99 列傳) 毅 元年, 12 任 御史大夫·同知樞密院事(史17·要11) 毅 2, 3 任 知樞密院事·判三司事(史17·要11)	毅 3, 9 在 知門下省事(史17·要11) 毅 3, 12 任 叅知政事·判尙書刑部事(史17·要11) 毅 4, 12 任 中書侍郎平章事(史17·要11)
273	方資壽	⑥毅 3, 正月 任 工部尙書·神虎衛上將軍(史17)		
274	李彦林	②毅 3, 12 任 兵部尙書(史17) ⑥毅 4, 12 任 工部尙書(史17·墓 p.92 崔褒抗墓誌銘)		毅 5, 12 任 尙書右僕射(史17·要11)
275	文公裕 (南平) (及第)	⑤毅 3, 12 任 試刑部尙書(史17) ④毅 5, 4 任 禮部尙書(史17) ④毅 5, 5 任 禮部尙書(史17) ⑤毅 6, 4 任 刑部尙書(史17·墓 p.174 墓誌銘) ②毅 6, 12 任 兵部尙書(史17·墓 p.174) 毅 9, 6 任 中軍兵馬副使(史18) 毅 9, 夏 任 同知樞密院事(墓 p.174) ⑤毅 10, 夏 任 知門下省事·刑部尙書(墓 p.174)	仁 21, 任 右諫議大夫·刑部侍郎(墓 p.173 墓誌銘) 仁 任 尙書左丞·知御史臺事(墓 p.174) 毅 元年, 任 國子監大司成·寶文閣學士·知都省(墓 p.174) 毅 2, 3 任 試右散騎常侍(史17) 毅 3, 7 在 寶文閣學士(史17)	

276	梁元俊 (忠州) (蔭敍)	③毅 4, 3 任 借戶部尙書·知西京留守事(墓 p. 171 墓誌銘)	毅 2, 12 任 試尙書右丞(墓 p. 171 墓誌銘)	毅 5, 5 任 尙書左丞·左承宣·知三司事(墓 p. 171) ※左承宣(史17) 毅 7, 12 任 樞密院副使·御史大夫(墓 p. 171) 毅 8, 8 任 知門下省事(墓 p. 171)
		①毅 8, 12 任 吏部尙書·判刑部事(墓 p. 171)		毅 9, 5 任 知門下省事(史18) 毅 10, 任 權判吏部事(墓 p. 171)
277	金 端 (宋에서 及第)	③毅 5, 4 任 戶部尙書(史17)	仁 17, 6 在 禮部侍郎 任 同知貢擧(史73 選擧志 科目 選場) 毅 3, 12 任 左散騎常侍(史17)	
278	安正修	⑤毅 5, 4 任 試刑部尙書(史17) ⑥毅 5, 12 任 試工部尙書(史17)	毅 2, 2 任 東北面兵馬使(史17)	
279	金 澤 (咸昌)	⑤毅 5, 12 任 試刑部尙書(史17) ⑥毅 6, 4 任 工部尙書(史17) ⑤毅 6, 12 任 刑部尙書(史17)	仁 6, 11 在 閤門通事(史15)	
280	金子儀	④毅 6, 4 任 禮部尙書(史17) ④毅 6, 12 任 禮部尙書(史17)	毅 元年, 5 任 同知貢擧(史73 選擧志 科目 選場) 毅 4, 12 任 右散騎常侍(史17)	
281	吳仁廣	⑥毅 6, 12 任 試工部尙書(史17)		
282	崔允儀 (海州) (及第)	④毅 6, 12 任 禮部尙書·判御史臺事·兼太子太傅(墓 p. 198 墓誌銘) 太子太傅(史17)	毅 2, 3 任 試禮部侍郎(史17) 毅 2, 12 任 知御史臺事(史17) 毅 5, 5 任 御史大夫·同知樞密院事(史17·要11·墓 p. 198 墓誌銘) 毅 6, 4 任 修文殿學士(史17)	毅 6, 12 任 知樞密院事(史17·要11) 毅 6, 任 知門下省事(墓 p. 198) 毅 8, 正月 在 知門下省事(史18·要11) 毅 政堂文學(墓 p. 198)

283	金存中 (龍宮)	①毅 10, 3 任・卒 吏部尙書・政堂文學・修文殿大學士(史123 列傳・墓 p. 151 墓誌銘)	毅 8, 4 在 左承宣 任 同知貢擧(史73 選擧志 科目 選場) 毅 10, 3 在 左承宣 任 太子少保(史18・要 11)	
284	任克正 (定安)	⑥毅 11, 2 在 工部尙書 貶爲梁州防禦使(要11・墓 p. 347 任益惇墓誌銘) ③毅 以戶部尙書 貶職(史95 任懿附傳)	毅 5, 閏4 在 承宣(要11)	
285	金永夫 (靈光) (及第)	②毅 12, 4 在 同知樞密院事(史18) ※同知樞密・兵部尙書(史 高麗世系)	毅 國子祭酒・寶文閣學士(墓 p. 218 墓誌銘) 毅 9, 東北面兵馬副使(墓 p. 218) 毅 10, 樞密院副使(墓 p. 218) 毅 11, 12 任 知樞密院事・太子元賓(史18) 知樞密院事(要11)	毅 14, 樞密院使・翰林學士承旨(墓 p. 218) 毅 15, 12 任 知門下省事(史18・要11・墓 p. 218)
286	林景和 (甫州) (蔭敍)	③毅 12, 檢校戶部尙書・試御史中丞(墓 p. 178 墓誌銘)	毅 11, 任 衛尉少卿(墓 p. 179 墓誌銘) 毅 12, 任 御史中丞(墓 p. 179)	
287	林景軾 (甫州) (蔭敍)	③毅 檢校戶部尙書・大府少卿(墓 p. 191 墓誌銘)	毅 大府少卿(墓 p. 191 墓誌銘)	毅 15, 卒 (墓 p. 191)
288	尹裕延	③毅 15, 9 在・卒 檢校戶部尙書・行戶部員外郎(墓 p. 193 墓誌銘) ※檢校戶部尙書・行戶部郎中(墓 p. 390 尹承解墓誌銘)		
289	金巨公 (北原)	①毅 15, 12 任 吏部尙書(史18) 毅 16, 3 在 知樞密院事・判三司事(史18・要11)	毅 11, 4 在 樞密院副使(史18・要11)	毅 17, 5 在・卒 知門下省事(史18・要11)

		③毅 16, 12 任 知門下省事・戶部尚書(史18・史99 列傳)		
290	李公升 (淸州) (及第)	⑤毅 18, 4 在 知奏事 任 刑部尚書(要11・史99 列傳) 毅 19, 12 任 樞密院副使・太子賓客(史18) 樞密院副使(要11) ①毅 同知樞密院事・吏部尚書(史99 列傳)	毅 12, 6 在 右承宣・知御史臺事(要11) 毅 12, 10 在 左承宣(史18) 毅 15, 12 任 知尚書吏部事(史18) 毅 16, 3 任 翰林學士(史18)	毅 21, 9 在 樞密院使(史18・要11) 毅 知門下省事(墓 p.245 墓誌銘) 毅 任・致仕 叅知政事・判工部事(史99 列傳)
291	金永胤 (江陵) (及第)	①毅 18, 12 任 吏部尚書・樞密院使(史18) 樞密院使(要11)	毅 10, 10 在 國子監大司成(史18・要11) 毅 16, 12 任 樞密院副使(史18・要11) 毅 17, 9 在 同知樞密院事(史73 選擧志 科目 選場) 毅 17, 12 任 同知樞密院事・判三司事(史18・要11) 毅 18, 6 任 知樞密院事(史18・要11)	毅 19, 5 任 尚書左僕射(史18・要11) 毅 19, 12 任 知門下省事・判尚書兵部事・太子少傅(史18・要11) 毅 20, 5 在 知門下省事(史73 選擧志 科目 選場)
292	徐 恭 (利川) (蔭敍)	②毅 18, 12 任 兵部尚書・同知樞密院事(史18) 同知樞密院事(要11)	毅 17, 12 任 樞密院副使(史18・要11)	毅 19, 5 任 知樞密院事(史18・要11) 毅 19, 12 任 判三司事(史18) 毅 21, 5 宰樞(史18) 明 元年, 7 在・卒 平章事(史19・要12)
293	蔡 仁	②毅 19, 2 任 鷹揚軍上將軍・攝兵部尚書(史18)		
294	金 諿	④毅 19, 12 任 禮部尚書(史18)	毅 16, 3 任 右承宣(史18) 毅 17, 9 在 左承宣 任 同知貢擧(史73 選擧志 科目 選場) 毅 19, 5 任 樞密院副使(史18・要11)	

295	徐　淳	④毅 20. 5 在 禮部尙書 　　任　同知貢擧(史73 　　選擧志 科目 選場)	毅 17. 正月 在 尙書左丞 任　知西北面兵馬事(史18) 毅 19. 5 在 右常侍(史74 選擧志 科目 國子試之額)	毅 24. 7 在 知樞密院事 左遷 尙書左僕射 ・判秘書省事(史19・要11)
296	李光縉 (慶源) (蔭敍)	②毅 23. 12 任 試兵部尙書(史19)		毅 24. 2 在 樞密院副使 　任　中軍兵馬使(史19) 毅 24. 7 任 同知樞密院事(史19・要11) 明 初年, 叅知政事(史95 李子淵附傳) 明 8, 閏6 在・卒 平章事(史19・要12))
297	韓　就	⑤毅　刑部尙書(史99 崔惟淸傳)		明 卽位, 9 任 樞密院使(史19・要11) 明 元年, 5 在 政堂文學 　任　知貢擧(史73 選擧志 科目 選場) 明 2. 6 任・致仕 守司空・叅知政事(史19・要12)
298	趙位寵	②毅 末年, 在 兵部尙書 　任　西京留守(史100 列傳) ②明 4. 9 在 西京留守・兵部尙書(要12)		
299	李輔予	②毅? 兵部尙書・同知樞密院事(墓 p. 158 李輔予 妻 李氏墓誌銘)		

〈자료 2〉 武臣政權期 6部尙書 歷任者

번호	성 명 (本貫) (及第與否)	年月과 官職 (典據)	以前 官職 (典據)	以後 官職 (典據)
1	宋有仁 (蔭敍)	②明 4, 12 任 樞密院 副使・兵部尙書(史19・史128 列傳) 樞密院副使(要12) ⑤明 5, 正月 任 刑部 尙書(史19)	毅 末年, 大將軍(史128 列傳) 明 2, 6 在 西北面兵馬 使・大將軍(要12)	明 6, 3 在 僕射(要 12) 明 8, 7 在 叅知政事 (要12・史128 列傳) 明 8, 11 任 門下侍郎 平章事(要12)
2	金闡 (江陵)	①明 樞密院使・吏部 尙書・翰林學士承 旨(墓 p. 310 朴仁 碩墓誌銘)	毅 24, 閏5 在 內侍・殿 中監(史19・要11) 明 卽位, 9 任 樞密院副 使(史19・要11) 明 2, 正月 任 西北面兵 馬使・行營兼中軍兵 馬使(史19) 明 2, 7 在 同知樞密院事 任 知貢擧(史73 選 擧志 科目 選場)	
3	李文鐸 (及第)	④明 任 禮部尙書・ 翰林學士(墓 p. 240 墓誌銘) ④明 6, 8 在 禮部尙書 任 知貢擧(史73 選 擧志 科目 選場) ⑤明 任 刑部尙書(墓 p. 240)	明 3, 按楊廣州道(墓 p. 240 墓誌銘) 明 戶部侍郎・右諫議大 夫(墓 p. 240) 明 國子祭酒(墓 p. 240)	明 11, 卒(墓 p. 240)
4	朴育和 (竹州)	⑤明 知門下省事・刑 部尙書(墓 p. 308 朴仁碩墓誌銘)	毅 17, 7 在 給事中 任 東北面兵馬副使 (史 18) 明 3, 閏正月 任 守司 空・左僕射(史19)	
5	陳俊 (呂陽)	②明 5, 正月 任 兵部 尙書(史19)	毅 大將軍(史100 列傳) 明 2, 正月 東北面兵馬 使・行營兼中軍兵馬 使(史19) 明 4, 11 在 知樞密院事 任 左軍兵馬使(要12・ 史100 列傳) 明 4, 12 任 叅知政事 (史19・要12)	明 6, 7 在 叅知政事 (要12)

6	李允修	②明 5, 11 在 兵部尙書 貶爲 巨濟縣令(史19·要12)		
7	廉信若 (峯城) (及第)	①明 9, 7 任 吏部尙書(史20·史99 列傳) 明 13, 12 任 樞密院副使(史20·要12) 樞密院副使·翰林學士承旨(史99 列傳) ④明 任·致仕 政堂文學·禮部尙書(史99 列傳·墓 p. 318 廉克髦墓誌銘)	明 3, 3 在 將作監(史74 選擧志 科目 國子試之額) 明 7, 4 在 判大府事 任 同知貢擧(史73 選擧志 科目 選場·史99 列傳) 明 7, 7 罷職(要12) 明 8, 11 在 兵馬使(要12)	明 22, 10 卒 政堂文學致仕(史20·要13)
8	咸有一 (恒陽)	⑥明 9, 致仕 工部尙書(史99 列傳·墓 p. 250 墓誌銘) ⑥明 15, 11 卒 工部尙書致仕(史20·要13)	明 刑部侍郎(墓 p. 250 墓誌銘) 明 尙書右丞(墓 p. 250)	
9	丁黃載	③明 10, 12 任 戶部尙書(史20) ②明 11, 12 任 兵部尙書(史20)	明 6, 2 在 大將軍(史19)	明 尙書左僕射·上將軍(墓 p. 278 盧大將軍墓誌銘)
10	杜景升 (萬頃)	⑥明 10, 12 任 工部尙書(史20) ③明 11, 12 任 戶部尙書(史20)	明 4, 10 在 將軍(要12) 明 7, 7 在 西北面兵馬使(要12) 明 上將軍·知御史臺事(史100 列傳)	明 13, 12 任 樞密院副使(史20·要12) 明 15, 12 任 叅知政事(史20·要13) 明 19, 12 任 權判兵部事(史20·要13)
11	李義旼 (慶州)	⑤明 11, 4 在 刑部尙書·上將軍(要12·史128 列傳) ※辭職 落鄕 ⑥明 13, 12 任 工部尙書(史20·史128 列傳)	明 3, 8 在 將軍(要12) 明 3, 10 弑王(史19) 明 7, 9 在 上將軍(史19) 明 8, 正月 在 西北路兵馬使(史19)	明 14, 12 任 守司空·左僕射(史20·要13·史128 列傳) 明 20, 12 任 同中書門下平章事(史20·要13)
12	曹元正 (玉工의子) (母·祖母가 官妓)	⑥明 11, 12 任 工部尙書(史20·史128 列傳) 明 12, 12 在 樞密院副使(要12·史128 列傳)	明 將軍(史128 列傳)	明 17, 7 謀亂(史20)

		明 13, 12 任 樞密院 副使(史20·要12) 明 15, 2 在 樞密院 副使(要13) ⑥明 17, 7 在 樞密副 使 左遷 工部尙書 (要13·史128 列傳)		
13	崔讜 (鐵原) (及第)	②明 兵部尙書(墓 p. 305 墓誌銘)	明 13, 5 在 尙書左丞 任 國子試 試官(史74 選擧志 科目 國子試 之額·墓 p. 305 墓誌銘) 明 禮賓卿(墓 p. 305) 明 國子監大司成(墓 p. 305)	明 守司空·僕射(墓 p. 305) 明 27, 5 在 叅知政事 任 知貢擧(史73 選擧志 科目 選場·墓 p. 305)
14	朴純弼 (門地賤微)	②明 15, 3 在 兵部尙書(要13)	明 8, 3 在 大將軍(要12)	明 樞密院使(史100 列傳) 明 20, 12 任 中書侍郎平章事(史20·要13·史100 列傳)
15	鄭世裕 (河東)	⑤明 15, 6 在·流 刑部尙書(要13·史100 列傳)	明 14, 12 在 西北面兵馬使(要13·史100 列傳)	
16	李商老	①明 15, 12 任 吏部尙書(史20·要13·史122 列傳) ※識者譏其不稱	明 5, 8 在·流 大府少卿(要12) 明 內侍(史122 列傳)	
17	梁翼京	②明 16, 11 在 兵部尙書(要13·史128 石隣傳)	明 15, 11 在 上將軍(史20)	明 17, 7 在·被殺 樞密使(要13·史128 曹元正傳)
18	崔証 (鐵原)	④明 16, 禮部尙書(墓 p. 289 墓誌銘·史99 崔惟淸傳)	明 侍郎(墓 p. 289 墓誌銘) 明 左丞(墓 p. 289)	
19	白任至 (藍浦)	⑤明 17, 7 在 刑部尙書(要13·史100 列傳·墓 p. 270 墓誌銘) ②明 兵部尙書(墓 p. 270) ⑥明 18, 樞密院副使·工部尙書(墓 p. 270)	明 刑部侍郎(史100 列傳) 明 大將軍·兵馬副使(史100 列傳) 明 上將軍(墓 p. 270 墓誌銘)	明 21, 2 在·卒 知門下省事(史20·要13·史100 列傳)

		①明 20, 10 在 知樞密院事(要13·史100 列傳) 知樞密院事·吏部尙書·太子賓客(墓 p. 270) ⑥明 20, 12 任 知門下省事(史20·要13) 知門下省事·工部尙書(墓 p. 270)		
20	金　純 (臨津)	③明 19, 12 任 戶部尙書·龍虎軍上將軍(墓 p. 284 墓誌銘) ②明 20, 4 任 兵部尙書(墓 p. 284) ③明 20, 12 任 戶部尙書·樞密院副使(墓 p. 284) 樞密院副使(史20) ⑥明 21, 12 任 工部尙書·同知樞密院事(墓 p. 284) 同知樞密院事(史20·要13) ①明 22, 12 任 吏部尙書·知樞密院事(墓 p. 284) ④明 24, 正月 任 叅知政事·禮部尙書(墓 p. 284)	明 17, 12 任 千牛衛攝上將軍·判衛尉事(墓 p. 284 墓誌銘) 明 18, 12 任 金吾衛上將軍·殿中監(墓 p. 284)	明 24, 12 任 守太尉(墓 p. 284) 明 25, 12 任 中書侍郎平章事(墓 p. 284)
21	盧卓儒 (杞溪) (蔭敍)	⑤明 20, 任 刑部尙書·龍虎軍上將軍(墓 p. 271 墓誌銘)	明 8, 正月 在 將軍(史19) 明 左右衛大將軍·兼知尙書刑部事(墓 p. 271 墓誌銘) 明 19, 任 興威衛攝上將軍(墓 p. 271)	明 21, 卒(墓 p. 271)
22	李英瑨 (販魚爲生)	⑤明 刑部尙書(史100 列傳) ②明 21, 10 在·卒 兵部尙書(要13·史100 列傳)	毅 邏卒(史100 列傳)	

23	任 濡 (定安) (蔭敍· 及第)	①明 樞密副使·吏部 尙書(東國李相國 集 卷29 表 任相公 濡爲)	明 20, 5 在 左承宣 任 同知貢擧(史73 選 擧志 科目 選場)	明 任 叅知政事(史95 列傳) 神 卽位, 12 任 中書 侍郞平章事(史21· 要13·史95 列傳)
24	鄭國儉	①明 22, 4 在 吏部尙 書(史20·要13· 史100 列傳·史99 崔詵傳)	明 8, 11 在 內侍·大府 少卿(要12·史100 列傳)	明 轉 御史大夫(史100 列傳) 神 6, 8 在·卒 叅知 政事(史21·要14 ·史100 列傳)
25	崔 仁	⑤明 24, 12 任 刑部 尙書(史20)	明 23, 11 在 上將軍(史 20) 明 24, 2 在 左道兵馬使 (史20)	
26	高湧之	⑥明 24, 12 任 工部 尙書(史20)	明 23, 11 在 大將軍(史 20) 明 24, 閏10 在 右道兵 馬使·上將軍(史20)	明 24, 12 在 南路兵 馬使(史20)
27	柳得義	①明 26, 4 任 權知吏 部尙書(史20)		明 27, 9 在·流 樞密 院副使(要13·史12 9 崔忠獻傳)
28	李公靖 (牛峯)	②明 ? 兵部尙書(史 103 李子晟傳)	明 23, 7 在 將軍(史20)	
29	崔 璉 (全州)	③神 卽位, 9 在·流 樞密院使(要13· 史129 崔忠獻傳) ※樞密院使·戶部尙 書·上將軍(墓 p. 414 蔡謨墓誌銘)	明 11, 11 在 將軍(史 20)	
30	崔忠獻 (牛峯) (蔭敍)	②神 2, 6 在 知奏事 任 兵部尙書·知 吏部事(要14·史12 9 列傳·墓 p. 331 墓誌銘) 神 3, 12 任 守太尉 依舊 知奏事(史21 · 要14) ②①神 4, 12 任 樞密 院使·吏兵部尙書 ·御史大夫(史21 ·要14·史129 列 傳·墓 p. 331)	明 26, 4 在 將軍(史2 0·要13) 明 26, 6 任 左承宣(史 20) 明 26, 6 任 知御史臺事 (史20) 神 卽位, 9 任 上將軍 (史21·要13) 神 卽位, 12 任 知奏 事·知御史臺事(史 21·要13)	熙 卽位, 12 任 守太 師·門下侍郞同中 書門下平章事·上 將軍·判兵部·御 史臺事(史21·要14 ·史129 列傳)

	②①神 5, 12 任 守太傅・叅知政事・吏兵部尙書・判御史臺事(史21・要14・史129 列傳・墓 p. 331) ①神 6, 12 任 中書侍郎平章事・吏部尙書・判御史臺事・太子少師(史21・要14・史129 列傳)		
31 閔湜 (驪興) (及第)	⑤神 4, 12 在・卒 刑部尙書(史21・要14)	神 元年, 12 在 散騎常侍(要14)	
32 金鳳毛 (慶州) (蔭敍)	⑤神 6, 12 任 樞密院副使・刑部尙書(墓 p. 299 墓誌銘) 樞密院副使(史21・要14・史101 金台瑞傳) ②神? 同知院事・兵部尙書(墓 p. 299)	神? 刑部侍郎(墓 p. 298 墓誌銘) 神? 大府卿(墓 p. 298)	熙 ? 知門下省事(墓 p. 299) 熙 ? 叅知政事・判工部事(墓 p. 299) 熙 3, 任 中書侍郎平章事(墓 p. 299)
33 玄德秀 (延州)	③神 戶部尙書致仕(史99 崔讜傳・拙藁千百 卷1 海東後耆老會) ②神 兵部尙書致仕(史99 列傳)	明 司宰少卿(史99 列傳) 神 殿中監(史99 列傳)	高 2, 卒(史99 列傳)
34 金元義 (海陽)	⑤熙 3, 任 上將軍・刑部尙書(墓 p. 317 墓誌銘)	明 26, 將軍・兼給事中(墓 p. 317 墓誌銘) 神? 刑部侍郎・知閤門事(墓 p. 317) 熙? 大將軍(墓 p. 317)	熙 4, 任 樞密院副使・左散騎常侍(墓 p. 317) 熙 同知院事(上同) 熙 守司空・左僕射・判三司事(上同)
35 朴仁碩 (竹州) (蔭敍)	③熙 5, 任・致仕 戶部尙書(墓 p. 310 墓誌銘・東國李相國集 卷 19 雜著 故戶部尙書) ※尙書(史102 兪升旦傳・補閑集 中 文安公)	熙 3, 在 戶部侍郎 任 南京留守(墓 p. 310 墓誌銘) 熙 5, 任 大府卿(墓 p. 310) 熙 5, 加 兼三司使(墓 p. 310)	

36	田元均 (泰山) (蔭敍)	①熙 知院事・吏部尙書(墓 p. 326 墓誌銘)	熙 元年, 任 右承宣・兼太子庶子(墓 p. 326 墓誌銘) 熙 3, 任 判大僕事・知御史臺事(墓 p. 326) 熙 4, 任 樞密院副使・御史大夫・太子賓客(上同) 熙 4, 任 樞密院副使・左散騎常侍(上同)	熙 7, 任 守司空・尙書左僕射(墓 p. 326)
37	庾資諒 (茂松) (蔭敍)	③熙? 在 戶部尙書 任 南京留守(墓 p. 356 墓誌銘)	熙? 判司宰事(墓 p. 356 墓誌銘)	康 2, 在・致仕 尙書左僕射(墓 p. 356) 高 16, 8 卒 左僕射致仕(史22・要15)
38	趙 冲 (橫川) (蔭敍・及第)	④高 卽位, 禮部尙書(史103 列傳・墓 p. 335 墓誌銘・東國李相國集 卷36 趙公誄書) 高 3, 10 在 樞密院副使 任 行營中軍副元帥(要14・史64 禮志 軍禮 師還儀) ※樞密院副使・翰林學士承旨(東國李相國集 卷36 趙公誄書) 高 4, 6 罷職(要15) 高 4, 7 前樞密院使 任 西北面兵馬使(史22・要15) ①高 4, 7 任 樞密院使・吏部尙書・上將軍・翰林學士承旨(史22・墓 p. 335) 樞密院使・吏部尙書(史103 列傳) 樞密院使(要15)	熙 國子監大司成・翰林學士(史103 列傳) 熙 7, 10 在 大司成 任 同知貢擧(史73 選擧志 科目 選場)	高 5, 7 在 守司空 任 西北面元帥(史22) 高 6, 任 政堂文學・判禮部事(墓 p. 335) 高 7, 9 在・卒 平章事(史22・要15)
39	鄭 積 (河東)	⑥高 2, 12 (降授) 工部尙書(要14・史100 鄭叔瞻傳)	高 2, 11 在 右僕射(要14)	

40	崔元世	②高 4, 5 在 中軍兵馬使 任 兵部尙書·鷹揚軍上將軍(史22·要15)	高 4, 4 在 上將軍 任 前軍兵馬使(史22) 高 4, 5 任 中軍兵馬使(史22)	
41	崔孝思 (水州) (蔭敍·及第)	④高 5, 卒 樞密院使·禮部尙書·寶文閣大學士致仕 (墓 p. 328 墓誌銘)	神 吏部侍郎(墓 p. 328 墓誌銘) 神 6, 5 在 國子祭酒(史74 選擧志 科目 國子試之額) 神? 知奏事(墓 p. 328) 熙? 簽書樞密院事·右散騎常侍(上同) 熙? 同知院事·翰林學士承旨(上同)	
42	崔瑀 (崔怡) (牛峯)	②高 7, 正月 在 樞密院副使(要15) 樞密院副使·兵部尙書·上將軍(墓 p. 333 崔忠獻墓誌銘) ②①高 8, 12 任 叅知政事·吏兵部尙書·判御史臺事(史22·要15·史129 列傳·東國李相國集 卷 34 敎書·麻制 李延壽爲)	熙 2, 4 在 將軍(史21) 高 5, 4 在 知奏事(要15)	
43	韓光衍 (端州) (及第)	④高 7, 任 樞密院副使·禮部尙書·翰林學士承旨(墓 p. 367 墓誌銘) ③高 8, 12 任 同知樞密院事·戶部尙書(史22) 同知樞密院事(要15) ④高 9, 12 任 樞密院使(史22·要15) ※樞密院使·禮部尙書·寶文閣大學士致仕(東國李相國集 卷25 同年宰相書名記)	高 試大僕卿(墓 p. 366 墓誌銘) 高 國子祭酒(墓 p. 366) 高 6, 正月 在 知兵馬事(要15·墓 p. 367)	

44	史洪紀	①高 8, 12 任 知門下省事·吏部尙書·判工部事(史22·東國李相國集 卷34 敎書·麻制 李延壽爲)	熙 5, 正月 如金(史21)	高 9, 12 任 叅知政事(史22·要15)
45	金就礪 (彦陽) (蔭敍)	②高 8, 12 任 樞密院使·兵部尙書·判三司事(史22·史103 列傳) 樞密院使(要15)	高 4, 5 在 上將軍 任 前軍兵馬使(史22) 高 5, 7 任 兵馬使(史22) 高 7, 2 任 樞密院副使·中軍兵馬使(要15·墓 p. 363 墓誌銘)	高 9, 2 任 叅知政事·判戶部事(史22·要15·史103 列傳) 高 15, 12 任 守太尉·中書侍郞平章事·判兵部事(史22·要15·史103 列傳)
46	鄭通輔	④高 8, 12 任 知樞密院事·禮部尙書(史22) 知樞密院事(要15) 高 9, 12 任 樞密院使(史22·要15) 高 10, 12 任 判樞密院事(史22·要15) ①高 12, 12 任 判樞密院事·吏部尙書(史22·要15)	高 5, 7 在 借將軍(要15·史103 趙冲傳)	
47	宋臣卿	①高 9, 12 任 知樞密院事·吏部尙書(史22) 知樞密院事(要15)	高 3, 9 在 上將軍 任 左軍兵馬使(要14)	高 10, 12 任 知樞密院事(史22·要15)
48	吳壽祺	⑥高 9, 12 任 樞密院副使·工部尙書(史22) 樞密院副使(要15)	高 4, 正月 在 大將軍(史22) 高 4, 8 任 東北面兵馬使(史22) 高 6, 10 在 上將軍 任 兵馬使(史22)	高 10, 正月 在 樞密院副使 貶爲 鎭將(要15·史129 崔怡傳)
49	金仲龜 (安東)	②高 9, 12 任 兵部尙書·知奏事(史22) 高 10, 12 任 樞密院副使·尙書左僕射(史22) 樞密院副使(要15)	高 4, 正月 在 右副承宣(史22) 高 8, 閏12 在 知奏事(要15)	高 19, 7 在 知門下省事(史23) 高 叅知政事·判御史臺事(墓 p. 379)

		※樞密院副使・尙書左僕射・上將軍・判三司事(墓 p. 379 墓誌銘) 高 11, 7 在・流 樞密院副使(要15・史129 崔怡傳) 高 14, 任 知西京留守事(墓 p. 379) 高 15, 12 任 知樞密院事(史22・要15) ※知樞密院事・尙書左僕射・上將軍・判三司事(墓 p. 379) ①高 16, 任 知門下省事・守司空・左僕射(墓 p. 379) 知門下省事・尙書左僕射・吏部尙書(東文選 卷27 制誥 除宰臣金就礪)		
50	崔甫延 (全州)	⑥高 工部尙書(史99 崔均傳) ⑤高 9, 12 任 刑部尙書(史22)		
51	文漢卿 (溟州)	⑥高 9, 12 任 工部尙書(史22・史101 列傳) ②高 兵部尙書(史101 列傳)	高 4, 11 在 上將軍 任 中軍兵馬使(史22)	高 樞密院副使(史101 列傳) 高 13, 8 在・卒 樞密院使(史22・要15・史101 列傳)
52	柳彦琛 (儒州)	⑤高 9, 12 任 刑部尙書・判閣門事(史22) 高 13, 11 任 同知樞密院事・左散騎常侍(史22) 同知樞密院事(史99 柳公權傳) ④高 14, 12 任 樞密院使・禮部尙書(史22) 樞密院使(要15)	高? 監門衛攝上將軍(東國李相國集 卷33 批答 柳彦琛讓)	

53	咸 壽	③高 9, 12 任 戶部尙書(史22)		高 21, 正月 任 左僕射(史23)
54	貢天源	④高 10, 12 任 禮部尙書(史22) 高 13, 12 任 樞密院使(史22) ①高 14, 12 任 知門下省事·吏部尙書(史22)	高 4, 4 在 借將軍 任 左軍兵馬使(史22) 高 8, 12 任 右僕射(史22) 高 9, 12 任 樞密院副使·尙書左僕射(史22) 樞密院副使(要15)	高 15, 12 任 叅知政事(史22·要15)
55	崔正華	③高 14, 12 任 同知樞密院事·戶部尙書(史22) 同知樞密院事(要15) ③高 15, 12 任·致仕 樞密院使(史22) 樞密使·戶部尙書 致仕(東國李相國集 卷34 崔正華官誥)	高 3, 8 任 知兵馬事(要14) 高 樞密副使(東國李相國集 卷33 敎書 崔正華)	
56	史光補	②高 14, 12 任 兵部尙書(史22)		高 15, 12 任 樞密院副使·左散騎常侍(史22) 樞密院副使(要15)
57	金叔龍	⑥高 14, 12 任 左承宣·工部尙書·知吏部事(史22) 高 15, 12 任 樞密院知奏事(史22) ②高 21, 知樞密院事·兵部尙書·上將軍(東國李相國集 卷33 敎書 晉陽侯封册·東文選 卷25 制誥 封晉陽侯)	高 9, 7 在 後軍兵馬使(要15)	
58	鄭 畋	③高 14, 12 任 戶部尙書(史22)		高 19, 5 宰樞(史23)
59	李仲敏	⑤高 14, 12 任 刑部尙書(史22)		

60	崔宗峻 (鐵原) (及第)	①高 15, 12 任 知門下省事・吏部尙書(史22・要15・東文選 卷27 制誥 除宰臣金就礪) ⑥高 守太尉・中書侍郎平章事・工部尙書(東國李相國集 卷33 敎書 晉陽侯封册) ⑥高 平章事・工部尙書(東文選 卷 25 制誥 封晉陽侯)	高 4, 4 在 司宰卿 任 知兵馬事(要15) 高 9, 4 在 左承宣(要15) 高 13, 12 任 同知樞密院事(史22) 高 14, 12 任 知樞密院事・左散騎常侍(史22・要15)	高 29, 7 在 門下侍中(要16・史99 列傳)
61	朴世通	②高 15, 12 任 兵部尙書(史22)	高 4, 5 任 將軍(要15)	
62	趙廉卿	④高 15, 12 任 禮部尙書(史22)	高 14, 5 在 上將軍(要15) 高 14, 9 在 右軍兵馬使・上將軍(史22) 高 14, 11 貶爲 溟州副使(史22)	高 18, 樞密副使(史103 李子晟傳) 高 19, 7 在 樞密院副使 任 中軍陣主(要16)
63	金仁鏡 (金良鏡) (慶州) (及第)	⑤高 15, 12 任 刑部尙書・翰林學士(史22・史102 列傳) 高 19, 5 在 翰林學士承旨 任 知貢擧(史73 選擧志 科目 選場) 高 任 知樞密院事・尙書左僕射(史102 列傳) 高 19, 7 在 知樞密院事(史22・要16) ①高 19, 政堂文學・吏部尙書・監修國史(史102 列傳)	高 7, 5 在 右承宣(史74 選擧志 科目 國子試之額) 高 14, 9 在 知兵馬事(史22) 高 15, 正月 貶 尙州牧使(要15・史102 列傳)	高 中書侍郎平章事(史102 列傳)
64	金承俊 (金升俊)	③高 15, 12 任 試戶部尙書(史22)	高 14, 9 在 知兵馬事・大將軍(史22)	
65	洪斯胤 (南陽)	⑥高 樞密院使・工部尙書(墓 p. 434 洪奎墓誌銘) ※樞密使・翰林學士(陽村集 卷 35 東賢事略 洪中贊諱子藩)	高 15, 12 任 尙書右僕射(史22)	

66	李奎報 (驪州) (及第)	③高 20, 12 任 知門下省事·戶部尙書·集賢殿大學士·判禮部事(墓 p.376 墓誌銘·東國李相國集 年譜) ※知門下省事·戶部尙書·集賢殿大學士(史102 列傳)	高 19, 4 任 判秘書省事·寶文閣學士(墓 p.376 墓誌銘·東國李相國集 年譜) ※判秘書省事(史102 列傳) 高 20, 6 任 樞密院副使·右散騎常侍·寶文閣學士(墓 p.376 墓誌銘·年譜) ※樞密院副使·右散騎常侍(史102 列傳)	高 21, 12 任 政堂文學·監修國史(年譜·史102 列傳)
67	任景肅 (定安) (及第)	⑤高 25, 4 在 刑部尙書 任 同知貢擧(史73 選擧志 科目 選場) 高 27, 5 在 樞密院副使 任 知貢擧(上同) 高 31, 4 在 左僕射 任 知貢擧(上同) ①高 政堂文學·吏部尙書·判工部事·太子少傅(東文選 卷26 制誥 除宰臣 朴文成)		高 叅知政事(東文選 卷 26 制誥 除宰臣 任景肅) 高 37, 5 在 平章事 任 知貢擧(史73 選擧志 科目 選場)
68	李方茂	⑤高 樞密院副使·刑部尙書(東文選 卷26 制誥 李方茂)	高 25, 4 在 簽書樞密院事 任 知貢擧(史73 選擧志 科目 選場)	
69	宋國瞻 (鎭州) (及第)	⑤高 刑部尙書(史102 列傳·補閑集 上 任良淑公濡)	高 27, 4 在 判秘書省事(史74 選擧志 科目 國子試之額) 高 30, 2 任 忠淸州道巡問使(史23) 高 30, 9 大司成(要16)	高 34, 6 在 慶尙州道巡問使 貶爲 東京副留守(要16·史102 列傳) 高 右散騎常侍(史102 列傳)
70	朴暄 (公州) (及第)	⑤高 34, 6 在 刑部尙書(要16·史129 崔怡傳·東文選 卷37 表箋 謝刑部尙書表) ⑤高 37, 3 在·殺 刑部尙書(要16)	高 33, 4 在 國子祭酒 任 同知貢擧(史73 選擧志 科目 選場)	

71	崔 沆 (牛峯)	③高 34, 6 任 左右衛上護軍·戶部尙書(要16·史129 列傳·墓 p. 388 墓誌銘) 高 35, 3 任 知奏事(史23) ②①高 36, 11 任 樞密院副使·吏兵部尙書·御史大夫·太子賓客(史129 列傳·墓 p. 388 墓誌銘) 樞密院副使·吏兵部尙書·御史大夫(要16) 樞密院副使·吏部尙書·御史大夫(史23)		高 37, 正月 任 敎定別監(要16·史129 列傳) 高 37, 12 任 門下侍中(史23·要16)
72	趙 敦	①高　任　知門下省事·吏部尙書·判三司事(東文選 卷26 制誥 除宰臣任景肅)	高 4, 12 在 宣州防戌將軍(史22)	
73	趙季珣 (橫川) (及第)	③高 37, 7 任 樞密院副使(史23) ※樞密院副使·戶部尙書·上將軍(東文選 卷26 制誥 趙季珣爲)	高 37, 5 在 承宣(要16)	高　門下侍郎平章事(史103 趙冲傳)
74	薛 愼 (淳昌) (及第)	⑤高 38, 正月 任 樞密院副使·刑部尙書·翰林學士承旨(墓 p. 382 墓誌銘) 樞密院副使(史24·要17)	高 29, 4 在 判禮賓省事任 同知貢擧(史73 選擧志 科目 選場) 高　國子監大司成·翰林學士(墓 p. 382 墓誌銘) 高　尙書左僕射(墓 p. 382)	高 38, 6 在·卒 樞密院副使(史24·墓 p. 382)
75	金孝印 (安東) (及第)	②高 40, 11 在·卒 兵部尙書·翰林學士(史24·補閑集 上 任良淑公濡)	高 37, 5 在 尙書左丞任 同知貢擧(史73 選擧志 科目 選場)	

76	崔 珙 (江陵)	①高 41, 3 在・卒 叅 知政事(史24) 叅知政事・吏部尙 書・判戶部事(墓 p. 384 墓誌銘)	高 19, 右副承宣(墓 p. 384 墓誌銘) 高 樞密院副使(墓 p. 384) 高 左散騎常侍(墓 p. 384) 高 知門下(墓 p. 384)	
77	鄭 璨	⑥高? 工部尙書(東文 選 卷26 制誥 鄭璨 爲工部尙書官誥)		
78	朴文備	③高 上將軍・兼戶部 尙書(東國李相國 集 卷34 朴文備上 將軍兼戶部尙書)	高 11, 7 在 大將軍(要 15)	
79	曺時著 (綾城)	④高? 知樞密院事・ 禮部尙書・上將軍 ・太子賓客(韓國 上代古文書資料集 成 p. 111 光山金 氏 金璉 准戶口)	高 18, 12 在 將軍(要 16)	
80	金寶鼎	①元 元年, 10 任 知 門下省事・吏部尙 書(史25)	高 38, 2 在 上將軍(史 24) 高 40, 11 在 僕射(史 24) 高 44, 7 在 宰樞(史24) 高 45, 6 在 知樞密院事 (要17) 高 45, 12 任 樞密院使 (史24) 高 46, 4 在 樞密院副使 (史24・要17) 元 元年, 2 在 樞密院使 (要18・史130 于琔傳)	
81	金之岱 (淸道) (及第)	①元 元年, 12 任 政 堂文學・吏部尙書 (史25・史102 列 傳)	高 42, 6 在 判司宰監事 (史73 選擧志 科目 選場) 高 45, 5 在 判秘書省事 任 北界知兵馬事(要 17) 高 簽書樞密院事(史102 列傳) 高 45, 11 任 樞密院副 使(史24) 高 45, 12 任 同知樞密 院事(史24)	元 2, 5 在 知樞密院 事 任 知貢擧(史73 選 擧志 科目 選場) 元 任・致仕 守太 傅・中書侍郎平章 事(史102 列傳)

82	鄭 芝	④元 2, 5 在 禮部尙書 任 同知貢舉(史73 選擧志 科目 選場)	高 46, 正月 任 西北面兵馬使(史24) 元 元年, 12 任 樞密院副使(史25)	元 5, 8 卒 政堂文學致仕(史26·要18)
83	崔允愷 (全州) (及第)	②元 3, 12 任 知樞密院事·兵部尙書·太子賓客(史25)	高 44, 閏4 在 尙書右丞(史74 選擧志 科目 國子試之額·史99 崔均附傳) 高 45, 12 任 左副承宣(史24·史99 崔均附傳)	元 4, 12 任 知樞密院事(史25·要18) 元 樞密院使·御史大夫(史99 崔均附傳) 元 7, 11 在·卒 判樞密院事(史26·要18)
84	金允候	④元 3, 12 任 樞密院副使·禮部尙書(史25)	高 41, 2 任 監門衛攝上將軍(要17) 高 46, 正月 任 東北面兵馬使(史24)	元 4, 12 守司空·左僕射致仕(史25)
85	羅得璜 (羅州)	⑤元 刑部尙書(史104 羅裕傳)	元 元年, 2 在 濟州副使·判禮賓省事(史25)	元 4, 12 任 樞密院副使(史25·要18) 元 守司空·左僕射·判戶部事致仕(墓 p. 524 羅益禧墓誌銘)
86	申思佺	②元 4, 12 任 兵部尙書(史25)	元 元年, 4 在 上將軍(史25)	元 5, 10 在 上將軍(史26) 元 9, 12 在 知門下省事(史26) 元 10, 4 在 叅知政事(史26)
87	奉 禧	⑥元 4, 12 任·致仕 樞密院副使·工部尙書(史25)		
88	洪 縉 (南陽)	②元 7, 11 任 兵部尙書(史26)	高 45, 6 在 諫議大夫 任 同知貢舉(史73 選擧志 科目 選場) 元 4, 12 任 尙書右僕射(史25·要18)	元 7, 11 在·卒 樞密院副使(史26) ※同知樞密院事(史106 洪奎傳)
89	李之威	⑤元 7, 11 任 刑部尙書(史26)	高 39, 正月 在 侍郎(史24) 元 3, 12 任 尙書左僕射(史25) 元 4, 12 任 同知樞密院事·太子賓客(史25·要18)	

90	金方慶 (安東) (蔭敍)	⑤元 10, 9 在 樞密院副使(史26·要18) ※刑部尙書·樞密院副使(史104 列傳)	元 4, 12 任 知御史臺事(史25·史104 列傳) 元 上將軍(史104 列傳) 元 9, 2 任 判禮賓省事·北界兵馬使(史26)	元 10, 12 任 同知樞密院事·御史大夫(史26) 御史大夫(要18) 元 12, 5 討珍島(史27) 元 12, 11 任 守太尉·中書侍郎平章事(史27·墓 p. 407)
91	元 傅 (原州) (及第)	①元 11, 夏 任 政堂文學·吏部尙書·判三司事(墓 p. 399 墓誌銘)	元 判禮賓省事(墓 p. 399 墓誌銘) 元 知御史臺事(墓 p. 399) 元 10, 12 任 樞密院副使(史26·要18·史107 列傳) ※樞密院副使·右常侍·翰林學士承旨(墓 p. 399)	元 12, 守太保·叅知政事(墓 p. 399)
92	金 坵 (扶寧) (及第)	①元 12, 任 吏部尙書(史106 列傳·止浦集 卷3 年譜)	元 10, 4 在 大司成(要18·止浦集 卷3 年譜) 元 10, 12 任 左僕射(史26·史106 列傳·年譜) 元 11, 任 樞密院副使·政堂文學(史106 列傳·年譜)	元 14, 10 在 叅知政事 任 知貢擧(史73 選擧志 科目 選場·年譜) 忠烈 元年, 任 知僉議府事(年譜·史106 列傳)
93	許 遂 (孔巖) (及第)	④元? 樞密院副使·禮部尙書·翰林學士承旨致仕(墓 p. 445 金賆 妻 許氏墓誌銘·墓 p. 485 忠宣王妃 順妃 許氏墓誌銘)	元 元年, 5 國子試 試官(史74 選擧志 科目 國子試之額)	
94	尹克敏 (坡平) (及第)	④元? 政堂文學·禮部尙書·修文殿大學士(墓 p. 445 金賆 妻 許氏墓誌銘)	高 41, 6 在 左副承宣 任 同知貢擧(史73 選擧志 科目 選場) 元? 知樞密院事·寶文閣大學士·太子賓客(止浦集 卷2 表箋 代尹克敏)	

95	趙文柱	②元? 同知樞密院事・兵部尙書・上將軍(墓 p. 524 羅益禧墓誌銘)	元 5, 5 大將軍(要18)	
96	高克仁	④元? 禮部尙書(墓 p. 553 洪彬墓誌銘)		
97	金 連 (海陽)	⑤元 樞密院副使・刑部尙書(史107 列傳)	元 兵部侍郎(史107 列傳)	元 慶尙道都指揮使(史107 列傳) 元? 任・致仕 知都僉議(史107 列傳) 忠烈 17, 5 卒 贊成事致仕(史30)
98	李 穎 (慶源) (及第)	④忠烈 任・致仕 樞密院副使・禮部尙書・翰林學士承旨(史106 列傳)	元 6, 10 在 侍御史(史26) 元 任 右副承宣(史106 列傳)	忠烈 3, 11 在・卒 密直副使(史28)

〈자료 3〉 高麗 後·末期 6部尙書(判書) 歷任者

번호	성 명 (本貫) (及第與否)	年月과 官職 (典據)	以前 官職 (典據)	以後 官職 (典據)
1	奇洪碩	②忠烈 元年, 12 任 軍簿判書·鷹揚軍上將軍(史28)	高 36, 閏2 在 指諭(要16)	忠烈 4, 2 任 密直副使(史28·要26) 忠烈 5, 2 任 同知密直事·監察提憲(史29·要20)
2	康允紹 (家奴출신)	②忠烈 元年, 任 軍簿判書·鷹揚軍上將軍(史123 列傳) ②忠烈 元年, 12 在·免 軍簿判書(要19)	元 12, 3 在 大將軍(要19) 元 14, 8 在 上將軍(要19·史123 列傳)	忠烈 任 密直副使(史123 列傳) 忠烈 9, 12 任·致仕 判三司事(史29·史123 列傳)
3	崔文本 (鐵原) (蔭叙)	③忠烈 2, 6 在·卒 密直副使(史28·要19) 密直副使·版圖判書(史99 列傳)	元 12, 正月 在 將軍(史27) 忠烈 卽位, 10 在 承宣(史28·史99 列傳)	
4	金文庇	②忠烈 軍簿判書(史124 李貞附傳)		忠烈 6, 6 在·死 上將軍(要20)
5	李尊庇 (李仁成) (固城) (及第)	③忠烈 5, 2 任 密直副使(史29·要20·史111 李嵒傳) 密直副使·版圖判書·文翰學士(墓 p. 379 墓誌銘)	忠烈 元年, 4 在 尙書右丞(史74 選擧志 科目 國子試之額·史111 李嵒傳·墓 p. 379 墓誌銘) 忠烈 2, 8 在 左司議大夫(史28·史111 李嵒傳·墓 p. 379) 忠烈 3, 7 在 承旨(要19·史111 李嵒傳·墓 p. 379)	忠烈 5, 12 任 同知密直司事(史29·要20) 忠烈 6, 12 任 知密直司事·世子元賓(史29·要20) 忠烈 10, 9 任 監察大夫(史29) 忠烈 13, 正月 在·卒 同判密直司事(史30·要21)
6	郭汝弼	⑤忠烈 5, 6 在 典法判書 任 同知貢擧(史73 選擧志 科目 選場)	元 15, 4 在 諫議大夫(史27) 忠烈 4, 閏11 在 國學大司成(史28)	忠烈 5, 9 計點使(史29)
7	朱 悅 (綾城) (及第)	③忠烈 6, 12 任 版圖判書(史29·史106 列傳) ②忠烈 7, 3 在 軍簿判書(要20·史106 列傳)	忠烈 2, 8 在 判秘書事(史74 選擧志 科目 國子試之額) 忠烈 翰林學士(史106 列傳)	忠烈 13, 任·致仕 知都僉議府事(史106 列傳) 忠烈 13, 11 卒 知都僉議府事致仕(史30·要21)

		⑤忠烈 副知密直·典法判書(史106 列傳)	忠烈 4, 11 在 三司使 任 慶尙計點使(史28) 忠烈 6, 正月 罷職(史29)	
8	尹秀 (漆原) (父親은 무뢰배)	②忠烈 9, 3 在·死 軍簿判書(要20) 軍簿判書·鷹揚軍上護軍(史124 列傳)	忠烈 2, 6 在 大將軍(史28) 忠烈 5, 3 任 全羅道鷹坊使(史29) 忠烈 6, 3 在 上將軍(要20)	
9	朴玶 (務安)	②忠烈 密直副使·軍簿判書·上將軍(墓 p. 422 崔瑞墓誌銘·墓 p. 436 崔瑞妻朴氏墓誌銘)	元 11, 9 在 羅州副使(要18)	
10	朴保	③忠烈 密直副使·版圖判書·上護軍致仕(墓 p. 438 尹珤妻 朴氏墓誌銘)	忠烈 即位, 10 任 知兵馬事(史28) 忠烈 6, 11 在 大將軍(史29)	
11	金惼	⑤忠烈 10, 7 在·卒 典法判書(史29·要20·史106 郭預傳)	忠烈 3, 11 在 國子祭酒(史28) 忠烈 4, 4 在 司議(要20)	
12	孔愉	⑤忠烈 10, 9 任 典法判書(史29)	忠烈 4, 9 在 大將軍(史28) 忠烈 10, 7 在 副知密直司事(史29·要20)	忠烈 13, 2 任 同判密直司事(史30·要21) 忠烈 13, 6 任 判三司事(史30·要21)
13	趙抃 (橫川) (蔭叙)	①忠烈 13, 8 任 副知密直司事(史30) ※副知密直司事·上將軍·典理判書(墓 p. 408 金方慶墓誌銘)	忠烈 6, 11 在 大將軍(史29) 忠烈 10, 12 任 左副承旨(史29)	忠烈 14, 7 在·卒 知密直司事(史30·要21)
14	權旦 (安東) (及第)	③忠烈 13, 12 任 密直學士(史30·要21) 密直學士·版圖判書·文翰學士承旨(墓 p. 427 墓誌銘) ①忠烈 典理判書(墓 p. 427)	忠烈 10, 10 在 判衛尉寺事 任 同知貢擧(史73 選擧志 科目 選場·史107 列傳) 忠烈 13, 8 任 左副承旨(史30·史107 列傳·墓 p. 427 墓誌銘)	忠烈 15, 任·致仕 知僉議府事(史107 列傳·墓 p. 427) 忠烈 20, 贊成事致仕(史107 列傳·墓 p. 427)

15	鄭仁卿 (淸州)	②忠烈 13, 任 鷹揚軍上將軍・兼軍簿判書(墓 p. 424 墓誌銘) 忠烈 14, 9 在 上將軍(史30) 忠烈 15, 任 三司使(墓 p. 424) ⑤忠烈 15, 任 密直副使・兼典法判書(墓 p. 424)	忠烈 8, 任 大將軍(墓 p. 424 墓誌銘) 忠烈 12, 任 攝上將軍(墓 p. 424)	忠烈 16, 7 在 副知密直司事 任 西北面都指揮使(史30・要21・史107 列傳) 忠烈 16, 12 在 西京留守(要21・史107 列傳) 忠烈 18, 閏6 任 同知密直司事(史30・要21・史107 列傳) 忠烈 18, 11 在・流 同知密直司事(史30・要21) 忠烈 任 知司事(墓 p. 424) 忠烈 任 右常侍(墓 p. 424) 忠烈 25, 3 任 判三司事(墓 p. 424・史107 列傳)
16	金仲甫 (彦陽)	③忠烈 密直副使・版圖判書致仕(墓 p. 412 金賆墓誌銘)		
17	李益培 (黃驪) (及第)	③忠烈 14, 7 任・致仕 副知密直司事(史30・要21) 副知密直司事・版圖判書・文翰學士(史102 列傳)	忠烈 12, 10 在 國子祭酒 任 同知貢擧(史73 選擧志 科目 選場) 忠烈 僉議典書(史102 列傳)	忠烈 18, 5 卒 致仕副知密直(史30)
18	元貞 (原州)	⑤忠烈 14, 7 在・罷 典法判書(史30)	忠烈 5, 3 禿魯花(史29)	
19	金頵 (彦陽)	⑤忠烈 14, 7 任 典法判書(史30)	忠烈 7, 8 在 安東府府使(史29)	忠烈 22, 2 任 副知密直司事(史31) 忠烈 都僉議叅理致仕(墓 p. 412 金賆墓誌銘)
20	朴暉 (竹州)	⑤忠烈 典法判書(史109 朴全之傳・墓 p. 454 朴全之墓誌銘・稼亭集 卷12 奇子敖行狀)	忠烈 卽位, 8 在 大府卿(史28・史130 洪福源傳)	

21	金富允 (兎山)	②忠烈 軍簿判書・鷹揚軍上將軍(史107 列傳) 忠烈 24, 忠宣 7月 任 資政院副使・判司津寺事・上護軍(史33) 忠烈 24, 11 任 密直副使(史31・要22) 忠烈 25, 3 任 西北面都指揮使(史31) ①忠烈 26, 11 任 知密直司事・典理判書(史31・要22・史107 列傳)	忠烈 6, 4 在 將軍(要20) 忠烈 8, 5 在 將軍 任 2等功臣(史29)	忠烈 28, 任 知都僉議司事(史107 列傳) 忠烈 29, 任・致仕 贊成事(史107 列傳)
22	羅 裕 (羅州) (蔭叙)	②忠烈 15, 5 在 知密直司事(史30・要21) ※知密直司事・軍簿判書・上將軍・世子元賓(墓 p.524 羅益禧墓誌銘)	忠烈 9, 5 在 上將軍(史81 兵志 兵制) 忠烈 12, 8 任 知申事(史30・史104 列傳) 忠烈 13, 6 任 副知密直司事(史30・要21・史104 列傳) 忠烈 13, 12 任 同知密直司事(史30・要21) 忠烈 15, 3 在 知密直司事 任 忠清道都巡問使(史30・要21)	忠烈 15, 12 在 同知密直司事(史30・要21) 忠烈 17, 11 在 知密直司事(史30・要21)
23	鄭 瑎 (清州) (及第)	③忠烈 22, 春 任 版圖判書(牧隱文藁 卷20 鄭氏家傳) 忠烈 22, 冬 任 同知密直司事・世子元賓(鄭氏家傳) 忠烈 24, 忠宣 5月 任 南京留守・廣陵府尹(史33・史106 列傳) ②忠烈 24, 忠宣 7月 任 知密直司事・兵曹尙書・寶文閣大學士(史33)	忠烈 18, 6 在 左承旨(史74 選擧志 科目 國子試之額) 忠烈 18, 閏6 任 右承旨(史30) 忠烈 20, 知申事(牧隱文藁 卷20 鄭氏家傳・史106 列傳) 忠烈 21, 7 任 副知密直司事・判秘書寺事(牧隱文藁 卷20 鄭氏家傳・史106 列傳) 忠烈 21, 國學大司成(鄭氏家傳)	忠烈 26, 冬 任 判三司事(鄭氏家傳) ※忠烈 30, 正月 任 判三司事(史32・史106 列傳) 忠烈 27, 任 知都僉議司事(鄭氏家傳) 忠烈 30, 任 僉議叅理(鄭氏家傳) 忠烈 僉議叅理(史106 列傳)

		※知司・兵曹判書 (鄭氏家傳) ※知密直(史106 列 傳) 忠烈 24, 忠宣 8月 在 知密直司事(史 33・要22) 忠烈 24, 9 任 右常 侍(史31) 忠烈 25, 5 罷(史31・ 史106 列傳) ①忠烈 26, 任 密直 使・典理判書(鄭 氏家傳) ※忠烈 29, 11 任 密直司使(史32・ 要22)		
24	崔 瑞 (海州) (及第)	③忠烈 22, 副知密直 司事・版圖判書・ 文翰學士致仕(墓 p.422 墓誌銘) ※副知密直司事(墓 p.535 金倫墓誌銘) ※密直副使・文翰 學士致仕(墓 p.412 金䐀墓誌銘) ※版圖判書・文翰 司學致仕(墓 p.436 妻 朴氏墓誌銘)	忠烈 14, 左司議・寶文 署直學士(墓 p. 422 墓誌銘) 忠烈 17, 判大府事(墓 p. 422) 忠烈 18, 判秘書事・膺 善府左詹事(墓 p. 422) 忠烈 21, 閏4 在 判秘書 省事 任 濟州牧使(史31・ 墓 p. 422)	
25	張 碩	②忠烈 23, 8 任 軍簿 判書(史31) ②忠烈 23, 12 任 軍 簿判書(史31)		忠烈 24, 忠宣 5月 任 光政都承旨・奉常 卿(史33) 忠烈 24, 忠宣 6月 任 承旨(史33) 忠烈 24, 11 任 左承 旨(史31)
26	柳 栯	⑤忠烈 23, 8 任 典法 判書(史31) ②忠烈 24, 忠宣 5月 任 兵曹尙書・鷹 揚軍上將軍(史33)		忠烈 24, 忠宣 7月 任 資政院副使・判內 府寺事(史33) 忠烈 24, 9 任 副知密 直司事(史31) 忠烈 25, 7 在 密直使 (史31・要22)

				忠烈 28, 7 任 衆理 (史32·要22)
27	金 瑄 (安東)	⑤忠烈 副知密直司事 (史104 金方慶傳) 副知密直司事·典 法判書·上護軍 (墓 p. 408 金方慶 墓誌銘·墓 p. 464 金承用墓誌銘)		
28	閔宗儒 (驪興) (蔭叙)	①忠烈 24, 忠宣 5月 任 銓曹尙書·崇 福館使(史33·史10 8 列傳·墓 p.448 墓誌銘) ⑤忠烈 24, 忠宣 7月 任 密直副使·刑 曹判書(史33·史10 8 列傳) 忠烈 25, 3 在·罷 密直副使(史31) ⑤忠烈 33, 3 任 典法 判書·權授判密直 司事(史32·史108 列傳) ※判密直事(墓 p. 448)	忠烈 23, 10 任 知申事 (史31·史108 列 傳·墓 p.448 墓誌 銘) 忠烈 23, 知典理·監察 司事(史108 列傳· 墓 p. 448)	忠烈 監察大夫(史108 列傳·墓 p. 448) 忠烈 贊成事(史108 列 傳·墓 p. 448) 忠宣 元年, 任·致仕 贊成事·判選部事 (史108 列傳)
29	許 評 (孔巖)	③忠烈 24, 忠宣 5月 任 民曹尙書(史33)	忠烈 17, 12 在 將軍(史 30) 忠烈 23, 10 任 副知密 直司事(史31)	忠烈 24, 忠宣 7月 任 同知密直司事·判 奉常寺事(史33) 忠烈 24, 忠宣 8月 任 同知資政院事(史 33) 忠烈 25, 5 罷(史31) 忠烈 33, 3 任 判密直 司事(史32·要23)
30	尹 珤 (坡平)	④忠烈 24, 忠宣 5月 任 弘文館學士· 儀曹尙書(史33)	忠烈 22, 9 在 左承旨 任 國子試 試官(史74 選擧志 科目 國子試 之額) 忠烈 23, 12 任 密直學 士(史31·要21)	忠烈 24, 忠宣 7月 任 密直副使·成均大 司成·修文殿學士 (史33) 忠烈 24, 10 任 西北 面都指揮使(史31)

31	崔 昷	⑤忠烈 24, 忠宣 5月 任 詞林學士承旨·刑曹尙書(史33)	忠烈 22, 10 任 右常侍(史31) 忠烈 24, 忠宣 正月 在 文翰學士承旨(史33)	忠烈 24, 忠宣 7月 任 資政院副使·右常侍·詞林學士承旨(史33)
32	全 昇 (天安)	②忠烈 24, 忠宣 5月 任 崇文館學士·兵曹尙書(史33) 忠烈 24, 忠宣 6月 任 承旨(史33) 忠烈 24, 忠宣 7月 任 左副承旨·判秘書寺事·寶文閣直學士(史33) 忠烈 26, 9 任 知貢擧(史73 選擧志 科目 選場) ③忠烈 知密直司事·版圖判書·文翰學士承旨(墓 p. 412 金㫸墓誌銘)	忠烈 23, 12 任 右副承旨(史31)	忠烈 28, 正月 在·卒 密直使(史32·要22)
33	李 混 (全義) (及第)	①忠烈 24, 忠宣 7月 任 密直司使·銓曹判書·集賢殿大學士·修國史(史33·史108 列傳)	忠烈 17, 12 任 左副承旨(史30) 忠烈 18, 閏6 任 副知密直司事·文翰學士承旨(史30·要21·史108 列傳) 忠烈 19, 12 任 西北面都指揮使(史30) 忠烈 21, 正月 任 同知密直司事(史31·要21·史108 列傳) 忠烈 23, 12 任 知密直司事·世子元賓(史31·要21·史108 列傳) 忠烈 24, 忠宣 5月 任 檢校司空·西京留守·平壤府尹(史33)	忠烈 25, 5 罷職(史31) 忠烈 29, 11 任 知密直司事(史32·要22) 忠烈 30, 正月 任 判密直司事(史32·要22·史108 列傳) 忠烈 30, 6 在 密直使(史32·要22) 忠烈 33, 3 任 都僉議贊成事·判版圖司事(史32·要23)
34	元 卿 (原州)	⑥忠烈 24, 忠宣 7月 任 同知密直司事·工曹(書?)判書(史33)	忠烈 15, 10 在 大將軍(史30) 忠烈 21, 正月 任 左副承旨(史31)	忠烈 25, 4 元으로 압송(史31)

		①忠烈 同知密直·典理判書(墓 p. 569 韓公義墓誌銘)	忠烈 22, 5 任 副知密直司事(史31·史124 列傳) 忠烈 23, 閏12 任 副知密直司事(史31·要21) 忠烈 24, 忠宣 5月 任 中京留守·果毅軍都指揮使(史33)	
35	金 眅 (彦陽) (蔭叙·及第)	④忠烈 24, 忠宣 7月 任 同知資政院事·儀曹判書·同修國史(史33)	忠烈 16, 5 在 判秘書事 任 同知貢擧(史73 選擧志 科目 選場) 忠烈 21, 任 右承旨(墓 p. 412 墓誌銘·史103 列傳) 忠烈 23, 8 任 副知密直司事(史31·要21)	忠烈 24, 11 任 同知密直司事(史31·要22) 忠烈 25, 任 判三司事·寶文閣大學士(墓 p. 412) 忠烈 25, 任 知都僉議司事(墓 p. 412)
36	元 珝 (原州)	③忠烈 24, 忠宣 7月 任 同知資政院事·民曹判書(史33)	忠烈 23, 閏12 任 同知密直司事(史31·要21·史124 元卿傳)	忠烈 25, 5 罷(史31)
37	洪 詵 (唐城)	②忠烈 24, 忠宣 7月 任 知申事·兵曹判書·知銓曹事(史33) 忠烈 24, 9 任 三司左使(史31) 忠烈 25, 9 在·罷 僕射(史31·要22) 忠烈 26, 2 任 密直副使(史31·要22) ③忠烈 29, 11 任 版圖判書(史32)	忠烈 19, 10 在 大將軍(史30) 忠烈 24, 忠宣 3月 任 右副承旨(史33) 忠烈 24, 忠宣 6月 任 承旨(史33)	忠烈 33, 3 任 上護軍·權授僉理(史32) 忠宣 2, 9 任 三司右使(史33) 忠宣 3, 12 在 贊成事(史34)
38	吳仁永	②忠烈 24, 9 任 軍簿判書(史31) 忠烈 25, 9 罷 密直(史31·要22) ①忠烈 26, 2 任 知密直司事·典理判書(史31) 知密直司事(要22)	忠烈 21, 2 在 大將軍(史31) 忠烈 22, 5 在 右副承旨(史31) 忠烈 23, 12 任 左承旨(史31) 忠烈 24, 忠宣 3月 任 副知密直司事(史33) 忠烈 24, 忠宣 7月 任 密直副使·判衛尉寺事(史33)	忠烈 密直使(墓 p. 512 權廉墓誌銘)

39	李英柱	②忠烈 24, 9 任 軍簿判書·鷹揚軍上將軍(史31·史123 列傳) 忠烈 25, 正月 在·被執 上將軍(史31) ②忠烈 26, 11 任 密直副使·軍簿判書(史31·要22) 密直副使(史123 列傳)	忠烈 8, 12 在 將軍(史29) 忠烈 11, 正月 在 忠淸道安集使(要20) 忠烈 12, 2 在 忠淸道脫脫禾孫(史30)	忠烈 26, 12 在 副知密直司事(史31·要22)
40	元瓘(瓘) (原州) (及第)	③忠烈 24, 11 任 知密直司事·版圖判書(史31) 知密直司事(要22)		忠宣 卽位, 10 宰臣(史33) 忠宣 元年, 4 任 密直司使(史33·要23) 忠宣? 贊成事(史107 元傳傳)
41	劉福和 (內僚출신)	③忠烈 26, 2 任 同知密直司事·版圖判書(史31) 同知密直司事(要22)	忠烈 21, 4 在 大將軍(史31) 忠烈 24, 忠宣 7月 任 密直副使·判禮賓寺事·上護軍(史33) 忠烈 24, 忠宣 8月 任 密直副使(史33) 忠烈 25, 9 罷 密直(史31·要22)	
42	郭贗	②忠烈 26, 7 任 軍簿判書(史31)	忠烈 8, 7 在·囚 監察史(史29)	忠烈 28, 6 任 監察大夫(史32) 忠烈 29, 11 任 監察大夫(史32)
43	兪甫	②忠烈 26, 11 任 軍簿判書(史31)	元 14, 5 在 別將 任 中郎將(史27·要19) 忠烈 6, 11 在 中郎將(史29)	忠烈 28, 11 在 同知密直司事(史32·要22)
44	金延壽	⑤忠烈 28, 5 任 典法判書(史32)	忠烈 22, 7 在 上將軍(史31) 忠烈 26, 8 任 密直副使(史31) 忠烈 26, 11 在·囚 副知密直司事(要22) 忠烈 27, 7 在 密直副使(史32)	忠烈 29, 11 任 密直副使(史32·要22) 忠烈 33, 3 任 知密直司事(史32·要23) 忠烈 33, 10 在 判密直司事(史32·要23)

45	朴 顗	①忠烈 28, 6 任 典理判書(史32)	忠烈 28, 3 任 國子試試官(史74 選擧志 科目 國子試之額) 忠烈 28, 5 任 監察大夫(史32)	忠烈 29, 11 任 右常侍(史32) 忠烈 30, 正月 任 密直副使(史32・要22) 忠烈 31, 8 任 知密直司事(史32・要23)
46	金文衍 (彦陽)	②忠烈 28, 6 任 軍簿判書(史32)	忠烈 左右衛散員(史103 列傳)	忠烈 28, 10 任 監察大夫(史32) 忠烈 29, 11 任 密直副使(史32・要22) 忠烈 31, 2 任 平壤府使(史32) 忠烈 31, 8 任 密直使(史32・要23)
47	姜 純	②忠烈 28, 7 任 軍簿判書(史32)	忠烈 24, 8 在 大將軍(史31) 忠烈 27, 11 在 上護軍(史32)	忠烈 28, 7 任 三司右使(史32) 忠烈 29, 11 任 三司右使(史32)
48	崔 諂	③忠烈 29, 8 致仕版圖判書(史32・要22・史125 吳潛傳)	忠烈 15, 3 在・罷 全羅道指揮使・左司議大夫(史30)	
49	李 瑱 (雞林) (及第)	⑤忠烈 29, 11 任 典法判書(史32・史109 列傳) ⑤忠烈 30, 5 在 典法判書 任 經史敎授都監使(要22・史105 安珦傳) 忠烈 33, 3 任 判衛尉寺事・權授密直副使(史32) ⑤忠烈 33, 8 在 典法判書 任 政堂文學(史32・要23・史109 列傳)	忠烈 24, 忠宣 5月 任 詞林學士・試右散騎常侍(史33) 忠烈 24, 忠宣 7月 任 左承旨・秘書尹・知民曹事・詞林學士(史33)	忠宣? 任 商議會議都監事(史109 列傳) 忠宣? 任 贊成事(史109 列傳)
50	崔冲紹 (鐵原)	③忠烈 33, 3 任 版圖判書・權授贊成事(史32)	忠烈 23, 10 任 副知密直司事(史31) 忠烈 23, 閏12 在 副知密直司事(史31・要21) 忠烈 24, 忠宣 3月 宰臣(史33)	

			忠烈 24, 忠宣 5月 任 同知資政院事·行中京留守·開元府尹·果毅軍都指揮使(史33) 忠烈 24, 忠宣 5月 囚·執(要22)	
51	朴 瑄 (朴景亮) (抄奴의 子)	②忠烈 33, 3 任 軍簿判書·權授密直副使(史32·史124 列傳) ※忠宣趙妃 姉妹之壻		忠烈 34, 5 在 知密直司事(史32·要23)
52	秋 適 (及第)	③忠烈 民部尙書·藝文館提學致仕(史106 列傳)	忠烈 24, 12 在·下獄 左司諫(史31·史106 列傳)	
53	宋 琰 (礪山)	②忠烈? 軍簿判書(東文選 卷129 閔霽墓誌銘)	元 11, 5 在 衛士長(要18) 忠烈 上將軍(史125 王惟紹傳)	
54	方 曙 (溫泉)	③忠烈? 版圖判書·藝文館提學(石灘集 下 附錄 恭愍王 9年 榜目)		
55	李允菖 (德水)	③忠烈? 密直使·版圖判書·上護軍(石灘集 下 附錄 恭愍王 9年 榜目)		
56	安 孚 (順興)	③忠烈 ? 密直副使致仕(史105 安珦傳) ※密直副使·版圖判書(韓國上代古文書資料集成 p. 158 光山金氏 金積 戶口單子)		
57	李行儉 (益州) (及第)	⑤忠宣 2, 正月 卒 致仕讞部典書(史33·史106 列傳·史112 李公遂傳) ※刑部尙書·寶文閣學士(墓 p. 432 朴全之 妻 崔氏墓誌銘)	忠烈 8, 4 在 佐郎(史29·要20) 忠烈 任·致仕 國學典酒·寶文閣直學士(史106 列傳)	

58	金士元	⑤忠宣 2, 6 在·囚 讞部典書(要23· 史122 李大順傳)		忠宣 3, 4 任 平壤尹 (史34) 忠宣 3, 4 任 商議會 議都監事(史34) 忠宣 3, 12 任 知密直 司事(史34·要23) 忠宣 5, 正月 在 僉議 贊成事(史34)
59	吳 潛 (吳祈) (同福) (及第)	②忠宣 5, 3 任 摠部 典書(墓 p.490 墓 誌銘) ⑤忠宣 5, 7 任 讞部 典書·上護軍(墓 p. 490)	忠烈 27, 9 任 同知密直 司事·文翰學士承旨 ·上護軍(墓 p. 490 墓誌銘) 忠烈 28, 正月 任 知密 直司事(墓 p. 490· 史125 列傳) 忠烈 28, 8 任 監察大夫 (史32) 忠烈 28, 10 任 知都僉 議司事(史32·史125 列傳) 忠烈 29, 5 任 政堂文學 (墓 p. 490) ※被讒 入元 忠宣 5, 3 任 密直使(史 34·要23·墓 p. 490)	忠宣 5, 7 任 判典校 寺事(墓 p.490) 忠肅 卽位, 12 任 僉 議評理·商議會議 都監事(史34·墓 p.491)
60	庾自偶 (茂松)	①忠宣?　檢校選部典 書·行都津令(墓 p. 430 墓誌銘)	忠烈 24, 忠宣 2月 在 按廉副使(要22) 忠烈　典理摠郎(墓 p. 430 墓誌銘) 忠宣?　判通禮門事(墓 p.430)	忠宣?　檢校僉議評理 ·行尙州牧使(墓 p. 430)
61	金 倫 (彦陽) (蔭叙)	⑤忠宣?　讞部典書(墓 p. 533 墓誌銘) ①忠宣?　選部典書(墓 p. 533)	忠烈?　右副承旨(墓 p. 533 墓誌銘) 忠宣 2, 9 任 檢校評 理·忠州牧使(史33 ·墓 p. 533) 忠宣　盆州刺史(墓 p. 533)	忠宣?　密直副使(墓 p. 533) 忠肅?　慶尙全羅都巡 問使(墓 p. 533) 忠肅?　鎭合浦(墓 p. 533) 忠肅?　僉議評理·商 議會議都監事(墓 p. 533)
62	盧承世	③忠宣?　民部典書致 仕(墓 p. 439 尹珤 妻 朴氏墓誌銘)		

63	朴弘秀	③忠宣? 民部典書(墓 p. 498 閔漬 妻 申氏墓誌銘)		
64	閔頔 (驪興) (及第)	①忠肅 卽位, 任 選部典書・寶文閣提學(史108 列傳・拙藁千百 卷2 行狀) 選部典書・寶文閣提學・上護軍(墓 p.492 墓誌銘) ⑤忠肅 卽位, 任 讞部典書・寶文閣提學・上護軍(墓 p. 492・拙藁千百 卷2 行狀) 忠肅 2, 任 密直副使(史108 列傳・墓 p. 492・拙藁千百 卷2 行狀) 忠肅 3, 4 任 同知密直司事(史34・要24・墓 p. 492) ③忠肅 3, 民部典書(墓 p. 492・拙藁千百 卷2 行狀) 忠肅 3, 大司憲(墓 p. 492・拙藁千百 卷2 行狀)	忠宣 選部議郎(墓 p. 492 墓誌銘) 忠宣 右承旨・典儀令・兼司憲執義(墓 p. 492) 忠宣 元年, 12 任 平壤尹(史33・史108 列傳・墓 p. 492)	忠肅 6, 2 任 同知密直司事(史34・要24) 忠惠 元年, 任 密直使・進賢館大提學・知春秋館事(史108 列傳・墓 p. 492)
65	李晟 (潭陽) (及第)	③忠肅 元年, 任・致仕 民部典書(史109 列傳)	忠宣 選部議郎(史109 列傳)	忠肅 任 化平府使(史109 列傳)
66	趙瑋 (平壤) (蔭叙)	⑤忠肅 2, 任 讞部典書(史105 列傳・墓 p. 543 墓誌銘) ②忠肅 3, 任 摠部典書(史105 列傳) ※摠部典書・行平壤尹(墓 p. 543)	忠宣 2, 9 任 左副代言(史33・墓 p.543 墓誌銘)	忠肅 4, 淸州牧使(墓 p. 543) 忠肅 後2, 任 知密直(史105 列傳・墓 p. 543) 忠肅 後4, 任 判密直(史105 列傳・墓 p. 543)
67	尹莘傑 (杞溪) (及第)	①忠肅 3, 密直副使・兼選部典書(史109 列傳・墓 p.494 墓誌銘)	忠宣 4, 選部議郎(史109 列傳・墓 p.494 墓誌銘)	※同知密直→知密直→密直使(墓 p. 494)

			忠肅 元年, 12 任 右副代言(史34·史109 列傳) ※右代言·藝文提學(墓 p. 494)	忠肅 5, 6 任 知密直司事(史34·要24) 忠肅 6, 2 任 同知密直司事(史34·要24) 忠肅 7, 4 在 密直副使(史35)
68	李伯謙 (淸州) (及第)	①忠肅? 密直副使·選部典書(史109 列傳) 忠肅? 濟州牧使(史109 列傳) ③忠肅 8, 正月 任 同知密直司事(史35·要24) ※同知密直司事·民部典書(石灘集 下 附錄 恭愍 9年 榜目)	忠宣 右代言·知選部事(史109 列傳)	忠肅 8, 5 在·卒 同知密直司事(史35·要24·史109 列傳)
69	李齊賢 (雞林) (及第)	①忠肅 4, 9 在 選部典書(史34·要24·史110 列傳·墓 p. 589 墓誌銘) 忠肅 7, 7 任 知密直司事(史35·要24·史110 列傳·墓 p. 589) ②忠肅 9, 在 知密直司事·惣部典書·進賢館大提學·上護軍(墓 p. 443 裵廷芝墓誌銘)	忠肅 2, 任 選部議郎(墓 p. 589 墓誌銘) 忠肅 2, 秋 兼拜成均祭酒(墓 p. 589) 忠肅 3, 任 判典校寺事(墓 p. 589) 忠肅 3, 4 任 進賢館提學(史34)	忠肅 11, 2 任 密直司使(史35·要24·墓 p. 589) 忠肅 12, 任 僉議評理(墓 p.589) 忠肅 12, 11 任 政堂文學(史35·墓 p. 589) 忠肅 13, 任 三司使(墓 p. 589) 忠惠 卽位, 4 任 政堂文學(史36·墓 p. 589)
70	白元恒	②忠肅 4, 9 在 摠部典書 任 同考試官(史73 選舉志 科目 選場)	忠宣 3, 4 在 知讞部事(史34) 忠肅 元年, 閏3 前典校令(史34)	忠肅 8, 正月 任 密直使(史35·要24) 忠肅 8, 4 在 密直使(史35·要24·史125 權漢功傳) 忠肅 8, 10 任 僉議評理(史35)
71	尹 碩 (海平)	②忠肅 7, 正月 在 摠部典書(史34·要24)	忠肅 元年, 9 在 護軍(史34) 忠肅 代言(史124 列傳) 忠肅 4, 4 前代言(史34)	忠肅 7, 11 任 密直副使(史35·要24) 忠肅 8, 正月 任 同知密直司事(史35·要24·史124 列傳)

				忠肅 8, 4 在 密直副使(史35·要24·史125 權漢功傳) 忠肅 11, 5 任 評理(史35·史124 列傳)
72	曹 頔 (驛吏출신)	①忠肅 7, 7 任 選部典書(史35)	忠烈 29, 7 在 護軍(要22) 忠宣 4, 10 在 右常侍(史34·史131 列傳) 忠肅 6, 12 在 密直(要24·史131 列傳)	※瀋王 黨與 忠肅 後元年, 2 任 知密直事(史35·要25) 忠肅 後2, 4 在 贊成事(史35·史131 列傳)
73	韓 渥 (淸州)	①忠肅 7, 12 任 選部典書(史35·史107 列傳)	忠宣 2, 9 任 右代言(史33·史107 列傳)	忠肅 8, 正月 任 知密直司事(史35·要24·史107 列傳) 忠肅 8, 4 元에 侍從(要24) 忠肅 8, 10 任 僉議評理(史35·要24) 忠肅 11, 3 在 贊成事(史35)
74	許 富 (孔巖)	①忠肅 7, 12 任 選部典書(史35·史105 列傳)	忠肅 4, 2 在 代言(史34) 忠肅 7, 8 在 右代言 任 國子試 試官(史74 選擧志 科目 國子試之額·史105 列傳)	
75	李宜風 (元 출신)	②忠肅 7, 12 任 摠部典書(史35·史124 崔安道附傳)	忠肅 嬖臣(史124 崔安道附傳)	忠肅 密直副使(史124 崔安道附傳) 忠肅 8, 10 任 同知密直司事(史35·要24) 忠肅 11, 9 死 前密直副使(要24)
76	孫 琦 (商人 출신)	②忠肅 摠部典書(史124 列傳)	忠肅 8, 8 在 大護軍(史35)	忠肅 知密直司事(史124 列傳) 忠肅 14, 11 在 密直使(史35) 忠肅 15, 4 任 評理(史35)
77	朴之貞	②忠肅 9, 12 在 摠部典書(史35·要24)		
78	李伯經	③忠肅 11, 11 民部典書致仕(要24·史91 宗室傳 忠烈王 江陽公滋)		

79	李光時	②忠肅 12, 10 在 摠部典書(史35·要24)	忠宣 2, 6 在 讞部散郎(要23·史122 李大順傳) 忠肅?　右代言(東文選 卷68 記 國淸寺)	忠肅?　同知密直司事·判典儀寺事(石灘集 下 附錄 恭愍 9年 榜目) 忠肅?　密直司使(益齋 亂藁 卷7 方臣祐祠堂碑)
80	尹宣佐 (坡平) (及第)	③忠肅 12, 任 民部典書(史109 列傳·墓 p. 542)	忠肅 9, 8 在 監察執義(要24·史109 列傳·墓 p. 541 墓誌銘) 忠肅 12, 任 判典校(史109 列傳·墓 p. 542)	忠肅 漢陽尹(史109 列傳·墓 p. 542) 忠肅 後5, 任·致仕 僉議評理(墓 p. 542)
81	金承用 (安東) (蔭叙·及第)	⑤忠肅　讞部典書(墓 p. 465 墓誌銘)	忠肅?　摠部議郎(墓 p. 465 墓誌銘) 忠肅　司憲執義(墓 p. 465) 忠肅　判內部事(墓 p. 465)	忠肅　同知密直司事(墓 p. 465) 忠肅 15, 12 在 密直使(史35·要24)
82	朴 遠 (朴瑗) (竹州) (及第)	②忠肅 14, 任 政堂文學·藝文館大提學·知春秋館事·兼監察大夫·軍簿判書·上護軍(墓 p. 518 墓誌銘)	忠肅 11, 2 任 右副代言(史35·要24) 忠肅 13, 同考試官?(史73 選擧志 科目 選場·墓 p. 519 墓誌銘)	忠肅 14, 11 在 政堂文學(史35)
83	李那海	②忠肅 14, 11 在 軍簿判書(史35)		忠惠 後2, 12 卒 前僉議評理(史36·要25)
84	權 謙 (安東)	③忠肅 14, 11 在 民部典書(史35·史131 列傳)	忠肅 8, 10 任 右代言(史35·史131 列傳)	忠惠 卽位, 2 在 萬戶(史36) 忠惠 卽位, 4 任 密直副使(史35·要24·墓 p.468 崔誠之 墓誌銘)
85	鄭 順	③忠肅 14, 11 在 民部典書(史35)		
86	金就起 (兎山) (內竪의 壻)	②忠肅 15, 8 任 軍簿判書·鷹揚軍上護軍(史35·要24) 軍簿判書(史107 金富允傳)	忠烈 32, 閏正月 在 護軍(史32)	
87	李兆年 (京山) (及第)	②忠肅　軍簿判書(史109 列傳) 忠惠 卽位, 12 任 掌令(史36) ②忠惠 後卽位, 5 前 軍簿判書(要25)	忠肅 14, 11 在 判典校寺事(史35·史109 列傳)	忠惠 後元年, 4 任 政堂文學(史36·要25)

88	張 沆 (永東) (及第)	②忠肅　軍簿判書(史 109 列傳)	忠肅 14, 11 在 羅州牧 使(史35)	忠惠 後4, 11 在 密直 提學(要25·史109 列傳) 忠穆 即位, 閏2 在 密 直提學(史37·要25 ·史125 蔡河中傳) 忠穆 元年, 4 任 僉理 (史37)
89	崔得枰 (完山)	①忠肅?　選部典書(史 111 崔宰傳) ※選部典書·上護 軍致仕(墓　p. 595 崔宰墓誌銘)	忠肅 元年, 2 在 民部議 郎 任 5道巡訪計定判官 (史34)	
90	崔斯立 (江陵)	①忠肅?　選部典書(史 106 崔守璜傳)		
91	朴 連	①忠惠 元年, 8 任 典 理判書(史36·要25)	忠肅 14, 11 在 檢校上 護軍(史35) 忠惠 元年, 6 在 上護軍 (要25)	忠肅 後元年, 2 在· 下獄 上護軍(史35)
92	李 謙	①忠肅 後6, 8 在 典理 判書(史35·要24)	忠肅 9, 12 在 三司副使 (史35)	忠定 元年, 閏7 任 都 僉議僉理商議(史 37)
93	安 軸 (順興) (及第)	⑤忠肅 復位, 典法判 書(史109 列傳·墓 p. 537) ※罷職 ⑤忠惠 復位, 任 典法 判書(史109 列傳· 墓 p. 537)	忠肅 右司議大夫(史109 列傳·墓 p. 537 墓 誌銘) 忠惠 即位, 存撫江陵道 (史109 列傳·墓 p. 537) 忠惠 判典校·知典法事 (史109 列傳·墓 p. 537)	忠惠 監察大夫(史109 列傳·墓 p. 537) 忠惠 檢校評理(史109 列傳·墓 p. 537) 忠惠 尙州牧使(史109 列傳·墓 p. 537) 忠穆 即位, 6 在 密直 副使(史37·史109 列傳·墓 p. 537) 忠穆 即位, 10 任 知 密直司事(史37· 要25) 忠穆 任 政堂文學(墓 p. 537)
94	權 鉉 (安東)	③忠肅?　版圖判書· 上護軍(墓　p. 513 權廉墓誌銘)		
95	權 鎬 (安東)	⑤忠肅?　典法判書· 上護軍(墓　p. 513 權廉墓誌銘)		恭愍 21, 2 在 大司憲 (史43)

96	金禰 (彦陽)	①忠肅? 選部典書(陶隱文藁 卷5 先大夫人行狀)	忠肅 9, 8 在 元尹(要24) 忠肅? 代言(史103 金胼傳)	
97	金仲濡 (海州)	⑤忠肅? 讞部典書(陶隱文藁 卷5 先大夫人行狀)		
98	裴佺 (興海)	②忠惠 後3, 6 在 軍簿判書(史36·史124 列傳)	忠肅 後元年, 2 在 上護軍(史35)	忠惠 後4, 3 宰臣(史36) 忠穆 卽位, 6 在 興海君(史37)
99	崔濡 (海州)	②忠惠 後3, 6 在 軍簿判書(史36·史131 列傳)	忠肅 上護軍(墓 p.511 崔安道墓誌銘)	忠惠 後4, 4 在 判密直(要25) 忠惠 知都僉議(史131 列傳) 忠定 元年, 2 前知都僉議事(史37)
100	李子由	②忠惠 後3, 6 前軍簿判書(史36)		忠穆 3, 4 在 僉理(要25)
101	崔文度 (全州)	⑤忠穆 卽位, 3 前典法判書(史37·要25·墓 p. 528 墓誌銘)		忠穆? 同知密直司事·上護軍(墓 p.524 羅益禧墓誌銘) 忠穆 元年, 6 在·卒 僉議評理(史37·要25)
102	閔思平 (驪興) (及第)	①忠穆 卽位, 6 在 典理判書(史37·墓 p. 561 墓誌銘)	忠惠 後3, 在 判典校(墓 p.561 墓誌銘)	忠穆 卽位, 10 任 監察大夫(史37·墓 p.561) 忠穆 元年, 任 密直提學·上護軍(墓 p.561) 忠穆 元年, 任 密直副使(墓 p.561) 忠穆 元年, 任 知密直司事(墓 p.561) 忠穆 2, 任 驪興君(墓 p.561) 忠定 元年, 閏7 任 都僉議僉理(史37·墓 p.561)
103	尹之彪 (海平)	②忠穆 卽位, 冬 任 軍簿判書(墓 p.611 墓誌銘)	忠惠 後2, 任 判司僕寺事(墓 p.611 墓誌銘)	忠穆 2, 任 平壤尹(墓 p.611)

		①忠穆 元年, 4 任 典理判書(墓 p. 611)	忠穆 卽位, 5 任 上護軍(墓 p.611) 忠穆 卽位, 6 在 上護軍(史37)	恭愍 4, 3 在 密直副使(史38・要26) 恭愍 4, 任 知密直司事(墓 p. 611) 恭愍 4, 5 任 海平君(史38) 恭愍 19, 任 密直使(墓 p. 611)
104	李公遂 (益州) (及第)	①忠穆 元年, 冬 任 典理判書(墓 p. 571 墓誌銘)	忠穆 卽位, 6 在 右副代言(史37) 忠穆 元年, 正月 在 知申事 任 政房提調官(史37)	忠穆 2, 10 在 監察大夫(要25) 忠穆 3, 7 任 密直副使(墓 p. 571 墓誌銘) 忠穆 4, 正月 任 判密直司事(墓 p. 571 墓誌銘)
105	李仁復 (京山) (及第)	②忠穆 元年, 冬 任 軍簿判書(墓 p. 585 墓誌銘) ①忠穆 2, 任 典理判書(墓 p. 585)	忠穆 卽位, 左司議大夫(墓 p.585 墓誌銘) 忠穆 元年, 右副代言(史112 列傳・墓 p. 585)	忠穆 2, 10 任 密直提學(史37・史112 列傳・墓 p. 585 墓誌銘) 忠穆 3, 春 任 密直副使(墓 p. 585) 忠穆 3, 秋 任 知司(墓 p. 585)
106	金光載 (光山) (及第)	③忠穆 任 版圖判書(史110 列傳・墓 p. 564 墓誌銘) 忠穆 2, 在 密直副使(朝鮮金石總覽 p. 492 演福寺鐘銘) 忠穆 密直副使・提調銓選事(史110 列傳・墓 p. 564) 忠穆 知司事(史110 列傳・墓 p. 564) 忠定 卽位, 任 僉議評理(史110 列傳・墓 p.564) 忠定 2, 9 任 三司右使(史37・史110 列傳・墓 p. 564)	忠惠 後2, 7 在 判典儀寺事 任 同知貢擧(史73 選擧志 科目 選場) 忠穆 卽位, 任 右副代言(史110 列傳・墓 p. 564 墓誌銘) 忠穆 知申事(史110 列傳・墓 p.564)	恭愍 12, 3 在・卒 三司右使(史40・要27)

		①忠定　兼典理判書 （史110　列傳・墓 p. 564） ※三司右使・兼典理 判書(墓 p. 558 金 台鉉 妻 王氏墓誌 銘)		
107	鄭思道 (鄭思度) (延日) (及第)	①忠穆 3, 任 典理判 書(墓 p. 605 墓誌 銘)	忠穆 2, 任 左副代言・ 典理摠郎(墓 p. 605 墓誌銘) 忠穆 2, 右代言・知軍簿 (墓 p. 605) 忠穆 2, 6 任 右司議大 夫(墓 p. 605) 忠穆 2, 冬 任 右代言・ 同知春秋館事(墓 p. 605) 忠穆 3, 任 知申事・知 典理(墓 p. 605)	忠穆 3, 任 密直提學 （墓 p. 605・史111 李嵒傳） 恭愍 10, 11 前密直提 學(史39・要27) 恭愍 12, 任 密直副使 商議(墓 p. 605)
108	李衍宗 (京山) (及第)	②忠穆 4, 3 在 軍簿 判書 任　吏學都監判事 （史37・史106　列 傳）	忠穆 卽位, 6 在 右司議 （史38・史106 列傳）	忠定 元年, 9 在 監察 大夫(要26・史106 列傳) 恭愍 卽位, 11 任 密 直使・兼監察大夫 （史38・要26・史 106 列傳）
109	朴元桂 (寧海) (及第)	⑤忠穆 4, 3 前典法判 書 任　吏學都監判事 （史37） ⑤忠定　典法判書(墓 p.557 墓誌銘)	忠肅 後4, 4 在 掌令(要 25) 忠肅 後7, 春 任 判小府 寺事(墓 p.557 墓誌 銘)	
110	金希祖 (彦陽) (及第)	①忠穆 4, 在 典理判 書・藝文提學（墓 p.535 金倫墓誌銘） ②恭愍 2, 10 在 軍簿 判書(史38・要26 ・史110 列傳)	忠穆 卽位, 6 在 都官正 郎(史37)	恭愍 5, 7 任 簽書樞 密院事(史39・要26 ・史110 列傳) 恭愍 5, 10 在 樞密院 使(史39・要26・ 史110 列傳) 恭愍 6, 4 在 簽書樞 密院事(史73 選擧 志 科目 選場)

111	鄭 怡 (淸州)	③忠穆? 版圖判書(史106 鄭瑎傳) ※檢校版圖判書(石灘集 下 附錄 恭愍9年 榜目)	忠穆 卽位, 6 在 判典校寺事(史37)	
112	吳子淳	①忠定 元年, 閏7 任 典理判書(史37)	忠肅 後元年, 2 在·下獄 上護軍(史35)	忠定 元年, 8 任 密直副使(史37·要26) 忠定 2, 5 任 同知密直司事(史37·要26)
113	盧永吉	③忠定 元年, 閏7 任 版圖判書(史37)		
114	辛唐係	①忠定 元年, 8 任 典理判書(史37)		
115	丘天祐	①忠定 元年, 8 任 典理判書(史37)	忠肅 後元年, 2 在·下獄 大護軍(史35)	
116	尹仁貴	①忠定 元年, 8 任 典理判書(史37) ①忠定 元年, 10 在 典理判書(要26)	忠定 元年, 閏7 任 右副代言(史37)	
117	金光祚	②忠定 元年, 8 任 軍簿判書(史37)		恭愍 12, 閏3 前密直副使(史40) 恭愍 12, 11 在 密直使(史40) 恭愍 13, 正月 任 東北面都巡慰使(史40) 恭愍 14, 4 任 缶川君(史41)
118	康允暉	③忠定 元年, 8 任 版圖判書(史37)		
119	李英遠	③忠定 元年, 8 任 版圖判書(史37)		
120	崔 源 (崔 璟) (海州) (及第)	③忠定 2, 5 在 版圖判書(要26·史131 崔濡傳·史124 崔安道附傳)	忠定 元年, 閏7 任 左代言(史37) 忠定 元年, 10 任 開城尹(史37)	恭愍 元年, 10 任 密直副使(史38·要26·史124 崔安道附傳) 恭愍 3, 6 任 龍城君(史38)
121	趙德裕 (平壤)	③忠定? 版圖判書(史105 趙璉傳)		

122	安 輔 (順興) (及第)	⑤忠定　典法判書(史109 列傳・墓 p.593 墓誌銘)	忠穆 右代言・兼執義(史109 列傳・墓 p.593 墓誌銘)	恭愍 元年, 10 任 密直提學(史38・要26) 密直提學・兼監察大夫(史109 列傳・墓 p.593 墓誌銘) 恭愍 4, 5 任 政堂文學(史38・要26・史109 列傳・墓 p.593)
123	白文寶 (稷山) (及第)	①恭愍 元年, 3 在 典理判書(史112 列傳・要26・史75 選擧志 銓注 選法) ※恭愍 元年, 任 典理判書・政堂文學(淡庵逸集 卷2 附錄 行狀・編年) ①恭愍 元年, 8 在 典理判書(史38)	忠惠 後2, 任 右常侍(史112 列傳・淡庵逸集 卷2 附錄 行狀・編年) 忠穆 3, 10 在 整治官(史37) 忠定 2, 任 宗簿令(淡庵逸集 卷2 附錄 行狀・編年)	恭愍 11, 在 密直提學(史112 列傳・史75 選擧志 銓注 選法・史78 食貨志 田制 經理) 恭愍 12, 5 在 密直提學(史85 刑法志 恤刑) 恭愍 22, 7 在 政堂文學(史44・要29)
124	李　宗	③恭愍 元年, 6 在 版圖判書(史38)		恭愍 元年, 10 任 密直副使(史38・要26) 恭愍 元年, 10 囚(要26)
125	全普門	③恭愍 元年, 6 在 版圖判書(史38) 恭愍 元年, 9 在 上將軍(史38) ①恭愍 元年, 10 任 典理判書(史38)		恭愍 3, 2 任 同知密直司事(史38・要26) 恭愍 3, 11 任 知密直司事(史38・要26) 恭愍 3, 12 在 知密直司事(史38・要26) 恭愍 3, 12 任 判密直司事(史38・要26) 恭愍 5, 5 任 三司右使(史39) 恭愍 5, 7 任 守司空・左僕射(史39) 恭愍 7, 2 任 門下平章事(史39)
126	李達衷 (慶州) (及第)	①恭愍 元年, 10 任 典理判書(史38・史112 列傳・霽亭集 卷4 附錄 行狀)	忠肅　成均祭酒(史112 列傳・霽亭集 卷4 附錄 行狀)	恭愍 15, 任 密直提學(史112 列傳・霽亭集 行狀・要32 禑王 11年 8月)

		恭愍 2, 正月 任 監察大夫(史38·史112 列傳·霽亭集 行狀) ③恭愍 7, 4 在 戶部尙書 任 東北面兵馬使(史39·霽亭集 行狀) 戶部尙書(史112 列傳)	忠穆 卽位, 6 在 典理正郎(史37) 忠穆 4, 3 任 吏學都監判事(史37·霽亭集 卷4 附錄 行狀)	恭愍? 政堂(霽亭集 卷2 辭政堂表) 禑 11, 8 在·卒 雞林君(要32)
127	車蒲溫	②恭愍 元年, 10 任 軍簿判書(史38)	恭愍 元年, 6 在 判司僕寺事(史38)	恭愍 3, 7 任 龍山君(史38) 恭愍 3, 12 任 密直副使(史38·要26) 恭愍 5, 4 在 知都僉議(史39)
128	安 祐 (耽津)	②恭愍 元年, 10 任 軍簿判書(史38) 軍簿判書·鷹揚軍上護軍(史113 列傳) 恭愍 2, 5 在 鷹揚軍上護軍(史38) ①恭愍 3, 6 任 典理判書(史38)		恭愍 3, 6 任 鼇城君(史38) 恭愍 5, 5 前密直(史39) 恭愍 5, 7 任 知樞密院事(史39·要26·史113 列傳) 恭愍 5, 11 任 知門下省事(史39·要26) 恭愍 7, 2 任 叅知中書政事(史39·要27·史113 列傳)
129	李也先帖木兒	③恭愍 元年, 10 任 版圖判書(史38)	恭愍 元年, 6 在 上護軍(史38)	恭愍 2, 5 在 密直使(史38·要26) 恭愍 2, 9 在 密直副使(史38·要26) 恭愍 3, 5 在 密直使(史38·要26) 恭愍 5, 5 在·流 密直副使(要26)
130	許 禧	③恭愍 元年, 10 任 版圖判書(史38)		
131	元 顥 (原州)	①恭愍 2, 正月 任 典理判書(史38)		恭愍 7, 2 在·卒 判樞密院事(史39·要27)

132	石抹時用	①恭愍 3, 4 任 典理判書(史38)		恭愍 3, 6 任 開城尹(史38) 恭愍 3, 11 任 密直副使(史38·要26)
133	李壽林	②恭愍 3, 4 任 軍簿判書(史38) ①恭愍 5, 12 在 吏部尙書(史39·要26)		恭愍 12, 4 在 同知密直司事(史40·墓 p.591 李齊賢墓誌銘) 同知密直(要27) 恭愍 樞密院使(史131 盧頙傳) 恭愍 18, 12 誅殺(要28)
134	金天寶	③恭愍 3, 4 任 版圖判書(史38)		
135	洪仲宣 (洪仲元) (及第)	⑤恭愍 3, 5 在 典法判書(史38·要26) 恭愍 5, 6 在·杖漢陽尹(史39·史111列傳) ②恭愍 20, 6 任 惣部尙書(史43) ②恭愍 20, 7 在 摠部尙書(史43)		禑 判開城府事(史111列傳) 禑 2, 5 在 知貢擧·政堂文學(要30·史73 選擧志 科目選場) 禑 3, 4 任 門下贊成事(史133)
136	慶復興 (慶千興) (淸州)	②恭愍 3, 6 任 軍簿判書(史38·史111列傳)	恭愍 元年, 閏3 在 掌令(要26·史111列傳)	恭愍 5, 5 在 密直(史39·要26) 恭愍 5, 7 任 判樞密院事(史39·要26) 恭愍 5, 11 任 僉知門下政事(史39·要26)
137	朴童生 (寧海)	⑥恭愍 4, 在 典工判書(墓 p.557 朴元桂墓誌銘)		
138	柳淑 (瑞州) (及第)	③恭愍 4, 秋 任 版圖判書(墓 p.601 墓誌銘·史112列傳) ①恭愍 4, 秋 任 典理判書(墓 p.601·史112列傳)	恭愍 卽位, 11 任 左副代言(史38) 恭愍 元年, 右代言·左司議大夫(史112列傳·墓 p.601 墓誌銘) 恭愍 2, 4 任 右代言(墓 p.601)	恭愍 5, 5 任 密直提學(墓 p.601) 恭愍 5, 7 任 樞密院直學士(史39·要26·史112列傳·墓p.601) 恭愍 樞密院副使(墓p.601)

			恭愍 3, 2 任 左代言 · 知軍簿司事(墓 p. 601) 恭愍 4, 正月 任 判典校寺事(墓 p.601 · 史112 列傳)	恭愍 7, 2 任 同知樞密院事(史39 · 要27) 恭愍 8, 6 在 知樞密院事(史39 · 史112 列傳)
139	鄭世雲 (光州)	②恭愍 軍簿判書(史113 列傳)	恭愍 元年, 6 在 大護軍(史38)	恭愍 7, 2 任 知門下事(史39 · 史113 列傳)
140	柳 淵 (晋州)	⑤恭愍 5, 9 在 刑部尙書 任 西北面副元帥(史39 · 史64 禮志 軍禮 師還儀) ⑤恭愍 10, 11 前刑部尙書 任 兵馬使(史39 · 要27)		恭愍 12, 閏3 在 密直副使(史40) 恭愍 13, 8 前同知密直司事 任 東北面都指揮使(史40) 恭愍 14, 3 任 知密直司事(史41)
141	韓公義 (淸州) (蔭叙)	③恭愍 任 戶部尙書(墓 p.569 墓誌銘) ⑤恭愍 任 刑部尙書(上同)	忠定 任 代言(墓 p.569 墓誌銘) 恭愍 任 散騎常侍(上同)	恭愍 13, 11 在 密直副使(史40 · 要28) 恭愍 14, 3 任 密直副使(史41)
142	申 靑 (多仁) (驛吏출신)	⑥恭愍 6, 3 任 樞密院副使(史39) 工部尙書 · 樞密院副使(史124 列傳)	忠肅 上護軍(史124 列傳) 恭愍 5, 5 在 判事(要26) 恭愍 5, 5 任 平壤道巡問使(史39 · 史124 列傳)	
143	洪有龜	①恭愍 6, 8 在 吏部尙書 任 東北面兵馬使(史39 · 要26)	恭愍 3, 4 任 左代言(史38) 恭愍 4, 閏正月 任 右代言(史38)	
144	李 嶠	⑤恭愍 6, 10 在 刑部尙書(史39 · 要26)		恭愍 9, 9 在 御史大夫 任 國子試 試官(史74 選擧志 科目 國子試之額) 恭愍 10, 6 在 · 卒 御史大夫(史39)

145	金元鳳	③恭愍 6, 11 前戶部尙書 任 西北面紅頭軍倭賊防禦指揮兼副萬戶(史39·要26)	恭愍 5, 5 前宗簿令 任 東北面兵馬副使(史39)	恭愍 7, 2 任 樞密院副使(史39·要27) 恭愍 7, 6 在 樞密院副使 任 安州軍民萬戶府副萬戶(史39)
146	崔 堰	⑤恭愍 7, 3 在 刑部尙書(史39·東文選 卷120 李挺神道碑銘)		
147	洪師範 (南陽)	②恭愍 7, 10 在 兵部尙書(史38) ①恭愍 10, 11 前吏部尙書(史39) ①恭愍 11, 12 在 吏部尙書 任 西北面體覆使(史40)	恭愍 3, 4 任 左副代言(史38)	恭愍 12, 閏3 前開城尹(史40) 恭愍 14, 3 任 密直副使(史41) 恭愍 14, 5 任 南陽君(史41) 恭愍 21, 3 在 知密直司事(史43·要29)
148	李 挺 (淸州) (蔭敍·及第)	⑤恭愍 7, 任 刑部尙書(東文選 卷120 神道碑銘·霽亭集 卷4 李達衷行狀)	恭愍 2, 6 在 祭酒(史74 選擧志 科目 升補試·東文選 卷120 神道碑銘) 恭愍 4, 判衛尉寺事·寶文閣提學(神道碑銘) 恭愍 右常侍(神道碑銘) 恭愍 6, 任 右散騎常侍·集賢殿學士(神道碑銘)	恭愍 10, 卒(神道碑銘)
149	鄭云敬 (奉化) (及第)	⑤恭愍 8, 3 任 刑部尙書(東文選 卷117 行狀·史119 列傳)	恭愍 5, 7 任 兵部侍郎(東文選 卷117 行狀·史119 列傳) 恭愍 6, 2 任 秘書監·寶文閣直學士(行狀) 恭愍 7, 2 任 知刑部事(行狀·史119 列傳)	恭愍 12, 7 任 檢校密直提學·寶文閣提學·上護軍(行狀) ※檢校密直提學(史119 列傳·史121 鄭道傳傳)
150	金 琳 (安城)	⑥恭愍 8, 6 在 工部尙書(史39) ⑥恭愍 11, 正月 前工部尙書(要27·史113 安祐傳)		恭愍 11, 2 殺(要27)
151	朱思忠	③恭愍 8, 12 在 戶部尙書(史39·要27)		恭愍 12, 5 在·殺 密直副使(史40·要27)

		③恭愍 9, 3 在 戶部尙書(史39·要27) ③恭愍 10, 9 在 戶部尙書(史39·要27)		
152	金縝 (繒)	⑤恭愍 9, 正月 任 刑部尙書(史39·要27) ⑤恭愍 9, 正月 在 刑部尙書(史39·要27·史122 金玄傳)	恭愍 9, 正月 在 判事(史39·要27)	
153	李子春 (全州)	③恭愍 10, 2 任 戶部尙書(史39·要27·朝鮮太祖實錄 卷1 總書)	恭愍 5, 9 任 司僕卿(要26) 恭愍 9, 5 在 判軍器監事 任 西京兵馬使(史39) 恭愍 10, 2 在 判將作監事 任 東北面兵馬使(史39·牧隱文藁 卷15 神道碑)	
154	金璡	⑤恭愍 10, 9 在 刑部尙書(史39·要27·朝鮮太祖實錄 卷1 總書)		
155	睦仁吉 (泗州)	②恭愍 10, 11 在 兵部尙書(史39·史114 列傳)	恭愍 5, 5 在 大護軍(要26) 恭愍 8, 6 在 上將軍(史39)	恭愍 11, 6 在·罷 知密直司事(要27·史114 列傳) 恭愍 12, 閏3 在 泗城君(史40) 恭愍 12, 11 前評理(史40)
156	趙暾 (漢陽)	⑥恭愍 10, 任 工部尙書(史111 列傳) 恭愍 11, 任 海州牧使(史111 列傳) ④恭愍 12, 任 禮儀判書(史111 列傳) ③恭愍 版圖判書(朝鮮太祖實錄 卷10 太祖 5年 9月 己巳)	恭愍 8, 7 在 禮賓卿(要27) 恭愍 9, 判司農寺事(史111 列傳)	恭愍 12, 11 在 檢校密直副使(史40·史111 列傳) 恭愍 21, 致仕(史111 列傳)

157	李 珦	④恭愍 10, 在 禮部尙書(史113 安祐傳)	恭愍 9, 2 在 大將軍(要27)	恭愍 11, 8 在 密直使 任 都兵馬使(史40・要27) 恭愍 12, 閏3 在 判密直司事(史40)
158	崔 宰 (完山) (及第)	⑤恭愍 11, 3 任 典法判書(墓 p. 597 墓誌銘) 恭愍 13, 任 監察大夫(墓 p. 597・史111 列傳) 恭愍 13, 冬 任 完山君(墓 p. 597) ①恭愍 14, 任 典理判書(墓 p. 597・史111 列傳)	恭愍 5, 任 尙書右丞(墓 p. 597 墓誌銘・史111 列傳) 恭愍 6, 任 判大府寺事(墓 p. 597) 恭愍 8, 任 公州牧使(墓 p. 597) 恭愍 10, 任 尙州牧使(墓 p. 597・史111 列傳) 恭愍 11, 2 在 尙州牧使(史40)	恭愍 15, 任 開城尹(墓 p. 597) 禑 3, 任 密直副使商議(史111 列傳・墓 p. 597) 禑 4, 10 在・卒 密直副使商議(要30)
159	崔 瑩 (鐵原)	①恭愍 11, 4 在 典理判書 任 楊廣道鎭邊使(史40・要27・史113 列傳)	恭愍 6, 8 在 大將軍(史39) 恭愍 7, 平壤尹(史113 列傳) 恭愍 10, 正月 任 西北面都巡察使(史39) 恭愍 6, 8 在 大將軍(史39) 恭愍 7, 平壤尹(史113 列傳) 恭愍 10, 正月 任 西北面都巡察使(史39)	恭愍 12, 閏3 在 密直使(史40・要27) 恭愍 12, 閏3 任 判密直司事(史40・要27・史113 列傳) 恭愍 12, 閏3 在 密直使(史40・要27) 恭愍 12, 閏3 任 判密直司事(史40・要27・史113 列傳)
160	李子松 (靑陽)	⑤恭愍 11, 6 在 典法判書(史40・要27・史111 列傳・史114 睦仁吉傳)	恭愍 7, 10 在 判宗正寺事(史39)	恭愍 13, 10 任 密直副使(史40・要28・史111 列傳) 恭愍 14, 2 在 密直副使(史41) 恭愍 14, 3 任 密直副使(史41) 恭愍 14, 4 任 公川君(史41)
161	印 安	①恭愍 11, 8 前典理判書(史40・史91 宗室傳 忠烈王 江陽公滋)	恭愍 3, 6 任 延城君(史38)	
162	李瑞龍	①恭愍 11, 8 在 典理判書(史40・要27)	恭愍 4, 閏正月 任 右副代言(史38)	恭愍 11, 10 任 密直副使(史40)

163	吳仁澤	①恭愍 12. 閏3 在 典理判書(史40) ①恭愍 12. 閏3 任 端誠亮節功臣・典理判書(史40・要27)	恭愍 11. 2 在 大將軍(要27) 恭愍 任 上將軍(史114 列傳)	恭愍 密直副使(史111 柳濯傳) 恭愍 12. 5 在 判密直司事(要27・史114 列傳) 恭愍 13. 8 在・流 判密直司事(史40) 恭愍 16. 10 在・流 知都僉議(史41)
164	金漢眞	③恭愍 12. 閏3 在 版圖判書(史40) ③恭愍 12. 閏3 任 純誠保節功臣・版圖判書(史40)		恭愍 12. 11 在 開城尹(史40)
165	崔龍雨	③恭愍 12. 閏3 在 版圖判書(史40)		
166	李 陽	⑥恭愍 12. 閏3 在 典工判書(史40)		
167	金元命 (化平)	③恭愍 12. 閏3 前版圖判書(史40)	恭愍 4. 正月 任 監察執義(史38) 恭愍 10. 11 在 上將軍(史39・史125 列傳)	恭愍 13. 正月 任 密直副使(史40・史125 列傳) 恭愍 14. 3 任 同知密直司事(史41)
168	金 貴	①恭愍 12. 閏3 在 典理判書(史40)		恭愍 12. 5 任 都兵馬使(史40) 恭愍 14. 3 任 僉議評理(史41)
169	洪 瑄	④恭愍 12. 閏3 在 禮儀判書(史40)	恭愍 10. 11 在 將軍 任 南京尹・楊廣道管軍上萬戶(史39)	恭愍 12. 5 任 都兵馬使(史40)
170	趙希古	⑥恭愍 12. 閏3 在 典工判書(史40)	恭愍 10. 11 任 廣州牧使・楊廣道副萬戶(史39)	恭愍 12. 11 在 密直商議(史40) 恭愍 13. 2 任 密直副使(史40) 恭愍 14. 3 任 同知密直司事(史41)
171	金漢貴 (淸道)	⑥恭愍 12. 閏3 前典工判書(史40)	恭愍 11. 正月 在 大將軍(要27) 恭愍 11. 8 任 東京道兵馬使(史40)	恭愍 12. 5 任 廣州道兵馬使(史40) 恭愍 14. 4 任 監察大夫(史41) 恭愍 14. 7 任 開城尹(史41) 恭愍 14. 9 任 密直副使(史41・要28)

172	尹 陟 (坡平)	②恭愍 12, 閏3 在 軍 簿判書(史40)	忠定 2, 5 任 右副代言 (史37)	禑 10, 3 在·卒 鈴平 君(史135)
173	池龍壽	⑥恭愍 12, 5 在 典工 判書(史40·要27 ·史114 列傳)	恭愍 11, 8 在 判典客寺 事(史40·史114 列 傳) 恭愍 12, 閏3 在 判宗簿 寺事(史40)	恭愍　同知密直司事 (史114 列傳) 恭愍 12, 11 在 知密 直司事(史40) 恭愍 14, 3 任 密直使 (史41)
174	金 湑	③恭愍 12, 6 在 版圖 判書 任　棘城防禦使(史 40·要27)	恭愍 8, 6 在 判大僕寺 事(史39) 恭愍 12, 閏3 在 文睿府 司尹(史40)	恭愍 13, 8 任 西北面 都巡問使(史40) 恭愍 21, 7 在 同知密 直司事(史43·要29) 恭愍 22, 7 在 同知密 直司事(史44)
175	許子麟	③恭愍 12, 11 在 版 圖判書(史40)		恭愍 22, 9 在·殺 西 海道萬戶(史44)
176	辛 珣 (靈山)	③恭愍 12, 11 在 版 圖判書(史40)	忠穆 4, 2 在 大護軍(要 25) 恭愍 5, 5 在 司尹 任　西北面兵馬副使 (史39)	
177	柳繼祖	⑤恭愍 12, 11 在 典 法判書(史40)	恭愍 12, 閏3 在 右副代 言(史40) 恭愍 12, 閏3 在 左代言 (史40)	
178	金先致 (尙州)	⑤恭愍 12, 11 在 典 法判書(史40) ①恭愍 14, 4 在 典理 判書 任 東北面都巡問使 (史41)	恭愍 8, 12 在 戶部郎中 (要27) 恭愍　吏部侍郎(史114 列傳)	恭愍 14, 4 在 密直副 使(史41·史114 列 傳) 恭愍　雞林府尹(史114 列傳) 恭愍 尙城君(史114 列 傳) 恭愍 任 同知密直· 全羅道都巡問使 (史114 列傳)
179	崔 準	⑤恭愍 12, 11 前典法 判書(史40)	恭愍 10, 11 在 大將軍 (要27)	禑 4, 10 任 密直副使 (史133·要30)
180	李 善	⑥恭愍 12, 11 在 典 工判書(史40)	恭愍 12, 閏3 在 判內府 寺事(史40)	恭愍 13, 3 在 京畿左 道兵馬使(史40)
181	邊安烈 (瀋陽人) (原州)	④恭愍 12, 任 禮儀判 書(史126 列傳)	恭愍 12, 閏3 在 判內府 寺事(史40)	恭愍 12, 11 在 密直 副使(史40·史126 列傳)

				恭愍 14, 3 任 密直副使(史41) 恭愍 任 知司事(史126 列傳)
182	羅 世 (元 출신)	③恭愍 12, 11 在 版圖判書(史40·史114 列傳) 恭愍 13, 正月 任 都兵馬使(史40) ③恭愍 13, 在 版圖判書(朝鮮太祖實錄 卷1 總書)		恭愍 23, 7 在 同知密直司事 任 慶尙道副元帥(史44)
183	李 守	④恭愍 12, 11 在 禮儀判書(史40) ④恭愍 14, 4 在 禮儀判書 任 西北面都兵馬使(史41)		
184	張必禮	④恭愍 12, 11 在 禮儀判書(史40)	恭愍 8, 6 在 中郞將(史39)	
185	吳英柱	②恭愍 13, 8 前軍簿判書(要28)		
186	安元崇 (順興)	②恭愍 軍簿判書(墓 p.559 金台鉉 妻 王氏墓誌銘)		恭愍 14, 9 任 密直副使(史41·要28)
187	邊光秀	⑥恭愍 14, 6 前典工判書(史41·要28) ※典工判書(史132 辛旽傳)	恭愍 12, 閏3 前大護軍(史40) 恭愍 13, 3 在 京畿右道兵馬使(史40)	
188	許 瑞 (孔巖)	①恭愍 14, 6 在·流 典理判書(史41·要28·史132 辛旽傳)	恭愍 12, 閏3 前上護軍(史40)	
189	李成林	②恭愍 14, 7 任 軍簿判書(史41)	恭愍 13, 5 在 大護軍(史40) 恭愍 14, 正月 在 左常侍 任 西海道巡問使(史41)	恭愍 16, 7 任 東北面都巡問使(史41) 恭愍 22, 10 在 楊廣道都巡問使(史44) 恭愍? 同知密直(牧隱文藁 卷7 序 送徐道士) 禑 元年, 4 在 判密直司事 任 西北面宣慰使(史133)

190	成准得	③恭愍 14, 7 任 版圖 判書(史41) ②恭愍 18, 8 在 摠部 尙書(史41·要28)		
191	許 佺	⑤恭愍 14, 7 任 典法 判書(史41)	恭愍 10, 10 在 大司成 任 升補試 試官(史74 選擧志 科目 升補 試)	
192	金安利 (理)	⑤恭愍 14, 7 任 典法 判書(史41) ③恭愍? 版圖判書(東 文選 卷120 安宗源 墓碑銘)	恭愍 11, 11 在 大司成 任 升補試 試官(史74 選擧志 科目 升補 試)	
193	韓脩 (淸州) (蔭敍· 及第)	④恭愍 14, 任 禮儀判 書(墓 p. 613 墓誌 銘·史107 列傳· 要32 禑王 10年 3 月) ②恭愍 14, 任 軍簿判 書(墓 p. 613·墓 p. 569 韓公義墓誌 銘) ④恭愍 19, 11 前禮儀 判書(史42) ⑤恭愍 20, 任 理部尙 書·修文殿學士 (墓 p.613·史107 列傳)	恭愍 11, 任 判司僕寺事 (墓 p. 613 墓誌銘) 恭愍 11, 任 左副代言· 知工部事(上同) 恭愍 12, 任 右副代言 (上同) 恭愍 12, 任 左代言(墓 p. 613·史107 列傳)	恭愍 20, 任 右承宣 (墓 p. 613) 恭愍 20, 任 左承宣 (上同) 禑 元年, 夏 任 密直 提學·同知書筵 (墓 p. 613 ·史 107 列傳) 禑 元年, 秋 簽書(墓 p.613) 禑 2, 正月 任 副使 (上同) 禑 2, 任 同知(上同) ※同知密直(史107 列傳)
194	廉興邦 (瑞原) (及第)	②恭愍 14, 在 軍簿判 書(墓 p.569 韓公 義墓誌銘)	恭愍 12, 閏3 在 衛尉尹 (史40)	恭愍 16, 7 在 知申事 (史41·史126 列傳) 恭愍 23, 4 在 密直副 使 任 同知貢擧(史73 選擧志 科目 選 場·史126 列傳) 恭愍 23, 7 在 密直提 學 任 都兵馬使(史44)
195	韓 蕆	①恭愍 14, 10 在 典 理判書 任 國子試 試官(史 74 選擧志 科目 國 子試之額)		恭愍 17, 10 在 提學 (要28) 恭愍 20, 2 任 慶尙道 都巡問使(史43) 恭讓 3, 12 任 判開城 府事(史46)

196	白漢龍	⑤恭愍 16, 3 在 典法判書(史41·要28)		
197	李云牧 (陝州)	①恭愍 16, 7 任 典理判書(史41·史114 李承老附傳)	恭愍 8, 6 在 上將軍(史39)	恭愍 20, 7 誅(史43)
198	林堅味 (平澤)	①恭愍 17, 8 前典理判書 任 安州巡撫使(史41)	恭愍 12, 閏3 在 大護軍(史40) 恭愍 12, 5 任 晉州道兵馬使(史40)	恭愍 19, 2 任 密直副使(史42·史126 列傳) 恭愍 23, 2 任 西北面都巡問使(史44) 禑 元年, 8 在 知門下府事(史133·史126 列傳)
199	張子溫	④恭愍 17, 11 在 禮儀判書(史41·要28) ⑥恭愍 18, 8 在 工部尙書(史41·要28) ④恭愍 19, 12 在 禮部尙書 任 鎭邊都護府 安撫使(史42) ⑥恭愍 20, 8 在 工部尙書(朝鮮金石總覽 p.499 檜巖寺禪覺王師碑) ③恭愍 21, 4 在 民部尙書(史43·要29)	恭愍 13, 6 在 副令(要28) 恭愍 13, 9 在 護軍 任 上護軍(史40)	恭愍 22, 11 在 密直副使(史44·要29) 恭愍 23, 9 在 同知密直司事(史44) 禑 即位, 11 在 密直使(史133·要29)
200	洪尙載	④恭愍 18, 5 在 禮部尙書(史41·要28)	恭愍 6, 8 杖流 上將軍(史39·史125 蔡河中傳)	恭愍 23, 7 任 密直(史44) 禑 8, 4 在 門下評理(史134)
201	李得林	③恭愍 18, 12 在·伏誅 民部尙書(要28)	恭愍 14, 7 在 上護軍(要28)	
202	李茂芳 (光陽)(及第)	③恭愍 民部尙書(史112 列傳)	恭愍 17, 2 在 判典校寺事(要28·史112 列傳)	恭愍 司憲府大司憲(史112 列傳) 恭愍 密直學士(史112 列傳)
203	權鈞	⑥恭愍 19, 9 在 工部尙書(史42·要29) ※典工判書·上護軍(墓 p.513 權廉墓誌銘)		

204	成汝完 (昌寧) (及第)	⑤恭愍　典法判書(朝鮮太祖實錄　卷11 太祖 6年 正月 乙亥) ③恭愍 20, 7 在·流民部尙書(史43·史132 辛旽傳)	恭愍　知刑部事(朝鮮太祖實錄 卷11 太祖 6年 正月 乙亥) 恭愍 御史中丞(上同)	恭愍?　海州牧使(左同) 恭愍?　忠州牧使(上同) 恭愍?　簽書密直(上同) 禑 4, 10 任 政堂文學商議(史133)
205	成俊德	③恭愍 20, 8 在·流民部尙書(史43·史132 辛旽傳)	忠穆 4, 3 在 典理佐郎(史37) 恭愍 11, 12 任 濟州牧使(史40)	
206	吳季男	④恭愍 21, 3 在 禮部尙書(史43·要29) ④恭愍 21, 4 在 禮部尙書(史43)	恭愍 14, 7 在 巡軍經歷(要28) ※辛旽黨	禑 8, 2 在 德城君任　慶尙道都安撫使(史134)
207	林　完	③恭愍 21, 7 在 版圖判書(史43·要29) ③恭愍 22, 7 在 版圖判書(史44)	恭愍 12, 閏3 前判繕工寺事(史40)	禑 元年, 11 在·被殺 濟州安撫使(史133)
208	曹敏修 (昌寧)	①恭愍 21, 10 在 典理判書(要29·史126 列傳)	恭愍 13, 2 任 楊廣道都巡問使(史40) 恭愍 17, 8 在 左常侍任　義靜州等處安慰使(史41)	恭愍 23, 7 任 密直(史44) 恭愍　同知密直司事(史126 列傳) 禑 元年, 11 在 都巡問使(要30)
209	尹　侅 (坡平) (蔭敍)	⑤恭愍 21, 任 典法判書(墓 p.607 墓誌銘)	忠定 2, 判少府寺事·知典法司事(墓 p.607 墓誌銘) 恭愍 4, 監門衛上護軍(墓 p.607) 恭愍 13, 任 判典儀寺事(墓 p.607)	恭愍 23, 封 坡平君(墓 p.607)
210	柳曼殊 (儒州) (蔭敍)	⑤恭愍 任 典法判書(史105 列傳)	恭愍 任 將軍(史105 列傳)	禑 3, 5 在 密直副使(要30·史105 列傳) 禑 5, 7 在·下獄 同知密直(要31·史114 楊伯淵傳)
211	朴大陽 (密城) (及第)	⑤恭愍?　典法判書·寶文閣提學·上護軍(墓 p.580 朴允文 妻 金氏墓誌銘)	恭愍 12, 閏3 前司議(史40)	

212	李居義 (淸州)	⑥恭愍? 工曹典書(東文選 卷120 李挺神道碑銘)		
213	李仁美 (京山)	④恭愍? 禮儀判書(東文選 卷121 河允潾神道碑銘) ※判書(史109 李兆年傳)		
214	閔 璿 (驪興) (及第)	③恭愍? 版圖判書(陽村集 卷39 閔安仁墓誌銘·牧隱文藁 卷15 李子春神道碑)		
215	朴思愼	⑤恭愍? 典法判書(牧隱文藁 卷15 廉悌臣神道碑)	恭愍 12, 閏3 在 軍簿正郎(史40)	
216	趙 琦 (白州)	③恭愍? 版圖判書(朝鮮太祖實錄 卷7 太祖 4年 2月 辛巳)		
217	閔 抃 (驪興) (及第)	①恭愍? 典理判書(朝鮮太祖實錄 卷10 太祖 5年 12月 丁亥)	忠定 元年, 10 任 左副代言(史37) 恭愍 驪興君(史108 列傳)	禑 3, 5 卒(要30)
218	閔伯萱	⑥禑 卽位, 11 在 典工判書(史133·要29)		禑 6, 3 在 元帥(史134) 禑 6, 10 在 密直副 任 西京道副元帥(史134)
219	池湧奇 (忠州)	④禑 初年, 禮儀判書(史114 列傳)	恭愍 三司右尹(史114 列傳)	禑 密直副使(史114 列傳) 禑 同知司事(史114 列傳) 禑 5, 8 在 知密直司事(史134·要31·史114 列傳)
220	朴仁桂	④禑 元年, 10 在 禮儀判書 任 楊廣道安撫使(史133)	恭愍 12, 閏3 前知文州事(史40)	禑 2, 7 在·被殺 楊廣道元帥(史133)
221	沈德符 (靑髮) (蔭敍)	④禑 元年, 任 禮儀判書(東文選 卷117 行狀·史116 列傳)	恭愍 22, 任 判衛尉寺事(東文選 卷117 行狀·史116 列傳) 禑 元年, 任 右常侍(行狀·史116 列傳)	禑 元年, 任 密直副使·義州副元帥(東文選 卷117 行狀·史116 列傳) 禑 3, 任 同知密直司事·上護軍(行狀)

222	柳 實 (瑞州)	③禑 任 版圖判書(史112 列傳)	恭愍 12, 閏3 在 禮儀惣郞(史40)	禑 2, 6 任 全州道兵馬使(史133・史112 列傳) 禑 2, 7 在 全州牧使(要30) 禑 3, 9 在 元帥(史133) 禑 3, 密直副使(牧隱文藁 卷14 廣通普濟禪寺碑銘)
223	文天式	④禑 3, 3 在 禮儀判書(史133・要30) ②禑 3, 9 在 軍簿判書(史133)	恭愍 17, 10 在 判宗簿寺事(史41)	禑 6, 3 在 密直副使(史134・要31)
224	姜 筮 (晋州)	①禑 任 典理判書(朝鮮世宗實錄 卷26 世宗 6年 10月 庚申)	禑 任 判軍器監事(朝鮮世宗實錄 卷26 世宗 6年 10月 庚申) 禑 任 親御軍上護軍(上同) 禑 任 右代言(上同)	禑 5, 任 密直副使(朝鮮世宗實錄 卷26 世宗 6年 10月 庚申) 禑 8, 任 判密直司事(上同)
225	周 誼	④禑 4, 3 在 禮儀判書(史133・要30)	恭愍 23, 2 在 上護軍(史44)	禑 6, 4 在 崇敬尹(史134) 禑 9, 11 在 密直(史135)
226	崔思美 (完山)	④禑 4, 禮儀判書(墓 p.597 崔宰墓誌銘)		
227	李子庸 (永州) (及第)	③禑 4, 10 在 版圖判書(史133・要30)		禑 9, 8 在 密直副使(史135・要32)
228	金寶生	③禑 4, 10 在 版圖判書(史133・要30)	禑 元年, 12 在 密直副使(史133・要30)	禑 8, 4 在 知密直(史134・要31) 禑 9, 6 在・卒 密直使(史135)
229	李 演	⑥禑 5, 3 前典工判書(史134・要31)		
230	尹思忠	④禑 5, 閏5 檢校禮儀判書(史134)		
231	鄭夢周 (延日) (及第)	⑥禑 5, 4 任 典工判書・進賢館提學(圃隱集 卷4 年譜) 典工判書(史117 列傳)	禑 元年, 5 在 成均大司成(要30) 禑 3, 9 前大司成(史133・圃隱集 卷4 年譜)	禑 6, 11 任 密直提學・商議會議都監事(年譜) 禑 7, 2 任 密直副使(年譜)

		④禑 5, 閏5 任 禮儀判書·藝文館提學(年譜) 禮儀判書(史117 列傳) ⑤禑 5, 10 任 典法判書·進賢館提學(年譜) 典法判書(史117 列傳) ③禑 6, 3 任 版圖判書(年譜·史117 列傳·牧隱詩藁 卷21 病不出數日)	禑 4, 7 任 右散騎常侍(年譜·史117 列傳)	禑 7, 9 任 簽書密直司事(年譜) 禑 8, 4 在 同知密直(史134·要31)
232	安得禧	⑤禑 5, 7 在·下獄 典法判書(要31·史114 楊伯淵傳)		
233	表德麟	③禑 5, 7 在 版圖判書(要31·史111 洪仲宣傳·史114 楊伯淵傳)		禑 6, 3 在·流 密直副使(要31·史111 慶復興傳)
234	柳 蕃	⑤禑 5, 7 在 典法判書(要31·史111 洪仲宣傳·史114 楊伯淵傳)	禑 4, 3 在 判繕工寺事(史133)	禑 8, 4 在 密直司使(史134) 恭讓 元年, 11 流 前密直(史45)
235	趙 茂	③禑 5, 前版圖判書(朝鮮金石總覽 p. 517 神勒寺普濟禪師舍利石鐘記)	? 判衛尉寺事(墓 p. 591 李齊賢墓誌銘)	
236	權 僖 (安東)	④禑 5, 前禮儀判書(朝鮮金石總覽 p. 517 神勒寺普濟禪師舍利石鐘記)	恭愍 11, 正月 在 護軍(要27)	
237	洪義龍	⑥禑 5, 前典工判書(朝鮮金石總覽 p. 517 神勒寺普濟禪師舍利石鐘記)		
238	柳之隰 (濕)	⑥禑 5, 前典工判書(朝鮮金石總覽 p. 517 神勒寺普濟禪師舍利石鐘記) ※判書(惕若齋學吟集 下 柳之濕)		

239	皇甫琳 (永州)	④禑 6, 正月 在 禮儀判書 任 全羅道兵馬使(史134) ⑤禑 任 典法判書(朝鮮太祖實錄 卷6 太祖 3年 6月 己丑)	恭愍 12, 11 在 判宗簿寺事(史40・朝鮮太祖實錄 卷6 太祖 3年 6月 己丑)	禑 8, 4 在 密直副使(史134) 禑 9, 8 在 全州副元帥(史135)
240	金斯革	①禑 6, 5 在 典理判書 任 楊廣道都巡問使(史134)	恭愍 12, 閏3 前護軍(史40) 禑 2, 7 在 公州牧使(史133) 禑 6, 3 在 元帥(史134)	禑 11, 5 任 楊廣道上元帥(史135) 禑 11, 10 在・卒 知門下事(史135)
241	權季容	⑤禑 6, 7 在 典法判書 任 楊廣全羅道察理使(史134・要31)		禑 10, 9 在 同知密直(史135)
242	李海	④禑 6, 12 在 禮儀判書(史134・要31)		禑 7, 11 在 密直使(史134・要31) 禑 8, 4 在 密直副使(史134・要31)
243	崔賢進	⑥禑 7, 11 前典工判書 任 水原富平道兵馬使(史134)		
244	金克恭	⑥禑 典工判書(要32 禑王 11年 11月・史126 李仁任傳)	禑 8, 正月 斬 前判事(要31・史113 崔瑩傳)	
245	安仲溫 (順興) (及第)	②禑 軍簿判書(牧隱文藁 卷8 序 賀竹溪安氏三子登科詩序)		禑 在 密直提學・集賢館提學・上護軍(東文選 卷120 安宗源墓碑銘) 禑 10, 3 在・卒 密直(史135)
246	裵行儉	⑥禑 8, 4 在 典工判書(史134) ④禑 8, 4 在 禮儀判書(要31)		
247	趙浚 (平壤) (及第)	⑤禑 8, 6 在 典法判書 任 慶尙道體覆使(史134・要31・史118 列傳)	禑 司憲掌令(史118 列傳) 禑 監門衛大護軍・知製教(史118 列傳)	禑 9, 8 在 密直提學(要32) 禑 14, 正月 任 簽書密直司事兼大司憲(史137)

248	趙 胖 (白州)	③禑 8, 11 在 版圖判書(史134・要31) ①禑 11, 在 典理判書(朝鮮太祖實錄 卷2 太宗 元年 10月 壬午)		禑 11, 5 在 密直副使(史135・要32) 禑 13, 12 前密直副使(要32)
249	姜 蓍 (晋州) (蔭敍)	③禑 8, 任 版圖判書(陽村集 卷39 墓誌銘)	禑 5, 判繕工(陽村集 卷39 墓誌銘) 禑 6, 任 安東大都護府使(墓誌銘) 禑 任 左常侍(墓誌銘)	禑 8, 任 密直副使(墓誌銘) 禑 8, 任 判厚德府事・兼判典醫寺事・上護軍(墓誌銘) 禑 9, 任 門下評理商議(墓誌銘)
250	李崇仁 (京山) (及第)	①禑 8, 任 典理判書(朝鮮太祖實錄 卷1 太祖 元年 8月 壬申)	禑 元年, 5 在 典理摠郎(要30・史115 列傳) 禑 4, 成均司成(史115 列傳・朝鮮太祖實錄 卷1 太祖 元年 8月 壬申) 禑 左司議大夫(史115 列傳) 禑 8, 4 在 上護軍 任 國子試 試官(史74 選擧志 科目 國子試 之額)	禑 密直提學(史115 列傳・朝鮮太祖實錄 卷1 太祖 元年 8月 壬申) 禑 12, 9 在 同知密直司事(史136・要32)
251	安思祖	③禑 9, 8 前版圖判書 任 江界萬戶(史135・要32)		禑 14, 正月 左・斬密直副使(要33・史126 林堅味傳)
252	王 興	⑥禑 9, 9 前典工判書(史135)		禑 11, 2 納女爲妃(史135) 禑 13, 8 任 同知密直司事(史136・要32)
253	曹 恂 (宦者)	④禑 9, 9 在・流禮儀判書(史135・要32)		禑 13, 9 在 壽寧府尹 任 巡軍鎭撫上護軍(史136)
254	周 謙	⑥禑 9, 11 在 典工判書(史135・要32)	禑 5, 4 在 護軍(史134)	
255	河 崙 (晋州) (及第)	①禑 9, 任 典理判書(東文選 卷129 墓誌銘)	禑 7, 任 判典校寺事(東文選 卷129 墓誌銘) 禑 8, 任 右副代言(墓誌銘) 禑 9, 任 右代言(墓誌銘)	禑 10, 任 密直提學(墓誌銘) 禑 11, 2 在 密直提學(要32・史126 林堅味傳) 禑 11, 任 簽書(墓誌銘)

256	金進宜	④禑 10, 8 在 禮儀判書(史135·要32)	禑 10, 5 在 判宗簿寺事(史135)	
257	權 和 (安東)	⑤禑 10, 12 在 典法判書 任 東北面安撫使(史135)	禑 8, 5 在 淸州牧使(要31·史107 列傳)	禑 密直副使(史107 列傳) 禑 13, 11 在 全州元帥(史136)
258	崔敬萬	⑥禑 11, 典工判書(朝鮮金石總覽 p.529 太古寺圓證國師塔碑)		
259	金仁貴	⑥禑 11, 典工判書(朝鮮金石總覽 p.529 太古寺圓證國師塔碑)		
260	權 鑄 (安東)	⑥禑 12, 正月 在 典工判書(史136)	恭愍 12, 閏3 在 典法摠郎(史40)	昌 元年, 8 在 知申事 任 國子試 試官(史74 選擧志 科目 國子試之額) 昌 元年, 9 任 密直提學(史134·要34)
261	申允恭	④禑 12, 5 在 禮儀判書(韓國上代古文書資料集成 p.247 紺紙銀字…寫經跋文)		
262	權 近 (安東) (及第)	④禑 任 禮儀判書(史107 列傳)	禑 10, 7 任 判典校寺事(陽村集 年譜·史107 列傳) 禑 11, 12 任 成均大司成·進賢館提學·知製教(年譜) 成均大司成(史107 列傳)	禑 14, 昌 即位 6月 任 左代言(年譜·史107 列傳) 昌 即位, 10 在 知申事 任 同知貢擧(史73 選擧志 科目 選場) 昌 即位, 10 在 密直副使·書筵侍講·寶文閣提學·同知春秋館事·上護軍(年譜) ※密直副使(史107 列傳)
263	李美冲	⑥禑 13, 3 在 典工判書(史136)	恭愍 20, 7 在 上將軍(要29)	
264	金承貴	⑥禑 13, 5 在 典工判書(史136)		

265	李 竦	⑤禑 14, 正月 在·誅 典法判書(要33· 史126 林堅味傳)		
266	金乙鼎	⑤禑 14, 正月 在·斬 典法判書(要33· 史126 林堅味傳)		
267	宋 贇	③禑 14, 2 在 版圖判 書(史137·要33)		
268	盧有麟	⑥禑 14, 4 典工判書 致仕(韓國上代古 文書資料集成　p. 249　紺紙銀字…寫 經 跋文)		
269	趙云仡 (豊壤) (及第)	①禑 14,　任 典理判 書(史112 列傳)	禑 3, 任 左諫議大夫(史 112 列傳) 禑　判典校寺事(史112 列傳)	禑　14, 任 密直提學 (史112 列傳) 昌 卽位, 8 在 密直提 學 任 西海道都觀察黜 陟使(史137·要33) 昌 元年, 任 簽書密直 司事(史112 列傳)
270	許 錦 (孔巖) (及第)	①禑　典理判書(史105 列傳) ①禑 14, 3 卒 前典理 判書(要33)	禑 左常侍(史105 列傳)	
271	趙仁沃 (漢陽)	⑤禑　典法判書(史111 列傳) ⑤昌 卽位, 7 在 典法 判書(要33·史78 食貨志 田制 祿科 田·史113 崔瑩傳) ⑤昌 卽位, 12 在 典 法判書(要33) ①恭讓 4, 4 任 吏曹 判書(史46·史111 列傳)	禑　判典儀寺事(史111 列傳)	恭讓 2, 4 在 右代言 (史45) 恭讓 2, 閏4 在·罷 右代言(史45)
272	李芳雨	④禑? 任 禮儀判書 (牧隱文藁 卷15 李 子春神道碑)		昌 卽位, 11 在 密直 副使(史137·要33)
273	李豆蘭 (女眞출신)	④禑 任 禮儀判書(史 116 列傳)	禑 9, 7 在 千戶(史135)	禑 密直副使(史116 列 傳) 禑　商議同知密直司事 (史116 列傳)

274	李 恬 (遂安) (及第)	④禑 禮儀判書(史114 列傳・陶隱文集 卷5 先大夫人行狀) ⑥禑 典工判書(史114 列傳)	恭愍 判典儀寺事(史114 列傳)	禑 密直副使(史114 列傳) 禑 簽書密直司事(上同)
275	崔雲海 (通川)	⑤禑 典法判書(史114 列傳)	禑 11, 10 在 忠州兵馬使(史135)	禑 14, 4 在 全羅道副元帥(史137) 昌 卽位, 8 在 都巡問使(要33) 恭讓? 密直副使(史114 列傳) 恭讓 2, 4 在 廣州等處兵馬節制使(史45・史114 列傳)
276	尹承禮 (坡平)	③禑? 版圖判書(朝鮮太祖實錄 卷28 太宗 14年 11月 乙丑)		
277	黃順常	③昌 卽位, 7 在 版圖判書(要33・史78 食貨志 田制 祿科田)		
278	閔 霽 (驪興) (及第)	⑥昌 卽位, 8 任 典工判書(東文選 卷129 墓誌銘・史108 列傳) ④昌 卽位, 任 禮儀判書・同知春秋館事・上護軍(墓誌銘) ※禮儀判書(史108 列傳) ④昌 元年, 4 在 禮儀判書(要34) ③昌 元年, 夏 任 版圖判書(墓誌銘) ①昌 元年, 7 任 典理判書(墓誌銘) ④昌 元年, 9 任 開城尹・商議密直司事・兼禮儀判書(墓誌銘) ※開城尹・商議密直司事(史137・史108 列傳)	禑 8, 任 判典校寺事(東文選 卷129 墓誌銘) 禑 13, 守春州(墓誌銘) 禑 14, 任 判少府寺事・藝文館提學(墓誌銘・史108 列傳)	恭讓 元年, 任 藝文館提學(史108 列傳) 恭讓 2, 任 簽書密直司事・兼都評議使司・兼世子左賓客(墓誌銘) ※簽書密直司事(史108 列傳) 恭讓 4, 任 漢陽尹(墓誌銘)

279	李希椿	①昌 卽位, 12 在 典理判書(史137)	禑 7, 7 前判事(史134)	
280	李 濟	⑤昌 卽位, 典法判書(史113 崔瑩傳)※李成桂의 弟 李和의 壻(要35)	恭愍 卽位, 11 任 左代言(史38)恭愍 元年, 6 在 密直提學(史38·要26)恭愍 2, 3 在·罪 密直提學(要26)	
281	閔中理	③昌 元年, 3 在·流 版圖判書(史137·要34)	禑 4, 11 前摠郎(史133)	
282	郭忠輔	④昌 元年, 11 在 禮儀判書(史137·要34)	禑 9, 10 在 兵馬使(史135)	恭讓 2, 6 在 懿德府尹(史45)
283	南 誾(宜寧)	②恭讓 任 鷹揚軍上護軍·兼軍簿判書(史116 列傳)恭讓 2, 4 在 鷹揚軍上護軍(史45)	昌 三司右尹·監門衛上護軍(史116 列傳)	恭讓 任 開城尹(史116 列傳)恭讓 3, 5 在 密直副使(要35·史116 列傳)恭讓 3, 10 在·免 密直副使(史46·要35)
284	李 詹(洪州)(及第)	⑥恭讓 任 工曹判書(史117 列傳)④恭讓 任 禮曹判書(史117 列傳)	恭讓 卽位, 成均大司成(史117 列傳)恭讓 元年, 12 任 右常侍(史45·史117 列傳)恭讓 2, 正月 任 講讀官(史45·史117 列傳)	恭讓 3, 3 在 左代言(史46·史117 列傳)恭讓 3, 12 任 知申事(史46)
285	尹紹宗(茂松)(及第)	④恭讓 禮儀判書(史120 列傳)④恭讓 2, 3 在·流 禮曹判書(史45·要34)④恭讓 2, 4 在 禮曹判書(史45·要34)	昌 元年, 4 在 大司成(要34)恭讓 元年, 12 任 左常侍(史45)恭讓 2, 正月 任 講讀官(史45)恭讓 2, 2 在 左常侍(要34)	恭讓 4, 4 流 (史46)
286	趙 溫(漢陽)	①恭讓 2, 4 在 吏曹判書(史45)①恭讓 2, 6 在 吏曹判書(史45·要34)		恭讓 2, 12 任 密直副使(史45)
287	韓尙質(淸州)(及第)	⑤恭讓 2, 閏4 在 刑曹判書(史45·要34)		恭讓 2, 閏4 任 右常侍(史45)恭讓 2, 5 任 藝文館提學(史45)

				恭讓 2, 12 任 西北面都觀察黜陟使·兼兵馬都節制使 (史45)
288	王 康 (開州) (及第)	④恭讓 2, 任 禮曹判書(史116 列傳)	恭讓 2, 正月 在 判典農寺事 任 慶尙道水軍都體察使·兼防禦營田鹽鐵使(史45·史116 列傳)	恭讓 2, 5 任 密直副使·兼全羅慶尙楊廣三道水軍都體察使(史45·要34·史116 列傳)
289	柳 亮 (及第)	⑤恭讓 2, 5 任 刑曹判書(史45) ③恭讓 4, 4 任 戶曹判書(史46)	禑 14, 5 在 全羅道按廉使(史137)	
290	安 援	⑤恭讓 2, 9 任 刑曹判書(史45) ⑤恭讓 2, 11 在 刑曹判書(要34) ⑤恭讓 2, 12 在 刑曹判書(史45)		恭讓 2, 12 任 左副代言(史45) 恭讓 3, 7 在 代言(要35) 恭讓 4, 4 任 知申事(史46)
291	金居斗 (義城)	⑥恭讓 2, 前工曹判書（韓國上代古文書資料集成 p.256 金湑 戶口單子)		
292	趙 勉	⑤恭讓 3, 5 在 刑曹判書(史46·要35)		
293	鄭 摠 (及第)	①恭讓 3, 5 在 吏曹判書(史46)	禑 11, 5 在 司藝 任 升補試 試官(史74 選擧志 科目 升補試)	
294	鄭士傶	③恭讓 3, 6 前戶曹判書(史46·要35)		
295	李士穎	⑤恭讓 3, 6 在·罷 刑曹判書(史46)	禑 2, 9 在 按廉(要30)	恭讓 3, 12 任 右副代言(史46) 恭讓 4, 4 在·流 右副代言(史46)
296	具成祐	⑤恭讓 3, 6 任 刑曹判書(史46·史117 鄭夢周傳)		
297	韓 理 (淸州) (及第)	④恭讓 3, 7 在 禮曹判書(史46) ①恭讓 3, 12 任 吏曹判書(史46)	禑 元年, 7 在 親從護軍(要30)	

298	邊玉蘭	①恭讓 3, 9 任 吏曹判書(史46)		
299	鄭 寓	①恭讓 3, 12 任 吏曹判書(史46)	恭讓 2, 7 任 左常侍(史45) 恭讓 2, 9 罷職(史45)	
300	鄭 洪	②恭讓 3, 12 任 兵曹判書(史46)	恭讓 2, 3 任 右常侍(史45)	
301	全五倫 (旌善)	⑤恭讓 3, 12 任 刑曹判書(史46)	恭讓 3, 4 任 右常侍(史46) 恭讓 3, 11 任 左散騎常侍(史46)	
302	洪彦脩 (南陽)	⑥恭讓 3, 12 任 工曹判書(史46)		
303	康 儒	③恭讓 4, 正月 任 戶曹判書(史46)		
304	劉 信	⑥恭讓 4, 2 前典工判書(史46)		
305	李 行 (驪州) (及第)	①恭讓 4, 4 任 吏曹判書(史46)	恭讓 2, 正月 在 知申事(史45) 恭讓 2, 4 在・流 知申事(史45)	恭讓 4, 6 任 藝文館提學(史46)
306	李 懃	③恭讓 4, 4 任 戶曹判書(史46)	恭讓 2, 3 任 左常侍(史45) 恭讓 2, 10 任 慶尙道廉問計定使(史45)	恭讓 4, 6 任 右代言(史46)
307	李 稷 (京山)	⑤恭讓 4, 4 任 刑曹判書(史46)	禑 14, 正月 在 右代言(要33)	恭讓 4, 6 任 知申事(史46)
308	金 履	④恭讓 4, 5 在・流 禮曹判書(史46・要35)		
309	朴錫命	②恭讓 4, 6 任 兵曹判書(史46)	恭讓 4, 4 任 右副代言(史46)	
310	金子粹 (雞林) (及第)	⑤恭讓 4, 6 任 刑曹判書(史46・史120列傳)	恭讓 判典校寺事(史120列傳) 恭讓 4, 4 任 右常侍(史46) 恭讓 4, 4 任 左常侍(史46)	
311	金希善	⑤恭讓 4, 6 任 刑曹判書(史46)	恭讓 4, 4 任 右常侍(史46)	
312	鄭 過 (延日)	④恭讓 4, 在 禮曹判書(史117 金震陽傳) ※鄭夢周의 弟		

313	姜淮伯 (晋州) (及第)	①恭讓 任 判密直司事 兼吏曹判書(史117 列傳) ※判密直(陽村集 卷39 姜蓍墓誌銘)	禑 成均祭酒(史117 列傳) 禑 密直提學(史117 列傳) 禑 11, 12 在 密直副使(史135·要32·史117 列傳) 禑 簽書司事(史117 列傳) 昌 卽位, 11 在 密直使(史137·要33) 恭讓 2, 2 在 密直使 任 世子師傅(史45)	恭讓 3, 12 任 政堂文學 兼司憲府大司憲(史46·史117 列傳)
314	李 孺	⑥恭讓? 工曹判書(霽亭集 卷4 附錄 李達衷行狀)		
315	安景恭 (順興) (及第)	④恭讓? 禮儀判書(東文選 卷129 墓誌銘) ⑤恭讓? 典法判書(墓誌銘)	禑 8, 5 在 慶尙道按廉使(史134) 禑? 判典校寺事·知製敎(東文選 卷129 墓誌銘)	恭讓 黃州牧使(墓誌銘) 恭讓 4, 4 任 左副代言(史46·墓誌銘) 恭讓 4, 6 任 左代言(史46·墓誌銘)
316	金 稇 (雞林)	⑤恭讓? 典法判書(朝鮮太祖實錄 卷14 太祖 7年 8月 癸丑)		

찾아보기

<저자소개>

박용운 朴龍雲

평북 선천군에서 출생
서울대학교 사범대학, 고려대학교 대학원 석사·박사과정을 마치고
　　동대학원에서 문학박사 학위 취득
성신여자대학교 조교수를 거쳐
현재 고려대학교 문과대학 한국사학과 교수

저술

『高麗時代 臺諫制度 研究』,『高麗時代史』上·下,『高麗時代 蔭敍制와 科擧制 研究』,『고려시대 開京 연구』,『高麗時代 官階·官職 研究』,『高麗時代史 研究의 成果와 課題』,『고려시대 中書門下省宰臣 연구』외 論文 다수

고려사학회 연구총서 ①

高麗時代 尚書省 研究

2000년 12월 15일　초판인쇄
2000년 12월 20일　초판발행

저　　자 : 朴　龍　雲
발 행 인 : 韓　政　熙
발 행 처 : 景仁文化社
　　서울시 麻浦區 麻浦洞 324－3
　　電話 : 718－4831～2, 팩스 : 703－9711
　　E-mail : kyunginp@chollian.net
　　登錄番號 : 제10－18號(1973. 11. 8)

ISBN : 89-499-0108-0 93910　　　　　정가 : 25,000원
* 파본 및 훼손된 책은 교환해 드립니다.